KB133675

페미니즘의 책

THE
FEMINISM
BOOK

페미니즘의 책

THE
FEMINISM
BOOK

DK | 지식갤러리
KNOWLEDGE GALLERY

Original Title : The Feminism Book
Copyright © Dorling Kindersley Limited, 2019
A Penguin Random House Company

All rights reserved. No part of this publication may be reproduced, stored in
a retrieval system, or transmitted in any form or by any means, electronic,
mechanical, photocopying, recording, or otherwise, without the prior
written permission of the copyright owners.

Korean translation copyright © 2019 by KPI Publishing Group
The Korean translation edition is published by arrangement with Dorling
Kindersley Limited, London.

이 책의 한국어판 저작권은 영국 돌링 킨더슬리사와 독점 계약한
KPI출판그룹에 있습니다. 저작권법에 의해 한국 내에서 보호를 받는
저작물이므로 무단 전재와 복제를 금합니다.

페미니즘의 책

초판1쇄 인쇄 2019년 9월 9일
초판1쇄 발행 2019년 12월 20일

편저자 | 하나 맥캔 외
옮긴이 | 최윤희, 박유진, 이시은
발행인 | 노승권

주소 | (10881)경기도 파주시 회동길 354
전화 | 031-839-6811
팩스 | 031-839-6828
발행처 | (사)한국물가정보
등록 | 1980년 3월 29일
이메일 | chyungim@naver.com
홈페이지 | www.daybybook.com

값은 뒤표지에 있습니다.

Printed in Malaysia

A WORLD OF IDEAS:
SEE ALL THERE IS TO KNOW

www.dk.com

CONTRIBUTORS 편저자

하나 맥캔Hannah McCann

편집자문위원을 맡은 맥캔은 멜버른대학에서 젠더 이슈를 강의하고, 페미니즘 담론과 다양한 LGBTQ+ 공동체에서 나타나는 여성의 성적 정체성을 연구한다.

조지 캐롤Georgie Carroll

영국 런던의 동양아프리카연구학교(School of Oriental & African Studies)에서 박사과정을 밟고 있다. 캐롤은 인도의 연속극에 나타난 젠더 이슈를 연구해왔고, 현재 남아시아의 맥락에서 미학과 환경을 연구하면서 여성 섹슈얼리티와 젠더의 지형에 관한 여러 이론들을 연구하고 있다.

비버리 두구드Beverley Duguid

역사가이자 작가다. 19세기 카리브해 지역과 중앙아메리카에서 공식적·비공식적 제국의 여성들에 대한 다양한 대응방식에 대한 논문을 썼다.

캐서린 거레드Kathryn Gehred

사라로렌스대학에서 여성사(史)로 석사학위를 받았다. 현재 버지니아대학의 리서치에디터로 일하며 마사 워싱턴 페이퍼 프로젝트(Martha Washington Papers Project)에 참여하고 있다.

리아나 키릴로바Liana Kirillova

서던일리노이대학 카본데일(SIUC)에서 역사학 박사과정을 밟는 중이다. 키릴로바의 전문분야는 냉전과 소비에트 인터내셔널리즘의 맥락에서 소련의 청년운동이다.

앤 크래머Ann Kramer

영국 서섹스대학에서 여성사를 연구했다. 메리 울스턴크래프트부터 현대에 이르기까지 여성의 정치활동과 두 차례의 세계대전, 여성의 활동과 그 가치에 대해 폭넓은 글을 써왔다.

메리언 스미스 홈즈Marian Smith Holmes

저널리스트이며, 〈스미스소니언Smithsonian〉지의 부편집장을 역임했다. 워싱턴 D.C.에 거주하며 아프리카계 미국인의 역사와 문화에 대한 깊이 있는 연구를 하고 있다.

섀넌 웨버Shannon Weber

미국의 작가, 연구자, 페미니스트 학자다. 캘리포니아대학에서 페미니스트 연구로 박사학위를 받았고, 많은 대중잡지와 학술지를 비롯한 다양한 저작물에 글을 써왔다.

루시 망간Lucy Mangan

서문을 쓴 망간은 칼럼니스트, 미디어 비평가, 특별기사 전문기고가로 활동중이다. 런던 캣포드와 케임브리지에서 교육을 받았으며, 현재는 〈스타일리스트Stylist〉, 〈가디언The Guardian〉, 〈텔레그래프The Telegraph〉를 비롯한 간행물에 수시로 기고 중이다.

CONTENTS

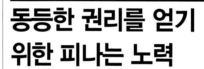

개인적인 것이 곧
정치적인 것이다
1945~1979년

차이의 정치
1980년대

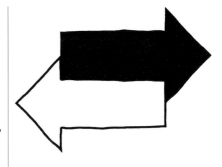

현대의 성차별 반대 투쟁

2010년 이후

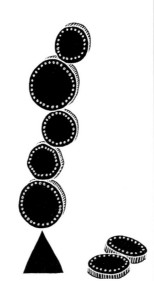

FOREWORD 서문

대학을 갓 졸업하고 한 회사에 면접을 보러 갔을 때의 일이다. 두 면접관 중 나이 든 남자가 내 이력서를 훑어보더니 내가 학교 신문에 여성 이슈에 관한 글을 기고했다는 부분을 보고 질문했다. "그럼 자네는 페미니스트인가?" 나는 순간 그의 머릿속에 거친 작업복 차림으로 플래카드를 들고 무단으로 거리를 활보하는 여자들 이미지가 떠오른 것을 알았지만, 그 일자리를 원했기 때문에 조심스럽게 대답했다. "음, 제가 생각하는 개념의 페미니스트는 맞습니다만 면접관께서 생각하는 페미니스트에 해당하는지는 모르겠습니다." 그는 고개를 끄덕이며 내 처세술을 인정했지만, 자꾸 그 이야기로 되돌아가 다른 면접관이 말려도 내게 페미니스트가 아니냐고 계속 추궁했다. 마침내 화가 난 나는 이렇게 대답했다. "맙소사! 저는 이 면접을 보려고 다리털을 밀었어요. 이 대답이 마음에 드실지 모르겠지만요!" 옆에 있던 면접관은 표정이 굳었지만 그는 웃었다. 그리고 나는 일자리를 얻었다.

이 이야기를 꺼낸 이유는 페미니즘이 세상 골치 아픈 사안임을 말하기 위해서다. 페미니즘 주변에는 온갖 무지와 고정관념, 적대감과 단순한 혼란이 넘쳐난다. 이런 것을 전부, 또는 하나라도 떨쳐버리는 유일한 방법은 더 많은 정보를 제공하는 것이다. 세상 모든 것이 정확히 그 실체를 알고 나면 훨씬 덜 위협적이고 두려워진다. 이 책은 페미니즘을 모든 측면에서 조명하며, 무지를 물리치기 위해 싸우고 있다.

『페미니즘의 책』에는 또 한 가지 중요한 역할이 있다. 여성들에게 역사상 그들이 어떤 위치에 서있는지를 인식시키는 것이다. 잘 알다시피 역사는 승자들이 기록한다. 여성운동가와 그들의 업적은 항상 제대로 인정받지 못하고 널리 알려지지 못하여 부당한 대우를 받아왔다. 이렇게 과거의 기반이 사라져버리면 그 위에 무언가를 쌓아올리기가 더욱 힘들어진다. 이미 있는 것을 다시 만드느라 쓸데없이 시간을 낭비해야 하는데, 이것은 군이 다음 세대를 생각하지 않더라도 매우 진 빠지는 일이다.

우리는 대부분 학교에서 페미니즘의 역사를 배우지 못한다. 설령 양성간의 불평등을 자각하더라도, 그 과정은 매우 단편적이다. 내 경우에는 주위에서 듣는 사소하지만 터무니없는 소식들이 내 관심을 끌고 뇌리에 깊이 각인되었다. 이를테면 나는 열 살 때 친구의 남동생이 친구보다 용돈을 더 많이 받는다는 것을 알게 됐다.

왜 그럴까? 동생이 남자아이였기 때문이다. 그때 나는 부당함에 대한 고통으로 온몸이 실제 칼에 찔리는 기분이었다. 몇 년 후에는 〈저스트 세븐틴 *Just Seventeen*〉이란 잡지에서 1980년대 슈퍼모델 중에 가장 잘나가던 클라우디아 쉬퍼(Claudia Schiffer)가 '반듯하지 않은 머리선' 때문에 걱정에 시달린다는 기사를 읽었다. 그때 나는 마음 속 깊은 어딘가에서 젊은 여성이 이런 걱정을 해야 하는 세상은 여성들이 편안하고 편리한 삶을 기대하기 힘든 곳임을 깨달았다. 그 후로 수년에 걸쳐 크고 작은 숱한 깨달음을 얻은 끝에 마침내 남성에 유리하게 기울어진 이 세상이 더 이상 무시하고 살기에는 너무 노골적이라는 생각이 들었다. 그 후로 우리는 사방으로 답을 찾아 헤매기 시작했다. 어떤 것이 전기분해 요법(모근 등을 전기로 파괴하는 성형법)이고 어떤 것이 페미니즘인지를 찾아서.

그렇다면 페미니즘이란 무엇인가? 우리는 평등하면서도 다를 수 있는가? 우리는 가부장제에 반대하면서도 여전히 남자를 좋아할 수 있는가? 우리는 모든 일에 맞서 싸워야 하는가, 아니면 큰 이슈를 위해 에너지를 비축해야 하는가? 그리고 나는 과거 면접을 위해 다리털을 밀었던 전력 때문에 영원히 여성공동체에 들어갈 자격을 상실한 것일까? 이럴 때 만약 지난 수년간 어떤 형태의 페미니즘이 지배해왔고 어떻게 진화해왔으며 그 강점과 약점은 무엇인지를 안다면 얼마나 상황이 나아지겠는가? 만약 어떤 싸움을 이미 시작해서 이겼고, 어떤 싸움이 다시 시작해야 할 필요가 있는지를 안다면? 만약 역사의 저장고에 의존하여 우리의 논거를 정비할 수 있고, 또 우리가 결코 혼자가 아니고 과거에도 결코 혼자인 적이 없었음을 알고 단단히 무장한 채로 전쟁에 나갈 수 있다면?

여기에 신비주의자, 작가, 과학자, 정치가, 예술가, 그 밖에 에나 지금이나 새로운 생각, 새로운 태도, 새로운 정의, 새로운 규칙, 새로운 우선순위, 새로운 통찰 등을 제시하는 많은 사람들이 있다. 페미니즘이란 무엇인가? 그 답이 이 책 속에 들어있다.

루시 망간

Lucy Mangan

INTRODU

CTION

이 책을 읽기 전에

수세기 동안 여성들은 성별 때문에 겪는 불평등에 대해 공개적으로 발언해왔다. 그러나 '페미니즘'이라는 개념은 프랑스인 샤를 푸리에(Charles Fourier)가 1837년에 처음 '페미니즘(féminisme)'이란 용어를 사용하면서 등장했다. 그 후 수십 년간 이 용어는 영국과 미국에서 인기를 끌었고, 양성 간의 법적·경제적·사회적 평등을 이루고 성차별주의와 남성에 의한 여성 억압을 종식시키려는 목표의 운동을 설명하는 데 사용되었다.

전 세계의 불평등 수준이 다양하고 서로 목표가 다르기 때문에 다양한 사조의 페미니즘이 존재한다. 페미니즘은 처음 등장한 이래 끊임없이 사상과 목표가 진화하며 우리 사회에 영향을 미쳐왔고, 이제는 우리 시대의 가장 중요한 운동 중 하나가 되었다. 페미니즘은 계속해서 발전하면서 많은 사람들에게 영감을 주고 영향을 미치며 심지어 놀라움을 안겨주고 있다.

길을 닦다

남성의 지배는 가부장제(patrarchy)라는 사회체계에 근간을 두고, 수세기 동안 인류 사회의 기반을 이루어왔다. 가부장제가 어떻게 성립되었든 간에 사회가 복잡해지면서 점점 더 많은 규제를 요하게 되었고, 남

성은 그들의 권력을 강화하고 여성을 억압하는 다양한 제도를 만들었다. 남성의 지배는 정부, 법, 종교부터 결혼과 가정까지 사회의 모든 영역에 관철되었다. 여성은 이런 남성의 지배에 종속되고 힘을 잃어, 지적·사회적·문화적 입지상 남성보다 열등한 존재로 인식되어 왔다.

여성들이 가부장제 하의 제약에 도전했던 증거는 드문데, 그것은 주로 남성이 역사적 기록을 통제해왔기 때문이다. 그러나 17세기 후반에서 18세기 초반에 걸쳐 계몽주의가 시작되고, 동시에 개인의 자유를 강조하는 지적 흐름이 거세지면서, 선구적인 여성들은 그들이 겪는 부당함에 관심을 집

그럼에도 불구하고
'여자'라는 이유로 모든 여성이
이등 신분으로 격하된다.
시몬 드 보부아르

중시키기 시작했다. 1775~1783년에 미국에서, 1787~1799년에 프랑스에서 혁명이 발발하자 많은 여성들이 여성에게 새로운 자유를 달라고 요구하고 나섰다. 당대에는 그런 움직임이 성공하지 못했지만, 오래지 않아 더 많은 여성들이 행동을 개시했다.

페미니즘 세대

사회학자들은 페미니즘의 세 가지 주요 '세대' 또는 시기를 구분하고, 일부 페미니스트들은 2010년대를 제4세대로 부르기도 한다. 각 세대는 특정한 사건을 계기로 시작되었다. 비록 일각에서는 페미니즘이 광범위한 스펙트럼의 목표를 갖고 끊임없이 진화하는 운동인데 이런 '세대' 구분은 각 세대를 단일한 목표로 환원시켜버리는 문제가 있다고 보지만 말이다.

제1세대 페미니즘의 목표는 19세기 중반에 미국과 유럽에서 페미니스트 의제를 지배했고, 노예폐지운동을 이끌었던 사상과 동일한 자유주의 원칙에서 비롯되었다. 초기 페미니스트들은 주로 교육받은 백인 중산층 여성들로, 참정권, 평등한 교육권, 평등한 결혼권 등을 요구했다. 제1세대 페미니즘은 대략 1920년대까지 지속되었다. 1920년대에 이르러서야 대부분의 서양 국가들은 여성에게 투표권을 부여했다.

제2차 세계대전(1939~1945년) 동안은 전쟁 준비에 사회의 모든 역량이 집중되어, 1960년대가 되어서야 그동안 발표된 글들에 영향을 받아 제2세대 페미니즘이 발전하기 시작했다. "개인적인 것이 곧 정치적인 것이"라는 슬로건이 이 새로운 세대의 사상을 함축하고 있다. 여성들은 제1세대 때 획득한 법적 권리가 그들의 일상생활에서 실질적인 변화로 이어지지 못한 것을 발견하고, 일터부터 가정에 이르는 모든 영역에서 불평등을 완화하는 운동으로 초점을 옮겼다. 더불어 성적인 '규범'에 대해 거침없이 발언하기 시작했다.

1960년대의 혁명적 기운에 고무된 제2세대는 대담무쌍한 여성해방운동(Women's Liberation Movement)을 지지하며, 더 나아가 여성 억압을 확인하고 종식시키는 데 목표를 두었다. 대학에서는 새로운 페미니스트 이론 강좌를 열어 억압의 근원을 검토하고 젠더의 개념을 분석하는 한편, 불평등과 싸우기 위한 풀뿌리 단체들이 속속 생겨났다. 여성들은 남성이 지배하는 출산 통제권을 힘겹게 빼앗았고, 합법적 낙태권을 얻기 위해 싸웠으며, 신체적 학대에 저항했다.

제2세대의 활력은 1980년대에 사그라들기 시작하여, 파벌싸움과 점차 보수화되는 정치 풍토로 인해 약해졌다. 그러나 1980년대에는 흑인 페미니즘(우머니즘)과 교차성, 즉 중산층 백인여성이 지배하던 기존 페미니즘에서는 다루지 못했던 유색인이 경험하는 다중적인 장벽을 인식하려는 움직임이 등장했다. 1989년에 킴벌리 크렌쇼가 처음 제시한 이 '교차성' 개념은 미국과 영국뿐 아니라 과거 식민지 경험이 있는 여러 국가에서 광범위한 지지를 얻었다.

새로운 관심사

미국의 페미니스트 레베카 워커는 1990년대 초에 강간 혐의자가 무죄선고를 받은 사건에 반발했다. 워커는 여성은 여전히 해방이 필요하고, 포스트페미니스트들이 이미 쟁취했다고 믿는 평등만으로는 부족하다고 주장했다. 제3세대 페미니즘은 다양하고 종종 상충되는 사조들로 구성되었다. 의견 분열이 발생한 영역으로는 성적 자유의 표현으로서 '외설문화(과도하게 성적인 행동)'에 대한 입장, 트랜스 여성을 페미니즘 운동에 포함시킬지 여부, 또 페미니즘의 목표가 과연 자본주의 사회에서 달성될 수 있는지에 대한 논쟁 등이 있었다. 이런 활발한 생각의 교류는 2000년대에 들어서도 페미니스트 블로그와 소셜미디어를 통해 계속되었다. 현재 페미니즘은 직장 내 성희롱부터 성별 임금격차까지 다양한 이슈를 다루면

여성이라고
수용만 해서는 안 된다.
이의를 제기해야 한다.
마거릿 생어

서 과거 어느 때보다 더 큰 의의를 얻게 되었다.

이 책의 특징

『페미니즘의 책』은 단순하게 여성의 지위를 발전시키고 영감을 주었던 인물을 빠짐없이 모아놓은 책은 아니다. 그렇지만 1700년대부터 현재에 이르는 동안 가장 중요한 사상의 일부를 소개하고 있다. 각각의 항목은 특정한 역사적 시기에 초점을 맞추어, 그 시기 안에서 또는 그 시기에 관해 발언했던 인물들의 핵심인용문을 중심으로 설명하고 있다. 이 책은 결국 오늘날 세계의 구성 방식을 이해하는 데 페미니즘이 얼마나 근본적이고, 또 앞으로 이 운동이 가야할 길이 얼마나 먼지를 반영하고 있다. ■

THE BIR
FEMINIS
18TH—EARLY 19TH

TH OF
M

페미니즘의 탄생
18세기~19세기 초

영국 여성 메리 아스텔이
저서 『결혼에 관한 고찰』에서
신은 남성과 여성을 똑같이
지적인 영혼으로 창조했다고 주장한다.

영국에서 지적인 여성들과
초대받은 남성들이 모이는
비공식적 토론 모임인
블루스타킹협회가 결성된다.

1700년

1750년대

1734년

1765년

스웨덴 민법에서 여성의 권리를
일부 인정했다. 특히 남편이
아내의 동의 없이 아내 재산을
처분하지 못하도록 금지한다.

수입관세에 반대하고
영국으로부터 미국의 독립을
지원하기 위한 여성단체
'자유의 딸들'이 결성된다.

'페미니즘'이란 용어는 1890년대부터 사용되기 시작했지만, 개개인의 여성들은 오래전부터 페미니즘적인 견해를 피력하고 있었다. 1700년대 초에는 세계 여러 지역의 여성들이 여성의 불평등한 지위를 규정하고, 검토한 끝에 이것이 자연스럽고 불가피한 일인지 의문을 제기하기 시작했다. 여성들은 글을 쓰고 논의하고 그들의 상황을 분석하면서 개별적이든 집단적이든 여성의 부차적인 지위에 반대의 목소리를 내고, 여성 권익의 확대와 남성과의 평등을 요구하는 뜻을 표현하기 시작했다.

약점에서 강점으로

18세기 초, 여전히 대부분의 여성들은 지적·사회적·문화적 수준이 선천적으로 남성보다 열등한 존재로 취급받았다. 이것은

오랫동안 유지되어 온 뿌리 깊은 믿음이었고, 여성을 '연약한 그릇'이라 규정한 교회의 가르침으로 한층 강화되었다. 여성은 아버지에게 종속되어 자라다가 결혼하면 남편의 통제를 받아야 했다.

18세기가 흘러가면서 사회적·기술적 변화가 여성들의 삶에 더욱 깊은 영향을 미치기 시작했다. 무역과 산업이 발전하면서 성별에 따라 사회적 역할을 정확히 구분하는 출세지향적인 중산층이 생겨나 급성장했다. 일과 정치 같은 공적 영역은 오로지 남성들의 세계였고, 여성들은 '가정'이라는 사적 영역에 머물러야 했으며, 이런 구분은 점점 더 고착화되었다.

기술의 발전은 또 인쇄산업의 혁신으로 이어져, 잡지, 팸플릿, 소설, 시들이 쏟아져 나오며 저마다 새로운 정보와 생각을 전파

했다. 특권층의 교육받은 여성들은 이런 정보와 생각을 흡수했고, 그들 중 일부는 사회적 제약을 무릅쓰고 글쓰기에 매진하여 활자화된 인쇄물을 통해 페미니즘적인 견해를 표현했다.

18세기 중반 초창기 페미니스트 간행물 중 일부는 스웨덴에서 간행되었다. 스웨덴에서는 여성의 법적 권리에 대한 비교적 자유주의적인 접근이 용이해서 출판인 겸 저널리스트 마가레타 몸마와 시인 헤드비히 노덴플리히트 같은 지식인들이 페미니즘 이슈를 책으로 출판할 수 있었다.

스웨덴만큼은 아니지만 영국에서도 1700년대 초쯤에는 (특히 메리 아스텔의 저작을 통해) 페미니스트 성향이 뚜렷한 이론들이 등장했다. 메리 아스텔은 신이 여성을 남성과 똑같이 이성적인 존재로 창조했다고 주장

여권운동가 주디스 사전트 머리가
「양성평등에 관하여」라는 에세이에서
여성이 남성만큼
지적이라고 주장한다.

1790년

영국 작가 메리 울스턴크래프트가
「여성의 권리 옹호」에서
여성도 교육 받을
자격이 있다고 주장한다.

1792년

프랑스에서 수잔 부알캥이
노동계층 페미니스트 신문
〈여성 트리뷴〉의 편집장이 된다.

1832년

1791년

프랑스 정치운동가 올랭프 드 구즈가
『여성과 여성 시민의 권리 선언』에서
여성에게도 남성과 똑같은 시민권을
부여해야 한다고 설파한다.

1830년

오늘날의 북부 나이지리아에서
나나 아스마우가 소코토 칼리파국
전역을 돌며 다른 여성을 교육시킬
자지스(jajis)라는 여성집단을 훈련시킨다.

하며, 여성이 담당한 열등한 사회적 역할은 천부적이지도, 불가피하지도 않다고 대담하게 선언했다.

1750년대에는 영국과 다른 유럽 국가들에서 지적인 여성 집단이 문학 '살롱'에 모여들었다. 이런 포럼에서 여성들은 문학을 논의하고 생각을 공유하면서, 여성의 경험과 생각을 나누고 여성작가와 사상가들을 육성하는 장을 마련했다.

새로운 생각, 혁명

18세기 유럽과 미국에서는 두 가지의 특정한 지적·문화적·정치적 발전이 페미니즘의 성장과 전파를 앞당기는 데 기여했다. 바로 미국과 프랑스에서 발발한 혁명과 계몽주의였다. 프랑스의 장 자크 루소와 드니 디드로 같은 계몽주의 철학자들은 왕, 귀족, 교회의 세습적인 특권에 기초한 사회의 압제에 도전했다. 그들은 자유, 평등, 그리고 '인권'을 주장했다. 하지만 계몽사상가이자 철학자인 루소도 여성을 배제한 인권을 주장했다. 인간의 자유와 평등을 주장했던 그의 사상은 프랑스혁명과 민주주의 발전에 큰 기여를 했음에도 불구하고, 여전히 여성은 남성과 평등한 존재가 아니었다.

그러나 여성들은 1783년에 미국을 영국으로부터 독립시키고, 1789년부터 프랑스를 격동하게 만든 두 차례의 혁명에 적극적으로 참여했다. 자유와 시민권을 외치는 시위 한가운데서 여성들은 자신들의 권리를 요구하기 시작했다. 미국에서는 제2대 대통령의 영부인 애비게일 애덤스가 혁명적인 변화 속에서 '숙녀들을 기억해 달라'고 미국 헌법 제정자들에게 요청했고, 프랑스에서는 극작가 겸 운동가인 올랭프 드 구즈가 남녀의 평등한 법적 권리를 요구하는 『여성과 여성 시민의 권리 선언』을 출간했다. 프랑스 혁명의 영향을 받은 영국 작가 메리 울스턴크래프트는 가정의 압제가 여성의 독립적인 삶을 가로막는 주요한 장벽이라고 지적하고 여성이 교육과 직업에 접근할 권리를 요구하는 기념비적인 페미니스트 논문 「여성의 권리 옹호」를 발표했다.

여성의 권리를 가장 매우 강력하게 주장하는 사람들은 대부분 특권층 출신이었지만, 19세기 초에 이르자 미국과 영국의 노동계층 여성들도 새롭게 형성된 노동운동의 과정에서 정치적으로 적극적으로 변해갔다. 또 페미니즘적인 견해는 이슬람권의 일부 지역에서도 제기되었다. 이런 목소리들은 19세기가 진행될수록 훨씬 더 크게 확대되었다. ■

남성은 자유롭게 태어나고 여성은 노예로 태어난다

초창기 영국 페미니즘

'**페**미니즘'이 하나의 개념으로 정립되기 200여 년 전에도 여성이 복종해야 한다는 사회적 요구에 도전하는 여성들이 있었다. 영국에서 가장 중요한 목소리를 낸 여성 중 하나인 메리 아스텔은 글로 여성이 남성과 똑같이 명석하고 비판적으로 생각할 수 있다고 주장했다. 여성이 열등해 보이는 것은 남성의 통제와 제대로 된 교육을 받기 힘든 현실 때문이라는 논지였다.

연약한 그릇?

17세기는 사회적·정치적으로 격변의 시대였지만 여성들에게 거의 영향을 미치지 못했다. 여성은 '연약한 그릇' 취급을 받았는데, 이런 인식은 이브를 아담의 갈비뼈로 만들었다는 성경 구절에 근거를 두고 기독교 교회의 지지를 받았다.

하지만 예외도 있었다. 재세례교도와 퀘이커교도 같은 비국교도나 국교에 반대하는 교파들은 여성과 남성이 신 앞에서 평등하다고 항변했다. 여성 신도도 그들의 집회에 참여할 수 있었을 뿐 아니라 설교도 할 수 있었다. 여성들은 또 영국 내전 당시 평등주의 정치운동인 수평파(Levellers)에서도 활약했으나, 이 단체는 참정권 확대를 요구하면서 여성을 배제시켰다.

마가렛 캐번디시는 여성들이 글을 쓰는 이유가 다른 공적 영역에서 철저히 거부당하기 때문이라고 선언했다. 그녀는 20년 동안 희곡, 에세이, 소설, 시, 편지 등 23편의 작품을 발표했다.

페미니스트의 시초

많은 여성이 현실적 장벽에 부딪히면서도 여성은 열등하다는 편견에 도전하기 위해 글쓰기에 전념했다. 그들 중에는 「고대 여성교육부활론An Essay to Revive the Ancient Education of Gentlewomen」(1673년)을 쓴 바슈아 메이킨(Bathsua Makin)과 여성의 사회

> 신은 남성뿐 아니라 여성에게도
> 지적인 영혼을 주셨는데,
> 어째서 여성은
> 그 영혼을 가꾸는 일이 금지되는가?
> 메리 아스텔

메리 아스텔

메리 아스텔은 1666년에 뉴캐슬어폰타인의 중상류층 영국 국교회 가정에서 태어났다. 정규 교육은 거의 받지 못했지만 대신 삼촌 랠프 아스텔(Ralph Astell)에게 고전 철학을 배웠다. 1688년에 어머니가 사망한 뒤 런던 첼시로 이주했고, 그곳에서 작가로서 경제적 어려움을 겪었지만 문학계와 여성 지식인 친구들, 후원자들의 지지를 받았다.

캔터베리 대주교 윌리엄 샌크로프트(William Sancroft)도 그런 친구 중 한 사람으로 그녀에게 재정적인 지원을 해주었다.

아스텔은 첫 책『숙녀들을 위한 진지한 제언A Serious Proposal to the Ladies』을 발표하여 중요한 사상가로 발돋움했다. 1709년에 공적인 생활에서 물러나서 첼시에 소녀들을 위한 자선 학교를 세웠다. 유방암을 제거하기 위해 유방절제술을 받고 나서 1731년에 사망했다.

주요 저서

1694년『숙녀들을 위한 진지한 제언』
1700년『결혼에 관한 고찰Some Reflections on Marriage』

적 지위를 강력히 비판한 뉴캐슬의 공작부인 마가렛 캐번디시(Margaret Cavendish)가 있었다. 그녀는『철학적이고 신체적인 견해Philosophical and Physical Opinions』(1655년)에서 여성들이 모든 권력에서 차단당한 채로 '새장안의 새처럼 갇혀있어' 교만한 남자들에게 무시당한다고 주장했는데, 이 주장은 남성들의 혹독한 비난에 시달렸다.

1640년에 비천한 집안에서 태어나 여행가, 스파이, 작가가 된 애프라 벤(Aphra Behn)은 글을 써서 생계를 유지한 최초의 영국 여성으로 전해진다. 비평가들은 그녀의 작품을 깎아내리고 표절로 고발했지만, 그녀의 인기작들은 관객의 열광적인 호응을 얻었다.

급진적인 분석

이런 분위기 속에서 작가 메리 아스텔은 여성이 열등한 존재로서 남성의 지배를 받아야 한다는 주장을 검토하고 분석했다. 독실한 기독교인인 그녀는 신이 여성을 남성과 똑같이 '지적인 영혼'과 '사고능력'을 지

닌 존재로 창조했다고 주장하며, 신이 여성에게 종속적인 역할을 부여했다는 교회의 입장을 반박했다. 여성을 종속적으로 만든 것은 신이 아니라 남성이란 것이었다.

아스텔은『숙녀들을 위한 진지한 제언』(1694년)에서 여성들에게 계속 남성의 의견에 따르지 말고 지적 능력과 기술력을 개발하라고 촉구한다. 심지어 여성이 '정신의 삶'을 추구할 수 있는 일종의 세속 수녀원이나 대학을 설립하라는 제안도 서슴지 않는다. 아스텔은 평생 독신으로 살면서도 결혼의 필요성은 인정했으나『결혼에 관한 고찰』(1700년)에서는 여성들에게 성욕이나 돈에 따른 결혼은 피하라고 경고한다. 그녀는 여성들이 현명한 선택을 하고 불행을 피하는 데 교육이 유용할 것이라고 믿었다. 동시대인들이 그랬듯이 아스텔도 여성

운동가는 아니었지만 오늘날로 치면 페미니즘의 관점에서 주변 여성들의 상황을 관찰하고 통쾌한 글을 남겼다. 그녀의 이론은 오늘날에도 여전히 실효성이 있다. 다른 여성들이 그녀의 주장을 공공연히 받아들이기까지는 거의 100년이 더 흘러야했다. ∎

17세기 네덜란드 화가 피터 렐리(Peter Lely)가 그린 이 초상화의 주인공 애프라 벤은 원래 빚을 갚기 위해 글을 썼다. 그녀는 생전에 글로 명성을 얻었고, 1689년에 사망한 뒤 웨스트민스터 사원에 묻혔다.

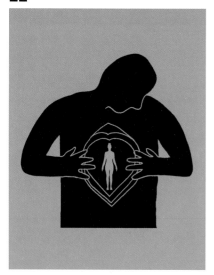

우리 몸은 우리 영혼의 옷이다

초창기 스칸디나비아 페미니즘

맥락읽기

인용출처
소피아 엘리자벳 브레너(1719년)

핵심인물
소피아 엘리자벳 브레너(Sophia Elisabet Brenner), 마가레타 몸마(Margareta Momma), 헤드비히 노덴플리히트(Hedvig Nordenflycht), 카타리나 알그렌(Catharina Ahlgren)

이전 관련 역사
1687년 : 덴마크와 노르웨이 왕 크리스티안 5세(Christian V)가 미혼여성을 미성년자로 규정하는 법을 통과시킨다.

이후 관련 역사
1848년 : 스웨덴 작가 겸 페미니스트 운동가 소피 세이거(Sophie Sager)가 기념비적인 법정소송으로 그녀의 지주를 강간죄로 고발한다.

1871년 : 마틸드 바예르(Matilde Bajer)와 프레드리크 바예르(Fredrik Bajer)가 덴마크에서 여권 단체인 덴마크여성협회를 설립한다.

군주정에서 의회로 권력이 넘어가던 스웨덴의 자유시대(1718~1772년)가 시작될 무렵 입법을 둘러싸고 다양한 정치적·철학적 논쟁이 벌어졌고, 그 중에는 여성에게 더 많은 자유를 달라는 요구도 포함되었다. 이 진보적인 분위기가 1734년 스웨덴 민법에 반영되어, 여성에게 일부 재산권과 간통에 한해 이혼할 권리를 허용했다.

초기 계몽주의

여성이 남성과 똑같은 권리를 누릴 자격이 있다고 공개 선언한 최초의 여성 중 하나는 스웨덴 작가 소피아 엘리자벳 브

엘리아스 마르틴(Elias Martin)(1739~1818)의 이 그림에 보이는 18세기 스톡홀름은 시민권이 확대되던 곳으로 세계 최초 페미니스트들의 고향이었다.

레너였다. 교육 받은 귀족 출신인 브레너는 1693년에 여성이 남성과 지적으로 대등하다고 주장하는 시 〈여성의 정당한 변론 *The justified defence of the female sex*〉을 발표했고, 1719년에는 스웨덴 여왕 울리카 엘레오노라(Ulrika Eleonora)에게 바치는 시에서 남성과 여성이 외모 외에는 똑같다고 주장했다. 저널리스트 마가레타 몸마는 「아르고스의 망령과 이름 모를 여인의 대화

참조 : ▪ 초창기 영국 페미니즘 20~21쪽 ▪ 계몽주의 페미니즘 28~33쪽 ▪ 전 세계로 번진 여성 참정권운동 94~97쪽

> 단호한 여성이지만
> 재능이 많다.
>
> 조나스 아벨블라드

Conversation between the Shades of Argus and an unknown Female」(1738~1739년)에서 여성들에게 교육을 받으라고 촉구하는 한편 여성이 토론을 할 수 없다고 주장하는 비평가들을 풍자한다. 몸마는 유럽 계몽주의의 영향을 받아 언론과 종교의 자유를 주장했고, 더 많은 사람이 새로운 사상에 접근할 수 있도록 귀족적인 프랑스어 대신 스웨덴어를 사용할 것을 권장했다.

또 다른 작가 겸 사상가 헤드비히 노덴플리히트는 울리카 엘레오노라 여왕의 장례식에 바친 시 〈스웨덴 여인의 탄식The lament of the Swedish woman〉(1742년)으로 문학계에 데뷔했는데, 이 시에서 시인은 여성에게 더 많은 권리를 부여하라고 절규한다.

많은 동시대인들과 달리 노덴플리히트는 자신의 이름으로 작품을 발표했다. 그녀는 작가로서 성공을 거듭하여 1753년에는 스웨덴 문학의 개혁을 모색하던 스톡홀름 문학단체 사상구축단(Tankebyggararorden)에 유일한 여성회원으로 참여했다. 노덴플리히트는 〈여성이 기지를 발휘해야 할 의무The duty of women to use their wit〉 같은 시에서 여성의 지성을 옹호하고 〈여성에 대

한 변호Defence of women〉(1761년)에서는 여성혐오를 반박하여, 여성이 지적으로 적극적인 삶을 살 권리를 주장했다.

학문의 언어

노덴플리히트의 친구인 카타리나 알그렌은 1764년에 로비사 울리카(Louisa Ulrika) 여왕 탄신일을 기념하여 첫 번째 시를 발표했다. 알그렌은 이미 영어, 프랑스어, 독일어 작품의 번역가로 잘 알려져 있었고, 1772년에 '애들레이드(Adelaide)'라는 필명으로 수사적인 편지를 써서 인기 스웨덴어 잡지에 2회에 걸쳐 연재했다.

알그렌은 남성과 여성에 대해 이야기하는 이 편지에서 사회적 행동주의, 민주주의, 양성평등, 남성 지배에 맞선 여성의 연대 등을 주장하고, 진정한 사랑은 남녀가 서로를 대등하게 대할 때에만 가능하다는 믿음을 밝힌다. '애들레이드'의 편지에서 가장 자주 등장하는 주제는 우정이지만, 그 밖에도 도덕성과 딸들에게 주는 조언이 포함되었다. 알그렌은 또 에세이 「현대 여성 소피아와 벨리신드가 생각을 논의하다Modern women Sophia and Belisinde discuss ideas」의

헤드비히 노덴플리히트는 1718년에 스톡홀름에서 태어났다. 시인, 작가, 살롱 주최자였던 그녀는 자신의 의견을 남성 기득권층에 제대로 인정받았던 최초의 여성 중 하나였다.

저자로도 추정된다. 여기에서 그녀는 가벼운 로맨스의 언어인 프랑스어 교육을 비판하면서 여성들이 프랑스어 대신 과학과 학술적 담론의 언어인 영어를 배워야 한다고 주장했다. ▪

카타리나 알그렌

1734년에 태어난 카타리나 알그렌은 궁전에서 로비사 울리카 여왕의 시중을 들었다. 정치적 모략을 일삼던 여왕은 결국 비밀 모의를 구실로 알그렌을 궁전에서 내쫓았다. 그 후 알그렌은 책을 쓰고 편집해 인쇄하여 서점을 운영하며 생계를 꾸려갔다.

알그렌은 두 번 결혼했다가 두 번 이혼했고 네 명의 자녀를 두었다. 나이 들어서는 핀란드로 이주하여, 1782년에 오보(현재의 뒤르쿠)에서 핀란드 최초의 신문 중 하나인 〈올바른 만족의 기술The Art of Correct

Pleasing〉의 편집자로 모습을 드러냈다. 1796년에 막내딸과 살기 위해 다시 스웨덴으로 돌아가 1800년경에 세상을 떠났다.

주요저서

1772년 「스톡홀름 여자와 시골 여자의 서신 교환A Correspondence between a Woman in Stockholm and a Country Woman」

1793년 「우호적인 대립Amiable Confrontations」

상처받은 여성이여! 일어나 당신의 권리를 주장하라!

18세기 집단행동

맥락읽기

인용출처
애나 래티시아 바볼드(1792년)

핵심인물
엘리자베스 몬테규

이전 관련 역사
1620년 : 카트린 드 비본느(Catherine de Vivonne)가 파리 랑부예 호텔에서 그녀의 최초 살롱을 연다.

1670년 : 애프라 벤은 그녀의 희곡 〈강제 결혼The Forc'd Marriage〉이 공연되면서 영국 여성 최초로 전업 작가가 된다.

이후 관련 역사
1848년 : 미국 여성의 권익을 위한 최초공공 집회가 뉴욕 세니커폴스에서 열린다.

1856년 : 랭엄 플레이스 서클(Langham Place Circle)이 여권운동의 임무를 띠고 영국 런던에 처음 모인다.

18세기 영국에서는 중산층이 점점 부유해지고 여가시간이 증가하면서 공적 영역과 사적 영역의 구분을 장려하는 이데올로기가 발전했다. 산업화와 교역에서 얻은 기회를 잡느라 분주하던 남성은 여론이 형성되는 '공적 영역'을 차지한 반면, 여성은 '사적 영역', 즉 가정 내에서 미덕을 함양했다.

여성의 자리

18세기 내내 여성스런 적절한 행실을 규정하는 품행지침서, 팸플릿, 잡지 등 출판물이 급증하면서 여성들에게 새로운 사적 역할을 받아들이라고, 그것이 엘리트 계층

참조 : ■ 계몽주의 페미니즘 28~33쪽 ■ 가정으로부터의 해방 34~35쪽 ■ 노동자 계층 페미니즘 36~37쪽 ■ 기혼여성을 위한 권리 72~75쪽 ■ 의식 고양 134~135쪽 ■ 급진 페미니즘 137쪽

> 재물을 경멸하는 것은
> 대단히 철학적이지만,
> 재물을 가치있게 분배하는 것이
> 분명히 인류에게 더 이로울 것이다.
>
> 패니 버니

의 특징이라고 설득하려는 사회적 움직임이 두드러졌다. 이런 출판물에서는 여성들에게 '유익한' 책, 특히 성경과 역사서를 읽으라고 권장했다. 그러나 소설을 읽는 것은 적극적으로 말렸는데, 일례로 토머스 기즈본(Thomas Gisborne)의 품행지침서 『여성의 의무에 관한 연구An Enquiry into the Duties of the Female Sex』(1797년)에서는 소설을 읽는 행위를 '은밀한 타락'이라고 표현할 정도였다. 이런 당부는 본래 여성에게 가정 내

에서 높은 도덕 수준을 유지하고 남편을 충실히 섬겨서 사회 전반의 미덕을 고취하도록 권장하려는 의도였다. 그렇지만 '유익한' 독서를 통해 오히려 집안 살림의 좁은 울타리 너머를 궁금해하는, 교육받은 여성 수가 증가하는 결과를 낳았다. 이런 변화는 행동지침서에서 권하는 양서 목록뿐 아니라 소설, 신문, 잡지 등을 포함한 온갖 출판물이 증가하면서 한층 가속화되었다. 이처럼 다양한 독서가 세상에 대한 여성의 호기심을 자극했지만, 여성의 행동반경은 여전히 사적 영역으로 국한되어 여성이 공적 토론에 영향을 미칠 방법은 제한되어 있었다.

정신적 모임

교육받은 일부 여성들은 '살롱'에 모여 서로 의지할 길을 찾았다. 살롱은 특권층 여성들이 토론하기 위해 마련한 공간으로, 그들은 개인적인 후원과 사교성을 자신들의 지적 능력을 발휘하고 사회에 영향을 미치는 한 방법으로 여겼다. 최초의 런던 살롱은 엘리자베스 몬테규의 메이페어(Mayfair) 저택에서 열렸다. 몬테규는 탄광

블루스타킹의 유명한 후원자였던 글로스터 공작부인 메리(Duchess of Gloucester Mary, 중앙)가 시인 겸 극작가인 해나 모어를 한 엘리트 모임에 소개하고 있다.

과 부동산을 소유한 부자 가문의 남자와 결혼했다. 1750년경에 그녀와 부유한 아일랜드 지식인 엘리자베스 베시(Elizabeth Vesey) 등 같은 생각을 가진 여러 여성들이 모여

1764년에 파리 템플 성의 카트르 글라스(Quatre Glaces) 살롱에서 대화를 나누며 음악을 듣는 사람들에게 영국 티를 접대하고 있다. 여자들이 남자들보다 많고 다 같이 편안하게 어울리는 모습이다.

살롱

'살롱'이란 용어는 17세기에 프랑스에서 처음 사용되었고, '커다란 홀'을 의미하는 이탈리아어 살롱(salone)에서 유래했다. 랑부예 후작부인 카트린 드 비본느(1588~1665년)는 살롱을 주최한 최초의 여성 중 하나로, 그녀의 파리 저택에 있는 일명 '파란 방(Chambre bleu)'에서 살롱을 열었다. 그녀는 문학 호스트로 성공을 거두면서, 다른 여성들에게 살롱을 열어 지적이고 사회적인 리더 역할을 자청하도록 영감을 주었다. 살롱은 여성들이 지적인 호기심을 드러낼 수 있는 점잖은 공간을 제공했다. 살롱에서는 처음에 문학 작품 토

론이 주를 이루다가 점차 남녀 모두를 정치사상과 학문적 견해에 대한 토론으로 이끌었다.

살롱은 18세기 내내 유럽 전역에서 유행했다. 스위스 베른에서 줄리 폰 본데리(Julie von Bondeli)가 열었던 과학 살롱과 독일 베를린에서 전통에 얽매이지 않던 유대인 여성 헨리에트 헤르츠(Henriette Herz)가 주최한 문학 살롱 등이 대표적이었다.

엘리자베스 몬테규

'블루의 여왕'으로 알려진 엘리자베스 몬테규는 작가, 사회개혁가, 문학 비평가이자 18세기 영국의 학문과 예술의 걸출한 후원자였다. 1718년에 태어나 어릴 때부터 의붓할아버지인 코니어 미들턴(Conyers Middleton)이 교수로 재직하던 케임브리지대학에 자주 놀러갔다. 1742년에 제1대 샌드위치 백작의 손자인 로버트 몬테규(Robert Montagu)와 결혼하여 영국과 스코틀랜드 작가들의 활동을 지원할 재력과 자원을 확보했다. 그녀는 1750년부터 런던에서 겨울을 나며 지식인 파티를 열고 새뮤얼 존슨, 호레이스 월폴(Horace Walpole), 에드먼드 버크(Edmund Burke) 같은 대표적인 문학계·정치계 인사들과 친분을 유지했다. 몬테규의 메이페어 살롱은 1800년에 그녀가 사망할 때까지 50년간 성황을 이루었다.

주요저서

1760년 조지 리틀턴(George Lyttleton)의 『죽은 자의 대화Dialogues of the Dead』 중에 익명으로 쓴 세 절
1769년 『셰익스피어의 작품과 천재성에 관한 에세이』

블루스타킹협회(Blue Stockings Society)를 만들었다. 이 명칭은 남성들이 낮에 신는 용도로 검정색 실크 스타킹보다 파란색 소모사 스타킹을 더 선호했던 데에서 유래하여, 공식적인 행사가 아닌 격식을 덜 차린 평상적인 모임을 상징했다.

블루스타킹협회는 교육받은 여성들과 선별된 남성들을 한자리에 모아 도덕적 진보를 앞당길 만한 '이성적 대화'를 권했다. 회원들은 보통 한 달에 한 번 만났는데, 늦은 오후쯤 모이기 시작하여 때로는 자정이 다될 때까지 머물곤 했다. 협회는 차와 레모네이드를 대접했고, 사교모임에서 흔히 즐기던 도박은 금지했다. 모임과 모임 사이에 회원들은 많은 편지를 써서 주고받았다. 예컨대 엘리자베스 몬테규는 약 8천여 통의 편지를 썼다고 전해진다.

꾸준히 살롱을 주최하는 호스트들은 각자 고유한 스타일이 있었다. 엘리자베스 베시의 살롱은 특히나 격식이 없어, 방 여기저기에 의자들을 흩어놓고 소규모 집단의 토론을 권장했다. 반면에 엘리자베스 몬테규는 둥근 모양으로 의자들을 배치하고 자신이 중앙에 앉았다. 또 다른 호스트 프랜시스 보스카웬(Frances Boscawen)은 오들리가에 위치한 그녀의 런던 저택뿐 아니라 해

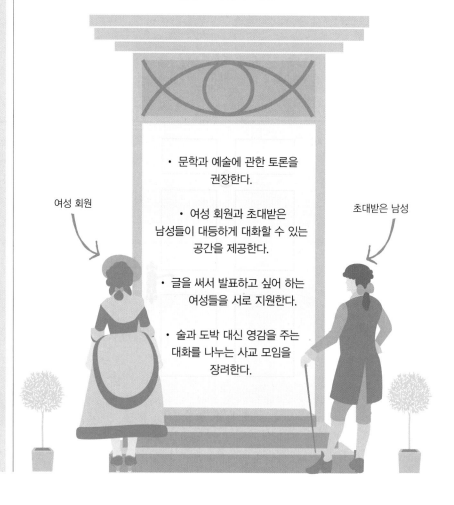

블루스타킹의 목표

여성 회원

초대받은 남성

- 문학과 예술에 관한 토론을 권장한다.
- 여성 회원과 초대받은 남성들이 대등하게 대화할 수 있는 공간을 제공한다.
- 글을 써서 발표하고 싶어 하는 여성들을 서로 지원한다.
- 술과 도박 대신 영감을 주는 대화를 나누는 사교 모임을 장려한다.

치랜즈 공원, 서리의 시골별장 등에서도 살롱을 열었다.

문학적 포부

회원들은 여성의 교육을 지지했고 패니 버니(Fanny Burney), 애나 래티시아 바볼드, 해나 모어(Hannah More), 사라 스콧(Sarah Scott, 엘리자베스 몬테규의 여동생)처럼 작가로서 자신의 길을 개척하려는 여성을 지원했다. 작가 새뮤얼 존슨(Samuel Johnson, 블루스타킹협회의 회원)이 '펜을 든 여전사들'이라고 불렀던 이들은 고전 문학 작품에 주석을 다는 데 그치지 않고 독자적인 시, 희곡, 소설을 창작함으로써 여성과 여성의 지적 능력에 대한 전통적 인식에 도전했다.

엘리자베스 몬테규는 작가 겸 철학자 볼테르(Voltaire)의 공격에서 셰익스피어를 옹호하기 위해 파리로 떠났다. 그녀의 저서 『셰익스피어의 작품과 천재성에 관한 에세이*Essay on the Writings and Genius of Shakespeare*』는 처음에 익명으로 출판되어 평단의 찬사를 받았고, 나중에는 프랑스어로 번역되어 볼테르의 명성을 실추시켰다. 또 다른 블루스타킹 회원 엘리자베스 카터(Elizabeth Carter)는 새뮤얼 존슨에게 그가 지

데본셔의 공작부인을 비롯한 상류층 여성들이 1784년에 급진파 정치인 찰스 제임스 폭스(Charles James Fox)를 지지하는 행진을 벌인다. 이때쯤에 여성들은 자신의 목소리를 내고 있었다.

금껏 아는 최고의 고전 그리스어 학자라는 평을 들었다. 시간이 흐르면서 재정적으로 독립하지 못했던 일부 블루스타킹 회원들도 작품 활동을 통해 생계를 꾸려가게 되었다.

블루스타킹 회원들은 남성우위사회의 기존 질서를 위협하는 세력으로 여겨지기보다 여성적 가치와 지성을 수호하는 세력으로 찬양받았다. 1778년에 화가 리처드 새뮤얼(Richard Samuel)은 가장 걸출한 회원 9명을 고전적인 9인의 뮤즈이자 국가적 자부심의 상징으로 묘사했다. 그렇지만 이런 학식과 우아함의 아우라 뒤에는 여성을 위한 더 많은 공적 공간을 바라는 갈망이 숨어있었다. 한 예로 엘리자베스 몬테규는 여성의 더 두드러진 역할을 옹호하는 스코틀랜드 계몽주의에 오랫동안 흥미를 느꼈다.

남성에 대한 도전

이처럼 여성들은 가장 중요하게는 사상과 지성의 영역에서 스스로 남성과 대등한 존재임을 입증하고 있었다. 일부 여성이 성공적인 문학 커리어를 쌓으며 점차 힘을 얻자, 블루스타킹협회는 집단적 자각과 공적인 발언권을 얻게 되었다. 최초의 블루스타

킹 모임 이후 50년이 지나자 교육받은 여성들은 사회적 안정과 결속력을 갖춘 집단에서 저항세력과 급진파로 변신하며 유럽과 미국에서 혁명의 시대에 세상 밖으로 모습을 드러냈다. ■

우리의 지적인 원석은 빛나야 한다. 광산에서 헛되이 잠자서는 안 된다. 교육의 도덕이 가장 숭고한 이미지를 각인시키게 하자.
해나 모어

남성들은 자신의 명예, 행복, 재산을 대부분 떠맡기고 있는 사람들을 바보로 만들려고 노력하다니 참으로 경솔하다.
엘리자베스 몬테규

스스로의 해방은 여러분 자신의 힘에 달렸습니다

계몽주의 페미니즘

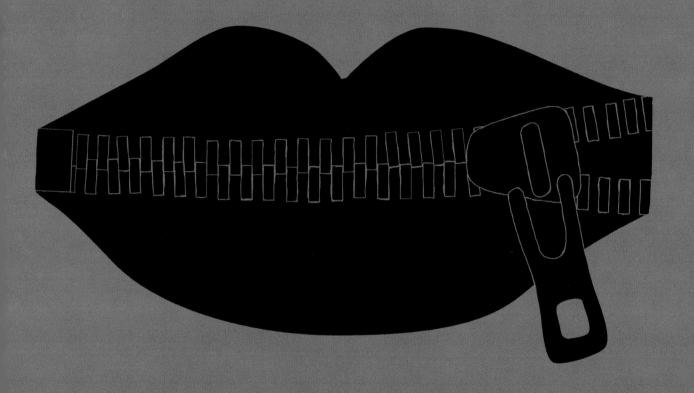

맥락읽기

인용출처
올랭프 드 구즈(1791년)

핵심인물
올랭프 드 구즈, 주디스 사전트 머리

이전 관련 역사
1752년 : 런던에서 여성들이 "취향의 신전(The Temple of Taste)"이란 공개연설 행사에 초대받지만 토론에 참가하지는 못한다.

1762년 : 프랑스 철학자 장 자크 루소(Jean-Jacques Rousseau)가 여성의 주된 역할은 아내이자 어머니가 되는 것이라고 주장한 『에밀Émile』을 출간한다.

이후 관련 역사
1871년 : 프랑스에서 파리 코뮌(Paris Commune) 시기에 여성동맹(Union des Femmes)이 결성된다. 이 단체는 혁명을 위해 무기를 들고 양성평등의 법제화, 이혼권, 동일임금을 요구하기 위해 여성 노동자들을 조직화한다.

계몽주의라고 알려진 18세기의 지적 운동은 유럽과 북아메리카 대륙을 완전히 바꿔놓았다. 계몽주의는 미신과 신념보다 이성과 과학을 강조했고, 평등과 자유에 대한 새로운 이상에 다가갔다. 그렇지만 자유와 평등권 개념이 남성뿐 아니라 여성에게도 적용되는지에 대해서는 의견이 분분했다. 예를 들어 프랑스 사상가 장자크 루소는 여성이 선천적으로 남성보다 더 연약하고 비이성적이라서 남성에게 의지한다고 믿었다. 한편 드니 디드로(Denis Diderot), 마르키스 드 콩도르세(Marquis de Condorcet), 토머스 홉스(Thomas Hobbes), 제러미 벤담(Jeremy Bentham) 같은 다른 철학자들은 공개적으로 여성의 지적능력을 인정하며 양성평등을 이루려는 여성들의 목표를 지지했다.

목소리를 드높이다

대서양의 양쪽 대륙에서 여성들은 당대의 지적 토론에 적극적으로 참여할 수 있는 발판을 모색하며 여성이 남성과 대등함을 입증하고자 했다. 런던에서는 본래 남성들만 참석하던 공개 사회 토론이 나중에는 성

> 우리 여성은
> 우리 목소리를 내기까지
> 너무 오랜 시간이 걸렸다.
> **페넬로페 바커**

별 무관한 집회로 열렸다. 1780년대에는 다양한 여성 사회 토론회가 런던에서 번창했는데, 라벨레 아상블레(La Belle Assemblee), 여성의회(Female Parliament), 칼라일 하우스 토론(Carlisle House Debates), 여성회의(Female Congress) 등이 대표적이었다. 이런 모임에서 여성들은 평등한 교육과 정치적 권리, 유급노동을 할 권리 등을 요구하며

유럽 각지의 계몽주의 사상가들이 부유한 후원자 마담 죠프랭(Madame Geoffrin)이 매주 여는 파리 살롱에 모였다. 이 그림은 1755년에 파리 살롱에서 볼테르가 희곡을 낭독하는 광경이다.

참조 : ▪ 초창기 영국 페미니즘 20~21쪽 ▪ 18세기 집단행동 24~27쪽 ▪ 여성참정권운동의 탄생 56~63쪽 ▪ 결혼과 직장 70~71쪽

대중의 관심을 집중시킬 수 있었다.

혁명 참여

북아메리카와 프랑스에서는 혁명의 기운이 확립된 기성 체제에 도전하며, 여성이 적극적으로 참여할 수 있는 정치적 환경을 조성했다. 미국독립전쟁(1775~1783년)을 앞둔 수년간 여성들은 영국과 식민지들의 관계에 대한 토론에 참여하기 시작했다.

1767~1768년의 타운센드 법안(Townshend Acts)이 차와 다른 물품에 영국 왕실에 지불해야 하는 수입세를 부과하자, 미국 여성들은 영국상품의 불매운동에 착수했다. 일부 여성은 영국에 수입해야 하는 차를 포기하고 커피나 허브차를 마셨고, 다른 여성들은 집에서 손수 옷을 짜 입는 것으로 수입거부 운동과 국가의 (애국적) 대의에 동참의 뜻을 표했다. 방적을 위한 대중집회인 '실잣기 모임(spinning bees)'은 자유의 딸들(Daughters of Liberty)의 후원을 받았다. 자유의 딸들은 1765년에 영국 인지조례(Stamp Act)가 식민지에 부과한 세금 부담에 반발하여 조직된, 미국 독립을 지지하는 최초의 공식 여성협회였다. 이런 주도 세력이 여성들에게 혁명 운동에 참여하도록 독려했다.

1775년에 미국 독립전쟁이 발발하자 여성의 사회 참여가 증가했다. 여성들은 아버지와 남편이 군대에 소집된 동안 사업을 운영하고 가족의 중요한 의사결정을 내리는 등 가장의 역할을 맡았다. 또 정치에도 적극적으로 참여했다. 1780년에 에스더 리드(Esther Reed)는 애국적 대의에 대한 여성들의 참여를 촉구하기 위해 「미국 여성의 견해The Sentiments of an American Woman」라는 선언문을 발표했다. 그녀의 캠페인은 30만 달러를 모금했다. 이후에 리드는 벤저민 프랭클린(Benjamin Franklin, 미국 건국의 아

〈라이프Life〉지의 1915년 표지에서는 '모든 남성(men)은 평등하게 태어났다'는 1776년 「미국 독립선언서Declaration of Independence」의 선언문에 '그리고 여성도(and women)'라는 문구를 추가시켰다.

버지 중 한 명)의 딸 사라 프랭클린 배치(Sarah Franklin Bache)와 함께 미국 혁명에 관한 최대 여성단체인 필라델피아여성협회(Ladies Association of Philadelphia)를 발족했다. 협회 회원들은 독립파(Patriot) 병력을 위해 집집마다 방문하며 모금 활동을 펼쳤다.

모든 남자들은 될 수만 있다면
폭군이 된다는 것을 기억하세요.
애비게일 애덤스

일부 여성은 남성의 영역으로 한발 더 진출하여 군대에서 적극적인 역할을 했다. 예를 들어 안나 스미스 스트롱(Anna Smith Strong)과 리디아 배링턴 다라(Lydia Barrington Darragh)는 독립군의 스파이로 활동하며, 영국군에 관한 정보를 빼내어 워싱턴 장군에게 전달했다. 영국 정부를 지지하던 왕당파(Loyalist) 스파이로는 행상인으로 변장하여 미국 군대 캠프에 침투했던 앤 베이츠(Ann Bates) 등이 있었다. 몇몇 여성은 아예 남장을 하고 다른 군사들과 함께 싸우기도 했다. 대포를 장전하던 데버러 샘슨(Deborah Sampson)은 워싱턴 군대에서 복무하며 활약상을 인정받아 연금까지 받았다.

계속되는 권리 투쟁

프랑스혁명(1789~1799년) 때는 처음부터 여성들이 적극적인 역할을 하여, 여성의 권리를 증진시키려는 새로운 요구가 생겼다. 1789년 10월에 수천 명의 노동자 여성들이 빵을 요구하며 베르사유 궁전으로 행

> 여성이 무능하다는 생각은 이런 계몽된 시대에는 결코 용납될 수 없다.
> 주디스 사전트 머리

진하여 7월 14일의 바스티유 습격으로도 이루지 못했던 결과를 얻어냈다. 그들의 행동이 휘청거리던 프랑스 군주제를 실제로 무너뜨린 것이다. 그렇지만 이런 여성들이 그후 프랑스를 통치하게 된 국민의회(National Assembly)에 평등권을 요구하는 6쪽짜리 탄원서를 제출했을 때, 이 탄원서는 논의조차 되지 않았다.

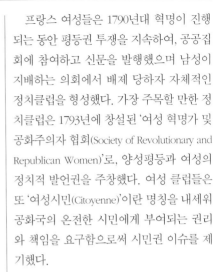

프랑스 여성들은 1790년대 혁명이 진행되는 동안 평등권 투쟁을 지속하여, 공공집회에 참여하고 신문을 발행했으며 남성이 지배하는 의회에서 배제 당하자 자체적인 정치클럽을 형성했다. 가장 주목할 만한 정치클럽은 1793년에 창설된 '여성 혁명가 및 공화주의자 협회(Society of Revolutionary and Republican Women)'로, 양성평등과 여성의 정치적 발언권을 주장했다. 여성 클럽들은 또 '여성시민(Citoyenne)'이란 명칭을 내세워 공화국의 온전한 시민에게 부여되는 권리와 책임을 요구함으로써 시민권 이슈를 제기했다.

언어를 무기 삼아

전쟁의 포화 속에서도 주요 작가들은 여성 권익에 대한 논의에 계속 관심을 끌기 위해 힘썼다. 1789년에 프랑스 혁명의 「인간과 시민의 권리 선언Declaration of the Rights of Man and of the Citizen」에서 모든 인간의 권리와 자유를 주장하자, 극작가 겸 운동가 올랭프 드 구즈는 「여성과 여성 시민의 권리 선언The Declaration of the Rights of Woman and the Female Citizen」이란 팸플릿을 집필하여, 여성에게도 동등한 권리를 달라고 주장했다. 그녀는 모든 저작에서 계몽주의 가치를 설파하며 그 가치가 여성의 삶에 어떤 변화를 가져올 수 있을지를 설명했다.

미국에서는 수필가 겸 극작가 주디스 사전트 머리가 「양성의 평등에 관하여On the Equality of the Sexes」라는 기념비적인 에세이에서 여성도 남성과 유사한 교육만 받는다면 남성 못지않은 업적을 이룰 수 있다고

외젠 들라크루아(Eugene Delacroix)가 1830년 프랑스 7월 혁명을 그린 이 작품에서 보듯이 프랑스에서는 자유를 여성으로 묘사한다. 그러나 프랑스 여성은 1944년에야 참정권을 얻었다.

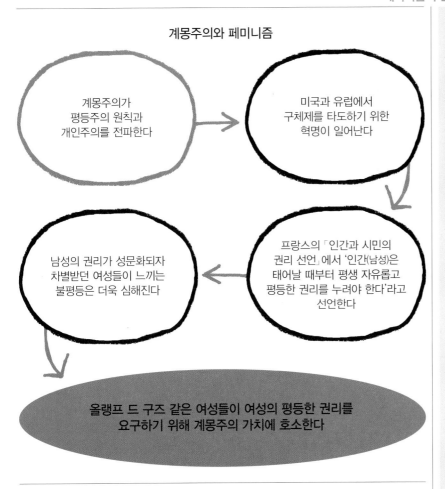

계몽주의와 페미니즘

계몽주의가 평등주의 원칙과 개인주의를 전파한다

미국과 유럽에서 구체제를 타도하기 위한 혁명이 일어난다

프랑스의 「인간과 시민의 권리 선언」에서 '인간(남성)은 태어날 때부터 평생 자유롭고 평등한 권리를 누려야 한다'라고 선언한다

남성의 권리가 성문화되자 차별받던 여성들이 느끼는 불평등은 더욱 심해진다

올랭프 드 구즈 같은 여성들이 여성의 평등한 권리를 요구하기 위해 계몽주의 가치에 호소한다

올랭프 드 구즈

1748년에 마리 구즈(Marie Gouze)란 본명으로 태어난 올랭프 드 구즈는 퐁피뇽 후작의 사생아라는 미천한 혈통과 16세 때의 원하지 않는 강제 결혼을 극복하고 프랑스 귀족사회에서 스스로 자신의 입지를 만들었다. 그녀는 1780년대에 희곡을 쓰고 사회에서 남성의 권위에 도전하는 정치 팸플릿을 출판하기 시작했다. 또 노예무역의 해악을 지적하기도 했다.

올랭프 드 구즈는 「여성과 여성 시민의 권리 선언」을 통해 프랑스 여성의 완전한 시민권과 평등한 권리의 요구를 설득력있게 주장한 최초의 인물 중 하나였다. 프랑스 혁명에서 유혈이 낭자했던 공포 시대(Reign of Terror)에 올랭프는 정부를 모함한 죄로 체포되어 1793년에 단두대에서 처형당했다.

주장하여, 여성이 열등하다는 당대의 통념에 반박했다.

영국에서 메리 울스턴크래프트 역시 「여성의 권리 옹호」에서 여성 교육의 중요성을 강조했다. 그녀는 여성들이 어릴 때부터 복종하라고 배우고 여성은 남성보다 선천적으로 열등하다는 인식을 세뇌당한다고 주장한다. 울스턴크래프트는 평생에 걸쳐 여성이 열등하다는 인식에 맹렬히 저항했다.

이렇게 양성평등을 주장하는 명쾌한 요구에도 불구하고, 여성이 두 번의 혁명에서 얻은 유산은 미온적이었다. 전시에 남성의 역할을 대신하고도 양성평등 전쟁에서 즉각적인 수확을 얻지 못했던 것이다. 프랑스에서는 정치적으로 적극적이던 세 여성, 즉 올랭프 드 구즈, 마담 롤랑(Madame Roland), 샤를로트 코르데[Charlotte Corday, 혁명기에 자코뱅파 지도자 장 폴 마라(Jean-Paul Marat)를 암살함]를 처형시켜 일시적으로 프랑스 여성들이 정치적 견해를 표현하지 못하도록 저지시켰다.

그러나 정치적으로 적극적인 여성들의 본보기와 계몽주의와 함께 시작된 양성평등에 관한 논쟁과 글쓰기는 두 차례 혁명을 거치면서 더욱 활발해져서 현대 페미니즘 이론의 근간이 되었고 여성들의 평등권 투쟁에 박차를 가하는 계기가 되었다. ■

주요저서

1788년 「민중에게 보내는 편지, 혹은 애국 기금 마련 계획 *Letter to the people, or project for a patriotic fund*」
1790년 『이혼의 필요성 *The Necessity of Divorce*』
1791년 「여성과 여성 시민의 권리 선언」

나는 여성이 남성을 지배할 힘이 아니라 스스로를 지배할 힘을 얻기 바란다

가정으로부터의 해방

맥락읽기

인용출처
메리 울스턴크래프트(1792년)

핵심인물
메리 울스턴크래프트

이전 관련 역사
1700년 : 영국 철학자 메리 아스텔이 『결혼에 관한 고찰』에서 왜 남자는 자유롭게 태어나는데 여자는 노예로 태어나는지 의문을 제기한다.

1790년 : 영국 역사가 캐서린 매콜리(Catherine Macaulay)가 『교육에 대한 서한Letters on Education』을 집필한다. 그녀는 흔히 지적되는 여성의 약점이 교육 부족에서 기인한다고 주장한다.

이후 관련 역사
1869년 : 영국 철학자 존 스튜어트 밀(John Stuart Mill)이 『여성의 종속The Subjection of Women』을 출간한다. 그는 페미니스트인 아내 해리엇 테일러 밀(Harriet Taylor Mill)과 함께 평등권에 대한 강력한 주장을 펼친다.

메리 울스턴크래프트는 1792년에 「여성의 권리 옹호」를 발표하여 여성을 가정에서 해방시키기 위한 전쟁에서 일찌감치 강력한 선제공격에 나섰다. 그녀는 철학자 장 자크 루소처럼 자유주의 사상을 여성에게까지 확대시키지 않은 18세기 계몽주의 사상가들에 반발하는 글로 페미니즘적인 반론을 제기했다. 울스턴크래프트는 자신들의 자유를 요구하면서 여전히 여성을 예속시키려는 남성의 모순과 부당함을 비판한다. 또 여성이 남성보다 이성적이지 않다는 당대의 인식도 거부한다. 그녀는 "누가 남자만 심판관이 되게 만들었는가?"

> 여자는 남자의 장난감이 되도록 태어나 남자가 즐거워지기를 원할 때마다 이유를 불문하고 그의 귓속에서 딸랑거려야 한다.
> 메리 울스턴크래프트

라고 강력히 반문하면서, 여성이 신체적으로는 약할지 몰라도 남성과 똑같이 이성적으로 사고할 수 있다고 역설한다.

남자의 노리개

울스턴크래프트는 여성이 가정 영역에 갇혀 남자의 '장난감이자 노리개' 역할을 강요받기 때문에 열등한 상태로 머문다고 주장한다. 사회는 여성에게 지적이고 개인적인 성취보다 외모, 남성의 의견, 결혼이 더 중요하다고 가르쳐왔다. 딸들은 어머니에게서 기존 사회의 성 고정관념을 물려받아 외모를 가꾸고 자신을 부양하고 보호해줄 남자를 찾으며 자라난다.

울스턴크래프트는 '생계를 위한 결혼'이 일종의 매매춘이라고 표현한 최초의 페미니스트였다. 이것은 당대로서는 충격적인 주장이었다. 여자들은 대개 경제력이 부족하여 강제로 결혼을 했다. 남자의 인정에 의존하여 살다보니 모욕을 당하거나 사실상 남자들의 노예로 전락하기 일쑤였다.

울스턴크래프트는 여성의 존엄성을 회복하기 위해 '여성 예법의 혁명'을 권고한다. 또 여성이 남성과 똑같은 교육을 받아야 한다고 믿어 남녀공학 제도를 제안하기도 했다. 그녀는 여성이 공적 영역에서 활

34

참조 : ▪ 계몽주의 페미니즘 28~33쪽 ▪ 남성 주도적 세계의 여성 자치권 40~41쪽 ▪ 기혼여성을 위한 권리 72~75쪽 ▪ 가사노동 임금 147쪽

동해야 하고 의료, 조산원, 사업 등 가정 밖의 영역에서 일하도록 훈련받아야 한다고 믿었다. 울스턴크래프트는 성별에 따른 사회적 차별을 종식시키고 여성에게 자신의 삶을 주도할 수 있는 동등한 권리를 달라고 촉구한다.

엇갈린 반응

「여성의 권리 옹호」는 특히 지성계에서 호평을 받았다. 그러나 적대적인 언론은 울스턴크래프트의 저서와 관습에 얽매이지 않는 생활방식 때문에 그녀를 '페티코트를 입은 하이에나'라고 불렀다. 「여성의 권리 옹호」

는 19세기 중반에야 재출간되어 영국의 여성 참정권론자 밀리센트 포셋(Millicent Fawcett)과 미국 운동가 루크레시아 모트(Lucretia Mott)에게 찬사를 받았다. 울스턴크래프트의 선구적인 사상은 바바라 보디숀(Barbara Bodichon)부터 시몬 드 보부아르까지 페미니스트의 저작들에 큰 영향을 미쳤다. ▪

18세기에 여성의 일은 언제나 집안일이었다. 세탁부는 집 밖에서 일했지만, 장시간 힘겨운 노동을 하고 극도로 적은 임금을 받았다.

메리 울스턴크래프트

영국계 아일랜드 페미니스트이자 급진주의자였던 메리 울스턴크래프트는 1759년에 런던에서 출생했다. 그녀의 아버지는 건달에 낭비벽이 심했다. 그녀는 거의 독학을 했고, 친구와 함께 노스 이스트 런던에 학교를 세웠다. 학교가 망하자 그녀는 킹스보로 경(Lord Kingsborough) 가문의 여자 가정교사가 되었는데 이 일을 싫어했다.

1790년에 울스턴크래프트는 런던의 한 출판사에서 일하며 토머스 페인(Thomas Paine), 윌리엄 고드윈(William Godwin) 등과 함께 급진적 사상가 집단의 일원이 되었다. 1792년에 그녀는 파리로 건너가 길버트 임레이(Gilbert Imlay)를 만나 딸 패니(Fanny)를 낳았다. 임레이가 바람을 피워 둘의 관계는 끝났다. 1797년에 울스턴크래프트는 고드윈과 결혼했으나 그 해에 딸 메리를 낳고 열흘 만에 죽었다. 딸 메리는 훗날 소설 『프랑켄슈타인Frankenstein』을 쓴 작가 메리 셸리(Mary Shelley)가 되었다.

주요저서

1787년 『딸들의 교육에 관한 성찰Thoughts on the Education of Daughters』
1790년 『인간의 권리 옹호A Vindication of the Rights of Men』
1792년 「여성의 권리 옹호」

우리는 계층에 상관없이 모든 여성에게 호소한다

노동자 계층 페미니즘

여성(과 남성)은 신분에 따라 '프롤레타리아'와 '특권층'으로 구분된다

그렇지만 사회적 억압 때문에 다양한 배경의 모든 여성이 하나로 결속된다

최초의 노동계층 페미니스트 신문 〈여성 트리뷴〉은 모든 여성에게 여성의 진보에 기여하고 동참할 것을 촉구한다

맥락읽기

인용출처
수잔 부알캥

핵심인물
수잔 부알캥

이전 관련 역사
1791년 : 프랑스 혁명기에 올랭프 드 구즈가 『여성과 여성 시민의 권리 선언』을 출간하여 여성과 남성이 평등하다고 주장한다.

1816년 : 프랑스 귀족이자 정치이론가 앙리 드 생-시몽(Henri de Saint-simon)이 인류는 진정한 평등과 유용한 노동에 기반을 둔 생산적 사회에서 행복을 느낀다고 주장한 여러 소론 중 한 편「산업l'Industrie」을 발표한다.

이후 관련 역사
1870년대 : 프랑스 사회학자 겸 프랑스 노동운동의 초기 지도자 쥘 게드(Jules Guesde)가 프랑스 여성에게 그들의 권리가 견제당하고 있고 자본주의가 해체되면 자연히 권리를 되찾게 될 것이라고 주장한다.

산업화가 진행되면서 여러 면에서 중산층 여성과 노동계층 여성의 격차가 심해졌다. 양 집단 모두 억압을 느꼈으나, 중산층 여성이 새로운 산업의 온갖 경제적 기능에서 배제되어 교육 확대, 의미있는 노동 기회, 참정권 쟁취를 위해 운동을 벌인 반면, 노동계층 여성은 새로운 공장에서 일하며 가게 수입을 보태느라 주장을 펼칠 기회가 적었고 그들의 임금과 근로환경 개선에 훨씬 더 관심이 높았다.

여성 노동자 중 일부는 노동조합 운동에 기대를 걸었고, 일부는 19세기 전반부에 프랑스에서 유행한 생시몽주의(Saint-Simonianism) 같은 유토피아 운동에 이끌렸다. 앙리 드 생-시몽의 사상에 영감을 받은 이 운동은 점점 기술화되고 과학화되는 세계에서 모든 계층이 상호 평등한 이득을 얻기 위해 협력하는 '노동조합'을 주장했다.

생시몽주의자들은 결혼의 억압으로부터 자유롭고 평화와 연민 같은 여성적 가치가

참조 : ■ 마르크스주의 페미니즘 52~55쪽 ■ 페미니즘 내의 인종차별과 계층적 편견 202~205쪽 ■ 핑크칼라 페미니즘 228~229쪽 ■ 임금격차 318~319쪽

> 남성들이여! 더 이상 당신들 사회에 만연하는 무질서에 놀라지 말라. 이것은 당신들끼리 해왔던 일에 반대하는 열정적인 시위다.
> **수잔 부알캥**

공격적인 남성적 가치를 대신하는 공동체 생활방식을 제안했다.

당대의 풍자만화에는 남자 생시몽주의자들이 코르셋을 입고 집안일을 하는 동안 여성 생시몽주의자들이 사냥과 연설처럼 당대에 남성의 일로 여겨지던 활동을 하는 모습이 담겨 있다.

여성신문

이런 생시몽주의에 영향을 받은 사람들 중에 수잔 부알캥이 있었다. 그녀는 남편과 합의하여 갈라선 후에 독립적인 여성으로 살기로 결심하고 자수업자로 생계를 유지하던 프랑스 여성이었다. 그녀는 다른 여성에게 본보기가 되는 동시에 생시몽주의의 대의를 알리고 싶어했다. 그녀는 1830년 7월 혁명이 끝나고도 노동계층의 생활이 전혀 바뀌지 않은 당시 상황에서 생시몽주의의 대의가 시급히 필요하다고 믿었다. 부알캥 자신도 혁명 후에 사치품 판매가 급감하면서 자수업자로 일하는 데 타격을 받고 한동안 실업상태에 처해 경제적인 어려움을 겪고 있었다.

1832년에 부알캥은 생시몽주의 대의를 홍보하는 신문 〈여성 트리뷴La tribune des femmes〉의 편집장이 되었다. 이 신문은 주로 노동계층 여성을 채용했지만 모든 계층의 여성에게 신문 기고를 권했다.

필진은 결혼하면 남편의 성을 따라야 하는 관행에 시위하기 위해 성 없이 이름만 내걸고 글을 썼다. 이 신문은 '새로운 여성(nouvelle femme)'의 탄생을 목표로 '프롤레타리아 여성'과 '특권층 여성'의 연합을 주창했다. "한명 한명의 여성이 쌓아올린 돌무덤 위에서 미래의 윤리 체계가 세워질 것이다"라고 부알캥은 말했다. 〈여성 트리뷴〉은 여성의 의식화를 추구했던 최초의 시도였다. ■

국가들이 산업화되면서 여성과 소녀들도 점차 집밖에서 고용되었다. 스페인 말라가의 한 공장을 찍은 이 1898년 사진에는 실 감는 일을 하는 여성 노동자들 모습이 보인다.

수잔 부알캥

수잔 부알캥은 1801년 파리에서 모자 제조공의 딸로 태어났다. 유년기의 삶은 평탄했으나 그녀는 남자 형제들이 받던 교육을 부러워했다. 아버지의 파산으로 경제적 어려움에 빠지자 부알캥은 자수업자가 되었다.

1823년에 부알캥은 결혼을 하고 유토피아 사회주의의 초기 형태인 생시몽주의 운동에 참여했다. 1832년에 남편과 헤어지고 나서 부알캥은 최초로 알려진 노동계층 페미니스트 신문 〈여성 트리뷴〉을 편집하기 시작했다. 그녀는 사회 문제에 여성을 참여시키지 않는 프랑스 민법의 부당함을 고발했고 여성의 교육과 경제적 자립을 주창했다. 1834년에 부알캥은 생시몽주의를 전 세계에 전파해달라는 요청을 받고 이집트로 건너가 간호사가 되었다. 나중에는 러시아와 미국으로 건너갔다가 1860년에 프랑스로 복귀하여 1877년에 파리에서 사망했다.

주요저서

1866년 『민중의 딸의 기억Memories of a Daughter of the People』

나는 그들에게 신의 종교를 가르쳤다

이슬람 여성 교육

맥락읽기

인용출처
나나 아스마우

핵심인물
나나 아스마우

이전 관련 역사
610년 : 예언자 무함마드가 신에게 계시를 받기 시작하고, 그 계시가 훗날 쿠란으로 기록된다.

이후 관련 역사
1990년대 : 셰이크 이브라힘 자크자키(Ibrahim Zakzaky)가 나이지리아 이슬람운동(Islamic Movement in Nigeria)을 결성한다. 이 단체가 여성 교육을 장려한다.

2009년 : 탈레반이 파키스탄 스왓 계곡의 학교들을 습격한다. 생존자인 말랄라 유사프자이(Malala Yousafzai)가 인권, 특히 어린이와 여성교육을 옹호하여 2014년에 노벨평화상을 받는다.

2014년 : 이슬람 과격 무장단체 보코하람(BoKo Haram)이 나이지리아 서부 도시 치복에서 여학생들을 납치한다.

모든 무슬림은 교육을 의무로 여긴다. 예언자 무함마드(571~632년)는 배움의 필요성을 강조하면서 지식을 추구하는 사람은 하루 종일 단식하고 밤새 철야기도를 하는 사람에 버금가는 정신적 보상을 얻는다고 말했다. 이슬람교의 가르침은 종교적 지식과 세속적 지식을 구분하지 않는다. 모든 배움을 인간성의 일부로 보는 것이다.

중세에 무슬림 국가에서는 과학이 번영했다. 학자들은 지구의 둘레를 계산하고 대수학의 원리를 제시하며 의학, 천문학, 수학의 발전을 이끌었다. 이슬람 초창기인 7~8세기에 여성들은 지식을 전파하는 데 중요한 역할을 했다. 시아파 자료에는 예

지식을 추구하는 것은
남녀 불문하고
모든 무슬림의 의무다.
무함마드

언자의 딸 파티마(Fatima)와 그녀의 딸 자이나브(Zaynab)가 얼마나 『쿠란』과 『하디스 *Hadith*』(예언자의 말씀과 행적의 기록)에 완벽할 만큼 조예가 깊었고, 메디나에서 어떻게 여성들을 가르쳤는지가 기록되어 있다. 예언자 본인도 메디나의 여성들에게 파티마한테 배우라고 권했다. 자이나브의 조카인 알리 이븐 알 후세인(Ali ibn al-Husayn, 659~713년)은 이슬람교 시아파 신도들에게 신이 정한 이맘(Imam, 종교지도자)으로 추앙받았는데, 그는 자이나브를 '스승이 없는 학자'라고 칭하여 그녀가 주변 환경에서 독자적으로 지식을 흡수했음을 시사했다.

학식 있는 여성들

11세기에 이르자 무슬림 여성들은 더 이상 남성들과 똑같은 수준의 교육을 받지 못했다. 한 가지 이유는 남성이 공적 역할을 더 많이 떠맡으니 더 높은 수준의 교육을 받아야 한다고 믿는 가부장제 때문이었다. 그러나 특권층 여성들은 때때로 자신의 재력과 인맥을 이용하여 이런 장벽을 극복하고 여성의 교육을 지원했다. 파티마 알-피흐리(Fatima Al-Fihri)는 859년에 모로코에 카라윈 대학을 설립했다. 무슬림 세계 전역을 여행했던 수니파 학자 이븐 아사키르(Ibn

참조 : ▪ 초기 아랍 세계 페미니즘 104~105쪽 ▪ 페미니즘 신학 124~125쪽 ▪ 가부장제의 사회 통제 144~145쪽 ▪ 반식민주의 218~219쪽 ▪ 현대 이슬람 페미니즘 284~285쪽

어린 나이지리아 소녀가 라우흐(나무판)를 이용해 쿠란을 공부하고 있다. 오늘날까지도 많은 무슬림 국가에서는 쿠란의 탄탄한 기초 교육이 초등교육의 기반을 이룬다.

Asakir, 1105~1176년)는 80명의 여성을 포함한 수백 명의 스승과 함께 『하디스』를 연구했다. 하지 코카(Hajji Koka)는 인도 무굴제국 황제 자한기르(Jahangir, 1569~1627년)에게 자문했고 그녀의 재력을 이용하여 여성교육에 기부했다.

19세기의 가장 주목할 만한 여성 중 한 명은 서아프리카의 현재 나이지리아 지역에 위치한 소코토 칼리파국(Sokoto caliphate)

아이 한 명, 교사 한 명,
책 한 권, 펜 한 자루가
세상을 바꿀 수 있다.
말랄라 유사프자이

의 나나 아스마우였다. 그녀는 칼리프의 딸일 뿐 아니라 뛰어난 지혜 덕분에 널리 유명해졌다. 여성 교육을 제도화시키고, 표준화해야 한다고 믿은 그녀는 자지스(jajis)라는 여성 교사 집단을 훈련시켜 그들이 제국 전역을 돌며 여성들에게 자택에서 교육을 시키도록 했다.

이슬람 원리주의자들은 여성 교육을 중단시키기 위해 애썼지만 나나의 유산은 지금도 나이지리아에 살아 숨 쉬고 있다. 오늘날 나이지리아의 수많은 학교와 여성단체가 그녀의 이름을 따서 명칭을 짓고, 그녀가 나이지리아 역사와 문화에 기여한 바는 소중히 간직되어 왔다. 나나는 이슬람권의 모든 사람에게 교육의 중요성을 환기시키는 이름이다. ■

소녀들에게
공부하고 배울 기회를
주지 않는 것은
사실상 생매장이나 다름없다.
셰이크 무함마드 아크람 나드비

나나 아스마우

1793년에 북부 나이지리아에서 태어난 나나 아스마우는 서아프리카에 소코토 칼리파국(1809~1903년)을 세운 우스만 단 포디오(Usman dan Fodio)의 딸이었다. 나나는 아버지처럼 쿠란을 연구하는 학자였다. 그녀는 또 4개 국어에 능통했고, 칼리프국의 원리를 가르치기 위해 시를 매개로 사용했다. 오빠 무함마드 벨로(Mohammed Bello)가 2대 소코토 칼리프가 되자, 나나는 그의 가까운 자문가가 되었다. 그러나 그녀가 남긴 최대 유산은 여성을 위한 교육체계를 확립한 것이었다. 그녀는 1864년에 사망할 때까지 아랍어, 풀라니어, 하우사어, 타카체크투아레그어 등으로 시, 정치, 신학, 교육에 관한 방대한 저작을 남겼다.

주요저서

1997년 『우스만 단 포디오의 딸 나나 아스마우 선집*The Collected Works of Nana Asma'u, Daughter of Usman dan Fodiyo*』(1793~1864)

모든 길은 남성만큼 여성에게도 자유롭게 열려 있다

남성 주도적 세계의 여성 자치권

맥락읽기

인용출처
마가렛 풀러(1845년)

핵심인물
프란시스 패니 라이트(Frances Fanny Wright), 해리엇 마티노(Harriet Martineau), 마가렛 풀러

이전 관련 역사
1810년 : 스웨덴에서 여성에게 모든 길드 직종, 교역, 수공업 분야에서 일할 권리를 부여한다.

1811년 : 오스트리아에서 기혼여성에게 재정적 독립과 직업 선택권을 허용한다.

이후 관련 역사
1848년 : 미국의 세 주(뉴욕, 펜실베이니아, 로드아일랜드)가 여성에게 재산권을 부여하는 재산법을 통과시킨다.

1870년 : 영국에서 기혼여성재산법(Married Women's Property Act)이 제정되어 기혼여성의 재산 소유와 유산 상속을 허용한다.

19세기 초반에 산업혁명(1760~1840년)이 가속화되자 여성들은 생산적 노동활동을 점점 중시하는 사회에서 자신들의 입지를 돌아보기 시작했다. 페미니즘이란 용어를 만든 프랑스 철학자이자 유토피아 사회주의자 샤를 푸리에는 남성과 여성 모두의 협동적인 자치권에 기반을 둔 새로운 세계 질서를 주창했다. 그는 모든 일이 개개인의 기술, 관심사, 적성에 따라 여성에게 문호가 열려야 한다고 믿었고, 가부장제의 억압에서 벗어난 여성의 공헌이 조화롭고 생산적인 사회를 만드는 데 필수적이라고 믿었다. 그의 견해는 유럽에서 미국까지 전파되어, 1840년과 1850년대에 그의 사상을 지지하는 사람들이 남녀가 협력하고 함께 일하며 살아가는 다양한 유토피아적 공동체를 건설했다.

사상가와 작가들

스코틀랜드 출신으로 미국에 거주하던 페미니스트, 자유사상가, 노예해방론자인 프란시스 (패니) 라이트는 푸리에의 신념을 옹호했다. 그녀는 1821년에 『미국 사회와 예절에 대한 견해*Views of Society and Manners in America*』로 발표한 일련의 편지에서 미국 여성이 '사유하는 존재로서 지위

교육받은 여성들이 큰돈을 버는 방법은 거의 없었다. 1870년대부터 이 사진의 숄스앤글리든(Scholes & Glidden) 제품 같은 타자기가 도입되면서 여성들이 사무직으로 일할 기회가 생겨났다.

를 타고났음에도 '재정적·법적 권리'의 부족으로 살아가는 데 지장을 받는다고 주장한다. 그녀는 푸리에의 추종자인 웨일스 사회개혁가 로버트 오언(Robert Owen)이 설립한 인디애나 주 뉴하모니의 유토피아 공동체에서 지내다가 미국 여성 최초로 〈뉴하모니 가제트*The New Harmony Gazette*〉라는 잡지를 편집했다. 1829년에 그녀는 뉴욕으

참조 : ▪ 계몽주의 페미니즘 28~33쪽 ▪ 결혼과 직장 70~71쪽 ▪ 기혼여성을 위한 권리 72~75쪽 ▪ 지적 자유 106~107쪽

> 여성 권익의 확대는
> 진보하는 모든 사회의
> 기본 원리다.
> 샤를 푸리에

로 이주하여 여성의 공개 연설에 대한 금기를 깨고 노예와 여성해방, 아내의 법적 권리, 진보적인 이혼법, 산아제한 도입 등을 요구하는 강연을 했다.

영국 작가 해리엇 마티노는 보통 남자들끼리 논의하던 사회적·경제적·정치적 이슈들에 의견을 제시했다. 그녀는 경제적 상황이 다양한 사회 계층의 평민들에게 미치는 여파를 묘사한 25편의 허구적 '초상'을 담은 『정치경제의 실례Illustrations of Political Economy』(1832년)를 발표하여 명성을 얻었다. 마티노는 1834~1836년에 미국이 내세우는 민주주의 원칙을 살펴보기 위해 미국으로 여행을 다녀와서 1837년에 그녀가 얻은 성과를 『미국 사회Society in America』란 저서로 펴냈다. 이 책의 '정치적으로 존재하지 않는 여성'이란 장에서는 여성이 '정의보다 방종을 얻었다'고 지적하며, 여성이 남성의 재정적 지원과 간섭 없이 살아갈 수 있도록 더 나은 교육을 받아야 한다고 주장한다.

몇 년 후에 미국 저널리스트 마가렛 풀러는 1845년에 『19세기의 여성Woman in the Nineteenth Century』을 출간하여 이런 페미니스트 작가 군단에 그녀의 목소리를 더했다. 이 책은 독립적인 여성이 남성과 동등한 토대 위에서 더 나은 사회를 만들어가는 새로운 각성 과정을 그려냈다. 풀러는 양성의 신체적 차이를 인정하면서도 성별 특성을 규정하는 데는 반대하며 '전적으로 남성적인 남자도, 순수하게 여성적인 여자도 없다'는, 당대의 인식을 매우 앞서가는 발언을 남겼다.

지속적인 영향

이런 여성들은 미국과 유럽에서 여성해방 투쟁에 영감을 불어넣어, 19세기 후반부에는 새로운 세대의 여성운동가들이 목소리를 내기 시작했고, 각국 정부도 마침내 이들 세력을 인정하지 않을 수 없었다. 이런 여성들은 대체로 중산층이었지만, 기업과 관료제가 급격히 성장하면서 과거에는 남성들이 도맡던 역할인 속기사, 복사담당자, 경리 등을 담당할 노동계층과 중하층의 글을 아는 여성들 수요가 크게 증가했다. 그러나 이런 여성 고용에서 기대할 만한 개인적 자치권과 직업 만족도는 낮은 임금과 사회적 지위로 인해 유명무실해졌고, 여성의 노동은 여전히 남성 노동에 비해 부차적인 취급을 받았다. ■

> 남자들의 마음속에는
> 여자를 노예처럼 대하려는
> 성향이 존재한다.
> 마가렛 풀러

해리엇 마티노

1802년에 영국 노리치에서 포목도매상의 딸로 태어난 해리엇 마티노(Harriet Martineau)는 훌륭한 교육을 받았으나 전통적인 성역할을 강조하는 엄격한 어머니 때문에 집안에 갇혀 지냈다. 1826년에 아버지가 사망하자, 마티노는 12세 이후로 청각장애를 앓고 있었음에도 관례를 깨고 저널리스트로서 생계를 꾸려나갔다.

마티노의 저서 『정치경제의 실례』가 주목할 만큼 성공을 거두면서 1832년에 런던으로 이주하여 존 스튜어트 밀 같은 영향력 있는 사상가들과 교류하기 시작했다. 그녀는 미국과 중동을 여행한 후에 고향으로 돌아가 집필을 계속했다. 마티노는 50권이 넘는 저서와 2,000편 이상의 글을 발표하면서 평생 동안 여성의 교육, 시민적 자유, 참정권 투쟁을 벌였다. 그녀는 레이크 디스트릭트에 손수 설계하고 지은 집에서 1876년에 사망했다.

주요저서

1832년 『정치경제의 실례』
1836년 『철학 에세이Philosophical Essays』
1837년 『미국 사회』
1848년 『가정 교육Household Education』

THE STRU
FOR EQUA
1840–1944

GGLE L RIGHTS

동등한 권리를 얻기 위한 피나는 노력

1840~1944년

영국에서 마르크스와 엥겔스가 자본주의 사회에서 남성과 여성의 해방을 요구하는 정치 소책자, 『공산당 선언』을 출간한다.

1848년

미국에서 사회운동가이자 노예제 폐지론자인 소저너 트루스가 오하이오 주에서 열린 여성권리대회에서 연설하며 동등한 권리를 위한 투쟁에 흑인여성도 포함돼야 한다고 주장한다.

1851년

영국에서 기혼여성재산법이 제정돼 기혼여성도 재산을 소유하고 관리하는 권리가 허용된다.

1882년

1849년

엘리자베스 블랙웰이 미국에서 의대를 졸업하고 최초의 여성 의사가 된다.

1869년

미국에서 설립된 전국여성참정권협회(NWSA)가 여성을 포함하지 않았다는 이유로 흑인남성에게 투표권을 부여한 미국 수정헌법 제15조를 비난한다.

페미니즘 역사를 기술할 때 흔히 19세기 중반부터 20세기 초반까지 시기를 "제1세대" 페미니즘이라고 부른다. 이 시기에 페미니스트들이 자신의 삶을 구성하는 여러 측면을 고찰하고 자신을 억압하는 제도와 관습을 바꾸고자 노력하면서 페미니즘 운동이 전 세계에 걸쳐 뚜렷하게 나타났다. 여성들은 점차 힘을 합쳐 교육과 고용, 법적·정치적 측면에서 동등한 권리를 요구하기 시작했다. 미국에서 1840년대 무렵부터 시작돼 이후 영국으로 번진 여성들의 권리 요구는 광범위한 분야에서 전개됐으며 때로는 참정권을 얻기 위한 운동으로 분열되기도 했다. 페미니즘 운동이 갖가지 방식으로 정치문제에 접근한 까닭에 서로 충돌하는 일이 잦았던 다양한 흐름이 나타났다.

제1세대 페미니스트들은 수많은 분야에서 활동을 전개했다. 영국에서는 캐롤라인 노턴(Caroline Norton)과 바버라 보디촌(Barbara Bodichon)이 여성을, 특히 기혼여성을 종속적인 역할에 묶는 사법제도를 공격하는 운동을 지휘했다. 두 사람이 분투한 결과 1857년 영국에서 혼인사건법(Matrimonial Causes Act)이 제정됐다. 이 법은 남편이 법정에서 아내의 간통 여부를 입증해야 한다고 규정하고 아내에게 남편이 학대했음을, 혹은 가정에 대한 의무를 소홀히 했음을 진술할 기회를 허용하는 법이었다. 이후 기혼여성의 재산권에 관한 두 가지 법률이 제정됐다. 그 중 1882년에 제정된 두 번째 법은 기혼여성에게 독자적인 재산소유권을 부여했다.

여성들은 가정과 가족이라는 울타리 안에 자신을 가두는 사회적 제약에 맞서 싸우기도 했다. 영국 페미니스트 해리엇 테일러 밀(Harriet Taylor Mill)과 엘리자베스 블랙웰(Elizabeth Blackwell)은 여성도 남성과 똑같이 대학교육을 받고, 전문직에 종사하고, 보수가 있는 일자리를 얻을 길이 있어야 하며, 더 큰 기회를 얻기 위한 노력에 자신의 에너지를 쏟을 수 있어야 한다고 주장했다.

독일 철학자 카를 마르크스(Karl Marx)와 프리드리히 엥겔스(Friedrich Engels)가 쓴 글이 독일에서 활동한 클라라 체트킨(Clara Zetkin)과 러시아에서 활동한 알렉산드라 콜론타이(Alexandra Kollontai) 같은 사회주의 페미니스트에게 영향을 미쳤다. 이들은 여성에 대한 억압을 계급 문제로 간주하고 자본주의 사회의 기본 경제 단위인 가족이 발달하면서 여성이 종속적인 역할을 맡도록 내몰렸으며 사회주의 혁명만이 여성을 해

뉴질랜드에서
여성 참정권이 인정된다.
세계 최초로 여성이 투표권을
얻는다.

1893년

일본 페미니스트 이치가와 후사에가
미국에서 전개된 여성참정권운동에 자극을
받아 부인 참정권 획득
기성 동맹회를 결성한다.

1924년

스페인에서 루치아 산체스 사오르닐이
무정부주의단체 자유여성단을 설립한다.
노동자계급 여성을 해방하고 이들에게
힘을 실어 주기 위한 조직이다.

1936년

1888년

영국 성냥공장에 근무하던 여성
1,400명이 저임금과 열악한 노동
환경 개선을 주장하며 파업한다.

1903년

영국 사회운동가 에멀린 팽크허스트가
여성사회정치연맹(WSPU)을 설립한다.
WSPU는 여성 참정권을 확보하기 위해
폭력적인 활동을 전개한다.

1929년

영국 소설가 버지니아 울프가 수필 『자기만의
방』에서 문학에서 여성이 과소평가되는 이유가
여성이 지적·사회적·경제적으로 자유롭지
못하기 때문이라고 말한다.

방시킬 것이라고 주장했다.

서구 사회 중산층 여성들이 어쩔 수 없이 나태한 삶을 사는 현실에 반기를 들었다면 공장에서 일하는 노동자 계급 여성들은 다른 문제를 제기했다. 노동자 계급 여성은 가정소득에 늘 보탬이 됐으나 산업화 물결이 가정 중심 노동활동에서 노동착취를 막을 보호 장치가 전혀 없는 외부 일터로 여성을 몰아냈다. 생계에 대한 위협으로 간주해 여성의 노동활동을 거세게 반대한 남성 노동조합의 움직임에 맞서 미국과 영국의 노동자 계급 여성들이 파업을 진행하고 여성만의 노동조합을 결성하는 행동에 나섰다.

19세기부터 지속적으로 인종차별 문제가 제1세대 페미니즘 속에 스며들었다. 노예에서 해방된 후 사회운동에 뛰어든 소저너 트루스(Sojourner Truth) 같은 흑인 페미니스트들은 성과 인종 때문에 이중으로 탄압받았다. 노예제 폐지론자가 주장하는 이상 아래 백인여성과 흑인여성이 하나로 뭉쳤지만 19세기 후반, 특히 참정권을 얻기 위한 투쟁이 전개되던 시기에 미국에서 흑인 남성에게 먼저 참정권을 부여하느라 여성에게 참정권을 부여하는 조치가 지연되면서 분열이 시작됐다.

페미니즘의 확대

사회적으로 여성이 성에 관해 이야기하지 못하는 금기가 존재했으나 영국과 스웨덴, 그리고 다른 지역에서 활동하던 몇몇 선구적인 페미니스트가 성과 생식을 여성에게 발언권이 거의 없는 중요한 문제로 부각시켰다. 영국과 미국에서 페미니스트들이 여성의 재생산권(reproductive rights)을 남성이 통제하는 현실에 반기를 들고 임신과 피임에 관한 권리를 얻기 위한 투쟁에 나섰다. 훨씬 더 급진적인 이들도 존재했다.

제1세대 페미니즘 운동이 중반쯤 진행됐을 때부터 영국과 미국에서 활동하던 페미니스트들이 참정권, 혹은 투표권을 얻기 위한 대규모 움직임 속에서 손을 잡았다. 참정권을 얻기 위한 노력은 굉장히 다양한 형태로 나타났다. 영국에서는 갈수록 폭력적이고 격렬하게 바뀌었다. 페미니즘 운동이 여러 줄기로 갈라지기는 했으나 참정권을 얻기 위한 움직임은 제1차 세계대전(1914~1918년)과 전쟁의 여파가 직접적으로 미치던 기간까지 페미니즘 운동에서 가장 큰 부분을 차지했다. 1920년대 페미니즘 사상과 운동이 전 세계 여러 나라에서 모습을 드러냈다. ■

노동력을 파는 행위는 곧 네 자신을 파는 행위다

노동조합 결성

맥락읽기

인용출처
로웰방직공장 여성 노동자 협회
(1841년)

주요 조직
로웰방직공장 여성 노동자 협회, 성냥공장 여성노동자연맹

이전 관련 역사
18세기 중반: 영국에서 제니 방적기와 수력 방적기 같은 여러 발명품이 탄생하고 증기기관이 개선되면서 힘든 노동을 기계가 대신하기 시작한다.

1833년: 영국에서 최초로 공장법이 제정돼 공장에서 일하는 어린이를 보호하기 위한 몇 가지 법적 장치가 마련된다.

이후 관련 역사
1888년: 미국 사회운동가이자 여성참정권운동가인 리오노러 오라일리가 노동 기사단라 불리는 미국 노동자조직에서 여성 분회를 개설한다.

1903년: 메리 해리스 존스가 아동 노동에 반대하기 위해 필라델피아에서 뉴욕까지 미성년 노동자들을 이끌고 행진한다.

산업혁명은 인간이 노동하고 생활하는 방식을 근본적으로 바꿨다. 그럼에도 불구하고 여성은 가정과 농경지에서 반복적이고 지루한 일거리를 담당했다. 오랫동안 굳어진 "여자들이 하는 일"에 관한 생각이 산업 경제에서 여성이 구할 수 있는 일자리 종류를 결정지었다. 여성들은 낮은 임금을 받는 사무직 노동자나 판매 사원, 공장 노동자의 상당 부분을 차지했다. 가정에서 바느질하거나 옷을 수선하는 일이 일반적으로 여성의 몫이었던 까닭에 대개 방직공장에서 채용하는 근로자는 주로 여성이었다. 여성이 감독관이 될 가능성은 희박했으며 미혼여성은 결혼하기 전까지만 일할 것이라고 생각됐다. 고용주는 여성에게 남성 노동자가 받는 급여의 일부만 지급했다.

1800년대 초반 매사추세츠 주 로웰에 있는 한 방직공장에서 젊은 여성 노동자를 고용하기 위해 소규모 농장으로 근로자 모집인을 파견했다. 당시 뉴잉글랜드 경제는 대부분 농업에 의존했고 농장을 운영하던 가정 중 상당수가 공장에서 가외로 돈을 벌어오라며 딸을 보냈다. 방직공장 공장주는 농장 출신 젊은 여성이 타지에서 생활하는 동안 이들을 교회에 보내고 이들에게 도덕 교

다수 앞에서 소수에 관해,
강자 앞에서 약자에 관해
이야기할 것이다.
애니 베전트

육을 시키는 등 아버지 역할을 맡아 하겠다고 약속했다. 하지만 실제로 공장에서는 노동착취가 벌어졌다. 1845년 로웰 지역 여성 근로자의 임금은 주당 (오늘날 약 100달러에 해당하는) 4달러였다. 감독관은 종종 임금은 그대로 둔 채 근로시간을 연장하거나 생산성을 높이라고 요구했다. 하루 평균 근로시간은 13시간이었다.

집단행동
산업혁명이 진행되던 초기 여성들이 조직적으로 모여 노동조합을 결성하고(집단으로 행동하고) 고용주에게 임금인상과 정

새러 배글리

1806년 뉴잉글랜드 지역 로킹엄 카운티에서 태어난 새러 배글리(Sarah Bagley)는 수많은 방직공장에서 일자리를 구하기 위해 1836년 매사추세츠 주 로웰로 이주했다. 배글리는 10년 동안 로웰에서 일하면서 방직공장의 생산량이 증가했음에도 방직공장 노동자가 받는 임금과 노동자의 삶의 질은 예전과 다름없다는 사실에 주목했다.

강인한 성품과 호소력 있는 연설가였던 배글리와 다른 "방직공장 여성노동자" 열두 명이 1845년 1월 로웰여성노동개혁협회(Lowell Female Labor Reform Association, LFLRA)를 결성하고 1846년 5월 자신들의 생각을 알리기 위해 노동자 신문인 〈산업계의 소리*The Voice of* *Industry*〉를 발행했다. LFLRA는 공정한 임금과 하루 10시간 노동을 주장하며 미국에서 점점 세력을 확대하던 여러 노동 단체와 힘을 합쳤다. 미국 최초의 여성 노동조합인 LFLRA는 지부 600개를 거느리는 수준까지 성장했다.

배글리는 만년에 뉴욕에서 남편과 함께 동종 요법 치료사로 활동하다가 1899년 필라델피아에서 세상을 떠났다.

주요활동
1846~1848 〈산업계의 소리〉 발행

참조: • 18세기 집단행동 24〜27쪽 • 노동자 계층 페미니즘 36〜37쪽 • 마르크스주의 페미니즘 52〜55쪽 • 여성 노동조합 결성 160〜161쪽 • 반자본주의 페미니즘 300〜301쪽

여성 노동조합이 극복해야 했던 장애물

중산층 여성은 여성 참정권 운동에 치중했다

여성은 남성 근로자의 고용을 위협하는 존재로 간주됐다

여성은 대개 비정규직으로 일했다

노동조합은 "남성용"이라 생각되는 일자리에 여성 참여를 금지했다

남녀 차별을 둔 임금으로 노동자를 분열시켰다

노동조합을 결성하고자 했던 여성들은 고용주와 동료인 남성 노동자의 반발에 부딪혔으며 중산층 출신 여성참정권운동가에게서 거의 도움을 얻지 못했다.

당한 대우를 요구하기 시작했다. 1828년 초 사실상 미국 최초로 설립된 여성 노동조합인 "로웰방직공장 여성 노동자 협회"가 현수막과 표어가 적힌 종이를 들고 거리로 나아가 자신들을 구속하는 고용주의 규칙에 반대하는 시위를 벌였다. 1836년 1,500명에 달하는 여성 노동자가 거리에서 총파업을 벌이자 방직공장이 가동을 멈췄다.

파업한 로웰방직공장의 여성 노동자들을 향한 반발은 거셌다. 고용주들은 배은망덕하고 비도덕적이라며 비난했다. 그렇지만 로웰방직공장 여성노동자협회는 강력한 노동조합으로 이름을 알리게 됐다.

1866년 미국에서 노예제도를 폐지한 수정헌법 제13조가 통과된 이듬해 노예 신분에서 해방된 세탁부들이 모여 미시시피 주에서 최초의 노동조합을 결성했다. 6월 20일 세탁부 노동조합이 미시시피 주 주도인 잭슨 시 시장에게 결의안을 보내고 동일한 임금을 요구했다. 이들은 누구든 더 적은 돈을 받고 일한다면 벌금을 내야 한다고 주장기도 했다. 며칠 뒤 여성들의 행동에 영향을 받은 노예 출신 남성들이 임금인상을 요구하는 파업을 실시하자고 논의하기

위해 잭슨 시 침례교회에 모였다.

더 많은 파업이 뒤를 이었다. 1869년 7월 28일 매사추세츠 주 동부 공업도시 린에서 구두공장에서 일하는 여성 노동자들이 자신만의 노동조합을 결성했다. 남성 노동자들이 결성한 노동조합, "성 크리스피누스(제화공을 수호하는 성인의 이름) 기사단(Knights of St. Crispin)"의 이름을 본떠 "성 크리스피누스의 딸(Daughters of St Crispin)"이라고 이름 붙인 여성노동조합은 빠르게 성장해 매사추세츠 주와 캘리포니아 주, 일리노이 주, 메인 주, 뉴햄프서 주, 뉴욕 주, 오하이오 주, 펜실베이니아 주에 지부를 설립하고 전국적인 규모를 갖춘 미국 최초의 여성 노동조합으로 자리 잡았다. 1870년 성 크리스피누스의 딸이 동일한 노동을 할 경우 남성 노동자와 동일한 임금을 지급하라고 요구했다. 1872년 이들이 두 차례 파업을 일으켰다. 매사추세츠 주 스토넘에서 진행된 첫 번째 파업은 실패했지만 린에서 진행된 두 번째 파업은 성공을 거둬 여성 노동자에게 더 높은 임금이 지급됐다. 1874년 성 크리스피누스의 딸이 제조업 분야에서 여성과 아동의 하루 근로시간을 10시간으로 낮추

로웰방직공장 노동자를 대상으로 발행된 월간 잡지 〈로웰 사보Lowell Offering〉는 여직공의 삶을 이상화했다. 하지만 현실은 매우 달라서 낮은 임금을 받으며 오랫동안 일해야 했다.

> 우리의 현재 목표는 하나로
> 뭉쳐 투쟁함이다. 우리에게는
> 우리만의 당연한 권리가 존재한다.
> **로웰방직공장 노동자 파업 선언**

라고 요구했다.

사회주의자와 연대하다

영국과 유럽 본토에서는 미국보다 훨씬 더 빠른 속도로 산업화가 진행됐다. 1847년 영국에서 제정된 공장법이 여성과 십대 청소년의 하루 근로시간을 10시간으로 제한했다. 그러나 고용주와 대형 공장들은 열악한 환경과 낮은 임금은 여전했다. 농촌을 떠나 도시로 이주한 수많은 가난한 노동자는 어떻게 해서든 일자리를 구하려고 했다. 한 사람이 일을 그만 두거나 아파서 일을 나오지 못하더라도 대체할 사람을 찾기란 쉬웠다.

마르크스나 엥겔스 같은 철학자와 정치 이론가들이 노동자가 착취당하는 불공정한 현실에 관해 글을 쓰고 사회주의가 자본주의를 대신해야 한다고 주장했다. 그러나 마르크스와 엥겔스의 글에서 여성은 중심적인 역할을 차지하지 못했다. 그보다는 영국 서프러지스트(온건파 여성참정권운동가) 엠마 패터슨(Emma Paterson)이나 클레멘티나 블랙(Clementina Black) 같은 여성 사회운동가들이 자신이 경험한 노동현장이나 계급 간 관계를 바탕으로 정치 활동을 펼쳤다. 1872년 당시 19세였던 패터슨이 남성 근로자협회에 보조 서기로 취업했다가 2년 뒤 노동조합을 조직하는 움직임에 더 많은 여성 노동자를 참여시키자는 확실한 목표 아래 여성보호공제동맹(Women's Protective and Provident League)을 창립했다. 사회주의 관점을 지닌 중산층과 상류 계급 출신이 여성보호공제동맹의 대다수를 차지했다.

영국 중산층 출신으로 마르크스와 친구 사이였던 클레멘티나 블랙은 다른 방식으로 접근했다. 블랙은 처음에는 소비자인 여성의 힘을 이용해 사회 변화를 일으키자는 전략에 초점을 맞췄다. 블랙은 소비자연맹을 창설하는 작업에 착수했다. 노동자에게 정당한 임금을 지급하는 사업장에서 나온 물건만을 구입하라고 외치는 단체였다.

폭력적인 활동

1888년 클레멘티나 블랙이 성냥공장 여성노동자연맹이 런던 이스트엔드 지역에서 일으킨 파업에 가담하게 됐다. 파업이 성공을 거두자 블랙은 더 폭력적이고 직접적인 행동이 효과적으로 사회 변화를 일으키기 위한 최선의 방식이라고 확신했다. 블랙은 1889년에는 여성노동자연맹(Women's Trade Union Association) 창설에 힘을 보탰고 1894년에는 여성산업원(Women's Industrial Council, WIC)이 발행하는 잡지, 〈여성 산업 뉴스*Women's Industrial News*〉의 편집장으로 활동했다. 〈여성 산업 뉴스〉는 여성 노동자의 삶의 질과 근로 환경을 조사해 발표했다. 미국에서는 사회주의자이자 무정부주의자인 흑인여성 루시 파슨스(Lucy Parsons)가 1881년 시카고에서 국제노동자연합(International Working People's Association, IWPA)을 창설했다. 파슨스는 1873년 남편과 함께 텍사스 주를 떠나 시카고로 이주

1888년 파업 사태는 처음이 아니었다. 1871년 성냥공장 여성 노동자들이 성냥에 관한 조세 법안에 반대해 시위를 벌였다.

성냥공장 여성 노동자 파업 사건

1888년 7월 런던에서 브라이언트 앤드 메이(Bryant & May) 공장에 근무하던 여성 노동자 1,400명이 거리로 나왔다. 훗날 성냥공장 여성 노동자 파업 사건(Match Girls' Strike)이라 불린 사건이었다. 영국 사회주의자 애니 베전트(Annie Besant)가 자신이 발행하던 신문 〈더 링크*The Link*〉를 통해 유해 물질을 다루며 하루 14시간 일해야 하는 현실과 주주가 취하는 이익과 고용인이 받는 형편없는 임금 간 터무니없이 큰 격차를 알렸다.

노동자들은 임금을 좀먹는 벌금과 부당해고에 대해 불만을 제기했다. 노동자들은 공장 안 인(phosphorus) 증기 때문에 호흡 곤란이나 다른 질병에 시달리기도 했다.

브라이언트 앤드 메이는 대중의 비난을 가라앉히기 위해 직원들에게 어떠한 학대 행위도 없었다는 글에 서명하도록 시켰다. 회사의 조치와 또 다른 부당해고 사건이 맞물려 파업이 시작됐다. 대중은 노동자의 편을 들었고 브라이언트 앤드 메이는 굴복했다. 성냥공장 여성 노동자가 거둔 승리에 자극을 받아 영국에서 유사한 파업 사태가 연달아 발생했고 노동조합주의(trade unionism)가 성장했다.

> 당신이 던진 표에 자신의 부가
> 사라지는 꼴을 부자들이 두고 볼 거라고
> 본인을 기만하지 마세요.
> **루시 파슨스**

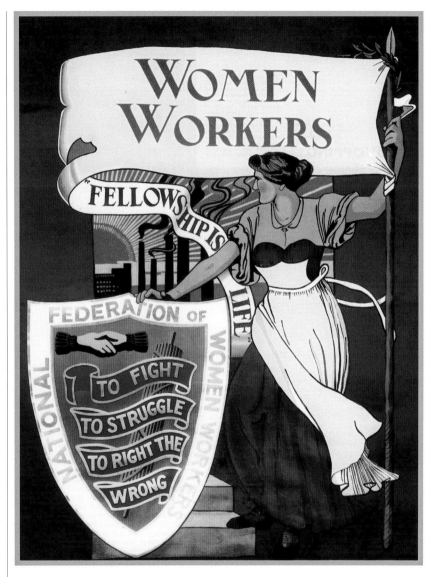

한 뒤 의류 판매점을 운영하면서 국제여성
의류노동자연맹(International Ladies Garment
Workers Union, ILGWU) 모임을 주최했다.
파슨스는 시카고에서 IWPA가 발행하는 급
진적 성향을 띤 두 신문 〈더 소셜리스트*The
Socialist*〉와 〈디 알람*The Alarm*〉에 글을 쓰
기도 했다.

1886년 파슨스가 노동절 집회 준비에 나
섰다. 시카고에서 8만 명이 넘는 노동자가,
미국 전역에서 약 35만 명에 이르는 노동자
가 하루 8시간 근로조건을 관철하기 위해
작업장에서 뛰쳐나와 총파업에 돌입했다.
5월 3일 시카고에서 경찰이 시위대를 향해
발포한 뒤 파업이 폭력적으로 변했다. 시위
대가 던진 폭탄에 경찰 한 명이 목숨을 잃
자 경찰이 즉각 가혹한 보복에 나섰다. 집
회에 참가하지도 않은 파슨스의 남편이 경
찰의 추격을 받아 체포된 뒤 살인 혐의로
사형을 선고 받았다.

파슨스는 무정부주의 운동을 계속했다.
파슨스는 1905년 시카고에서 조직된 국제
노동자단체, 세계산업노동자연맹(Industrial
Workers of the World)이 개최한 창립총회에
서 유일한 여성 발언자로 나섰다. 파슨스는
사회주의 이상을 알리는 강연을 위해 전 세
계를 돌아다녔다.

산업화로 인한 노동자 학대는 남성과 여

성 모두가 경험했지만 20세기로 접어들 때
만 해도 여전히 노동조합 대부분이 남성에
게만 문을 열었다. 일반적으로 여성 노동
자는 여성만이 겪는 문제를 해결하기 위해
여성만의 노동조합을 결성해야 했다. 여성
노동자의 투쟁은 최종적으로 여성참정권
운동과 여성운동으로 이어졌다. 여성 노동
조합이 힘을 보탠 결과 1일 기준 근로시간
이 8시간으로 결정되고(미국에서 1940년까지
단계적으로 감축됐다), 사업장에서 발생하던

영국에서 전국여성노동자연맹이 최저 임금 요구
투쟁을 벌이고 열악한 노동 환경과 저임금, 살인적
인 근로시간 등 노동자가 처한 지독한 현실을 폭로
했다. 1906년에 설립된 NFWW의 회원 수는 1914년
2만 명에 달했다.

미성년 노동자 학대 행위 중 몇 가지가 사
라졌으며 여성 노동자에게 더 높은 임금이
지급됐다. ■

생산 도구에 불과한 존재

마르크스주의 페미니즘

맥락읽기

인용출처
카를 마르크스, 프리드리히 엥겔스
(1848년)

핵심인물
카를 마르크스, 프리드리히 엥겔스, 로자 룩셈부르크, 클라라 체트킨, 알렉산드라 콜론타이

이전 관련 역사
1770년대 : 스코틀랜드 경제학자 애덤 스미스(Adam Smith)의 책은 여성의 경제적 역할을 거의 인정하지 않는다.

1821년 : 독일 철학자 게오르크 빌헬름 프리드리히 헤겔(George Wilhelm Friedrich Hegel)이 여성은 공공영역에 적합하지 않다고 주장한다.

이후 관련 역사
1972년 : 마르크스주의 페미니스트들이 이탈리아에서 가사노동에 대한 임금 지불 운동을 벌인다.

2012년 : 미국에서 여성의 무급 가사노동 가치를 환산하면 GDP가 25.7%까지 상승한다고 발표한다.

독일 철학자이자 혁명적인 정치이론가인 칼 마르크스와 프리드리히 엥겔스가 1848년 발표한 『공산당 선언*The Communist Manifesto*』에서 자본주의가 여성을 억압하며 가정에서든 사회에서든 여성을 부속물이자 2등 시민으로 취급한다고 주장했다. 두 사람의 이론을 받아들인 마르크스주의 페미니스트들은 자본주의 체제를 붕괴시켜 여성의 해방을 꾀하고자 했다.

마르크스는 이후 발표한 글에서는 계급 사이에 존재하는 경제적·사회적 불평등에 주로 초점을 맞추고 남성 지배구조가 일으키는 문제에는 거의 주의를 기울이지 않았으나 말년에는 여성이 받는 억압이라는 주

참조 : ▪ 노동조합 결성 46~51쪽, 보육 기관의 사회화 81쪽 ▪ 무정부주의 페미니즘 108~109쪽 ▪ 급진 페미니즘 137쪽 ▪ 가족구조 138~139쪽 ▪ 가사노동 임금 147쪽 ▪ 국내총생산 217쪽

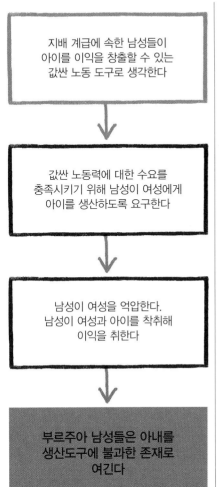

지배 계급에 속한 남성들이 아이를 이익을 창출할 수 있는 값싼 노동 도구로 생각한다

↓

값싼 노동력에 대한 수요를 충족시키기 위해 남성이 여성에게 아이를 생산하도록 요구한다

↓

남성이 여성을 억압한다. 남성이 여성과 아이를 착취해 이익을 취한다

↓

부르주아 남성들은 아내를 생산도구에 불과한 존재로 여긴다

제로 되돌아와 많은 글을 남겼다. 엥겔스는 마르크스가 남긴 몇 가지 글과 진보적인 미국 학자 루이스 헨리 모건(Lewis Henry Morgan)의 연구결과를 토대로 『가족, 사유 재산, 국가의 기원The Origin of the Family, Private Property and the State』(1884년)을 출간했다. 책 속에서 엥겔스는 여성 탄압의 시작과 제도화 과정을 탐구했다.

노예로 변한 여성

엥겔스는 여성을 괴롭히는 폭력적이고 억압적인 현실이 근본적으로 가족제도에 뿌리를 두었다고 주장했다. 엥겔스는 핵가족 출현을 "여성이 당한 전 세계적이고 역사적인 패배"라고 설명했다. 핵가족이 등장하는 과정에서 여성은 남편의 노예이자 자손 생산도구에 불과한 존재로 전락했다. 엥겔스는 아내의 정절을 지키기 위해 "아내는 절대적으로 남편의 지배를 받는다. 남편이 아내를 죽이더라도 남편은 자신의 권리를 행사했을 뿐이다"라고 기술했다.

정통 마르크스주의자들은 자본주의가 성장하면서 잉여 생산물이 출현하고 재산 축적이 가능해졌기 때문에 인간이 상속이라는 개념에 관심을 보이게 됐을 뿐이었다. 엥겔스는 도덕성과 일부일처제형 가족, 사적 영역과 공적 영역의 분리가 상속권을 뒷받침했으며 이후 상속권 때문에 여성의 성생활을 통제하게 됐다고 주장했다.

계급 투쟁

정통 마르크스주의 이론은 여성이 해방되기 위해서는 사회적 생산 활동에 참가해야 하며 따라서 여성의 투쟁이 계급 투쟁에서 중요한 부분을 차지하게 된다고 말한다. 마르크스주의 신봉자들은 여성의 목표와 노동자의 목표가 동일하며 사유 재산이 사라지면 성적 불평등도 사라질 것이라고 생각했다.

마르크스주의 페미니스트들은 자본주의 사회에서는 여성이 전쟁처럼 필요성이 대두되는 시기면 부르고 필요성이 사라지면 내보내는 "산업 예비군" 취급을 받는다고 생각했다. 마르크스주의 페미니스트들은 가부장제와 남성 지배주의가 등장한 뒤 사유 재산과 계급 간 구분이 출현하기 시작

카를 마르크스(사진 왼쪽)와 프리드리히 엥겔스(오른쪽)는 마르크스가 편집장으로 있는 〈라인신문 Rheinische Zeitung〉에 엥겔스가 글을 기고하기 시작하면서 만났다. 논조 때문에 마르크스가 독일에서 추방되자 두 사람은 벨기에로, 이후 영국으로 망명했다.

했다고 주장하고 자본주의와 가부장제를 여성 탄압에 대한 근거를 제공하는 두 가지 제도로 여겼다.

공동 투쟁

마르크스와 엥겔스가 각각 1883년과 1895년에 사망하고 나서 제1차 세계대전(1914~1918년)이 발발하기 전까지 여성 사회주의자와 공산주의 이론가들이 여성에게 권리를 부여하고 보통선거를 도입하는 문제에 한층 공을 들였다. 국제 공산주의 운동에서 주도적인 이론가로 활동한 독일 출신 로자 룩셈부르크(Rosa Luxemburg)와 클라라 체트킨, 러시아 출신 알렉산드라 콜론타이는 여성은 성별 때문에 사회주의 지도자가 되기에 부적합하다는 생각을 인정하지 않았다. 이들은 자신이 세운 원칙에 따라 노동자 해방을 위한 투쟁 과정에서 여권

클라라 체트킨

1857년 독일 작센 지방에서 태어난 클라라 체트킨은 국제 공산주의 운동에 참여한 활동가로 여성 참정권과 여성을 위한 노동법 개혁을 주장했다. 체트킨은 독일에서 사회민주주의 여성운동을 조직했다. 유럽에서 일어난 가장 강력한 움직임 중 하나였다. 체트킨은 1892년부터 1917년까지 사회주의 여성지 〈평등〉의 편집을 맡았고 1907년에는 사회 민주당의 여성 분과를 이끌었다.

체트킨은 제1차 세계대전이 진행되는 동안에는 독일의 군사 활동을 반대했고 이후에는 파시즘에 맞서 결집하라고 노동자들에 촉구했다. 1933년 아돌프 히틀러(Adolf Hitler)가 권력을 장악하자 체트킨은 소비에트연방으로 망명했다. 체트킨은 그 해 말 모스크바 근처 아르한겔스코예에서 사망했다.

주요저서

1906년 『사회민주주의와 여성 참정권 Social-Democracy and Woman Suffrage』
1914년 『전시 일하는 여성이 해야 할 의무 The Duty of Working Women in War-Time』
1925년 『여성문제에 관한 레닌의 생각 Lenin on the Women's Question』

남성이 지배하는 자본주의 사회에서는 "비생산적인" 여성의 노동은 사회 피라미드에서 가장 아랫부분을 차지한다.

생산수단 소유자

공적이면서 임금이 지불되는 생산적인 노동

주로 여성이 맡은 사적이면서 임금이 지불되지 않는 가정 내 보조적인 노동

문제를 전면에 내세웠다.

여성문제

기독교와 부르주아 지배 계급 출신 학자들이 이야기하는 양성평등에 관한 설교 속에 어떤 위선이 숨어 있는지에 주목한 룩셈부르크는 자본주의 사회에는 여성을 위한 진정한 평등이 전혀 존재하지 않으며 프롤레타리아(노동자 계급)가 주도하는 혁명이 승리를 거둘 때에만 여성이 가정에 소속된 노예 신분에서 해방될 것이라고 주장했다. 룩셈부르크는 1912년 독일 슈튜트가르트에서 열린 "사회 민주주의 여성 대회"에서 한 연설, 〈여성 참정권과 계급 투쟁 Women's Suffrage and Class Struggle〉을 통해 "사회주의 덕분에 수많은 프롤레타리아 여성이 영적으로 다시 태어났다"라고 주장한 다음 "그 과정에서 여성에게 자본주의 사회에서 필요한 생산성 높은 일꾼만큼 능력이 생겼

음이 틀림없다"라고 냉소적으로 덧붙였다.

룩셈부르크는 부르주아 여성들이 전개하는 운동을 비판했다. 룩셈부르크는 부르주아 여성을 "사회를 좀먹는 기생충"이자 "가족을 위해 힘겹게 짐을 나르는 동물"이라고 표현하고 오로지 계급 투쟁만이 "여성을 인간으로 바꿀" 수 있다고 주장했다. 룩셈부르크는 부르주아 여성이 사회 속에서 경제적으로 어떠한 기능도 수행하지 못하며 "계급 지배 사회에서 생산되는 기성품 같은 결과물"을 누리기 때문에 실제로는 정치적 권리를 얻으려는 노력에 조금도 관심을 보이지 않는다고 말했다. 룩셈부르크에게 여성 참정권을 확보하기 위한 투쟁은 여성을 위한 과제이자 모든 노동자가 공통적으로 추구해야 할 목표였다. 룩셈부르크는 여성참정권운동을 프롤레타리아를 교육시키고 자본주의 체제에 맞서 투쟁하도록 이끄는 과정에서 반드시 필요한 단계로 보기

도 했다.

룩셈부르크는 다른 사회주의 여성운동 가와 함께, 특히 자신의 친구이자 동지며 자유주의 페미니즘을 부르주아 이론이라고 묵살한 클라라 체트킨과 함께 여성을 더욱 강하게 결속시키는 수많은 집회에 참석했다. 수많은 좌파 여성 지도자가 자신의 경험과 생각을 교환하고 세계적인 여성 조직을 결성하기 위해 국제 총회에서 모였다.

제1차 세계대전이 진행되는 동안 룩셈부르크와 체트킨이 사회주의 계열 최대 여성신문인 〈평등Die Gleichheit〉이 주최한 반전 운동에 참석해 군국주의에 반대하라고 지도자들에 촉구했다. 1915년 반전을 주장하는 발언 때문에 수감됐던 룩셈부르크는 1916년 체트킨과 함께 스파르타쿠스 연맹을 결성했다. 마르크스주의자가 모여 만든 이 지하 조직은 독일 제국주의에 반대하고 혁명을 일으킬 길을 모색했다.

여성에 관한 새로운 생각

1900년대 초 러시아에서 일어난 혁명운동은 마르크스주의 페미니즘을 발전시키는 원동력으로 작용했다. 저명한 공산주의 혁명가인 알렉산드라 콜론타이는 여성해

> 프롤레타리아 계급의 노력이 낳은 아무도 막지 못하는 발전이 일하는 여성을 정치적 활동이라는 소용돌이 속으로 밀어 넣었다.
> **로자 룩셈부르크**

방과 양성평등을 전 세계 사회주의자가 해결해야 할 핵심 과제로 삼았다. 콜론타이는 1905년부터 러시아 여성 노동자에게 마르크스주의를 널리 알리는 활동에 나섰다. 콜론타이는 전통적인 가족 관계가 철저히 해체돼야 한다고 요구하고 남성에게 경제적으로 의존해 공공 영역과 산업 활동에 직접적으로 참여하지 않는다면 여성은 자유를 누리지 못할 것이라고 주장했다.

콜론타이는 1918년에 발표한 「신여성 The New Woman」이라는 글에서 여성들이 가부장적 전통이 부여한 남성에게 복종하는 역할에서 벗어나 전통적으로 남성에게

서 연상되던 자질을 계발해야 한다고 목소리를 높였다. 신여성은 자신의 감정을 다스리고 자제력을 강화할 것이다. 신여성은 남성에게 자신을 존중하라고 요구하고 물질적 지원을 요청하지 않을 것이다. 신여성은 자신의 관심사를 가족과 가정, 사랑에 국한하지 않을 것이며 자신의 섹슈얼리티를 숨기지 않을 것이다. 『사회와 모성Society and Motherhood』(1916년)에서 콜론타이는 공장에서 수행되는 작업을 분석한 뒤 힘든 노동으로 인해 여성이 모성에 부담을 느끼며 결과적으로 여성과 어린이와 관련된 건강 및 사회 문제가 유발된다고 말했다. 콜론타이는 노동 환경을 개선하고 국가가 모성의 가치를 인식해 국민보험제도를 도입하라고 주장하는 동시에 여성이 일하는 동안 국가가 아이 양육은 물론 여성과 아이의 건강을 책임져야 한다고 요구했다.

20세기 초반 마르크스주의 페미니스트들이 훗날 전 세계 곳곳에 수립된 공산주의 정부의 국가 정책에 영향을 미쳤다. 이들의 사상은 이후 1960년대와 1970년대 등장한 가사노동에 대한 임금 지불 같은 급진적인 페미니즘 단체를 자극하기도 했다. ▪

국제 여성의 날과 기원

해마다 3월 8일에 기념식이 벌어지는 국제 여성의 날(International Women's Day)은 1907년 미국에서 시작됐다. 15,000명이 넘는 방직공장 여성 노동자가 뉴욕 시에서 가두행진을 벌이며 더 나은 노동환경과 투표권을 요구했다. 1909년 미국 사회당이 전국여성의 날(National Women's Day)을 선포하고 1913년까지 2월 마지막 일요일을 여성의 날로 기념했다.

1910년 17개국에서 모인 여성 100여 명이 덴마크 코펜하겐에서 열린 제2회 인터내셔널 여성회의(Second International Conference of Women)에 참석했다. 이 자리에서 클라라 체트킨이 여성이 여성문제에 집중하는 '국제 여성의 날' 지정을 제안했다. 이듬해 백만 명이 넘는 여성과 남성이 전 세계 곳곳에서 국제 여성의 날 기념집회에 참석했다. 1917년 러시아에서 여성들이 세계 여성의 날을 "평화와 빵"을 요구하며 4일 간 파업을 벌이는 날로 지정했다. 같은 해 러시아 10월 혁명(October Revolution)을 이끈 중요한 사건이었다.

세계 각국에서 온 여성들이 2018년 3월 8일 런던에서 열린 국제 여성의 날 기념행사에 참석했다. 1975년 UN에서 채택된 국제 여성의 날은 몇몇 국가에서 국경일로 지정되기도 했다.

우리는 다음을 자명한 진실이라고 생각한다. 모든 남성과 여성은 평등하게 창조됐다

여성 참정권운동의 탄생

맥락읽기

인용출처
엘리자베스 케이디 스탠턴(1848년)

핵심인물
엘리자베스 케이디 스탠턴, 루크리셔 모트, 수전 B. 앤서니, 루시 스톤

이전 관련 역사
1792년 : 영국에서 메리 울스턴크래프트가 쓴「여성의 권리 옹호」가 발표된다.

1837년 : 새러 그림케가「양성평등에 관한 서한Letters on the Equality of the Sexes」에서 인류를 구원할 책임을 여성과 남성이 똑같이 지고 있다고 주장한다.

이후 관련 역사
1869년 : 와이오밍 주가 미국 최초로 여성에게 투표권을 부여한다.

1920년 : 미국 수정헌법 제19조가 비준돼 모든 미국 여성에게 투표권이 부여된다.

18 48년 7월 19일 여성과 남성 300명이 뉴욕 주 세니커폴스에 집결했다. 처음으로 열린 여권 운동 집회에 참석하기 위해서였다. 이때는 특히 유럽에서 사회적으로 중요한 변화가 일어나던 시기였다. 마르크스와 엥겔스가 런던에서 『공산당 선언』을 막 발표했고, 1848년 혁명이라 불리는 공화주의자들이 주도한 시위가 프랑스와 네덜란드, 독일에서 벌어졌다.

뜻이 통하다
세니커폴스 회의를 주도한 사람은 노예제 폐지론자인 루크리셔 모트(Lucretia Mott)와 엘리자베스 케이디 스탠턴(Elizabeth Cady Stanton)이었다. 1840년 런던에서 개최된 세계 노예제 반대 협의회에서 만난 두 사람은 협의회가 여성이라는 이유로 소외시키자 분노하며 하나로 뭉쳤다.

1848년 스탠턴이 뉴욕 주 세니커폴스로 이주했다. 모트가 세니커폴스에서 접촉했을 때 두 사람은 여성에게 사회적·정치적·종교적으로 행사할 권리가 없다는 현실에 정면으로 맞설 시기가 됐다고 판단하고 세니커폴스에서 회의를 계획했다. 사람들에게 공지하고 불과 며칠 만에 연설가이자

1848년 역사적인 세니커폴스 회의를 무산시키기 위해 모인 성난 남성 시위대 사이를 루크리셔 모트(가운데)와 동료 운동가들이 남성의 보호를 받으며 지나고 있다.

노예제 폐지론자인 루시 스톤(Lucy Stone)을 포함한 다른 여성들과 두 사람이 19세기 미국 여성운동사에서 단일 문서로는 가장 중요할지도 모르는「정서와 결의에 관한 선언」을 작성했다. 이들은 〈세니커카운

엘리자베스 케이디 스탠턴

1815년 뉴욕 주 존스타운에서 출생한 엘리자베스 케이디 스탠턴은 아버지가 운영하던 법률 사무실에서 공부하는 동안 성차별에 대해 처음 배웠다고 이야기했다. 그 당시에는 법률에 따라 여성 의뢰인에게 남편이 빼앗은 돈을 돌려받을 법적 수단이 존재하지 않았다.

고등 교육을 받은 엘리자베스는 1840년 노예제 폐지론자이자 변호사인 헨리 스탠턴과 결혼했다. 부부 사이에서 일곱 자녀가 태어났다. 엘리자베스는 말년에 『성경』에서 묘사하는 여성의 모습에 시선을 돌리고 기성 종교가 여성을 탄압하는 흐름에 한몫했다고 주장했다. 1895년 출간된 『여성을 위한 성경The Woman's Bible』에서 드러난 엘리자베스의 관

점은 교회와 여성단체 양쪽으로부터 환영받지 못했다. 엘리자베스는 늦은 나이까지 저술 활동을 계속하다가 1902년 심부전으로 세상을 떠났다.

주요저서

1881~1886년 『여성 참정권의 역사The History of Woman Suffrage』 제1권(수전 B. 앤서니 공저)

1892년 『자기만의 고독The Solitude of Self』

1895년 『여성을 위한 성경』

참조 : ▪ 인종평등과 양성평등 64~69쪽 ▪ 기혼여성을 위한 권리 72~75쪽 ▪ 영국에서 추진된 정치적 평등 84~91쪽 ▪ 전 세계로 번진 여성 참정권운동 94~97쪽

티신문*Seneca County Courier*)에 행사 개최를 알리는 광고를 게재했다. 회의 발언자로 목록에 이름을 올린 사람은 유명한 전도자인 모트가 유일했다. 모트의 남편 제임스가 회의 의장을 맡았다. 남성 40명이 참가자 300명에 포함됐다. 남성 참가자 중에는 유명한 노예제 폐지론자 프레더릭 더글러스(Frederick Douglass)도 있었다. 더글러스는 스탠턴의 친구이자 동료 운동가인 엘리자베스 매클린톡(Elizabeth M'Clintock)의 초대로 회의에 참석했다.

헌법이 보장하는 권리

「미국독립선언」(1776년)의 형식을 본뜬 「정서와 결의에 관한 선언」은 미국 헌법의 기초가 되는 문서에 명시된 권리가 여성에게는 허용되지 않는 여러 가지 상황을 나열했다. 스탠턴은 투표권이 없고 마음대로 재산권을 행사하지 못하며 고등교육과정에 진학할 기회가 제한되고 굉장히 한정된 직업만을 선택할 수 있는 등 여성에게만 적용되는 부당한 사회 정서 16가지를 소리 내어 읽었다. 스탠턴은 결혼뿐만 아니라 어떠한 책임

인간의 역사는
남성이 여성에게 반복적으로 가한
상처와 수탈에 관한 역사다.
엘리자베스 케이디 스탠턴

도 지지 않고 남성에 의존하며 살게 만드는 온갖 방식이 여성에게서 권리를 박탈했다고 말했다. 스탠턴은 여성이 권리를 얻는다면 자신을 보호할 수 있으며 자신에게 도덕적·영적 지도자로 성장할 가능성이 있음을 깨달을 것이라고 주장했다.

"정서" 뒤로 참석자들에게 채택을 요구하는 12가지 "결의"가 등장했다. 12개 항목 중 결혼과 종교, 교육, 고용 분야 등에서 동등한 권리를 요구하는 11개 항목은 만장일

치로 통과됐다. 그러나 여성의 참정권에 관한 한 가지 항목은 거의, 특히 회의에 참석한 남성에게서 지지를 얻지 못했다. 그러다가 자신이 발행하는 신문 〈북극성〉에서 여성 참정권을 옹호한 프레더릭 더글러스가 청중석에서 마지막 항에 대한 지지를 표시하고 나서야 채택됐다. 더글러스가 개입한 뒤 참석자 100명이 결의안에 서명했다. 2년 뒤인 1850년 제1회 전미여성권리대회가 매사추세츠 주 우스터에서 개최됐다. 루시 스

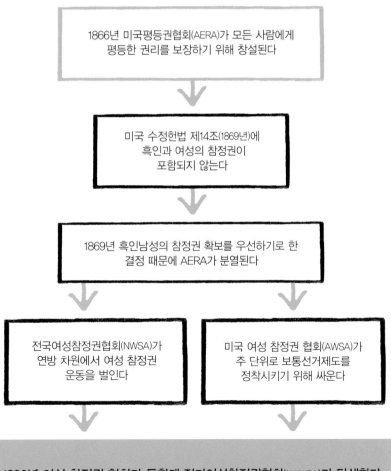

1866년 미국평등권협회(AERA)가 모든 사람에게 평등한 권리를 보장하기 위해 창설된다

↓

미국 수정헌법 제14조(1869년)에 흑인과 여성의 참정권이 포함되지 않는다

↓

1869년 흑인남성의 참정권 확보를 우선하기로 한 결정 때문에 AERA가 분열된다

↓   ↓

전국여성참정권협회(NWSA)가 연방 차원에서 여성 참정권 운동을 벌인다

미국 여성 참정권 협회(AWSA)가 주 단위로 보통선거제도를 정착시키기 위해 싸운다

↓   ↓

1890년 여성 참정권 협회가 통합돼 전미여성참정권협회(NAWSA)가 탄생한다

1860년대 런던에 있는 톰슨스공장에서 노동자들이 치마용 버팀대를 만들고 있다. 산업혁명의 바람이 거세게 부는 동안 여성이 직접 번 소득을 소유해야 한다는 주장을 사람들이 부정하지 못하게 됐다.

톤이 주최한 대회에 11개 주에서 온 1천여 명이 참석했다. 1850년대가 끝날 때까지 더 많은 대회가 전국적으로 혹은 지역적으로 열렸다.

문제는 재산

1851년 몸을 꽉 조이는 코르셋과 여성의 활동을 제한하는 여러 가지 다른 여성복에 반대하는 운동을 펼치던 아멜리아 블루머(Amelia Bloomer)가 스탠턴에게 수전 B. 앤서니(Susan B. Anthony)를 소개했다. 두 사람의 상호보완적인 기질과 능력(스탠턴은 활동적이고 이야기하기 좋아하는 반면 앤서니는 조용하고 침착하며 통계 자료를 정확히 이해하는 능력을 지녔다)이 상승효과를 일으켜 변화를 위한 커다란 힘을 이끌어냈다. 스탠턴은 이렇게 말했다. "두 사람이 힘을 합치면 혼자일 때보다 더 좋은 글이 나온다." 뉴욕 주 로체스터에 거주하며 노예제 폐지론을 주장하는 퀘이커교도 집안에서 태어나 교사로 일했던 앤서니는 동등한 교육 기회를 촉구하고 여성과 해방 노예에게 문을 열라고 학교에 요구했다. 앤서니는 노동운동과 금주운동에 참가하기도 했다. 하지만 여성이었기 때문에 양쪽 집회에서 발언할 기회를

얻지 못했다. 1852년 시러큐스에서 첫 번째 여성권리대회를 개최한 앤서니는 1853년부터 뉴욕 주에서 여성 재산권 운동을 전개했다. 많은 여성에게, 특히 일하는 여성에게 재산권은 참정권보다 중요했다. 참정권은 부유한 백인여성이나 꿈꿀 수 있는 문제였다. 1848년 뉴욕 주에서 기혼여성재산법이 통과되면서 기혼여성에게 상속 받은 재산을 지킬 권리가 부여됐으나 일해서 번 재산은 여전히 남편에게 귀속됐다.

앤서니와 스탠턴은 1854년 스탠턴이 뉴욕 주 의회로 보낸 편지를 같이 작성했다. 스탠턴은 편지에서 여성에게는 허용되지 않는 권리를 전부 나열하고 여성에게 모든 권리를 부여하라고 요구했다. 1854년에는 기혼여성재산법 개정을 위한 일련의 활동은 실패했으나 이후 청원이 계속되면서 1860년 개정된 법안이 의회를 통과했다. 새 법은 여성에게 자신이 번 소득을 직접 소유하고 남편과 동등하게 아이의 보호자가 될 권리를 부여했다. 기혼여성은 남편의 동의 없이 단독으로 법적 문서를 작성할 수도 있었다. 아내가 작성한 문서는 남편을 구속하지 않았다. 남편이 사망하면 아내는 남성과 똑같이 재산권을 행사할 수 있었다.

넉넉하지 않은 환경에서 자란 페미니스트들은 다른 방법으로 투쟁했다. 농부의 딸로 태어난 루시 스톤은 교사가 되기 위해 가정부로 일하며 학비를 벌었다. 스톤은 결혼으로 모든 권리가 박탈될까 염려했지만, 1855년 헨리 블랙웰(Henry Blackwell)과 결혼했다. 두 사람은 결혼식에서 항의 성명을 읽은 뒤 기혼여성에게서 모든 권리가 사라지는 현 상황을 받아들이지 못하며 그 이유는 현 상황이 남편에게 "부당하고 부자연스러운" 우월적 지위를 부여하기 때문이라고 이야기했다. 1858년 스톤이 세금 납부를 거부했다. 대표가 없는 곳에는 과세도 없다는 이유에서였다. 그러자 정부가 스톤의 집에 있는 물건을 압류해 처분했다.

헌법 개정

남북전쟁(American Civil War, 1861~1865년)이 벌어지는 동안에는 노예제 폐지 운동 때문에 여권운동이 주목 받지 못했다. 스탠턴과 앤서니는 노예제도를 종식하는 헌법 개정안에 힘을 싣기 위해 1863년 전국여성연

우리 원칙은 이것이다.
'권리'는 성별과 관계없다.
프레더릭 더글러스

> 대중이 우리를 통해 말한다.
> 일하는 여성이
> 고된 노동에 대한 대가를
> 요구하고 있다고.
> **엘리자베스 케이디 스탠턴**

맹(Women's National Loyal League)을 결성했다. 두 사람이 작성한 탄원서에 15개월 동안 약 40만 명이 서명했다. 1865년 에이브러햄 링컨(Abraham Lincoln) 대통령이 노예제도를 폐지하는 수정헌법 제13조를 통과시키자 스탠턴과 앤서니는 이제 공화당이

여성 참정권 문제도 처리할 것이라고 생각했다. 잘못된 판단이었다.

1866년 두 사람이 미국평등권협회(American Equal Rights Association, AERA)를 창설했다. 인종과 피부색, 성별과 관계없이 모든 사람에게 동등한 권리를 부여하기 위해서였다. 초대 의장은 루크리셔 모트였다. 1867년 스탠턴과 앤서니, 스톤이 캔자스 주 선거기간 동안 여성과 흑인에게 참정권을 부여하는 운동을 전개했다. 하지만 이들의 노력이 실패하면서 참정권운동이 분열됐다. 일부 참가자가 여성보다 흑인남성의 참정권을 우선시했기 때문이었다. 앤서니는 "내가 앞으로 한 번이라도 여성이 아니라 깜둥이에게 투표권을 부여하라고 말한다면 내 오른팔을 잘라 버릴 테다"라며 분노를 표출했다.

1868년 스탠턴과 앤서니가 로체스터에서 주간지 〈혁명〉을 발간했다. 신문 1면에는 이렇게 적혀 있었다. "남성에게는 남성의 권리를, 그 이상은 안 된다. 여성에게는 여성의 권리를, 그 이하는 안 된다." 진보적인 기업가 조지 트레인(George Train)의 후원을 받은 〈혁명〉은 충분히 교육 받은 백인 여성에게 부여된 권리와 교육을 받지 못한 남부 흑인남성에게 부여된 권리를 비교하는 스탠턴의 글을 실었다.

1868년 비준된 수정헌법 제14조는 법에 따라 과거 노예였던 남성에게 시민권 및 동등한 권리를 부여했다. 스탠턴과 앤서니는 수정헌법 14조에서 여성이 배제된 결과에 항의하는 탄원서를 제출했으나 실패했다. 하지만 스탠턴은 보통선거로 나아가기 위한 과정으로 생각하고 수정헌법 제14조를

〈청동시대 혹은 여권운동이 거둔 승리*The Age of Brass or the Triumph of Woman's Rights*〉(1869년)라는 제목이 붙은 풍자만화가 여성 참정권운동 때문에 전통적인 성 역할이 위협받는다는 사람들의 생각을 그리고 있다.

THE AWAKENING

그림 속에서 횃불을 든 여성이 힘찬 걸음으로 미국을 가로지르며 미국 여성을 깨우고 있다. 그림에는 또한 1915년 여성참정권운동가 앨리스 듀어 밀러(Alice Duer Miller)가 여성을 격려하려 쓴 시가 함께 등장한다.

지지했다.

1869년 AERA가 미국여성참정권협회(American Woman Suffrage Association, AWSA)와 뉴욕에서 앤서니와 스탠턴이 설립한 전국여성참정권협회(National Woman Suffrage Association, NWSA)로 나뉘었다. NWSA는 여성만을 회원으로 받았으며 이혼제도 개혁과 남녀 동일임금을 주장했다. "투표권은 인종이나 피부색 때문에 혹은 과거 노예 신분이었다는 이유로 미합중국 또는 미국 내 어떤 주에서도 부정되거나 제한되지 않을 것이다"라고 선언한 수정헌법 제15조가

1870년 비준됐다. 여성참정권운동가들은 성별도 수정 조항에 포함될 것이라고 생각했으나 결과는 기대와 달랐다. 앤서니와 스탠턴은 수정헌법 제15조를 맹렬히 비난했다. 그러나 보스턴에 본부를 둔, 스톤이 지지하던 미국여성참정권협회는 올바른 방향으로 나아가는 과정이라며 수정헌법 제15조를 받아들였다.

정치적 압력

여성의 참정권을 얻기 위한 법적 투쟁은 1870년대 내내 계속됐다. 앤서니는 수정헌법 제14조에 따라 미합중국에 속한 주가 여성에게 투표권을 허용해야 한다는 주장을 펼치기 위해 변호인단을 모집했다. 미국 대법원은 앤서니의 주장을 인정하지 않았다. 1872년 앤서니와 세 여동생, 그리고 다른

여성들이 뉴욕 주 로체스터에서 체포됐다. 앤서니는 보석 신청을 거부한 채 자신의 사건이 대법원으로 이관되기를 바랐으나 변호사가 보석금을 지불한 까닭에 앤서니는 감옥에 가지 않았고, 이로 인해 항고할 기

그 힘이 곧 투표권이다.
투표권은 자유와 평등의 상징이다.
수전 B. 앤서니

회가 사라졌다.

앤서니는 순회강연도 계속했다. 1877년 앤서니가 미국 내 26개 주에서 1만 명이 서명한 청원서를 제출했으나, 의회가 청원을 무시했다. 1878년 앤서니가 캘리포니아 주 상원의원을 통해 헌법 개정안을 상정하려 했다. 앤서니의 개정안은 상원에서 거부됐지만 이후 18년에 걸쳐 반복적으로 제출됐다. NWSA는 주로 뉴욕 주 북부에서 시작해 미국 중서부에 이르는 지역에서 지지세력을 확보했다. NWSA는 연방 차원에서 법이 개정돼야 한다고 주장한 반면 AWSA는 주 단위로 법이 개정돼야 한다고 외쳤다. 보수적인 성향을 띤 AWSA는 여성 참정권 외에는 다른 어떤 문제에도 주의를 돌리지 않았다. 두 조직의 노력이 점차 결실을 맺기 시작했다. 1869년 와이오밍 주가 여성 거주자에게 투표권을 부여했다. 1870년에는 유타 주가, 1883년에는 워싱턴 주가 그 뒤를 따랐다. 1893년에는 콜로라도 주가, 1896년에는 아이다호 주가 이 행렬에 동참했다.

1890년 여성참정권운동을 전개하던 두 조직이 통합돼 전미여성참정권협회(National American Woman Suffrage Association, NAWSA)가 탄생했다. 앤서니가 연방 헌법 개정을 요

> 아직 세계는 진정으로
> 위대하고 고결한 나라를 보지 못했다.
> 여성의 지위가 추락해 생명의 근원이
> 밑바닥부터 오염됐기 때문이다.
> **루크리셔 모트**

구하는 운동을 계속하는 동안 다른 여성들은 주 단위로 개혁하는 길을 모색했다.

"엘리트 여성"이 미국 내 여성 참정권운동 조직을 이끄는 상황은 1890년대까지 계속됐다. 정치는 충분히 교육 받은 여성의 몫이며 노동자 계급 여성은 엘리트 여성의 결정에 따라야 한다는 생각이 대다수의 의견이었다. 스탠턴의 딸 해리엇 스탠턴 블래치(Harriot Stanton Blatch)를 포함해 젊은 세대에 속한 여성들이 어떤 여성에게 리더 자질이 있는지 파악하는 과정에서 무급이든

유급이든 노동의 역할을 강조했다.

전 세계를 자극하다

참정권을 얻기 위한 초창기 미국 여성들의 노력이 전 세계에 영향을 미쳤다. 프랑스 여성들이 세니커폴스 회의에 자극을 받아 개혁 운동을 시작했다. 1848년 프랑스가 남성을 대상으로 보통선거제도를 도입했을 때 한 여성이 투표를 시도하고 다른 여성이 공직자 후보로 자신을 등록한 사건이 벌어졌다. 두 사람은 모두 투옥됐다. 영국 여성들도 미국에서 벌어진 참정권운동에 영향을 받았다. 1870년대 영국에서 여성 참정권 협회가 우후죽순으로 생겼고 수많은 여성이 의회에 제출된 탄원서에 서명했다. 그럼에도 불구하고 1880년대를 지나는 동안 참정권이 남성에게는 확대돼도 여성에게는 부여되지 않았다.

참정권은 긴 세월에 걸쳐 여성이 싸워야 했던 문제였다. 여성에게 참정권을 부여한 최초의 국가는 뉴질랜드(1893년)였다. 오스트레일리아가 1902년에 뒤를 이었다(하지만 원주민 여성에게는 1962년까지 부여되지 않았다). 미국이 연방 차원에서 여성에게 참정권을 부여한 해는 1920년이었다. ■

세계여성단체협의회

수전 B. 앤서니와 엘리자베스 케이디 스탠턴은 미국 여성에게 참정권을 부여하기 위한 운동을 전개했을 뿐만 아니라 세계여성단체협의회(International Council of Women)의 창립 회원이기도 했다. 1888년 4월 워싱턴 D.C.에서 열린 첫 번째 회합에서 ICW는 세니커폴스 회의 40주년을 기념했다.

ICW는 초기에는 여성참정권운동을 지지하지 않았다. 보수적인 성향을 띤 일부 회원이 소원해질까 두려워했기 때문이었다. 그러나 1899년 건강과 평화, 교육, 평등 같은 광범위한 문제에 관해 사회운동을

전개하기 시작하면서 기류가 바뀌었다. 하지만 페미니즘 관련 의제는 절대 채택되지 않았던 까닭에 1902년 더욱 진보적인 의제를 다루기 위해 일부 회원이 떨어져 나와 국제여성참정권연맹(International Woman Suffrage Alliance)을 창설했다.

창설 당시 9개국 대표가 참가했던 ICW는 70개가 넘는 회원국을 거느린 단체로 성장했으며 현재 파리에 본부를 두고 있다. ICW는 국제 연합(UN)의 여성문제 자문 기구로 활동한다.

1929년 베를린에서 개최된 세계여성단체협의회 회의에서 대표들이 자국 국기를 흔들고 있다. 이 무렵 회원국 범위가 유럽과 북아메리카, 영국 식민지 지역 너머로 확대됐다.

내 몸에는 남성만큼 많은 근육이 있다

인종평등과 양성평등

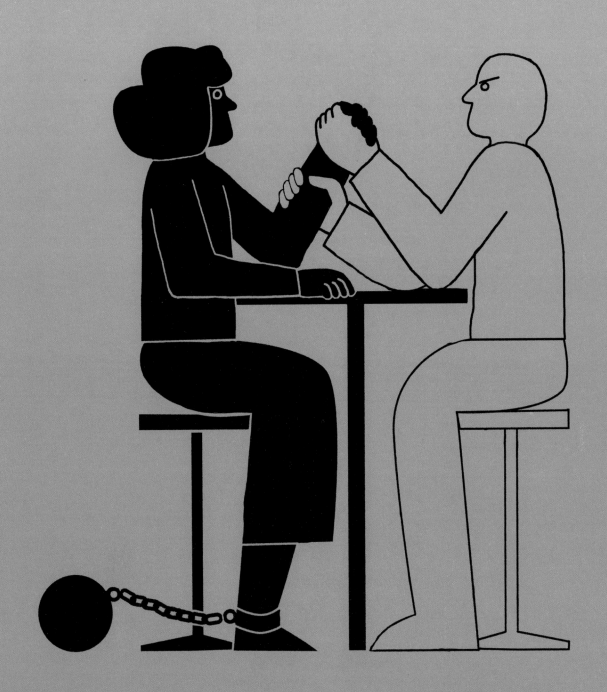

맥락읽기

인용출처

소저너 트루스(1851년)

핵심인물

소저너 트루스, 엘리자베스 케이디 스탠턴, 수전 B. 앤서니, 프레더릭 더글러스

이전 관련 역사

1768년 : 미국 매사추세츠 주 보스턴에서 노예로 일했던 흑인여성 필리스 휘틀리(Phillis Wheatley)가 운문 형식을 빌려 영국 국왕 조지 3세(KIng George III)에게 자유를 달라고 청한다.

1848년 : 여성권리대회에서 흑인 노예제 폐지론자 프레더릭 더글러스가 공식적으로 처음 등장한 여성 참정권 요구에 대표들의 동의를 이끌어내기 위해 연설한다.

이후 관련 역사

1863년 : 노예제 폐지론자인 수전 B. 앤서니와 엘리자베스 케이디 스탠턴이 미국 내 노예제 폐지를 명시한 수정헌법 제13조를 지지하기 위해 40만 명에게서 서명을 받는다.

1869년 : 흑인남성에게 투표권을 허용한 수정헌법 제15조에서 여성이 배제된 결과에 항의하는 의미로 앤서니와 스탠턴이 노예제 폐지론자와 관계를 끊고 여성 참정권 확보를 위해 싸우는 전국여성참정권협회를 창설한다.

19세기 초 미국에서 여성에게 평등한 권리를 부여한다는 생각은 진보적인 몇몇 사람 사이에서나 이야기되는 모호한 개념에 불과했다. 당시에는 신이 여성을 남성의 종속물로 창조했다는 생각이 남성은 물론 여성 대다수의 머릿속을 지배했다. 사람들의 믿음은 『성경』에서 골라낸 몇몇 구절에 바탕을 두었다. 흑인이 백인에 비해 태생적으로 열등하다고 선포하기 위해 곳곳에서 『성경』 구절을 왜곡해 해석하던 상황과 똑같았다.

여성은 지적인 면에서 남성과 동등한 능력이 있으며 따라서 동등한 권리를 누릴 자격이 있다고 주장한 영국 작가 메리 울스턴크래프트(Mary Wollstonecraft)의 저서, 「여성의 권리 옹호A Vindication of the Rights of Woman」가 1820년 무렵 미국에서 절판됐다. 책이 쓰인 시절 서구 세계를 감쌌던 혁명적인 분위기가 변화에 반대하는 분위기에 자리를 내주었고 「여성의 권리 옹호」가 현 상황을 악화시킬 것이라는 두려움이 미국 사회에 존재했다. 이와 유사한 이유로 영국 식민지 시절 동부 13개 주 중 유일하게 뉴저지 주가 여성에게 투표권을 부여했다가 1807년 갑자기 회수했을 때(뉴저지 주

노예제 폐지론을 주장하는 신문 〈더 리버레이터 *The Liberator*〉에 1832년 노예제도를 반대하는 위 그림이 시 한 편과 함께 실렸다. 그림은 백인여성 독자의 동정심에 호소하기 위해 제작됐다.

내가 받았든 노예가 받았든
부당한 처사에
순순히 굴복하는 방법을 모른다.
루크리셔 모트

에 거주하는 연방주의자들이 공화당 지지율을 추락시키기 위해 단체로 정치활동에 나섰다) 그 결정에 이의를 제기하는 사람은 아무도 없었다.

이렇게 시대에 역행하는 조치들은 비단 미국에서만 일어나지 않았다. 예를 들어 프랑스는 1804년 여성에게 동등한 상속권을 부여하던 법을 폐지했다. 법안이 통과된 지 15년도 지나지 않아서 벌어진 일이었다.

행동에 나서다

노예로 전락한 흑인들을 해방시키자는 움직임은 오래 전부터 시작됐다. 1775년 필라델피아에서 최초의 노예제 반대 협회가 결성됐다. 미국 독립전쟁(1775~1783년)이 끝난 뒤 북부에 있던 주들은 점차 노예를 해방시켰다. 하지만 남부에 있던 주들은 수익을 올리려면 노예 노동력에 의존할 수밖에 없는 작물인 면화와 담배에 기반을 둔 대규모 농장 경제를 발전시켰다. 남부 주에서 노예제도가 단단히 자리 잡을수록 노예제 폐지론자의 수도 증가했다. 대부분 노예제도가 부도덕하다고 맹렬히 비난하는, 제2차 대각성 운동이라고 불리는 개신교 부흥운동에서 영향 받은 사람들이었다. 1830년이 되자 노예제를 근절하기 위한 노예제 폐지론자(여기에는 백인여성도 대거 포함됐다)

참조 : ▪ 마르크스주의 페미니즘 52~55쪽 ▪ 여성참정권운동의 탄생 56~63쪽 ▪ 전 세계로 번진 여성 참정권운동 94~97쪽 ▪ 페미니즘 내의 인종차별과 계층적 편견 202~205쪽 ▪ 흑인 페미니즘과 우머니즘 208~215쪽

1840년 미국 노예제 폐지 협회가 주최했다고 추측되는 집회를 촬영한 사진에서 여성들이 참가한 모습이 보인다. 당시 여성들은 협회에서 더 힘 있는 역할을 맡고 있었다.

「미국독립선언」에 명시된 "모든 인간은 평등하게 창조됐다"라는 원칙이 노예제 폐지론자들의 대의에 힘을 싣는다

많은 여성 지지자가 모여들면서 노예제폐지 운동이 세력을 확장한다

여성들이 정치 연설과 청원, 집회, 사설 쓰기 같은 정치 활동과 관련된 경험을 쌓는다

노예제폐지운동 과정에서 여성이 차별 받자 여성들이 자신들만의 노예제 폐지 운동 조직을 결성한다

여성 노예제 폐지론자들이 모두에게 평등한 선거권을 부여하는 보통선거를 지지한다

의 노력에 탄력이 붙었다. 도망 노예인 해리엇 터브먼(Harriet Tubman)과 소저너 트루스는 물론 프랜시스 하퍼(Frances Harper)나 새러 레먼드(Sarah Remond) 같은 고등 교육을 받은 자유 흑인여성도 조직에 합류했다. 1833년 남성의 주도로 미국 노예제 폐지 협회가 창설된 지 며칠 만에 한 여성 무리가 필라델피아 여성 노예제 폐지협회를 결성하고 흑인과 백인여성 모두를 회원으로 받아들였다.

남성 운동가와 마찬가지로 여성들도 단체로 돌아다니며 노예제 반대를 외치는 순회강연을 개최했다. 이들은 몇 달 동안 쉬지 않고 매일 강연을 진행했다. 때로는 군중에게 야유를 받았고, 군중이 휘두르는 주먹에 맞기도 했다. 여성들은 도망 노예를 돕기 위한 기금을 마련하는 데 탁월한 능력을 발휘했으며 때로는 위험을 무릅쓰고 거

미줄처럼 얽힌 도주로를 이용해 남쪽에서 북쪽으로 노예를 탈출시키는 비밀 조직, 지하철도에서 안내원으로 활동했다. 이들은 청원서를 돌리고 노예제도에 반대하는 편지와 사설 수백 편을 썼다.

공통된 대의

노예제 반대 운동을 벌이며 쌓은 경험이 초창기 페미니즘 운동의 토대를 닦고 두 운동을 상호 협력 관계로 묶었다. 개혁 성향을 띤 여성은 흑인 노예를 해방시키라며 소리 높여 외쳤듯이 자신이 마땅히 누려야 할 권리가 억압받는 현실을 오랫동안 못 본 척하지 못했다. 수십 년 동안 두 운동은 대의

1840년 런던에서 개최된 제1회 세계 노예제 반대 협의회에서 여성이 연단에 서지 못하고 있다. 이 처사는 미국 대표단에 큰 충격을 주었고 초기 미국 페미니즘 역사에서 기폭제 역할을 했다.

운동의 대의명분을 합친 "성별이나 피부색에 따라 차별 받지 않고" 법 앞에서 평등할 권리를 보장하라고 목소리를 높였다. 이 무렵 유명한 흑인여성 노예제 폐지론자이자 교육을 받지 못한 해방 노예 소저너 트루스가 순회강연에 합류해 여성참정권운동을 널리 알렸다. 트루스는 1851년 오하이오 주 애크런에서 열린 여성권리대회에서 여성평등을 다룬 인상적인 연설을 했다. 1853년 뉴욕 시에서 노예제 폐지 대회와 여성권리대회가 같이 열렸을 때 발언자의 명단은 두 운동에 속한 활동가 명단과 일치했다.

남북전쟁으로 빛을 잃다

노예제도를 둘러싼 정치적 갈등이 갈수록 심해지다가 마침내 1861년 미국을 전쟁의 소용돌이 속으로 밀어 넣었다. 새로 선출된 대통령 에이브러햄 링컨이 연방을 지키기 위해 노예제도에 대한 타협안을 내놓을 것인지 아닌지 확실하게 판단하지 못

를 공유했다.

1840년 영국 런던에서 세계 노예제 반대 협의회가 열렸을 때 미국에서 온 여성 대표단이 발언권을 얻지 못했다. 노예제 반대 운동 사업을 논의하기에 "헌법상 부적합한" 신분이라는 이유에서였다. 여성을 침묵시키려던 초기 노력이 결국 루크리셔 모트와 동료 노예제 폐지론자 엘리자베스 케이디 스탠턴의 지휘 아래 1848년 뉴욕 주 세니커

폴스에서 최초의 여성 회의가 공식적으로 개최되는 결과를 낳았다. 해방 노예로 노예제폐지운동을 펼친 찰스 레먼드(Charles Remond)를 포함해 많은 남성 노예제 폐지론자가 세니커폴스 회의에 참석했다.

1850년 매사추세츠 주 우스터에서 열린 전국여성권리대회가 여성 참정권에 대한 요구를 되풀이하고 여성에게 공직에 나설 수 있는 권리를 부여하라고, 더 나아가 두

『톰 아저씨의 오두막』

해리엇 비처 스토(Harriet Beecher Stowe)가 노예제도에 반대해 쓴 소설 『톰 아저씨의 오두막Uncle Tom's Cabin』은 19세기 중반 여성이 개입된 이례적인 사건이었다. 스토는 소설 속에서 공적 영역에 속한 중요한 문제를 가져와 사적 영역에 속한, 여성이 상당수를 차지하는 독자를 위해 각색했다. 편집자에게 쓴 글에서 스토는 이렇게 말했다.

"이제 자유와 인간이라는 단어를 말할 수 있는 사람이라면 심지어 여성이든 아이든 말해야 할 시기가 왔다고 생각해요."

1851년 노예제 반대를 주장하는 신문에 41회로 나뉘어 처음 발표됐던 『톰 아저씨의 오두막』은 엄청난 파도를 일으켰다. 이 소설은 노예제를 반대하는 방향으로 여론을 바꿨다. 에이브러햄 링컨이 책에서 묘사된 노예제 반대 정서 때문에 남북전쟁이 일어날 수 있었다고 말하며 스토를 "남북전쟁을 일으킨 작은 여성"이라 불렀다고 전해진다. 미국 남부에서는 이 책을 소유하거나 심지어 알기만 해도 위험 인물로 간주했다.

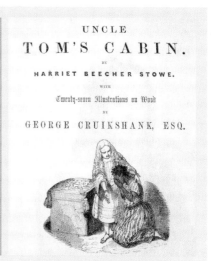

UNCLE
TOM'S CABIN.
BY
HARRIET BEECHER STOWE.
WITH
Twenty-seven Illustrations on Wood
BY
GEORGE CRUIKSHANK, ESQ.

한 노예제 폐지론자들이 온 힘을 동원해 완전한 해방에 찬성하도록 막후교섭에 나섰다. 전쟁이 계속되는 동안 여권 운동은 중단됐다. 1863년 「노예 해방령Emancipation Proclamation」이 발표된 뒤 노예제 폐지운동을 벌이던 여성들이 포고령이 번복될지도 모른다는 우려에 흑인의 자유를 보장하는 헌법을 수정하라고 청원했다. 엘리자베스 케이디 스탠턴과 수전 B. 앤서니는 전국 여성 연맹을 조직하고 미국에서 노예제도 폐지를 명시한 수정헌법 제13조를 지지하는 사람들의 서명 40만 개를 모았다. 수정헌법 제13조가 비준되자 몇몇 노예제 폐지 운동 조직이 해체됐다. 하지만 다른 조직들은 "자유민에게 투표권을 안기겠다"고 맹세했다.

흑인뿐만 아니라 여성에게도 투표권을 획득할 기회가 왔음을 깨달은 앤서니는 미국평등권협회(AERA)라고 불리는 1866년 설립된 새로운 조직을 통해 여성운동 속도를 높였다. 미국평등권협회는 보통선거를 지지하는 단체였다. 오랫동안 노예제 폐지론자로 활동했으며 여권운동의 지지자였던 웬델 필립스(Wendell Phillips)가 여성 참정권에 어느 누구보다 반대했다. "지금은 흑인을 위한 시기입니다." 필립스는 이렇게 말하며

근본적인 노예제 반대 운동이라는
사명은 아프리카 출신 노예에게만
적용되지 않는다.
관습과 신념, 성별의 노예에게도
적용된다.
엘리자베스 케이디 스탠턴

여성 참정권이라는 목표를 뒤로 미루었다. 모든 활동과 자원이 흑인남성에게 투표권을 부여한다는 목표에 집중됐고 1870년 수정헌법 제15조가 비준되면서 결실을 맺었다. 20년 넘게 여성참정권운동을 지지한 더글러스도 흑인남성 우선 전략을 변호했다.

얼마 지나지 않아 노예제 폐지론자와 여권운동가가 폭언이 오가는 사이로 바뀌었다. 특히 스탠턴이 오랫동안 함께 했던 노예제 폐지론자들에 대한 분노에 휩싸여 목소리를 높여가며 신랄한, 심지어 인종차별에 가까운 말을 퍼부었다. 스탠턴은 연설을 하거나 글을 쓸 때 "무식한 깜둥이와 외국인들", "하위 계층에 속한…… 글도 못 읽는 남자들"이 "상위 계층에 속한 여성"보다 먼저 투표권을 받았다며 분노를 내뿜었다. 스탠턴과 앤서니는 수정헌법 제15조 비준을 반대했다. 두 운동 사이에 생긴 균열이 여성운동가들을 수정헌법 제15조를 지지하는 세력과 반대하는 세력, 두 무리로 갈랐다. 그 결과 여성 참정권 확보를 위한 투쟁에 착수한 두 단체, 전국여성참정권협회(NWSA)와 미국여성참정권협회(AWSA)가 탄생했다. 투쟁은 50년 가까이 맹렬하게 계속됐다. ■

나는 어떻게 사람들이 여성에게
투표권을 부여함과 흑인에게
투표권을 부여함이 똑같이 시급한
일인 것처럼 굴 수 있는지 모르겠다.
프레더릭 더글러스

소저너 트루스

1797년 무렵 뉴욕 주에서 노예로 태어난 소저너 트루스는 노예제 폐지 운동과 여권운동의 핵심인물이 됐다. 주인이 지은 이사벨라 바움프리(Isabella Baumfree)라는 이름으로 불리던 트루스는 1826년 영혼을 뒤흔드는 종교 체험을 겪은 뒤 주인에게서 탈출했다. 트루스는 신앙심에서 힘을 얻어 순회 설교자로 변신했다.

1843년 바움프리가 자신의 이름을 소저너 트루스로 바꾼 뒤 매사추세츠 주에서 노예제 폐지 운동에 힘쓰던 평등주의 공동체에 합류했다. 트루스는 윌리엄 로이드 개리슨(William Lloyd Garrison)과 프레더릭 더글러스, 데이비드 러글스(David Ruggles) 같은 노예제 폐지 운동 지도자를 만났다. 이들은 노예제와 여성 불평등에 반대하는 목소리를 내도록 트루스의 열정에 불을 지폈다. 약 180센티미터에 이르는 키에 위압적인 외모를 지닌 트루스는 신랄함을 겸비한 강력한 연설가였다. 트루스는 1851년 오하이오 주에서 열린 여성권리대회에서 연단에 올라 자신이 힘과 지적인 면에서 남성과 동등하다고 외쳤다. 이 연설로 트루스는 노예제 반대 페미니스트를 대표하는 중요한 상징으로 자리 잡았다. 트루스는 노년이 될 때까지 사회운동을 계속하다가 1883년 약 86세 나이로 세상을 떠났다.

사회에 공헌하는 여성을 업신여겨서는 안 된다

결혼과 직장

1851년 영국 여권 운동가 해리엇 테일러 밀이 미국에서 개최된 최초의 여성권리대회에 자극을 받고 강력한 에세이 「여성에게 참정권을 부여하라The Enfranchisement of Women」에서 여성에게 "정치·사회적으로나 시민의 자격 면에서 모든 권리"를 남성과 동등하게 부여하고 가정을 벗어나 밖에서 일할 권리를 허용하라고 요구했다. 해리엇은 영국과 미국에서 점점 규모를 키우던 유사한 시위에서 주도적으로 목소리를 냈다.

19세기 중반 영국에서 중산층에 속한 기혼여성은 대부분 아내와 엄마라는, 빅토리아 시대를 지배한 사회적 관습이 이상적으로 묘사하고 여성에게 부여한 가정적인 역할에 순응하며 살았다. 여성은 남성과 동등한 교육 기회를 허락받지 못했기 때문에 직업에 관한 목표가 제한됐다. 하류 계급에서는 기혼여성 대부분이 집안일을 하고 아이를 키우면서 농장과 공장, 상점에서 일해 변변찮은 돈을 벌었다. 임신하면 아기를 낳

교육과 고용 기회가 확대되면 여성이 사회에서 더 중요한 역할을 수행할 것이다. 그러나 여성 참정권을 주장하며 1912년에 제작된 이 포스터는 술에 쩌들고 게으르더라도 남자만이 투표할 수 있는 현실을 풍자적으로 묘사하고 있다.

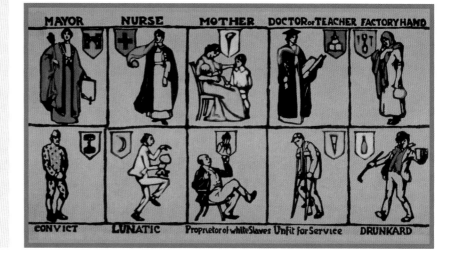

참조 : ■ 가정으로부터의 해방 34~35쪽 ■ 마르크스주의 페미니즘 52~55쪽 ■ 가족구조 138~139쪽
■ 가사노동 임금 147쪽

집안에서 일하는 여성은 가정 노예 취급을 받는다	집 밖에서 일하는 여성은 동반자라는 지위까지 오른다

가족을 부양하려는 노력에 물질적으로 공헌하는 여성을
경제적으로 의존하는 여성과 똑같이
업신여기거나 폭력적으로 대해서는 안 된다

해리엇 테일러 밀

1807년 런던에서 태어난 해리엇은 전통을 중시하는 유복한 가정에서 자랐다. 해리엇의 급진적인 사고와 남편인 존 테일러(John Taylor)와 헤어져 자신을 지적으로 동등한 존재로 대우하고 존중하는 존 스튜어트 밀(John Stuart Mill)과 재혼했을 때 생긴 스캔들 때문에 곤경에 처했다. 사회적으로 배척당했지만 해리엇은 밀과 맺은 관계를 포기하지 않았고 남편인 테일러가 사망하자 밀과 결혼했다.

해리엇이 자신의 이름으로 글을 발표한 적은 거의 없었다. 가정폭력을 다룬 몇몇 글을 포함해 해리엇이 쓴 신문 사설은 익명으로 실렸다. 밀은 자신의 이름으로 출간된 글 대부분이 해리엇의 작품이자 자신의 작품이라 생각해야 한다고 말했다. 해리엇은 밀의 저서 『여성의 종속The Subjection of Women』(1869년)에 커다란 영향을 미쳤으며 밀이 자신에게 헌정한 『정치경제학 원리Principles of Political Economy』(1848년)와 『자유론On Liberty』(1859년)을 쓰는 데에도 기여했다. 해리엇은 1858년 사망했다.

을 때까지 일했다. 그러나 계층을 가리지 않고 모든 여성에게는 자신이 번 수입을 소유할 권리가 없었다. 결혼하면 여성이 소유한 돈과 재산은 남편에게 귀속됐다. 미국과 대부분의 유럽 국가에서도 상황은 비슷했다.

불평등한 현실에 반대하던 페미니스트 중에 아일랜드 출신 작가 애너 휠러(Anna Wheeler)는 남편을 떠나 번역가와 작가로 활동하며 생계를 유지했다. 휠러는 여성에게 동등한 정치적 권리와 동등한 교육 기회를 제공하라고 주장했으며 사회적으로 여성이 생산적인 작업에서 배제되는 한 양성평등은 결코 존재하지 못할 것이라고 확신했다. 영국 작가이자 사회 이론가 해리엇 마티노(Harriet Martineau)는 남편과 아내 모두에게 결혼생활을 성공적으로 꾸리겠다는 공통된 관심사가 있음에도 불구하고 기혼여성이 종속물로 취급받는 현실에 개탄했다.

경제학자이자 철학자인 존 스튜어트 밀(John Stuart Mill)의 친구이자 훗날 아내가 된 해리엇 테일러 밀은 생각이나 훈련이 필요한 거의 모든 작업에서 여성을 제외한다는 편견에 주목했다. 해리엇은 고등교육을 받고 가족의 소득 증대에 기여할 수 있는 여성은 남편으로부터 더 많은 존중을 얻고 동

반자로 대우받을 것이라고 말했다. 해리엇은 이 결과가 여성에게 뿐만 아니라 사회 전체에 이득이 된다고 주장했다.

해리엇은 자신이 요구했던 변화를 확인하지 못한 채 세상을 떠났으나 해리엇이 쓴 글은 대서양 양편에서 여성에게 더 많은 교육과 훈련 기회를 부여하라는 요구에 힘을 보탰다. 1870년 영국의 기혼여성들은 자신이 번 돈을 소유할 권리를 얻었다. 하지만 남녀 동일임금이 영국 법률에 명시되기까지는 한 세기가 더 흘러야 했다. ■

오로지 지갑이 지닌 힘만이
영구적으로 그리고 완전하게
권위를 보장한다.
프랜시스 파워 코브

주요저서

1848년 「노동자 계층이 맞이할 가능성이 있는 미래에 관하여On the Probable Future of the Labouring Classes」
1851년 「여성에게 참정권을 부여하라」

결혼하면 여성에게 법적으로 강력한 차이가 생긴다

기혼여성을 위한 권리

맥락읽기

인용출처
바버라 리 스미스 보디촌(1854년)

핵심인물
캐롤라인 노턴, 바버라 리 스미스 보디촌

이전 관련 역사
1736년 : 매튜 헤일(Matthew Hale) 경이 『형사소송의 역사History of Pleas of the Crown』에서 아내는 자신의 몸을 남편에게 바쳤기 때문에 자신을 강간했다는 이유로 남편을 기소하지 못한다고 말한다.

1765년 : 윌리엄 블랙스톤(William Blackstone)이 『영국법 주해Commentaries on the Laws of England』에서 "기혼여성의 신분"에 관한 법리를 정리해 제시한다.

이후 관련 역사
1923년 : 영국에서 새 혼인사건법이 제정돼 아내도 남편과 똑같이 이혼사유를 제시할 수 있게 된다.

1964년 : 기혼여성재산법이 제정돼 기혼여성이 생활비로 저축한 저축액의 절반을 소유할 수 있게 된다.

19세기에는 미국과 마찬가지로 영국에서도 관습법에 의거해 기혼여성이 남성의 소유물로 취급됐다. "coverture(남편의 보호를 받는 기혼여성의 신분을 의미함)"라고 불리는 종속적인 지위는 11세기 노르만인이 영국을 침략했을 때부터 존재했다. 그러다가 1850년대부터 캐롤라인 노턴과 비버라 리 스미스 보디촌이라는 두 여성이 기혼여성의 신분에 관한 법을 뒤집기 위한 운동을 전개했다.

기혼여성의 신분을 규정한 법에 따라 남성 배우자는 가정 및 성생활과 관련된 자신의 요구를 분명히 따르도록 아내를 육체적

참조 : ▪ 가정으로부터의 해방 34∼35쪽 ▪ 결혼과 직장 70∼71쪽 ▪ 이름 없는 문제 118∼123쪽 ▪ 가족구조 138∼139쪽 ▪ 가정폭력 피해자 보호 162∼163쪽

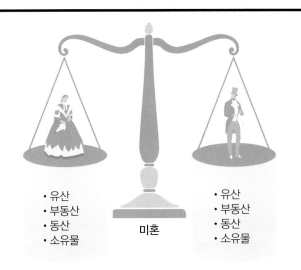
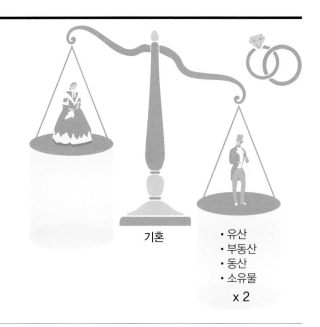

기혼여성 신분법은 결혼 시 여성이 보유한 부동산과 동산, 소유물과 모든 유산은 물론 여성이 갖고 있던 모든 권리가 남성에게 귀속된다고 결정했다.

으로 "훈육하고" 구속할 수 있었다. 남성은 두 사람이 낳은 자녀의 유일한 보호자였으며 자녀에게 벌을 내리거나 아내에게서 자녀를 빼앗아 누구든 다른 사람에게 양육하라고 보낼 수 있었다. 남성은 아내의 재산에 권리를 행사할 수도 있었다. 남성과 여성이 결혼하면 법에 따라 한 사람이 됐고 기혼여성은 미혼일 때 누렸던 모든 권리를 상실했다. 남편은 아내의 행동을 책임졌고 아내는 남편의 보호를 받으며 살았다.

부유한 집안에서는 형평법(equity law)을 이용해 가문에 속한 여성 구성원이 자신의 재산을 지킬 수 있게 보호했다. 혼전 계약으로 결혼이 지속되는 기간 동안 여성의 재산을 신탁 관리하고 모든 수익이 여성에게 귀속되도록 했다. 그러나 혼전 계약을 맺으려면 비용이 많이 들었기 때문에 굉장히 부유한 집안에서나 활용할 수 있었다.

이혼을 하려면 특정 개인에게만 적용되고, 3차례 개별 소송이 뒤따르는 의회 제정법이 필요했으므로 이혼은 매우 드물었다.

1765년에서 1857년 사이 남편을 상대로 이혼소송을 제기한 여성은 4명뿐이었다. 여성에게는 오로지 중대한 학대 행위와 근친상간, 중혼만이 이혼사유로 허용됐다. 법적 별거는 가능했으나 비용이 많이 들었다. 부부가 별거한다 하더라도 이론상 남편이 아내에게 재정적 지원을 계속해야 했지만 별거 기간 동안 아내가 번 수입이 남편에게 귀속됐다. 남편은 아내와 성관계를 맺었다고 의심이 드는 남자를 아내와 "간통"했다는 이유로 고소할 수도 있었다.

폭력적인 결혼생활

기혼여성 신분법에 처음으로 반기를 든 사람이 캐롤라인 노턴이었다. 중상류 계급 출신으로 정치적·사회적·예술적으로 다른 사람과 교류가 많았던 캐롤라인은 소설

가와 잡지 편집자로 일하며 돈을 벌었다. 1835년 남편인 조지 노턴(George Norton)이 자신을 심하게 구타해 아이가 유산되자 캐롤라인이 어머니의 집으로 피신했다. 이후 캐롤라인은 남편이 결혼생활에 종지부를

19세기 중반 사회개혁가이자 소설가인 캐롤라인 노턴이 폭력적인 남편에게 고통 받은 뒤 여성을 보호하기 위한 운동을 맹렬하게 전개했다.

바버라 리 스미스 보디촌

여성 모자 제조업자 앤 롱든(Anne Longden)과 진보적인 하원의원 벤저민 리 스미스(Benjamin Leigh Smith)의 혼외 관계에서 태어난 딸 바버라 리 스미스는 1827년 영국 서식스에서 태어났다. 바버라는 어머니가 세상을 떠난 뒤 아버지의 가족과 함께 살았다. 매우 특이하게도 아버지의 집에서는 아들과 딸이 동등한 수준으로 교육을 받았다. 평생 소녀 교육을 지지했던 바버라는 자신이 받은 유산으로 21세에는 소녀들을 위한 학교를, 나중에는 케임브리지에 있는 최초의 여자 대학교 거튼 칼리지(Girton College)를 설립했다.

바버라는 1857년 유진 보디촌(Eugene Bodichon)과 결혼했다. 두 사람의 결혼 생활은 독특했다. 두 사람은 6개월은 알제리 수도 알제에서 함께 살다가 나머지 6개월은 유진은 알제에서 자신의 관심사인 인류학을 연구하고 바버라는 예술가로 활동하며 런던에서 혼자 지냈다. 바버라는 1891년 서식스에서 사망했다.

주요저서

1854년 「여성과 관련된 가장 중요한 법에 관한 솔직하고 간단한 개요」
1857년 『여성과 일』

찍어 자신이 집으로 들어오지 못하게 막고 자신에게서 세 아들을 빼앗았음을 깨달았다. 당시 막내아들은 겨우 두 살이었다. 조지는 아내와 "간통"했다는 이유로 수상인 멜번 경(Lord Melbourne)을 고소했다. 법원이 멜번 경에게 무죄 판결을 내렸으나 캐롤라인의 평판은 형편없이 망가졌다. 조지는 아이들을 친척에게 맡기고 아내와 아이들의 접촉을 거의 막았다. 6년 뒤 사고로 막내아들이 세상을 떠났다. 캐롤라인은 아이들을 방치한 탓에 사고가 발생했다고 생각했다. 그러는 동안에도 캐롤라인은 재정 면에서 여전히 남편에게 묶인 상태였다.

여성을 보호하다

1837년 캐롤라인이 자녀양육권을 다룬 법을 바꾸고자 행동에 나섰다. 간통죄를 저지르지 않은 어머니에게 7세 미만 자녀에 대한 양육권과 7세 이상 자녀에 대한 면접권을 부여하기 위해서였다. 캐롤라인은 몇 차례에 걸쳐 사회적으로 논란이 된 글을 작성했다. 캐롤라인이 개인적으로 배포한 글들은 법률이 인정하는 존재가 아니기 때문에 어머니가 양육권 소송을 하지 못하는 현실에 초점을

맞췄다. 하원의원인 토머스 탤퍼드(Thomas Talfourd)가 의회에 법안을 제출하는 데 동의했으나 상원에서 두 표 차이로 법안이 부결됐다. 그러자 캐롤라인이 「아동 양육법에 관해 대법관(상원 의장을 겸직하는 자리임)에게 보내는 솔직한 서한」(1839년)이라는 글을 썼다. 캐롤라인은 모든 하원의원에게 편지를 보내고 도움을 요청했다. 캐롤라인의 노력으로 그 해 말 아동양육법이 통과됐으나 캐롤라인에게는 너무 늦었다. 그 무렵 남편이 아이들을 데리고 법의 효력이 미치지 않는 스코틀랜드로 이사했기 때문이었다.

1854년 노턴이 개혁을 지지하는 글, 「여성을 위한 잉글랜드 법」을 썼다. 한 해 뒤 더욱 강한 어조로 쓴 글, 「크랜워스 대법관이 제출한 결혼 및 이혼법에 관해 여왕 폐하께 보내는 서한」에서는 남편 때문에 경험했던 여러 가지 부당한 현실과 법률제도를 상세히 설명했다. 그녀는 자신이 쓴 모

1860년 에밀리 페이스풀(Emily Faithfull)이 여성 고용 촉진을 위해 런던에 빅토리아 출판사를 설립했다. 빅토리아 출판사는 영국 최초의 페미니즘 출간물인 〈잉글랜드 여성을 위한 잡지〉를 인쇄했다.

1870년대 한 여성이 이혼 법정에 서 있다. 고등법원에서만 열리는 이혼소송은 대단히 많은 비용이 들었기 때문에 부유한 사람만이 가능했다.

든 글에서 남성과 여성의 평등보다는 동정과 보호를 호소했다. 캐롤라인은 평등이 "터무니없다"고 말하고 당시 사회에 만연한 가치, 즉 남성은 여성을 보호해야 할 "신성한 의무"를 지닌다는 말을 강조했다.

랭엄 플레이스의 여성

여권운동가 바버라 리 스미스 보디촌이 「여성을 위한 잉글랜드 법」을 읽고 자극을 받아 소녀 교육을 지지했다. 1854년 보디촌이 「여성과 관련된 가장 중요한 법에 관한 솔직하고 간단한 개요」를 썼다. 캐롤라인의 글과 달리 이 글은 논쟁이 아니라 얼마나 다양한 법률이 여성에게 영향을 미치는가에 관한 설명이었다.

1850년대 후반 보디촌이 영국 최초의 페미니즘 운동단체인 '랭엄 플레이스의 여성(Ladies of Langham Place)'을 설립했다. 중산층 출신으로 고등교육을 받은 여성들이 '랭엄 플레이스의 여성' 회원으로 가입해 기혼여성과 관련된 법을 개정하기 위한 청원을 시작했다. 1856년 26,000명이 넘는 사람의 서명이 담긴 청원서가 하원에 전달됐다.

영국 기혼여성은 자신의 옷에
대해서조차 법적으로 권리가 없다.
캐롤라인 노턴

서명인 중에는 소설가인 엘리자베스 개스켈(Elizabeth Gaskell)과 엘리자베스 바렛 브라우닝(Elizabeth Barrett Browning)도 있었다. 어느 정도는 노턴과 보디촌의 막후교섭 덕분에 1857년 혼인 사건법이 통과됐다. 혼인 사건법 통과는 영국에 최초의 이혼 법정이 설립되는 결과로 이어졌다. '기혼여성의 신분'이라는 개념이 폐지되는 첫 번째 단계였다. 그러나 기혼여성은 여전히 독자적으로 재산을 소유하지 못했다.

보디촌이 1857년 발표한 책 『여성과 일』은 기혼여성이 경제적으로 남편에게 의존함은 불명예스러운 일이며 자유의 몸이 돼 직접 돈을 벌어야 한다고 주장했다. 보디촌은 친구인 베시 레이너 파크스(Bessie Rayner Parkes)와 함께 〈잉글랜드 여성을 위한 잡지The English Woman's Journal〉를 발간했다. 두 사람이 펴낸 잡지는 1858년부터 1864년까지 여성을 더 훌륭한 아내와 어머니, 가정 교사로 키우기 위한, 그리고 일자리를 얻어 경제적으로 독립할 수 있기 위한 여성 교육 환경 개선을 주장했다.

1859년 랭엄 플레이스의 여성이 〈잉글랜드 여성을 위한 잡지〉 사무실이 있는 런던 랭엄 플레이스 19번지로 이사했다. 건물에는 다이닝 클럽과 도서관, 카페가 있었다. 1866년부터 랭엄 플레이스의 여성이 여성 참정권을 확보하기 위한 투쟁에 나섰다. 랭엄 플레이스의 여성이 노력한 결과 1870년 기혼여성재산법이 제정됐다. 여성에게 자신이 일해서 번 소득과 개인 재산, 임대나 투자로 번 수입, 200파운드 이하 유산을 소유할 수 있는 권리를 부여한 법이었다. 새 법 덕분에 어느 정도 안전장치가 생기기는 했지만 기혼여성이 누리는 권리는 여전히 미혼여성보다 적었다. 1882년 법안이 확대되기까지 변하지 않은 현실이었다. ■

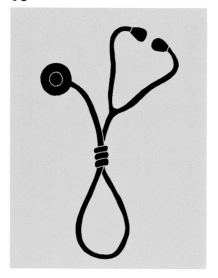

의사가 되고 싶다는 마음이 이전보다 더 강하게 들었다

여성을 위한 더 나은 치료

맥락읽기

인용출처
엘리자베스 블랙웰(1895년)

핵심인물
엘리자베스 블랙웰, 소피아 젝스 블레이크, 엘리자베스 가렛 앤더슨

이전 관련 역사
1540년 : 영국 왕립의과대학의 전신인 이발 외과의사 조합(Company of Barber Surgeons)이 여성 의사 임명을 금지한다는 내용을 헌장에 명시한다.

1858년 : 영국 의료법이 여성의 의대 입학을 금지한다.

이후 관련 역사
1876년 : 새로운 의료법이 제정돼 영국 의료 당국에서 여성과 남성 모두에게 자격증을 발부하는 일이 가능해진다.

1892년 : 영국 의학협회가 여성 의사를 회원으로 받아들인다.

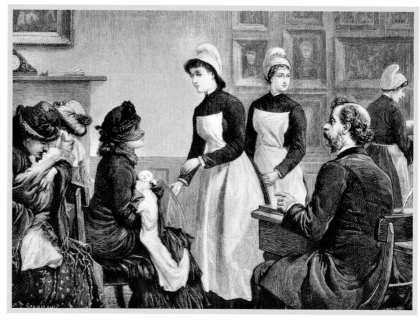

오랫동안 여성이 약초의나 조산사, 간호사로 일하며 환자 치료에 관여했음에도 19세기까지 의료는 남성이 차지한 분야였다. 여성은 남성 의사에게 치료 받았다. 남성 의사가 여성의 건강과 관련된 모든 측면을 판단했고 여성 의사가 등장한다는 생각은 터무니없는 소리로 취급됐다. 제1세대 페미니스트들은 여성에게 의료교육을 허용하고 의료행위를 할 권리를 부여하라고 요구했다. 대학 교육과 다른 전문직을 허용하

19세기 기아 수용소에서 일하는 간호사가 아이를 돌볼 능력이 없는 어머니에게서 아이를 데려가려 하고 있다. 여성이 간호사 자리를 차지할 수는 있었지만 책임자는 의사인 남성이었다.

라는 더 광범위한 요구도 함께 제기됐다.

여성이 의료교육을 받고 의료종사자가 되는 길을 열기 위한 투쟁은 길고 힘들었다. 한 여성이 여성을 가장 잘 치료할 수 있는 사람은 여성 의사라고 주장했다. 엘리

참조 : ■ 산아제한 98~103쪽 ■ 여성 중심의 보건의료 148~153쪽 ■ 합법적 낙태권 획득 156~159쪽
■ 세계 소녀 교육 310~311쪽

자베스 블랙웰(Elizabeth Blackwell)이라 불린 이 여성 덕분에 여성이 의사가 되는 길이 열렸다.

자격을 얻기 위한 싸움

전하는 말로는 블랙웰은 남자 의사에게 진료 받는 상황이 너무 곤란했다는, 친구가 죽어가며 한 말에 영향을 받았다고 한다. 블랙웰은 여성이 여성을 더 잘 치료할 것이라고 확신하게 됐다. 처음에는 인간의 몸을 공부한다는 생각에 혐오감을 느꼈지만 결국 의사가 되겠다고 마음먹고 필라델피아에 있는 여러 의과대학에 지원했으나 성공하지 못했다. 1870년 영국 의학 학술지 〈랜싯The Lancet〉에서 이야기했듯이 여성은 성적으로든 정신적으로든 체질적으로든 의사가 된다는 과중한 책임을 지기에 적합하지 않다는 관점이 널리 퍼져 있었다. 사람들은 전문 기술을 익혀 사회적으로 높은 지위에 오른 남성 의사의 자리를 여성 의사가 위협할 것이라며 두려워하기도 했다.

마침내 블랙웰이 뉴욕 주 제네바 의과 대학에서 의학을 공부할 기회를 얻고 1849년 졸업해 미국에서 여성으로서는 최초로 의사자격증을 받았다. 의사로 활동하는 동안 블랙웰은 동료 남자 의사뿐만 아니라 여성 환자의 반발에도 부딪혔다. 이들은 여성 의사를 드러나지 않은 (그리고 대개는 여자인) 폐지론자와 연결시켰다.

블랙웰은 유럽을 돌아다니며 계속해서 의학을 공부하고 경험을 쌓았으나 종종 여자라는 이유로 병실에 들어가지 못했다. 1857년 뉴욕으로 돌아온 블랙웰은 여동생인 에밀리와 또 다른 여성 의사 마리 자크르제브스카(Marie Zakrzewska)와 뉴욕 빈민가에 여성과 아동을 위한 뉴욕 진료소를 열었다. 엄청난 반대에 부딪혔음에도 블랙웰은 여성이 남성보다 여성의 건강을 더 깊이 이해한다는 원칙을 확립하는 데 성공했고 1868년 뉴욕 진료소에 여성을 위한 의료 교육 과정을 개설했다.

교육이 시작되다

블랙웰은 결국에는 사회가 여성 의사가 필요하다는 사실을 깨달을 것이라고 확신했다. 의료 분야에서 활동한 다른 여성 선구자와 마찬가지로 블랙웰도 교육 앞에서는 남성과 여성이 평등해야 하며 여성에게 어떤 특별한 혜택도 없어야 한다고 단호히 말했다. 블랙웰은 특히 두 여성을 자극했다. 소피아 젝스 블레이크(Sophia Jex-Blake)는 에든버러대학교가 마침내 무릎을 꿇고 여성 의학도를 받게 만든 운동의 선봉에 섰다. 엘리자베스 가렛 앤더슨(Elizabeth Garrett Anderson)은 남성 의사를 양성하기 위해 개설된 강의실에 앉아 공부한 뒤 끝내 약사협회(Society of Apothecaries)를 통해 의사시험에 합격해 1872년 런던에 새 여성병원을 설립했다. 영국 최초의 여성병원은 훗날 엘리자베스 가렛 앤더슨 병원으로 이름이 바뀌었다. 1874년 블랙웰이 젝스 블레이크와 가렛 앤더슨과 함께 런던 여자 의과대학을 세웠다. ■

사회가 여성의
자유로운 발전을 허용하지 않는다면
그 사회는 개조돼야 한다.
엘리자베스 블랙웰

엘리자베스 블랙웰

1821년 영국 브리스틀에서 태어난 엘리자베스 블랙웰은 1832년 가족과 함께 미국으로 이민했다. 1838년 아버지가 세상을 떠난 뒤 가족을 부양하기 위해 교사로 일하다가 1849년 의사 자격을 얻었다. 블랙웰은 유럽에 있는 병원에서 일하는 동안 세균에 감염돼 한쪽 시력을 잃었다. 1856년 뉴욕 진료소를 개설한 블랙웰은 전 생애를 함께한 아일랜드 고아 키티 배리(Kitty Barry)를 입양했다.

1869년 영국으로 돌아온 블랙웰은 진료 활동을 계속하기는 했으나 의료와 위생, 위생관리, 가족계획, 여성 참정권 같은 다양한 분야를 개혁하기 위한 운동에 이후 40년 세월 중 대부분을 쏟았다. 블랙웰은 바닷가 마을인 헤이스팅스에서 은퇴 생활을 하다 뇌졸중으로 쓰러져 1910년 사망했다.

주요저서

1856년 『여성 의료 교육을 위한 호소An Appeal in Behalf of the Medical Education of Women』
1860년 『여성을 위한 전문 직업으로서 의사Medicine as a Profession for Women』
1895년 『여성에게 의사가 되는 길을 여는 동안 선구자가 했던 일Pioneer Work in Opening the Medical Profession to Women』

사람들은 여성이라면 날카롭게 비난할 일을 남성이라면 용서한다

성별에 따른 이중 잣대

19세기 후반부터 영국과 스웨덴에서 활동하던 몇몇 페미니스트가 자신들로서는 용납하지 못하는 성별에 따른 이중 잣대, 즉 남성에게는 성적으로 문란한 행동을 허용하면서 여성에게는 결혼하기 전까지 순수한 처녀로 남아야 한다는 사회적 요구에 이의를 제기하기 시작했다. 당시 성별에 따른 이중 잣대를 뒷받침하던 근거는 성매매 산업을 바라보는 대단히 모호한 사회적 관점이었다. 존경받을 만한 위치에 있던 여성은 모두 매매춘을 기피해야 할 "사회악"으로 생각했으나 억제하지 못하는 남성의 성적 욕구가 빚은 필연적이고 필수적인 결과물로 받아들이기도 했다.

처벌법의 제정과 불편한 효과

19세기 인구가 빠르게 성장하면서 유럽에서 성적 접촉으로 전염되는 질병, 특히 매독이 깜짝 놀랄 정도로 증가했다. 그 결과 사회는 도덕적 공황에 빠졌고, 정부는 성병이 확산된 책임을 성매매 산업에 전가했다. 1835년 작성된 보고서는 런던에서 성매매 산업에 종사하는 여성의 수가 약 8만 명에 이른다고 추산했다.

여러 가지 처벌법이 표면적으로 질병 확산을 막기 위해 도입됐다. 1859년 스웨덴에서는 모든 매춘 여성이 특검부서에 자신의 정보를 등록하고, 매주 질병 검사를 받아야 했다. 영국에서는 전염병법이 1864년에서 1867년 사이에 통과돼 경찰은 매춘한다고 의심이 드는 여성을 체포하고 검진을 받

20세기로 넘어갈 무렵 촬영된 사진 속에서 프랑스의 한 매춘 여성이 자세를 취하고 있다. 제1차 세계대전이 일어날 즈음 파리에만 면허가 있는 매춘 여성은 5천 명, 면허가 없는 매춘 여성은 7만 명이 존재한다고 추산됐다.

참조 : ▪ 기혼여성을 위한 권리 72~75쪽 ▪ 성적 쾌락 126~127쪽 ▪ 반포르노그래피 페미니즘 196~199쪽 ▪ 섹스 긍정주의 234~237쪽 ▪ 외설문화 282~283쪽 ▪ 페미니즘의 온라인화 294~297쪽 ▪ 성 노동자 지지하기 298쪽

『인형의 집』

1879년 노르웨이 극작가 헨리크 입센이 쓴 희곡 『인형의 집A Doll's House』이 코펜하겐 왕립극장에서 초연했다. 동시대 노르웨이의 한 도시를 배경으로 삼은 『인형의 집』은 여주인공인 노라(Nora)가 겪은 경험을 토대로 겉보기에는 행복한 중산층 가정을 뒷받침하던 성별에 따른 이중 잣대를 탐구한다. 노라는 여성을 어린아이 취급하는 사회적 분위기와 완전한 어른으로 성장한다는 말의 의미 사이에서 갈등하다가 마침내 종속적이고 순종

1900년경 프랑스에서 출간된 유명한 비극 연작에서 노라가 충격에 빠진 남편 헬메르에게 왜 자신이 남편을 떠나고 싶어 하는지 이야기하고 있다.

적인 아내, 즉 남편의 "인형"이라는 역할을 수행하지 않겠다고 선언한다. 충격적인 마지막 장면에서 노라는 남편과 아이들을 뒤로 한 채 문을 거세게 닫고 집을 나선다.

『인형의 집』은 남성이 규칙을 정하고 정한 규칙을 강요하는 사회에서는 여성이 자기 자신으로 남지 못한다는 입센의 믿음이 반영된 작품이었다. 남편과 아내 사이의 불평등한 관계를 사실적으로 묘사한 까닭에 발표 당시 사회적으로 비난을 받았던 『인형의 집』은 결혼이라는 제도 안에서 여성이 받는 억압을 그린 대표적인 작품으로 남았다.

으라고 강제할 수 있고, 검사를 거부하면 경찰이 거부 여성을 감옥으로 보낼 수 있었다. 만약 성병에 감염됐다면 여성은 최대 3개월까지 병원에서 구금 상태로 지내야 했다.

1869년 영국 페미니스트이자 사회개혁론자인 조지핀 버틀러(Josephine Butler)가 전국여성연합(Ladies' National Association, LNA)을 결성하고 전염병법 폐지를 위한 운동을 전개했다. 버틀러의 주장은 단순했다. 이 법은 남성이 휘두르는 부당한 권력의 희생자(여성)는 처벌하면서 가해자(남성)는 건드리지 않았다. 버틀러는 전염병법에서 나타난 계급에 따른 차별에 관심을 보이기도 했다. 전염병법은 상류 계급과 중산층 출신 남성은 보호하는 반면 노동자 계급 출신 여성은 처벌 대상으로 삼았다. 버틀러는 사실상 전염병법이 매춘 여성을 남성을 기쁘게 하는 "노예 계급"으로 전락시켰다고 주장했다.

전국여성연합의 영향을 받아 1879년 스톡홀름에서 스웨덴연합이 창설됐다. 스웨덴

연합은 공청회를 열고 자체적으로 〈고결한 친구들Sedlighetsvännen〉이라는 신문을 발간하는 식으로 성매매 산업에 관한 법에 반대하는 운동을 전개하고, 전염병법 때문에 여성이 오명을 썼다고 주장했다. 1880년대에 걸쳐 성도덕을 주제로 삼은 사회적 논쟁이 스칸디나비아 반도 전역으로 번져나갔다. 노르웨이의 헨리크 입센(Henrick Ibsen)이나 스웨덴의 아우구스트 스트린드베리(August

우리가 죽기 전에는 절대 남성의 손아귀에서 빠져나가지 못해요.
매춘 여성 증언집

Strindberg) 같은 작가들이 논쟁을 주도했다. 스트린드베리는 『결혼Getting Married』라는 표제가 붙은 단편소설집에서 여성을 남성과 동등한 존재로 묘사했다는 이유로 1884년 신성모독죄로 기소됐다.

더 확실한 미래

전국여성연합과 스웨덴연합은 "존경 받을 만한" 여성이라면 매매춘 문제는 입에 올려서는 안 된다는 금기가 있던 시대에 용기를 내 성별에 따른 이중 잣대와 매춘 여성 학대 문제에 이의를 제기했다 전국여성연합이 전개한 운동은 성매매 산업과 경제 상황 사이에 중요한 연결 고리를 만들기도 했다. 이 고리는 1970년대 영국과 프랑스, 미국에서 매춘 여성이 전문적인 "성매매 산업 종사자"로 간주될 권리를 요구하며 조직을 결성하기 시작했을 때 수면으로 다시 떠올랐다. ■

교회와 국가가 신이 남성에게 여성에 대한 권리를 내린 것처럼 행동했다

여성을 압박하는 제도

1852년 당시 26세였던 마틸다 조슬린 게이지(Matilda Joslyn Gage)가 뉴욕 주 시러큐스에서 열린 제3회 전국여성권리대회에서 처음으로 공개 연설을 했다. 수준 높은 교육을 받은 여성참정권운동가이자 노예제 폐지론자이며 북미 원주민 권리 운동가이자 자유사상가 그리고 작가로 활동하던 게이지는 남성이 휘두르는 "포학한 규칙"에 지배 받을 때 여성 지식인이 느끼는 모멸감에 대해 이야기하고 미국 정부가 여성을 업신여긴다고 선언했다.

게이지는 여성이 예속된 현실의 원인이 국가와 교회에 있다고 비난하고 1893년 『여성, 교회, 국가』에서 자신의 이론을 정리했다. 게이지는 여성에 대한 예속을 지지하고, 결혼을 남성이 지배하는 제도로 제한하고, 마법을 쓴다는 혐의를 씌워 여성을 박해하고, 설교단에서 여성이 열등한 존재라며 설교한 교회의 행동에 관한 기록을 자세히 열거했다. 게이지는 교회가 여성을 남성의 일부를 이용해 창조됐으며 남성의 명령을 따라야 하는 존재로 선언했다고 말했다. 교회는 최초의 여성인 이브를 원죄의 기원으로 생각하며 "여성에게 사악함이 내재됐다는 믿음을 주요 교리로" 삼기도 했다. 교회가 내린 유죄 판결로 인해 여성에게서 법적 권리를 빼앗고 여성을 물리적·성적 학대에 노출시킨 가부장적 가치가 더욱 힘을 얻었다.

평생 인간의 삶에 관한 모든 측면에서 동등한 권리를 요구하는 운동가로 활동하고 1898년 사망한 게이지의 묘비에는 이렇게 적혀 있다. "어머니보다, 집이나 천국보다 더 달콤한 단어가 있으니 그것은 자유로다." ■

> 결혼 진에는 아버지의 보호 아래, 결혼 후에는 남편의 보호 아래에 있으라고 교육 받는다.
> **전국여성권리대회**

참조 : ▪ 초기 아랍 세계 페미니즘 104~105쪽 ▪ 억압의 근원 114~117쪽 ▪ 페미니즘 신학 124~125쪽 ▪ 가부장제의 사회 통제 144~145쪽

모든 여성이 가족이라는 울타리 안에서 시들고 있다

보육 기관의 사회화

맥락읽기

인용출처
알렉산드라 콜론타이(1909년)

핵심인물
알렉산드라 콜론타이

이전 관련 역사

1877년 : 스위스에서 직장에 다니는 어머니에게 일자리를 유지한 채 8주 동안 무급 출산휴가를 다녀올 수 있는 권리가 부여된다.

1883년 : 독일이 최초로 국가보험에 가입하는 사람에 한해 여성에게 3주짜리 유급 출산휴가를 제공한다.

이후 관련 역사

1917년 : 볼셰비키혁명이 일어나 러시아 차르 정권이 무너진다. 그 결과 1922년 소비에트연방이 탄생한다.

1936년 : 소비에트연방 최고 권력자 이오시프 스탈린(Joseph Stalin)이 출생률 하락을 우려해 법으로 이혼을 엄격히 제한하고 여성의 생명이 위협 받지 않는 한 낙태를 하지 못하게 막는다.

알렉산드라 콜론타이는 더욱 평등하게 재건된 사회를 지지한 초기 사회주의자였다. 새로운 사회에서는 국가가 러시아 여성을, 특히 직장에 다니는 어머니를 지원하고 이들에게 정치적으로든 법적으로든 남성과 동등한 권리를 부여했다. 1872년 상트페테르부르크에서 기병대 장교의 딸로 태어난 콜론타이는 책 읽기를 좋아했으며 몇 개 국어에 능통했다. 결혼생활을 올가미로 느껴 남편과 결별한 뒤 유럽에서 공부하며 사회주의와 마르크스주의를 흡수했다.

1899년부터 러시아 사회 민주 노동당 당원으로 활동한 콜론타이는 정치적·경제적 해방을 위해 싸우는 남성 노동자의 움직임에 동참하라고 여성 노동자들을 격려했다. 1909년 콜론타이가 『여성문제의 사회적 기초The Social Basis of the Woman Question』를 발표하고 임신한 여성과 자녀를 돌보는 어머니를 국가재정으로 지원하고 가사노동과 보육을 사회화하는 등 몇 가지 제도를 제안했다. 콜론타이는 보육을 개인 책임이 아닌 사회 책임으로 돌릴 때 여성이 정치적으로든 경제적으로든 국가에 공헌할 수 있

콜론타이가 사회복지 담당 인민위원 자격으로 집 없는 가족들을 만나고 있다. 콜론타이는 1917~1918년 볼셰비키 정권에서 공직을 맡은 최초이자 가장 두드러지게 활동한 여성 의원이었다.

을 것이라고 주장했다.

1919년 콜론타이가 여성문제를 전담하는 세계 최초의 정부 기관인 제노텔(Zhenotdel)을 설치했다. 새로운 법률이 제정돼 유급 출산휴가 제도와 산부인과 병원, 탁아소, 미혼모 보호소가 도입됐다. 1921년 많은 병원에서 무료로 낙태가 실시됐고 문맹퇴치 프로그램이 진행됐다. ■

참조 : ▪ 마르크스주의 페미니즘 52~55쪽 **▪** 이름 없는 문제 118~123쪽 **▪** 가족구조 138~139쪽 **▪** 가사노동 임금 147쪽

원래 여성은 태양이었다. 지금 여성은 병든 달이다

일본의 페미니즘

메이지 유신(明治維新, 1868~1912년) 시대 일본에서 페미니즘 운동이 일어났다. 군사력을 바탕으로 삼은 막부체제가 막을 내리고 일본 봉건사회가 근대로 전환하던 시기였다. 과거에는 여성에게 법적으로 어떠한 권리도 없었다. 여성은 재산을 소유하지 못했고 모든 측면에서 남성보다 낮은 지위에 머물렀다. 천왕의 주도로 개혁이 실시되는 동안 일본이 유럽에서 탄생한 계몽주의 사상에 편승해 기술과 군사, 법률 분야에서 서양을 따라잡고 봉건귀족들이 누리던 특권을 폐지하고 남녀 간 불평등을 어느 정도 바로잡으려고 노력했다.

유럽 문학을 향한 호기심이 일본에서 페미니즘 운동을 일으킨 자극제 역할을 했다. 1907년 일부 여성들이 여성 문학계라고 불리는 문학회를 설립했다. 여성 문학계는 유명 작가와 유럽 문학 전문가가 참석하는 자리를 마련했다. 1911년 여성 문학계 회원인 히라쓰카 라이초(平塚雷馬)가 세이토샤(青鞜社)라는 이름으로 신여성단체를 결성했다(세이토는 여류문학가 혹은 여성해방을 주장하는 여성지식인을 의미한다). 18세기 런던의 토론 모임 블루스타킹에서 영감을 얻어 만든 모임이었다. 히라쓰카의 자서전, 『원래 여성은 태양이었다In the Beginning, Woman Was the Sun』는 여성의 순종을 최고의 미덕으로 치던 당시 사회적 관습에 맞섰던 히라쓰카의 모습을 묘사한다.

세이토샤는 활동의 일환으로 〈세이토青鞜〉라는 여성잡지를 창간했다. 일본 여성에게 창의적인 글쓰기를 장려하고 "신여성"이라는 이미지를 키우기 위함이었다. 전통과 봉건적인 사고방식에 맞서 싸웠던 까닭에 세이토

원래 여성은 태양이었다. 여성은 자유롭고 자부심이 강한 진정한 인간이었다

하지만 자신의 능력을 감추고 남성에게 의존하고 남성이 발하는 빛을 받아 살도록 사회가 여성을 억압했다

지금 여성은 창백한 얼굴을 한 병든 달이다

참조 : ▪ 초창기 영국 페미니즘 20~21쪽 ▪ 초창기 스칸디나비아 페미니즘 22~23쪽 ▪ 18세기 집단행동 24~27쪽 ▪ 계몽주의 페미니즘 28~33쪽

샤가 정부 검열 대상에 올랐다. "불온적인 사상"을 전파한다는 이유에서였다. 1916년 세이토샤가 활동금지 처분을 받았다.

신부인협회

세이토샤는 새로운 조직 신부인협회(新婦人協會, New Women's Association, NWA)에게 자리를 넘겼다. 신부인협회는 1920년부터 여성참정권운동을 전개했다. 신부인협회는 남성과 여성을 가리지 않고 일본 지식인 사이에 해방이라는 주제를 던지고 일본의 봉건제도가 낳은 여러 굴레와 가부장제를 깨뜨리고자 노력하는 "신여성"이라는 이상

1920년 도쿄에서 시작된 여성참정권운동이 "신여성"이라는 단어를 퍼뜨렸다. 신여성이란 오로지 남성의 편의를 위해 확립된 전통과 법률을 간절히 파괴하고 싶어 하는 여성이다.

적인 인물을 널리 알렸다. 회장인 이치카와 후사에(市川房枝)의 지도 아래 신부인협회가 전통적으로 가정에서 여성이 맡았던 역할에 관해 자신의 주장을 펼칠 틀을 마련하고 만약 여성에게 국가의 미래를 결정할 권리가 생긴다면 여성은 더 훌륭한 아내와 어머니가 될 것이라고 강조했다.

일본 여성들은 제2차 세계대전이 끝난 직후인 1945년에 완전한 참정권을 얻었다. 사람들은 전쟁 기간 여성이 겪은 고통으로 인해 여성에게 참정권이 부여됐다고 생각했다. 하지만 여성의 요구는 주로 건강증진과 더 많은 일자리, 빈곤 퇴치, 모성보호와 관련된 분야에서 드러났다. 남성은 물론 많은 여성이 가부장제를 법과 사회적 질서를 떠받치는 근간이라고 생각했다. 전통적인 가치와 현대적인 가치 사이의 충돌은 여전히 해결 중인 문제다. ▪

이치카와 후사에

여성참정권운동가이자 페미니스트, 정치가인 이치카와 후사에는 20세기 일본에서 가장 큰 영향력을 행사한 여성이었다. 1893년 태어난 이치카와는 신문사인 〈나고야 신문名古屋新聞〉에서 저널리스트로 일하다가 1920년 신부인협회를 공동 설립했다.

1921년 미국을 여행하는 동안 이치카와가 여성 참정권운동 지도자 엘리스 폴(Alice Paul)과 만났다. 이치카와는 1924년 일본으로 돌아온 뒤 일본 부인 유권자 동맹(日本婦人有權者同盟, Women's Suffrage League)을 결성했다. 1945년 일본 여성에게 참정권이 부여되자 이치카와가 신일본 부인 동맹(新日本婦人同盟, New Japan Women's Union)을 창설했다. 신일본 부인 동맹은 무엇보다도 전후 만성적인 식량난을 종식시키기 위한 운동을 전개했다. 연합군이 지휘하던 정부는 이치카와가 공직에 나서지 못하도록 막았으나 이치카와는 1953년 정계에 복귀해 1970년대까지 활동했다. 이치카와는 1981년 도쿄에서 세상을 떠났다.

주요저서

1969년 『전후 여성협회동향Trends of Women's Circles in the Postwar Period』
1972년 『내가 펼친 여성운동My Women' Movement』

용기를 내서
손을 잡고
우리 뒤에
서세요

영국에서 추진된 정치적 평등

맥락읽기

인용출처

크리스터벨 팽크허스트(1908년)

핵심인물

밀리선트 포셋, 에멀린 팽크허스트, 실비아 팽크허스트, 크리스터벨 팽크허스트 메리 리, 에밀리 데이비슨

이전 관련 역사

1832년 : 국민투표법(Great Reform Act)이 의회 선거에서 여성을 배제한다.

1851년 : 영국 최초 여성 참정권운동 단체인 셰필드여성정치연합(Sheffield Female Political Association)이 결성된다.

이후 관련 역사

1918년 : 영국에서 재산을 소유한 30세 이상 여성에게 투표권이 부여된다. 이와 동시에 남성 참정권이 21세 이상 모든 남성으로 확대된다.

1928년 : 영국 여성이 남성과 동일한 참정권을 획득한다.

20세기 페미니즘 운동을 진전시킨 모든 사건 가운데 영국과 아일랜드 여성에게 참정권을 보장하기 위해 정치적 폭력을 효과적으로 사용했다는 측면에서 여성참정권운동을 손에 꼽을 수 있다. 에멀린 팽크허스트와 그녀의 세 딸이 지휘한 서프러제트(suffragette, 과격파 여성참정권운동가)들이 대중의 관심을 사로잡았다. 주로 중·상류 계층 출신으로 참정권운동에 참여한 여성들이 대의명분을 위해 체포되거나, 다치거나, 심지어 목숨을 걸 각오까지 했기 때문이었다.

서프러제트는 두 가지 원칙을 내세웠다. 첫 번째는 공직선거를 치를 때 여성에게 남성과 동일한 조건으로 투표권이 부여돼야 한다는, 19세기 중반에 등장해 여성 참정권운동의 지지를 받은 원칙이었다. 두 번째는 목표를 달성하기 위해서라면 어떠한 행동도 정당화된다는, "말이 아닌 행동을"이라는 구호로 요약되는 수칙이었다. 서프러제트가 서프러지스트(suffragist, 온건파 여성참정권운동가) 무리에서 갈라져 나온 이유가 두 번째 원칙에 따라 과격 시위 전략을 채택했기 때문이었다. 서프러지스트는 목표를 달성하기 위해 엄격하게 평화적인 수단만을 사용했다.

여성 참정권운동은 새로운 현상이 아니었다. 영국에서는 1832년 여권운동가 메리 스미스(Mary Smith)가 여성 참정권을 요구하는 최초의 청원을 의회에 제출했다. 참정권을 여성에게까지 확대한다는 목표를 향해 어느 정도 진전은 있었지만 속도는 더뎠다.

동력을 얻다

1867년 런던 웨스트민스터 선거구 소속 하원의원 존 스튜어트 밀이 남성과 동등한 국정참여권을 여성에게 부여하자는 법안을 영국 의회에 제출했지만 철저하게 무시당했다. 밀이 상정한 법안은 영국 전역에서 여성 참정권운동 협회가 결성되는 기폭제로 작용했다. 그 중 17개 단체가 1897년 하나로 뭉쳐 여성참정권협회국민동맹(National Union of Women's Suffrage Societies, NUWSS)을 탄생시켰다. 서프러지스트는 온갖 지혜와 힘을 모아 공동전선을 펼치며 자신이 내세우는 "대의명분", 즉 여성을 위한 정치적 평등이 동력을 얻기를 바랐다.

몇 년 뒤 저명한 급진주의 정치가의 딸이자 기혼자인 밀리선트 포셋(Millicent Fawcett)이 지도자와 대변자 역할을 맡았다. 중류 계층에 초점을 맞췄고 이러한 성향은 서프러지스트가 내세운 목표, 즉 재산을 소유한 여성에게 투표권을 보장한다는 목적에 반영됐다. 서프러지스트는 법과 제도의 테두리 안에서 활동했다.

서로 다른 전략

동료 서프러지스트였던 에멀린 팽크허

서프러제트 무리가 1908년 8월 홀로웨이 감옥에서 석방된 동료 운동가들을 호위하며 거리를 행진하고 있다. 석방된 여성들은 돌을 던져 총리 공관 유리창을 깬 혐의로 감옥에 갇혔다.

참조 : ▪ 여성참정권운동의 탄생 56~63쪽 ▪ 전 세계로 번진 여성 참정권운동 94~97쪽

서프러지스트와 서프러제트 비교

밀리선트 포셋이 이끈
서프러지스트는

↓

여성참정권협회국민동맹(NUWSS)을
결성한다

↓

거의 모든 회원이 중류 혹은
상류 계급 출신이다

↓

서프러지스트는 평화적인 청원이나
공청회를 통해 충돌을 피하는
접근법을 옹호한다

에멀린 팽크허스트가 이끈
서프러제트는

↓

여성사회정치연합(WSPU)을
결성한다

↓

일부 회원이 노동자 계급에게
다가갈 길을 모색한다

↓

서프러제트는 "말이 아닌 행동"을
강조하고 언론의 관심을 끄는
폭력적인 방법을 지지한다

서프러지스트와 서프러제트의 차이는
서프러지스트가 단지 표를 원하다면
서프러제트는 표를 쟁취하려 한다.
「더 서프러제트」

다. 사회적 불평등을 탐구하고 영국 의회에 개혁안을 제출하는 과정에서 독립 노동당이 NUWSS와 보조를 맞췄기 때문이었다.

에멀린의 세 딸, 실비아와 크리스터벨, 아델라도 WSPU의 창립회원이었다. 결국에는 노동자 계급 출신 여성도 WSPU의 안건에 포함돼야 한다며 갈수록 목소리를 높이던 실비아 때문에 가족들 사이가 틀어지기는 했지만, 처음 몇 년 동안에는 가족이 하나로 뭉쳐 WSPU 운영에 온 노력을 쏟았다. 1880년부터 여성 참정권 확보라는 대의 아래 활동하며 언론을 통해 세상에 알려졌던 에멀린은 20년이 넘는 세월을 거치면서 합법적이고 정치적인 경로로는 결코 여성 참정권을 확보하지 못할 것이라는 결론에 도달했다. 정부가 어쩔 수 없이 관심을 기울이고 여성 참정권 문제를 진지하게 받아들이게 만들 급진적인 접근법이 필요했다. 팽크허스트와 지지자들은 러시아혁명에서 사용된 과격한 전술을 바탕으로 여성에게 선거권을 부여하는 법안을 통과시키게끔 의회를 밀어붙일 시민불복종운동과 테러 활동 전략을 수립했다.

스트는 포셋과 마찬가지로 중산층 출신이었다. 포셋이 자유주의 성향을 띤 보수주의자인 반면 팽크허스트는 사회주의자였다. 여성을 위한 정치적 평등이라는 목표를 달성하기 위해 팽크허스트가 취한 전략은 완전히 달랐다. 팽크허스트는 폭력적인 행동을 지지했다. NUWSS에서 활발하게 활동하

던 회원이었음에도 자신이 속한 독립노동당(Independent Labour Party) 지부에서 여성 참정권 문제를 계속해서 안건으로 채택하지 않자 팽크허스트는 1903년 어쩔 수 없이 갈라져 나와 여성사회정치연합(Women's Social and Political Union, WSPU)을 결성했다. 팽크허스트가 독립한 사건은 중요한 의미를 지녔

> 나는 남자들이 만든 고통스럽고
> 불행한 세상을 들여다보아야 했다.
> 내가 성공적으로 세상을 향해
> 반기를 들 수 있기 전에.
> 에멀린 팽크허스트

이 같은 극단주의는 포셋이 지휘하는 서프러지스트 단체 NUWSS와 팽크허스트가 이끄는 서프러제트 단체 WSPU의 차이를 극명하게 드러냈다. 실제로 둘은 정반대 노선을 취했으며, 상호간의 협력을 거부했다. 서프러제트라는 용어는 〈데일리 메일*Daily Mail*〉 신문기사에서 처음 등장한 뒤 1906년 WSPU가 사용하기로 결정했다. 편집자는 WSPU를 모욕하기 위해 의도적으로 작다는 의미를 지닌 접미사 "ettes"를 붙이고 WSPU가 진짜가 아닌 모조품에 불과함을 은연중에 내비쳤다. WSPU는 〈데일리 메일〉이 부

린 말재주에 현명하게 대처해 새 용어를 명예훈장으로 받아들였다.

자극제와 전략

팽크허스트는 젊은 시절부터 차르 치하에서 자유를 얻기 위해 국민이 투쟁을 벌이는 동안 러시아를 뒤덮었던 불안한 정세에 관해 들었다. 팽크허스트 가족은 런던 러셀 스퀘어에 있는 집에서 여는 모임에 러시아 망명자를 적극적으로 받아들였다.

평등을 향한 험난한 여정에 과감하게 자신의 모든 것을 내던진 러시아 여성들에게서 어느 정도 영향을 받았던 에멀린 팽크허스트는 여성 참정권운동을 지지하는 세력을 결집하려면 투옥 사태를 일으켜 언론의 관심을 끄는 방법이 가장 효과적이라고 판단했다. 불을 지르고, 폭탄을 던지고, 사유재산을 파괴하고 공공건물 앞까지 일렬로 행진하는 행동이 서프러제트가 들었던 무기의 일부였다.

1908년 여름, 전략의 한 가지로 창문깨기가 등장했다. 6월 30일 다우닝 가에서 서프러제트 무리가 행진을 벌이다가 총리 관사 유리창을 향해 돌을 던져 창문을 깨뜨렸다. 현장에서 체포돼 홀로웨이 교도소에 수

감된 서프러제트 27명 가운데 전직 교사로 1906년 WSPU에 합류한 메리 리(Mary Leigh)가 있었다. 같은 해 10월 하원 의사당 밖에서 시위를 벌이던 도중 경찰이 탄 말의 고삐를 잡았다는 이유로 리가 또 다시 체포돼 3개월 형을 선고 받았다.

에멀린 팽크허스트의 딸 크리스터벨(Christabel Pankhurst)이 서프러제트 조직에서 창의적인 전략가로 떠올라 언론의 관심을 끈 수많은 사건을 지휘했다. 크리스터벨은 차기 총리가 될 것이라 많은 사람이 예상하던 자유당 하원의원 허버트 애스퀴스(Herbert Asquith)가 한 발언, 즉 만약 여성이 정말로 투표권을 원한다는 확신이 든다면 자신이 여성 참정권운동 반대 세력을 제거하겠다는 말에 영향을 받아 이 같은 행동에 나섰다.

1910년 화해법을 만드는 과정에서 의회가 여성 참정권 조항을 추가하려던 순간 이제 총리가 된 애스퀴스가 두 번째 독회가 진행되기 전에 끼어들어 법안을 막았다. 그 결과 1910년 11월 18일 항의하는 의미에서 의회 앞에서 행진을 벌이던 300여 명에 이르는 여성 중 119명이 체포되고 2명이 사망했으며 많은 여성이 경찰이나 시위대를 향

에멀린 팽크허스트

1858년 영국 맨체스터에서 태어난 에멀린 굴던(Emmeline Goulden)은 급진적인 사상을 품은 가정에서 성장했다. 1879년 법률가이자 여성 참정권 지지자로 1870년과 1882년에 영국 기혼여성재산법을 기안했던 리처드 팽크허스트(Richard Pankhurst)와 결혼했다. 에멀린이 올린 성과 중 1889년 여성선거권연맹(Women's Franchise League) 설립과 1903년 여성사회정치연합(WSPU) 설립이 있다. 에멀린은 시민 불복종 운동을 펼쳤다는 이유로 일곱 차례 감옥에 갇혔으나 맹렬한 애국자였던 까닭에 1915년부터 영국이 치르는 전쟁을 도우라며 여성들을 독려했다. 에멀린은 딸인 실비아가 자신과 다른 사회주의적·평화주의

적 정치 노선을 걷자 훗날 딸과 의절했다. 1926년 보수당에 입당한 에멀린은 1928년 세상을 떠나기 얼마 전 런던 동부 선거구 보수당 후보가 됐다.

주요활동

1913년 1월 10일 「폭력 투쟁의 근거를 간추린 WSPU 회원에게 보내는 편지*A letter to members of the WSPU outlining the case for militancy*」
1913년 11월 13일 "자유가 아니면 죽음을" (미국 코네티컷 하트퍼드에서 한 연설)

JULY 6, 1910.] PUNCH, OR THE LONDON CHARIVARI. 9

THE SUFFRAGETTE THAT KNEW JIU-JITSU.
THE ARREST.

1910년 구멍을 뚫어 그린 만화가 주짓수를 배운 서프러제트에게 위협 받는 런던 경찰관의 모습을 묘사하고 있다. 주짓수 전문가인 이디스 가루드가 동료 서프러제트를 위해 수업을 개설하고 WSPU 신문에 자신을 방어할 때 필요한 요령에 관한 글을 실었다.

으로 논란을 일으킨 강제주입정책이 실시됐다. 여성의 목에 음식을 투여하기 위한 관을 강제로 쑤셔 넣는 잔인한 방식은 대개 여성의 장기에 상처를 입히는 결과를 낳았다. 에멀린도 마찬가지였다. 서프러제트는 자신들의 지도자를 대하는 방식에 분노했다. 특히 메리 리처드슨(Mary Richardson)이라는 한 회원은 내셔널 갤러리에 전시돼 많은 사람에게서 사랑 받던 벨라스케스(Velazquez)의 그림 〈거울 속의 비너스〉를 칼로 난도질했다. 메리는 "나는 정부가 근대 역사에서 가장 아름다운 여성인 팽크허스트 부인의 몸을 망가뜨린 처사에 항의하는 의미로 신화 속에서 가장 아름다운 여성을 묘사한 그림을 망가뜨리려 했다"고 외쳤다.

WSPU 회원들은 에멀린 팽크허스트가 더는 체포되거나 구금되는 사태를 막기로 결정했다. 그래서 이디스 가루드(Edith Garrud)가 30명 가량 되는 열성회원을 선발해 훈련시켰다. 보디가드(The Bodyguard)라고 불

해 야유를 퍼붓던 남성에게서 폭행을 당했다고 주장한 (훗날 검은 금요일이라고 불리게 된) 사건이 발생했다.

WSPU가 전개한 시민불복종운동에는 처음부터 경찰관과 남성 공무원이 여성 시위대를 거칠게 밀치거나 시위대에게 폭력을 휘두르거나 외설스러운 말을 퍼부었다는 기록이 뒤따랐다. 이제 '검은 금요일'이 WSPU 회원들에게 전환점 역할을 했음이 분명해졌다. WSPU 회원들은 자신을 보호할 준비를 갖췄다. 일부 회원이 갈비뼈를 보호하기 위해 겉옷 밑에 두꺼운 종이로 만든 조끼를 입기 시작했다. 하지만 에멀린 팽크허스트는 자신을 보호하는 가장 효과적인 방법은 주짓수라고 주장했다. 주짓수는 경찰 훈련소에서 필수적으로 배우는 격투 무술이었다. 대중매체들은 전투태세를 갖춘 중산층 여성이 격투 무술을 훈련하는 광경을 상상하며 즐거워했고 얼마 지나지 않아 "서프러짓수"라는 용어가 널리 쓰이게 됐다. 1913년 한 연설에서 실비아 팽크허스트(Sylvia Pankhurst)가 모든 서프러제트에게

호신술을 배우라고 촉구했다.

한밤중에 불을 지르고 하원의원이 사는 집과 교회, 우체국, 기차역에 폭탄을 던지는 등 서프러제트가 과격한 행동을 늘려 나가는 동안 경찰과 충돌하는 수준이 점점 높아졌다. 그 결과 갈수록 많은 여성이 감옥에 갇혔다. 뮤직홀 스타이자 1908년 WSPU에 합류한 이후 공격적으로 활동을 펼치던 회원 키티 머라이언(Kitty Marion)이 몇 차례 유리창을 깨뜨리고 불을 질렀다는 이유로 체포됐다. 머라이언은 데이비드 로이드 조지(David Lloyd George)가 살기 위해 짓던 집과 재무장관의 관저를 포함해 여성에게 참정권을 부여하자는 의견에 반대하던 하원의원들의 집에 불을 질렀다.

처벌

에멀린, 그리고 에멀린의 딸 크리스터벨과 실비아는 가장 많이 체포된 서프러제트였다. 체포된 서프러제트는 자신이 시위를 벌이는 이유를 부각시키기 위해 감옥에 있는 동안 단식투쟁을 벌였다. 그러자 사회적

나도, 다른 어떤 여성도
부당한 현실을 바로 잡을
공인된 방법을 찾지 못했다.
혁명과 폭력을 제외하고는!
에멀린 팽크허스트

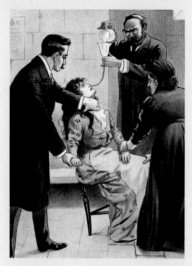

강제주입

정부가 감옥에 수감된 서프러제트를 처우하던 방식 중 가장 논란이 된 방침이 음식물 강제주입 정책이었다. 음식물 강제주입은 서프러제트가 단식투쟁을 하다 사망해 순교자가 되는 사태를 방지하기 위해 도입됐다. 신문기사가 음식물 강제주입에 대한 대중의 불안감을 더욱 키웠다. 한 기사가 230차례 이상 음식물 강제주입을 당한 키티 머라이언이 어떤 고통을 받는지 상세히 전했다.

"길이가 1.8미터에 이르고 끝에는 깔때기가, 중간에는 액체가 지나가는지 확인하기 위한 유리 접합부가 있는" 콧속을 통과하는 관으로 음식물을 강제주입 당한 서프러제트 메리 리의 이야기가 리가 아직 감옥에서 나오기도 전에 발표됐다. 그 결과 영국이 발칵 뒤집혀 리가 석방됐다.

계속해서 이어진 단식투쟁에 대응하기 위해 1913년 의회가 이른바 "고양이와 쥐 법(Cat and Mouse Act)"이라고 불리는 법을 통과시켰다. 고양이와 쥐 법은 단식투쟁하는 재소자를 석방했다가 재소자가 건강을 회복하면 다시 수감할 수 있게 한 법이었다.

리게 된 이들은 중요한 행사가 있을 때마다 팽크허스트와 동행해 경찰이 팽크허스트를 체포하지 못하게 막았다. 옷 속에 감춘 곤봉으로 무장한 보디가드 회원들은 팽크허스트를 보호하기 위해 온갖 수단을 동원할 준비가 돼 있었다. 팽크허스트가 경찰의 손에서 빠져나가는 데 도움이 되도록 바람잡이를 고용하거나 다른 속임수를 사용하기도 했다.

가장 끔찍한 방법으로 국민의 관심을 사로잡은 서프러제트가 바로 에밀리 데이비슨(Emily Davison)이었다. 1913년 6월 13일 에밀리가 국왕이 참석한 경마대회인 엡섬 더비(Epsom Derby)에서 국왕 경주마의 발굽 아래 자신의 몸을 던졌다. 몇몇 역사가는 에밀리가 그저 경주마의 고삐를 쥐려 했으며 따라서 단순한 사고였을 뿐이라 생각했지만, 에밀리의 죽음은 뉴스 영화 카메라에 포착됐다.

남성의 지지

사람들은 과격하다고 평가하고 언론은 폭력적이라고 이야기했지만 WSPU는 세간의 이목을 끌던 몇몇 남성에게서 지지를 얻었다. WSPU가 추구하는 목표를 성공시키기 위해 자신의 평판이 떨어지는 위험을 감

> 여성이 투표권을 얻는 대가로 감옥에 갇히고, 단식투쟁하고, 음식물 강제주입을 당하는 데 동의한 순간부터 실질적으로 투표권이 여성의 권리가 됐다.
> **크리스터벨 팽크허스트**

1914년 5월 21일 버킹엄 궁 밖에서 벌어진 폭력 시위 도중 에멀린 팽크허스트가 경찰에게 체포되고 있다. 팽크허스트는 조지 5세(George V)에게 여성 참정권운동을 지지해 달라는 청원을 하기 위해 가두시위를 조직했다.

수할 준비가 된 남성들이었다. 노동당 소속 정치가 키어 하디(Keir Hardie)와 조지 랜즈버리(George Lansbury)가 여성 참정권운동에 힘을 보태기 위해 하원 의사당에서 연설하고 WSPU 집회에 참석했다. 런던 백화점 설립자인 헨리 고든 셀프리지(Henry Gordon Selfridge)는 WSPU와 뜻을 같이한다는 표시로 런던 옥스퍼드 스트리트에 있는 백화점 위에 WSPU 기를 걸었다.

전쟁 때문에 주춤하다

여성참정권운동에 찬성하던 대중과 정치가의 마음을 완전히 뒤흔든 사건이 벌어졌다. 1914년 발발한 제1차 세계대전이었다. 영국이 전쟁에 휩쓸리자 WSPU는 어쩔 수 없이 호전적인 태도를 다시 생각해야 했다. 에멀린 팽크허스트는 전쟁을 지지한다는 의미에서 WSPU 활동을 잠정 중단했다. 동료 서프러제트인 에설 스미스(Ethel Smyth)는 이렇게 말했다. "팽크허스트 부인이 지금은 여성 참정권 문제를 논할 때가 아니라 어떤 나라든 투표할 수 있도록 만들 방법을 논의할 때라고 이야기했다."

에멀린 팽크허스트는 여성의 자유에 관한 평화로운 논쟁은 소용없는 짓이며

WSPU는 전시 체제에 협력하는 방향으로 힘을 쏟는 편이 더 낫다고 주장했다. 에멀린의 결정은 결과적으로 전환점이 돼 WSPU가 여성 참정권이라는 장기적인 목표를 달성하게 도왔다. 전쟁을 지원하기 위한 노력의 일환으로 WSPU가 신문 〈더 서프러제트The Suffragette〉의 이름을 〈브리타니아Britannia〉로 바꾸고 1916년 애스퀴스를 대신해 영국 총리가 됐으며 국민 등록부(National Register)를 지지한 데이비드 로이드 조지에게 협력했다. 병역을 실시하기 위한 준비로 국민등록부에 여성을 포함한 영국에 거주하는 모든 사람의 개인정보가 기록됐다. 전쟁 기간 동안 많은 여성이 군수품 공장에서 일했다. WSPU는 전쟁을 여성에게도 남성과 똑같이 사회에 공헌할 능력이 있음을 보일 기회로 활용했고 그 결과 여성이 투표할 권리를 얻었다. 몇몇 회원은 흰 깃털 운동을 지지했다. 운동에 참여한 여성들은 사복을 입은 남성에게 겁쟁이를 나타내는 흰 깃털을 붙였다.

마침내 얻은 투표권

전쟁 기간 동안 서프러제트가 쏟은 노력은 헛되지 않았다. 과거에는 여성 참정권을 뒷받침하는 대의명분에 흔들리지 않았던 사람들이 서프러제트의 노력에 지지를 표시했다. 1918년 11월 전쟁이 막을 내리기도 전에 여성이 국민투표에 참여할 권리를 얻는 길에 올랐다.

1918년 2월 6일 국민투표법(Representation of the People Act)이 재산을 소유한 30세 이상 여성에게 영국과 아일랜드에서 실시하는 선거에서 투표할 권리를 허용했다. 약 840만 명에 이르는, 혹은 영국 여성 인구의 40퍼센트에 해당하는 여성이 이제 새롭게 투표할 자격을 얻었다. 여성 참정권을 얻기 위한 기나긴 싸움에서 일어난 획기적인 사건이었다. 하지만 국민투표법은 21세 이상

1910년 기표소에서 크리스터벨 팽크허스트가 표를 던지고 있다. 대중의 이목을 끌기 위해 크리스터벨이 일으킨 수많은 사건 중 하나였다. 어머니와 마찬가지로 크리스터벨도 사람들을 감화하는 지도자이자 언론의 관심을 끄는 방법을 아는 WSPU의 주요 전략가였다.

30세 미만 여성을 제외했고 기본적으로 노동자 계급 출신인 재산을 소유하지 못한 여성도 배제했다.

남성도 새로 제정된 국민투표법의 수혜자가 됐다. 국민투표법은 재산을 소유하지 않은, 일반적으로 노동자 계급 출신인 21세 이상 모든 남성에게 투표할 권리를 부여했다. 그 결과 남녀 간 불평등이 증가했다. 1918년 제정된 국민투표법으로 인해 영국 전체 유권자 수가 800만 명에서 2,100만 명으로 증가했다. 영국 보수당 정부가 투표권을 21세 이상 모든 영국 여성으로 확대하기까지는 10년이 더 걸렸다. 1928년 투표할 수 있는 여성의 수를 거의 두 배로 늘린 평등 선거법(Equal Franchise Act)이 제정됐다. 6월 14일 에멀린 팽크허스트가 세상을 떠나고 불과 몇 주 후 일어난 일이었다. ■

우리는 전쟁에 맞서 싸운다

평화를 위해 하나가 된 여성

맥락읽기

인용출처
여성 평화군 선언문(1915년)

핵심인물
항구적인 평화를 위한 국제여성위원회, 평화와 자유를 위한 국제여성연맹

이전 관련 역사
1915년 : 워싱턴 D.C.에서 열린 회의에서 여성 평화당이 결성된다.

이후 관련 역사
1920년 : 항구적인 평화를 위한 국제여성위원회가 더 큰 분쟁을 야기할 것이라는 이유를 들어 제1차 세계대전이 끝났을 때 조인된 베르사유조약(Treaty of Versailles)에 포함된 처벌 조항을 반대한다.

1980년 : 영국 버크셔에서 진행된 그린햄커먼 여성평화캠프(Greenham Common Women's Peace Camp) 등 여성만으로 구성된 평화 단체가 핵무기 반대 시위를 펼친다.

19 14년 제1차 세계대전이 발발하자 여성참정권운동에 균열이 생겼다. 일부 여성은 전쟁을 오로지 남성이 일으킨 사건으로 보고 평화주의를 선언했다. 다른 여성은 양성평등을 실현하기 위해 싸우는 동안 폭력이 정당화할 수 있다면 국가 간 충돌 같은 다른 충돌에 대해서도 동일한 논리가 적용될 수 있다고 주장했다. 후자에 속한 여성들은 호국을 우선시하기 위해 참정권을 얻기 위한 투쟁을 일시적으로 중단했다. 영국에서 폭력 투쟁을 벌이던 서프러제트 지도자 에멀린 팽크허스트조차 전

우리가 다른 이를 지배하기에 적합하다는 말을 우리가 믿을 수 있을까요? 사람을, 특히 여성을 대하기에 사회적으로 심각한 결함을 안고 있는 우리가 말입니다.
실비아 팽크허스트

시 체제에 필요한 역할을 맡을 여성을 모집하는 방향으로 관심을 돌렸다. 에멀린의 행동 방침에 딸인 실비아가 반기를 들고 자신이 발행하던 신문, 〈여성이 이끄는 드레드노트*The Woman's Dreadnought*〉에 평화주의 관점을 피력했다. 평화주의와 페미니즘이 공존하는 미래를 상상하며 여성으로 구성된 국제단체를 결성하고자 한 실비아 같은 여성이 많이 있었다.

1915년 4월 약 1,100명에 이르는 여성이 평화적 분위기를 조성하기 위해 자신이 할 수 있는 일을 논의하고자 네덜란드 헤이그에 모여 제1회 국제여성위원회를 열었다. 모인 사람들 가운데 미국 평화운동가 제인 애덤스(Jane Addams)와 네덜란드 물리학자 알레타 야콥스(Aletta Jacobs), 독일 노동운동가 리다 구스타바 하이만(Lida Gustava Heymann), 헝가리 저널리스트 로시카 쉬머(Rosika Schwimmer)가 있었다. 회의에 참석하기로 계획했던 영국 여성 180명 중에서 여권을 발급 받은 사람은 20명뿐이었다. 나머지는 반전 노선을 취했다는 이유로 정부의 감시를 받았다.

회의에서 두 가지 주요 정책이 나왔다. 첫 번째는 전쟁 중에 여성과 아이들이 겪는 고통을, 각국 정부에 이해시킬 필요가 있다

참조 : ▪ 여성참정권운동의 탄생 56~63쪽 ▪ 에코페미니즘 200~201쪽 ▪ 핵무기에 반대하는 여성들 206~207쪽 ▪ 분쟁 지역 여성 278~279쪽

> 한 종족의 어머니로서 생명과 사랑과 아름다움을, 전쟁으로 인해 파괴되는 그 모든 것을 보호함은 여러분의 특권입니다.
> 바이다 골드슈타인

는 생각에서 비롯했다. 회의에 참석한 여성들은 신성한 모성과 천진난만한 어린이라는 보편적인 사회적 관점을 평화를 요구하는 자신들의 목소리와 연결시켰다. 두 번째 정책은 여성 참정권 확보였다.

몇 달 뒤 위원회에 참석했던 여성들이 전쟁 중인 국가와 미국을 포함해 중립을 선언한 국가 양쪽으로 대표단을 파견했다. 제한적인 성공을 거뒀다고는 하나 적어도 전쟁을 종식시키기 위해 중재에 나선

다는 이들의 주장이 밖으로 표현됐다. 헤이그 회의는 항구적인 평화를 위한 국제여성위원회(International Committee of Women for Permanent Peace, ICWPP) 설립으로 이어졌다. ICWPP는 1년 만에 유럽과 북아메리카, 오세아니아 지역 16개국에 걸쳐 지부를 설립하며 세력을 확대하다가 평화와 자유를 위한 국제여성연맹(Women's International League for Peace and Freedom, WILPF)으로 이름을 바꿨다.

평화단체는 예속 국가를 전쟁 속으로 몰아넣을 수 있는 제국주의 열강의 위험성을 사람들에게 알리기도 했다. 오스트레일리아에서 바이다 골드슈타인과 엘리노어 무어(Eleanor Moore)가 이끈 여성 평화당과 국제 평화를 위한 여성연대 같은 단체가 조국이 독립국가로 탄생하는 미래를 꿈꾸는 데 힘을 보탰다. ∎

1915년 헤이그에서 열린 국제여성위원회에 참석하기 위해 미국 대표단이 미국과 네덜란드를 오가는 여객선 MS Noordaam 앞에 도착한 모습이 보인다. 전쟁을 비난하던 수많은 여성이 정부의 방해로 회의에 참석하지 못했다.

바이다 골드슈타인

서프러지스트의 딸인 바이다 골드슈타인(Vida Goldstein)은 1869년 오스트레일리아 포틀랜드에서 태어났다. 골드슈타인은 자기 주도 학습을 장려하는 분위기 속에서 교육을 받고 폭넓은 독서로 교양을 쌓았다. 자신이 사는 빅토리아 주 의회 회기가 되면 방청석에 앉아 정치에 관한 호기심을 키웠다.

1899년 빅토리아 주 여성참정권운동의 지도자가 된 골드슈타인은 대의명분을 널리 알리기 위해 〈오스트레일리아 여성의 활동 영역The Australian Women's Sphere〉이라고 불린 월간지를 창간했다. 1902년 오스트레일리아 여성에게 국민투표권이 부여된 뒤 골드슈타인이 상원의원 후보로 출마해 1903년 대영제국 최초로 공직에 선출됐다. 1911년 영국을 방문했을 때 골드슈타인의 연설을 들으러 여성들이 구름처럼 몰려들었다.

1914년 제1차 세계대전이 발발한 뒤 골드슈타인이 열렬한 평화주의자로 변신했다. 골드슈타인은 총리가 되겠다는 목표는 달성하지 못했지만 산아제한에 관한 규정을 포함해 사회개혁을 위한 협상은 계속했다. 골드슈타인은 1949년 80세 나이로 세상을 떠났다.

주요저서

1900~1905년 『오스트레일리아 여성의 활동 영역』

마땅히 우리가 누릴 자격이 있는 권리를 우리에게 달라

전 세계로 번진 여성 참정권운동

맥락읽기

인용출처
앨리스 폴(1913년)

핵심인물
케이트 셰퍼드, 제시 스트리트, 앨리스 폴, 클라라 캄포아모르

이전 관련 역사
1793년 : 프랑스에서 『여성과 여성 시민의 권리 선언The Declaration of the Rights of Woman and the Female Citizen』의 저자 올랭프 드 구즈(Olympe de Gouges)가 단두대에 오른다.

1862~1863년 : 세금을 납부하는 스웨덴 여성에게 지방 선거 투표권이 부여된다.

1881년 : 스코틀랜드에서 재산을 소유한 여성에게 지방선거 투표권이 허용된다.

이후 관련 역사
2015년 : 지방자치선거에서 사우디아라비아 여성이 최초로 투표권을 행사한다.

19세기 후반부터 20세기 초반에 걸쳐 전 세계 곳곳에서 여성들이 참정권 부여를 요구하며 자국 정부를 상대로 교섭에 나섰다. 목표를 달성하기 위해 여성들이 동원한 수단과 내세운 주장은 서로 달랐다. 여성 참정권운동 단체는 종종 인종차별 폐지나 자결권 같은 다른 목표를 추구하는 압력 단체와 손잡았다. 자치국 가운데 전 세계 최초로 원주민인 마오리족 여성을 포함해 여성에게 의회 선거에서 투표할 권리를 부여한 뉴질랜드에서 활동한 케이트 셰퍼드(Kate Sheppard)와 동료들은 여성 기독교금주연합(Women's Christian Temperance Union, WCTU)의 창립회원이었다. 이들은 뉴질랜드 주류법을 통제하고 남자들이 술에 취해 가정에서 행패 부리는 사건을 줄이

참조 : ▪ 여성참정권운동의 탄생 56~63쪽 ▪ 일본의 페미니즘 82~83쪽 ▪ 영국에서 추진된 정치적 평
등 84~91쪽 ▪ 초기 아랍 세계 페미니즘 104~105쪽

1911년 국왕 조지 5세의 대관식이 열리기 전 런던
에서 여성 참정권을 요구하며 벌인 가두시위. 여성
대관식 행진(Women's Coronation Procession)에 참석
한 여성 6만 명 가운데 인도 여성참정권운동가도
있었다. 대영제국 곳곳에서 온 여성들이 시위에 참
가했다.

러면 여성에게 정치적으로 행사할 수 있는
힘이 필요하다고 주장했다. 뉴질랜드 여성
들은 1891년과 1892년, 1893년에 여성 참정
권을 요구하는 청원서를 정부에 제출했다.
마지막으로 제출된 청원서에 서명한 여성
의 수는 32,000명에 가까웠다.

서로를 독려하다

세퍼드는 동시대에 활동한 미국 여성기
독교금주연합과 영국 페미니스트에게서
자극을 받았다. 이와 반대로 뉴질랜드에서
세퍼드가 거둔 승리가 미국과 영국에서 활
동한 여성참정권운동가들을 자극했다. 신
문기사가 자신이 거둔 승리를 보도하는 가
운데 세퍼드가 양국을 방문한 사건은 특히
영국에서 여성참정권운동에 새로운 활력
을 불어넣었다. 세퍼드의 사례에서 드러난

국제적 연결 고리는 전 세계 여성참정권운
동에서 중요한 역할을 담당했다. 일례로 러
시아 제국에 반대해 사회주의자들이 독립
운동을 펼치던 중 1906년 핀란드가 여성에
게 참정권을 부여한 사건은 어느 정도는 러
시아에서 일어난 혁명 운동에 자극 받은,
총파업을 일으키겠다는 위협과 곳곳에서
벌어진 대규모 집회가 낳은 열매였다. 핀란
드에서 여성에게 참정권이 부여된 날 발행
된 한 잡지가 외쳤듯이 "우리는 세상을 향
해 소리쳐야 한다. 우리가 투표할 권리를,
입후보할 수 있는 자격을 요구하고 있다고.
그 이하는 받아들이지 않겠다고. 지금은 타
협할 때가 아니다."

1918년 에스토니아와 라트비아, 리투아니
아에서 여성에게 참정권이 부여된 사건 역시
러시아 제국에 맞서 민족주의자들이 투쟁을
벌이던 중에 일어난 일이었다. 아일랜드 여
성참정권운동은 영국을 상대로 아일랜드가
벌이던 독립 운동과 관련이 있었다.

대의를 위해 기꺼이 죽고자했던 자세 때
문에 전 세계에 영국 서프러제트를 추종하
는 무리가 많아졌다. 오스트레일리아에서

앨리스 폴

사업가 아버지와 여성참정권운동가 어
머니의 딸인 앨리스 폴은 1885년 미국
뉴저지 주 무어스타운에서 태어났다. 폴
은 오늘날 컬럼비아대학교로 바뀐 학교
에서 사회학으로 석사과정을 졸업한 뒤
1910년 사회복지를 공부하기 위해 영국
으로 향했다. 영국에서 폴은 미국인 동
료 루시 스톤을 만나 여성 참정권운동 대
열에 합류했다. 미국으로 돌아온 폴은 전
국 여성당을 설립하고 헌법을 개정하기
위해 의회에서 막후교섭을 펼쳤다. 폴의
지속적인 노력으로 1920년 수정헌법 제
19조가 통과돼 주와 연방 차원에서 여성
에게 참정권이 허용됐다.

이후 폴은 이혼과 재산, 고용문제에서
평등한 권리를 요구하는 운동을 전개하
며 평생을 보냈다. 폴이 제안한 양성평
등을 위한 수정헌법안은 1970년대 35개
주에서 통과됐으나 끝내 비준되지 못했
다. 폴은 1977년 92세 나이로 세상을 떠
났다.

주요저서

1923년 『양성평등을 위한 수정헌법안
Equal Rights Amendment』
1976년 『앨리스 폴과 나눈 대화 : 여성
참정권과 양성평등을 위한 수정헌법안
*Conversations with Alice Paul : Woman
Suffrage and the Equal Rights Amendment*』

클라라 캄포아모르

1888년 스페인 마드리드 마살라나 구에서 태어난 클라라 캄포아모르는 노동자 계급인 자신의 뿌리에 영향 받았다. 캄포아모르는 13세에 아버지가 세상을 떠난 뒤 재봉사로 일하는 어머니를 도와 가족을 부양하기 위해 학교를 자퇴했다. 캄포아모르는 이후 몇 년 동안 다양한 조직에서 비서로 일했다 그 중에 캄포아모르가 여성의 권리에 관심을 갖기 시작한 자유주의 노선을 따르는 정치 신문 〈라트리부나La Tribune〉가 있었다.

점점 자라는 정치를 향한 열망을 충족시키기 위해 캄포아모르는 마드리드 콤플리덴세 대학교에서 법을 공부했으며 36세 나이에 졸업해 여성 법률가 최초로 스페인 대법원에 출입했다. 1931년 캄포아모르가 스페인의 새로운 헌법을 제정하기 위해 결성된 제헌 국민의회(National Constituent Assembly)의 회원이 됐다. 이때 캄포아모르가 보통선거제도 조항을 헌법에 포함시켰지만 훗날 파시스트 독재자 프랑코 장군이 이 조항을 폐지했다.

파시즘이 등장한 뒤 캄포아모르는 스페인을 떠나 망명 생활을 계속했다. 프랑코 장군이 스페인 귀국을 영구 금지한 까닭에 캄포아모르는 1972년 스위스에서 눈을 감았다.

여성참정권운동을 주도했던 제시 스트리트(Jessie Street)는 친척을 만나러 영국을 방문했을 때 처음으로 여성 참정권 문제에 관심을 갖게 되었다. 퀘이커교도 집안에서 태어난 미국 여성운동가 앨리스 폴(Alice Paul)은 의회에서 여성 참정권 문제를 처리하는 속도가 더딘 데 대해 불만을 품고 1913년 전국 여성당(National Women's Party)을 설립했다. 영국 서프러제트가 사용한 과격한 전술에 영향 받은 결과였다. 1913년 3월 우드로 윌슨(Woodrow Wilson)이 대통령으로 취임하기 하루 전날 폴은 8천여 명의 여성이 참가하는 가두시위를 조직했다. 여성에게 투표권을 부여하는 수정헌법조항이 통과되지 못하게 막았다는 이유로 윌슨 행정부에 반대하며 지속적으로 벌인 운동의 시작이었다. 폴과 동료 여성들은 18개월 동안 백악관 앞에서 팻말을 들고 시위했다. 마침내 폴의 전략이 윌슨의 반대 의지를 꺾었다. 1917년 윌슨이 폴의 목표를 지지하기 시작했다. 1919년 6월 4일 수정헌법 제19조가 비준돼 주와 연방 차원에서 미국 여성에게 투표권이 보장됐다.

우선 지역문제부터

제1차 세계대전이 일어나기 전까지 여성에게 완전한 투표권을 허용한 지역은 뉴질랜드와 오스트레일리아(원주민 여성은 제외), 핀란드, 노르웨이, 그리고 미국 내 11개 주뿐이었다. 영국에서는 서프러지스트의 압력이 거셌지만 지방선거를 제외하고는 여성에게 투표권을 주는 속도가 더뎠다. 스웨덴과 벨기에, 덴마크, 루마니아 정부도 영국식 구분법을 따랐다.

제1차 세계대전

제1차 세계대전은 많은 국가에서 여성참정권운동의 전환점 역할을 했다. 에밀린 팽크허스트가 이끌던 서프러제트가 전시 체제에 돌입한 영국을 적극적으로 지원했고 영국 여성 수십 만 명이 군수공장에서 일했다. 전쟁에 참여하지 않기 때문에 여성은 투표하지 못한다는 전통적인 주장이 뒤집히고 정부가 휘두르던 최후의 무기가 사라지는 순간이었다. 영국 여성이 보인 애국심이 부분적으로나마 인정을 받았다. 1918년 (영국 성인 여성 인구의 약 40퍼센트에 해당하는) 재산을 보유한 30세 이상 여성에게 참정권이 부여됐다. (영국 내 모든 성인 여성이 투표할 자격을 얻게 되기까지는 10년이 더 걸렸다.)

다른 국가에서는 세금을 납부하는, 혹은 교육 수준이 더 높은 직업여성을 우선시했다. 이러한 제한 조항은 대개 중산층 출신 서프러지스트의 지지를 얻었다. 캐나다에서는 1918년에 여성 참정권이 인정됐으나(퀘벡 주는 제외) 캐나다 여성의 투쟁은 끝

캐나다 오타와에 설치된 〈여성은 사람이다The Women Are Persons〉 동상은 여성이 상원 의원 선거에 입후보하지 못하게 막는 법을 폐지한 더 페이머스 파이브를 묘사한다. 5개 중 널리 맥클렁(Nelly McClung)의 동상이 자신들의 승리를 알리는 기사를 손에 쥐고 있다.

여성 참정권

여성들의 참정권은 도입된 이후에도 출신 계급이나 나이, 인종, 교육수준에 따라 제한되는 사례가 잦았다. 예를 들어 영국에서는 처음에는 재산을 소유한 30세 이상 여성에게만 참정권이 허락됐고 오스트레일리아에서는 1967년이 돼서야 원주민 여성이 투표할 수 있었다.

국가별로 여성 참정권이
도입된 시기

- 1914년 이전
- 1914~1920년
- 1921~1945년
- 1946~1970년
- 1971년 이후
- 아직 부여되지 않은 국가

나지 않았다. 1919년 하원 선거에서는 입후보할 자격을 얻었지만 상원은 여전히 여성이 접근하지 못하는 영역이었다. 공직에 선출될 "자격이 있는 사람"만이 후보로 지명될 수 있다고 해석되는 법 조항 때문이었다. 캐나다 정부는 이 어구가 여성이 아니라 남성을 의미한다고 주장했다. 1929년 "더 페이머스 파이브(The Famous Five)"라 알려진 저명한 여성운동가 5명이 정부에 이의를 제기해 성공을 거뒀다.

뒤늦게 받은 권리

일부 국가에서는 여성에게 참정권이 부여되는 속도가 놀랄 만큼 더뎠다. 프랑스는 1789년에 혁명을 일으킨 나라였음에도 1944년까지 여성은 투표권이 없었다. 벨기에에서는 1948년이 돼서야 가능했다. 이렇게 지연된 이유가 참정권을 인정받은 여성이 결성할지도 모르는 정치적 연대를 집권

이것은 너무나 거대하고
대담한 실험이므로 다른 국가에서
먼저 시도돼야 한다.
브라이스 자작

세력이 두려워했기 때문인 경우도 있었다. 여성참정권운동이 교회를 떠받치는 주요 기둥인 결혼과 가정의 기반을 약화시킬 것이라는 이유에서였다.

제2차 세계대전이 끝난 뒤 근대 민주주의 국가로 보이고자 했던 국가 중에서 여성

참정권을 인정하지 않은 국가는 거의 없었다. 하지만 과거 식민지였던 지역에서는 민주주의로 이행하거나 독립하기까지 시간이 걸리면서 변화가 더디게 일어났다. 파시스트가 장악한 독재정부도 변화를 저지했다. 예를 들어 포르투갈 여성은 독재정권인 이스타두 노부(Estado Novo)가 무너진 다음 해인 1975년까지 투표하지 못했다. 스페인에서는 파시스트 독재자 프랑코 장군이 1976년 사망하기 전까지 여성에게 완전한 투표권이 부여되지 않았다. 프랑코는 법률가이자 여성참정권운동가 클라라 캄포아모르(Clara Campoamor)가 1931년 발전시킨 여성 참정권 역사를 과거로 되돌리고 피임과 이혼, 낙태를 금지했으며 여성이 일자리를 얻거나 재산을 소유하지 못하게 막았다. 프랑코가 사망한 후에야 스페인 여성이 사회적·경제적·정치적으로 자유를 얻었다. ■

산아제한은
자유로 향하는
첫 번째
발걸음이다

산아제한

맥락읽기

인용출처
마거릿 생어(1918년)

핵심인물
마거릿 생어, 마리 스톱스

이전 관련 역사
1873년 : 미국에서 통과된 콤스톡법이 "비도덕적인 도구"라는 이유로 피임에 관한 문헌을 배포하거나 피임기구를 판매하는 행위를 법으로 금지한다.

1877년 : 영국에서 애니 베전트와 찰스 브래들로(Charles Bradlaugh)가 산아제한을 옹호하는 『철학의 열매Fruits of Philosophy』를 출간했다는 이유로 재판에 회부된다.

이후 관련 역사
1965년 : 미국 대법원이 부부에게 피임할 수 있는 권리를 부여한다. 1972년에는 독신자에게까지 권리를 확대한다.

1970년 : 영국에서 여성해방운동이 전개돼 자유로운 낙태와 피임을 요구한다.

미국 사회운동가 마거릿 생어(Margaret Sanger)가 20세기 초반 여성해방과 산아제한을 연관 짓기 전까지 샬럿 퍼킨스 길먼(Charlotte Perkins Gilman)과 루시 스톤 같은 많은 초기 미국 페미니스트와 영국과 미국을 오가며 활동한 엘리자베스 블랙웰은 피임에 반대하거나 미심쩍어 했다. 이들은 산아제한을 여성해방에 이바지하는 수단으로 보기는커녕 오히려 성적으로 왕성해지라며 여성을 부추기고 집안에서든 밖에서든 성적 자유를 마음껏 누릴 수 있는 권리를 남성에게 허락하는 비도덕적인 행동이라고 생각했다.

제한을 요구하다
초기에 활동한 페미니스트는 여성에게 가족의 크기를 제한할 힘이 있어야 함을 깨달았다. 하지만 그 제한은 남편의 성적 요구를 거부할 수 있는 아내의 권리를 통해 달성돼야 한다고 생각했다. 남성의 절제를 요구하는 외침은 1860년대 전염병법에 반대하는 운동을 전개한 영국 사회운동가 조지핀 버틀러를 포함해 몇몇 페미니스트의 입에서 나왔다. 군 내부에서 성병을 통제하고자 제정된 전염병법으로 인해 매춘 여성에게 강제로 성병 검사를 실시할 수 있는 합법적인 길이 열렸다. 사실상 성병 확산에 대한 책임

> 여성은 자유로우며, 그녀가 어머니가 될지 여부를 선택할 기본적인 자유가 있어야 한다.
> 마거릿 생어

을 여성에게 전가한 전염병법은 성적 위선이 존재했음을 드러내는 조치였다.

"가족계획"을 적극적으로 지지한 단체가 맬서스주의연맹(Malthusian League)이었다. 1877년 설립된 맬서스주의연맹은 영국 경제학자이자 인구성장을 억제할 필요가 있다는 생각을 제시해 사회적으로 큰 영향을 미친 토머스 맬서스(Thomas Malthus)의 이름을 딴 조직이었다. 많은 급진주의자가 연맹을 지지했다. 맬서스주의 연맹은 빈곤과 인구과잉을 해결하는 방안으로 피임과 가족계획에 찬성하는 운동을 펼쳤다. 이와 반대로 일부 사회주의자는 연맹에 반대했다.

피임기구의 역사

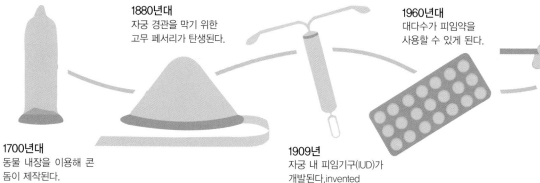

1880년대
자궁 경관을 막기 위한 고무 페서리가 탄생된다.

1960년대
대다수가 피임약을 사용할 수 있게 된다.

1700년대
동물 내장을 이용해 콘돔이 제작된다.

1909년
자궁 내 피임기구(IUD)가 개발된다.invented

1980년대
체내에 삽입하는 호르몬 주입기구로 배란을 예방한다.

참조 : ▪ 성적 쾌락 126~127쪽 ▪ 피임약 136쪽 ▪ 여성 중심의 보건의료 148~153쪽 ▪ 합법적 낙태권 획득 156~159쪽

피임에 대한 접근

19세기 말까지 피임은 초보적인 수준에 머물렀다. 흔히 사용되는 방법으로 질외 사정을 하거나 키니네(과거 해열제 등으로 쓰이다 현재 말라리아 약으로 쓰이는 키나나무 껍질에서 얻는 화합물)에 적신 스펀지를 질에 삽입하거나 백반과 물을 섞어 질에 주입하거나 콘돔을 끼우는 방법이 있었다. 가톨릭교회와 개신교, 그리고 사회 전반적으로 피임을 위험하다고 생각했다. 피임이 혼외정사를 부추기기 때문이었다.

피임에 대한 대중의 인식이 좋지 않았음에도 중류 계층 가정에서는 피임에 관한 정보를 수집하고 "여성의 위생"을 위해서라고 둘러대며 피임도구를 구입했다. 그러나 노동자 계급 여성은 산아제한에 관련된 문헌에 접근할 기회가 거의 없었고 경제적으로 피임도구를 살 능력이 되지 못했다. 대개 임신을 막기 위해 성공 확률이 낮고 위험한 민간요법이 동원됐다. 적절한 피임법을 찾지 못한 여성들은 거의 항상 임신 중이거나 아이에게 젖을 물린 상태였다. 그러다보니 아이가 열두 명 이상 되는 가족이 흔했다.

운동을 시작하다

20세기 초반 대서양을 사이에 둔 양쪽 지역에서 급진적인 페미니스트들이 섹슈얼리티와 산아제한에 대한 사람들의 인식을 바꾸기 시작했다. 섹슈얼리티와 산아제한은 여성운동에서 나날이 중요한 문제로 자리 잡았다. 상당수가 사회주의자이기도 했던 급진적인 페미니스트들은 해블럭 엘리스(Havelock Ellis)와 에드워드 카펜터(Edward Carpenter) 같은 영국 성 문제 개혁 운동가가 쓴 글에서 많은 영향을 받았다. 미국에서 활동한 섹슈얼리티와 산아제한 지지자로는 페미니스트인 크리스털 이스트만(Crystal Eastman)과 아이다 라우(Ida Rauh), 무정부주의자인 엠마 골드만(Emma Goldman)이 있었다. 1910년대 뉴욕 시 그리니치빌리지에서 살았던 이 여성들은 더 자유로운 성관계와 일하는 어머니를 위한 지원, 임신 예방을 옹호했다.

당시 마거릿 생어(Margaret Sanger)도 그리니치빌리지에서 살았다. 생어는 1914년 자신이 창간한 급진주의 잡지 〈여성의 반란*The Woman Rebel*〉에 "산아제한(birth control)"이라는 용어를 포함시켰다. 산아제한이라

마거릿 생어

산아제한 운동가 마거릿 생어는 1879년 뉴욕에서 아일랜드 출신 가톨릭 가정에서 열한 명의 자녀 중 여섯째로 태어났다. 어머니가 열여덟 차례 임신 끝에 49세라는 나이로 세상을 뜬 사건이 생어에게 커다란 영향을 미쳤다. 생어는 산과병동 간호사로 일할 수 있는 자격을 얻고 병원에서 근무하는 동안 여러 차례 임신이 여성에게, 특히 가난한 여성에게 미치는 영향에 대한 생각을 굳혔다. 급진적 정치세력과 연결 고리가 있었던 생어는 뉴욕 사회당(New York Socialist Party)에 입당했다.

생어는 1916년에는 짧게 존속했던 산아제한 진료소를 열었고 1921년에는 미국산아제한연맹(American Birth Control League)을 설립했다. 스위스 제네바에서 개최된 제1회 세계인구대회(World Population Conference)를 조직했으며 1953년 국제가족계획연합(International Planned Parenthood Federation)의 의장이 됐다. 1966년 애리조나 주 투손에서 심부전으로 세상을 떠났다.

주요저서

1914년 『가족계획*Family Limitation*』
1916년 『모든 젊은 여성이 알아야 할 지식*What Every Girl Should Know*』
1942년 『산아제한을 위한 투쟁*My Fight for Birth Control*』

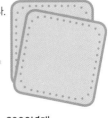

1990년대
호르몬 주사가 도입된다.

2000년대
피부에 부착하는 패치나 바르는 젤이 피임약을 대신해 널리 사용된다.

> 자신의 몸을 소유하고 통제하지 못하는 여성은 누구든 자유롭다고 말하지 못한다.
> **마거릿 생어**

1928년 런던 베스널 그린에서 문을 연 마리 스톱스 진료소 밖에서 간호사가 자세를 취하고 있다. 이 이동식 진료소는 런던의 인구 과밀 지역인 이스트엔드 같은, 진료소가 가장 필요한 지역으로 끌고 다닐 수 있었다.

는 문구가 공식적으로 사용된 첫 사례였다. 생어는 영국 페미니스트이자 여성참정권운동가인 마리 스톱스(Marie Stopes)와 더불어 산아제한운동이 시작되는 시점에 중요한 역할을 담당했다. 생어는 일명 콤스톡법(Comstock Law)으로 불리며 피임에 관한 정보 배포 행위를 불법적이고 비도덕적이라고 간주한 연방음란규제법에 맞서는 운동을 전개하면서 여성을 위해 성과

피임에 관한 명쾌한 글을 쓰고 대개 노동자 계급 여성이 참석하는 순회강연을 시작했다. 1915년 생어가 기소를 피해 잉글랜드로 건너갔다. 당시 잉글랜드에서도 산아제한운동이 진행 중이었다. 생어는 스텔라 브라운(Stella Browne)과 앨리스 비커리(Alice Vickery) 같은 산아제한 운동가를 만났다. 그리고 앞으로 영국 산아제한 운동에서 가장 큰 영향력을 행사하게 될 마리 스톱

스와도 만났다. 생어는 페미니즘이 품어야 할 의미에 대해 개인적이고 은밀하게 그리던 생각, 즉 여성은 우선 생물학적 노예 신분에서 벗어나 자유를 얻어야 하며 이 목표는 산아제한을 통해 가장 확실하게 달성된다는 의견을 설명했다. "제한"이라는 단어를 강조한 생어의 행동에는 특별한 의미가 있었다. 생어는 남성이 아닌 여성이 생식을 통제해야 한다고 굳게 믿었기 때문이었다.

마리 스톱스는 여성에게 피임이 필요한 이유를 조금 다르게 생각했다. 스톱스는 부부관계가 전혀 없는 끔찍한 결혼생활을 경험했고 그로 인해 여성이 성적으로 만족스러운 생활을 하려면 성 교육과 산아제한이 반드시 필요하다고 확신했다. 1918년 스톱스는 자신의 이름을 가장 널리 알린 『결혼 후의 사랑Married Love』을 발표했다. 『결혼 후의 사랑』은 성과 성적 쾌락에 관해 솔직하고 명쾌하게 설명한 최초의 책 중 하나였다. 의학 전문가들이 산아제한에 관한 지식

현대적이고 인간적인 문명사회라면
임신을 통제해야 한다.
그렇지 않으면 개인이
야만적이고 끔찍한 상황에 빠진다.
마리 스톱스

산아제한 문제가 정치 쟁점화되다

정부에서 일어난 변화가 산아제한정책의 효용성에 영향을 미칠 수 있다. 2010년 미국 대통령 버락 오바마(Barack Obama)가 고용주가 고용인에게 피임 도구를 포함해 건강보험을 제공해야 한다고 규정한 부담 적정보험법(Affordable Care Act)에 서명했다. 4년 뒤 보수 종교단체가 교섭을 벌인 끝에 미국 대법원이 기독교 계열 회사인 하비라비(Hobby Lobby)가 종교적 신념에 따라 면제를 요구할 수 있다고 판결했다. 진보주의자들은 새로운 판결이 특히 저임금 노동자에게 손해를 입히는 선례를 남겼다고 생

각했다.

저개발 국가에서 산아제한 프로그램을 실시하도록 외국이 영향력을 행사하는 행위는 흔히 논란을 불러 일으켰다. 예를 들어 2017년 1월 트럼프 행정부가 낙태를 "적극적으로 권하는" 저개발 국가에 대한 미국 정부의 지원을 막았다. 많은 사람이 트럼프 행정부의 정책이 불법 낙태와 원치 않는 임신이라는 결과로 이어질 것이라고 주장한다.

을 전파하는 "가공할 만한 범죄"를 저질렀다는 이유로 『결혼 후의 사랑』과 이후 출간된 스톱스의 책을 맹렬히 비난했다. 그러나 『결혼 후의 사랑』은 출간 첫 해에만 5판을 인쇄했다.

주류로 자리 잡은 운동

1916년 미국으로 돌아온 생어는 브루클린에 미국 최초의 산아제한 진료소를 열었다. 생어는 새롭게 개발된 페서리(고무로 만든 피임기구) 사용을 권장하기도 했다. 유럽에서 미국으로 귀환할 때 생어가 들고 온 기구였다. 문을 연 지 불과 9일 만에 경찰이 진료소를 불시 단속해 생어와 진료소 직원, 생어의 자매가 체포됐고 콤스톡법을 위반했다는 이유로 30일 동안 수감됐다. 언론이 미국 전역으로 퍼진 산아제한 운동에 관심을 보이기 시작했고 사람들이 운동을 전개하는 동안 필요한 재정지원에 나섰다. 1918년 뉴욕 법원의 판결로 의사가 피임약을 처방할 길이 열리면서 산아제한운동이 중대한 승리를 거뒀다.

1921년 마리 스톱스가 런던에 영국 최초의 상설 산아제한 진료소를 열었다. 여성들은 피임에 관한 조언을 듣고 페서리 사용법을 배웠다. 미국과 영국 양국에서 산아제한 운동이 성공을 거뒀다. 피임이 단순히 페미니즘이 아닌 여성 복지와 관련된 문제로 바뀌었기 때문이었다.

비난하는 사람들

산아제한에 반대하는 움직임은, 특히 가톨릭교회의 반대는 끊이지 않았다. 하지만

1930년대에 이르자 최소한 기혼여성에 대해서는 산아제한이 사회적으로 용납됐다 (미혼여성에게도 산아제한수단을 허용하라는 요구는 1960년대 후반에 이르러서야 등장했다). 1930년 런던에서 산아제한회의가 개최됐고 몇 달 뒤 영국 보건성이 지방 담당 기관에서 모성 및 아동복지센터를 통해 피임과

관련된 조언을 제공할 수 있다고 결정했다. 하지만 산아제한 운동은 여성의 삶을 바꿨다. 성과 재생산권(reproductive rights)에 대한 요구는 1960년대 전개된 여성해방운동과 함께 다시 등장해 오늘날까지 계속 울려 퍼지고 있다. ∎

Would you be more careful if it was you that got pregnant?

Contraception is one of the facts of life.
Anyone, married or single, can get free advice on contraception from their doctor or family planning clinic.
You can find your local clinic under Family Planning in the telephone directory or Yellow Pages.

The Health Education Council

고개를 돌린 남성이 등장하는 이 유명한 포스터는 남성에게 피임에 대한 책임을 더 많이 지우기 위해 1969년 영국 보건교육위원회(Britain Health Education Council)가 제작했다. 당시 사람들은 포스터를 보고 충격에 빠졌으며 불쾌하게 여기기까지 했다.

남성은 여성의 능력을 보려 하지 않는다

초기 아랍 세계 페미니즘

맥락읽기

인용출처
후다 알 샤라위(1987년경)

핵심인물
후다 알 샤라위, 나왈 엘 사다위, 파티마 메르니시

이전 관련 역사
1881년 : 훗날 이집트 민족 운동의 시조가 된 카심 아민(Qasim Amin)이 『여성의 해방The Liberation of Women』을 발표한다. 『여성의 해방』은 이집트 여성을 가부장제의 노예로 만들기 위해 머리에 베일을 두르게 하고 교육을 시키지 않는다고 비난한다.

이후 관련 역사
2010~2012년 : 북아프리카와 중동 지역에서 독재정권에 항거한 "아랍의 봄(Arab Spring)" 시위에 여성들이 참가한다.

2013년 : 이집트에서 활동하는 무슬림 형제단(Muslim Brotherhood)이 여성의 권한은 가정과 가족에 한정돼야 한다고 주장한다.

2016년 : 이집트가 여성 성기 훼손에 대한 처벌을 강화한다.

페미니즘이 식민주의를 타고 아랍 세계에 첫 걸음을 내딛었다. 식민지로 변한 중동 지역 무슬림들은 유럽의 제국주의와 후기 계몽주의 사상을 접한 뒤 어째서 자신들이 외세의 지배를 받게 됐는지, 이슬람 문화에 어떤 결함이 있어서 중동 지역이 식민지로 변하지는 않았는지 의문을 품었다. 개혁 세력은 종교를 비난하고 『쿠란』을 문자 그대로 해석함은 현대와 맞지 않는다고 주장했다.

때때로 비범한 여성이 사회에서 두각을 나타낸다

남성들이 이들을 받들어 모시며, 이들이 예외적이라고 생각한다

이렇게 하면 남성들이 모든 여성에게 능력이 있음을 인정하지 않아도 된다

여성의 본질

20세기 전반 이집트 페미니스트 후다 알 샤라위(Huda al-Sharaawi)가 식민주의와 맞서 싸우는 동안 사회운동가로 변신했다. 1922년 이집트가 독립한 뒤 샤라위는 여성의 권리와 교육을 위한 운동을 전개했다. 샤라위는 왕가에게서 도움을 얻어 카이로에 여성 진료소를 개설하고 가족법 개혁을 지지하는, 특히 일부다처제를 금지하는 이론 모임에 합류했다. 그러나 속한 계급과 산 시대가 샤라위를 규정했다. 샤라위는 부자를 가난한 사람의 보호자로, 노동자 계급을 변화에 수동적이거나 변화를 일으킬 힘이 없는 사람으로 본다는 이유로 비난 받았다.

샤라위가 사망한 뒤 아랍 세계 페미니즘이 두 갈래로 나뉘어 발전했다. 서양 국가에서 전파된 사상에 영향을 받은 세속파와 신이 여성에게 부여했으나 이후 남성이 감추거나 부정한 권리를 드러낼 방법을 모색한 이론파였다. 1972년 이집트에서 활동하던 의사이자 여권 운동가로 마르크스주의에 영향을 받은 나왈 엘 사다위(Nawal el-Saadawi)가 『여성과 성Woman and Sex』을 발표했다. 이집트 안에서 벌어지는 여성 성기 훼손 의식을 포함해 이집트 여성이 받는 온갖 탄압에 대해 상세히 기술한 책이었

참조 : ▪ 이슬람 여성 교육 38~39쪽 ▪ 반식민주의 218~219쪽 ▪ 탈식민주의 페미니즘 220~223쪽 ▪ 현대 이슬람 페미니즘 284~285쪽

> 이슬람 내부에
> 두 가지 서로 다른 목소리,
> 성에 관한 두 가지 상반된 이해가
> 존재하는 것 같다.
> **레일라 아흐메드**

다. 사다위는 1982년 아랍여성연대를 설립했으며 일생 동안 여러 차례 감옥에 수감됐다. 사다위는 남성이 한 이슬람 경전 해석을 거부하고 여성의 해방이 이슬람 율법 밖에 존재한다고 믿었다.

종교적 지원

이슬람 세계에서 성장한 또 다른 페미니스트 무리는 여성에 대한 문화적 탄압

1919년 이집트혁명(Egyptian Revolution)을 지지하기 위해 열린 시위에 이집트 여성이 무리 지어 참가한 모습이 보인다. 영국 지배에 반대하고 변화를 요구하던 여성운동가들은 자신을 "민족 속 타인"으로 표현했다.

에 반대하기 위해 이론에 기댔다. 예를 들어 모로코에서는 파티마 메르니시(Fatima Memissi)가 여성에게 불리하게 사용된 구절들이 얼마나 자주 조작됐는지, 혹은 얼마나 빈약한 근거에서 비롯했는지를 보이기 위해 『하디스Hadith』(예언자 무함마드의 행적과 말에 관한 기록)를 공부했다. 메르니시는 사용된 구절들이 거짓임을 알리기 위해 철저하고 주의 깊게 역사를 연구했다.

이와 마찬가지로 신학자이자 파키스탄계 미국인 학자 아스마 바를라스(Asma Barlas)와 아프리카계 미국인 학자 아미나 와두드(Amina Wadud)가 가부장적 해석에 반대하는 『쿠란』 해석본을 발표했다. 두 여성은 신이 부여한 여성의 권리가 서서히 사라졌다고 생각했다. 와두드는 이슬람의 이름 아래 자행되는 차별적인 법과 관습에

맞서기 위해 말레이시아에서 이슬람 자매를 공동 설립했다. 두 신학자는 평등과 다원주의를 향한 치열한 노력이 계속되고 있는 아랍 세계 페미니스트의 사고방식에 커다란 영향을 미쳤다. ▪

후다 알 샤라위

흔히 이집트 최초의 페미니스트로 묘사되는 후다 알 샤라위는 1879년 카이로의 특권계급 가정에서 태어났다. 13살 즈음 결혼하기는 했으나 남편과 일시적으로 별거하는 동안 공부를 계속하고 여행을 다녔다.

샤라위는 훗날 반식민지주의 운동가가 돼 남편과 재회했다. 1914년 유럽으로 건너간 샤라위는 영국 지배 반대 운동에 여성들을 동원하고자 이집트로 돌아왔다. 1923년 이집트 페미니스트연맹(Egyptian Feminist Union)을 설립한 샤라위는 남편이 사망한 뒤 같은 해 로마에서 개최된 국제

여성참정권연맹에서 최초로 대중 앞에서 얼굴을 가린 베일을 벗은(하지만 머리쓰개는 벗지 않은) 사건으로 유명해졌다.

시를 쓰기도 했던 샤라위는 1925년 〈레집티엔느L'Egyptienne('이집트 여성'이라는 뜻)〉라 불리는 잡지를 창간했다. 샤라위는 1947년 심장마비로 세상을 떠났다.

주요저서

1986년 『하렘의 시대 : 이집트 페미니스트에 관한 기록』(1879~1924년)

> 나는 침묵하는 여성을 위해
> 혁명을 시작하기로 했다.
> **후다 알 샤라위**

당신이 내 자유로운 마음을 가둘 수 있는 문이나 자물쇠나 빗장은 존재하지 않는다

지적 자유

맥락읽기

인용출처
버지니아 울프(1929년)

핵심인물
버지니아 울프

이전 관련 역사
1854~1862년 : 잉글랜드 시인 코번트리 팻모어(Coventry Patmore)가 쓴 시, 〈가정의 천사〉가 헌신적이고 순종적이며 가정적인 아내상을 한층 강화한다.

1892년 : 샬럿 퍼킨스 길먼이 『노란 벽지The Yellow Wallpaper』에서 남편의 숨막힐 것 같은 보호에 미쳐버린 아내를 묘사한다.

이후 관련 역사
1949년 : 『제2의 성』에서 시몬 드 보부아르가 역사에 기록된 여성이 받은 대우에 대해 논한다.

1977년 : 일레인 쇼월터가 『그들만의 문학A Literature of Their Own analyses』에서 여성 소설가가 쓴 작품을 분석한다.

1986년 : 제인 스펜서(Jane Spencer)가 『여성 소설가의 성장The Rise of the Woman Novelist』에 18세기 초 여성작가의 전통을 기록한다.

1900년 무렵 영국 케임브리지 거튼 칼리지에서 여성들이 테니스를 치고 있다. 울프는 여자 대학교인 거튼 칼리지와 뉴넘 칼리지에서 한 강연을 토대로 『자기만의 방』을 썼다.

20세기 초 여성의 역할은 대체로 가정에 국한됐다. 여성은 보통 최소한으로 교육 받았고 전문직종은 여성에게 거의 허락되지 않았다. 그 결과 극소수 여성만이 지적 자유를 누렸다. 당시 문학작품 목록은 남성작가가 대부분을 차지했다. 여성작가는 대개 "작자 미상"이나 남성적인 가명으로 작품을 출간했다.

1929년에 발표한 수필 『자기만의 방A Room of One's Own』에서 버지니아 울프(Virginia Woolf)는 남성작가와 동일한 수준으로 성공을 거두기 위해 여성작가가 쏟아부어야 하는 노력에 대해 이야기했다. 울프는 제인 오스틴(Jane Austen)이나 조지 엘리엇(George Eliot) 같은 여성 소설가들이 거둔 성공을 인정하면서도 가정이라는 한정된 공간이 작품 활동을 얼마나 방해할 수 있는지 설명했다. 여성은 대개 가족이 공동으로 사용하는 공간에서 온갖 방해에 둘러싸인 채 글을 썼다. 울프는 윌리엄 셰익스피어(William Shakespeare)에게 주디스라는 여동생이 하나 있다고 가정하고 여동생의 삶이

참조 : ▪ 18세기 집단행동 24~27쪽 ▪ 계몽주의 페미니즘 28~33쪽 ▪ 가정으로부터의 해방 34~35쪽

버지니아 울프

> 셰익스피어가 활동한 시대에는
> 어떤 여성도 셰익스피어 작품 같은 글을
> 쓰지 못했을 것이다.
> 버지니아 울프

어떠했을까 상상했다. 오빠만큼이나 "상상력이 풍부하고, 세상을 보고 싶어서 안달이 났다"고 하더라도 주디스는 아내와 어머니로 사는 삶에 만족하라는 이야기를 들었을 터였다. 울프는 주디스가 절망에 빠져 자살한 까닭에 주디스의 천재적 재능이 피어나지 못했다고 상상한다.

다른 여성작가도 비슷한 이야기를 구상했다. 마일스 프랭클린(Miles Franklin)은 『나의 화려한 인생My Brilliant Career』(1901년)에서 가족에 대한 의무와 가난, 더 나아가 여성을 혐오하는 사회적 분위기 때문에 작가가 되겠다는 꿈을 접어야 했던 젊은 오스트레일리아 여성 시빌라를 묘사한다.

울프는 가정이라는 굴레에서 벗어나 자유롭게 창작 활동을 펼치려면 여성에게 "자기만의 방"이 필요하다고 이야기한다. 울프는 자기만의 공간을 확보하기 위해 필요한 경제적 자립이 참정권 획득보다 훨씬 중요하다고 생각했다. 일단 생각할 공간이 생기면 여성이 더욱 실험적으로 바뀔 수 있으며 과거 문학 작품에서는 존재하지 않았던 여성의 언어를 발전시킬 수 있을 터였다.

울프는 대중에게 인기를 끈 이야기시 〈가

정의 천사The Angel in the House〉에 등장하는 완벽한 아내와 어머니의 모습으로 요약되는, 빅토리아 시대를 지배한 이상적인 여성상에 맞서는 내부적인 싸움에 여성작가가 나서야 한다고 주장했다. 1931년 발표한 수필 〈여성을 위한 직업Professions for Women〉에서 울프는 시 속 천사를 여성작가의 머릿속을 떠나지 않지만 성공적으로 글을 쓰려면 잘라 내야 하는 "유령"으로 묘사했다.

지적 자유를 향한 울프의 외침이 20세기 중반 제2세대 페미니즘이 등장하는 길을 열었다. 울프의 작품은 훗날 일레인 쇼월터(Elaine Showalter)가 "여성작가의 문학 작품을 분석하기 위한 여성의 관점"이라고 정의한 여성 중심 비평이론을 탄생시키는 자극제 역할을 했다. 또 다른 페미니스트는 20세기 페미니즘을 비판하기 위해 『자기만의 방』을 동원했다. 예를 들어 앨리스 워커(Alice Walker)는 자기만의 방이 없다는 조건은 유색 인종 여성을 가로막는 가장 작은 장애물일 뿐이라고 이야기했다. ▪

울프의 창작 공간은 버지니아와 레너드가 1919년부터 살았던 이스트서식스의 시골집, 몽크하우스의 너른 정원에 지은 오두막이었다.

버지니아 울프

1882년 저명한 가문에서 태어난 울프는 사회적으로 좋은 환경에서 자랐으나 정규교육은 전혀 받지 못했다. 사춘기를 지나는 동안 가족이 잇달아 사망하는 사건이 울프의 정신건강에 깊은 영향을 미쳤다. 울프는 런던 킹스 칼리지에서 공부하면서 급진적인 페미니스트들과 만났다. 지식인 모임인 블룸즈버리 그룹에도 가입해 평생지기이자 연인이 된 비타 색빌 웨스트(Vita Sackville-West)와 남편이 된 레너드 울프(Leonard Woolf)를 만났다.

1917년 버지니아와 레너드가 호가스 출판사를 설립하면서 버지니아에게 자신의 작품을 출간할 수 있는 길이 열렸다. 버지니아는 서사적 산문 형식을 실험하면서 모더니즘 운동의 주요 인사로 떠올랐다. 버지니아는 종종 페미니즘과 사회 문제를 제기했으며 이를 논하기 위해 내적 독백과 다양한 관점을 동원했다. 1941년 극심한 우울증에 시달리던 버지니아는 물에 빠져 자살했다.

주요저서

1928년 『올랜도Orlando』
1929년 『자기만의 방』
1931년 『여성을 위한 직업』
1937년 『세월The Years』
1938년 『3기니Three Guineas』

해결책은 혁명에 있다

무정부주의 페미니즘

1897년 한 미국 기자가 정치적으로 활발하게 활동하던 젊은 사회운동가 엠마 골드만에게 무정부주의가 여성에게 무엇을 약속했는지 물었다. 골드만은 무정부주의가 "자유와 평등, 그러니까 지금 여성에게 없는 모든 것"을 가져다 줄 것이라고 대답했다. 골드만이 주장한 무정부주의를 바탕으로 하는 여성해방운동은 고용주와 고용인 사이의 착취 관계 혹은 정부나 군대와 국민이나 민간인 사이의 약탈 관계와 맞서 싸울 뿐만 아니라 가부장제를 바탕으로 하는 자본주의가 역사적으로 여성에게 강요한 종속 관계에도 저항함을 의미했다. 오늘날 무정부주의 페미니즘(anarcha-feminism)이라 불리는 흐름의 선구자였던 골드만의 사상은 19세기 후반과 20세기에 전개된 노동운동에 뿌리를 두었다.

"여성해방" 운동이 돌아오다

가장 대표적인 무정부주의 페미니즘 단체 중 하나인 "자유여성(Mujeres Libres)"은 스페인 내전이 시작된 1936년 스페인에서 결성됐다. 자유여성의 공동 설립자인 루시아 산체스 사오르닐(Lucia Sanchez Saornil)과 메르세데스 캄포사다(Mercedes Camposada), 암파로 포 이 가스콘(Amparo Poch y Gascon)은 노동조합이 국가를 대체해야 한다고 주장하는 무정부 노동조합주의(anarcho-syndicalist), 공화주의자와 힘을 합쳐 프랑코 장군이 이끄는 파시스트와 맞선 전국노동자연맹(Confederacion Nacional del Trabajo, CNT)의 회원이었다. '자유여성' 설립자들은 다른 남성 무정부주의자 동료와 마찬가지로 사회 혁명을 일으키기 위해 싸웠으나

무정부주의자 엠마 골드만은 리투아니아에서 태어났다. 골드만은 사회 관습을 거부하고 평생에 걸쳐 미국과 유럽에서 많은 논란을 불러일으킨 문제에 대해 글을 쓰고 강연했다.

참조 : ▪ 마르크스주의 페미니즘 52~55쪽 ▪ 급진 페미니즘 137쪽 ▪ 가사노동 임금 147쪽

1933년 제작된 무정부주의 포스터에서 노동자 계급이 지배층에 맞서고 있다. 무정부주의는 무정부 노동조합주의를 표방한 노동자 단체, 전국 노동자연맹이 성장하는 과정에서 힘을 얻었다.

CNT가 남성의 전유물로 남아 있는 한 목표를 달성하지 못할 것이라고 주장했다. "자유여성"은 자신들이 다른 모든 면에서 지지하는 무정부주의 운동 안에서 CNT가 "여성 문제"와 남성 지배 문제를 신속하게 다뤄야 한다고 요구했다. 양성평등을 위해 싸우는 중이기는 했으나 "자유여성"은 '페미니스트'라는 이름표를 거부했다.

2년 만에 "자유여성"의 회원 수가 3만 명으로 증가했다. 지지자들은 두 가지 핵심 전략으로 무장한 채 전국을 돌았다. 자신의 진정한 잠재력을 깨달을 능력을 여성에게 부여하는 양성과 가부장제를 바탕으로 하는 자본주의에, 즉 여성을 영원히 노예로 만드는 체제에 저항하는 무정부주의자들의 싸움에 여성을 합류시키는 영입이었다. 새로운 교육과 훈련 계획이 추진되고 아이가 있는 여성이 노동자 회합에 참석할 수 있게 탁아시설이 설립됐다. 사회적 평등과 양성평등을 바탕으로 건설된 새로운 사회에서 온전히 제 역할을 맡도록 여성을 준비시킴이 '자유여성'의 목표였다.

1939년 전체주의자의 승리로 스페인 내전이 끝나고 프랑코 장군의 독재가 시작되자 눈앞으로 다가왔던 스페인 여성들의 염원이 자취를 감췄다. 그러나 '자유여성'의 주장은 1960년대 후반과 1970년대 초반, 여성들이 사회를 구성하는 모든 측면에서 남성의 지배에 맞서 전 세계적으로 더욱 격렬하게 저항에 나서는 동안 제2세대 페미니즘에 동력을 공급했다.

무정부주의 페미니즘 운동가들은 가부장제와 자본주의, 군국주의와 제국주의 사이에 형성된 관계에 계속해서 맞서 싸웠다. 무정부주의 페미니스트는 소수에 대한 지속적인 박해와 아직도 전 세계에서 그토록 많은 여성이 겪고 있는 사회적 불평등을 고착시키는 요인이 이 관계라고 주장한다. ▪

루시아 산체스 사오르닐

1895년 마드리드에서 태어난 루시아 산체스 사오르닐은 어머니 없이 가난한 아버지 밑에서 자랐다. 사오르닐은 시 쓰는 재능 덕분에 왕립 산 페르난도 미술 아카데미에 다닐 수 있었다. 1931년 사오르닐이 전국노동자연맹이 일으킨 파업에 참여했다. 이는 정치활동에 뛰어든 계기가 된 사건이었다. 사오르닐은 이후 양성평등과 계급 없는 사회를 주장하기 위해 '자유여성'을 공동 설립했다. 발렌시아에서 잡지 편집자로 일하던 시기인 1937년 평생 동반자가 된 아메리카 바로소(América Barroso)를 만난 사오르닐은 프랑코 장군이 스페인 내전에서 승리한 뒤 바로소와 함께 파리로 망명했다. 두 사람은 1941년 마드리드로 돌아왔으나 둘의 관계를 비밀에 부쳤다. 사오르닐은 시 쓰기를 멈추지 않았고 1970년 암으로 사망할 때까지 편집자로 일했다.

주요저서

1935년 『페미니즘에 관한 문제The Question of Feminism』
1996년 『시Poesía』

자유와 인간의 존엄성을
향한 사랑이
무정부주의자가 품은
신념의 근간이다.
페데리카 몬세니

THE PER
IS POLIT
1945–1979

SONAL
ICAL

개인적인 것이
곧 정치적인 것이다

1945~1979년

프랑스에서 시몬 드 보부아르가
『제2의 성』을 펴낸다. 그 책에서
보부아르는 여성이 역사 속에서
어떤 대우를 받아왔으며
어떻게 정의되었는지 살펴본다.

1949년

영국의 운동가 실라 키칭어가
출산은 남자 의사들이 주도하는 지나치게
의료화된 과정이 아니라 힘을 실어주는
경험이 되어야 한다고 주장한다.

1962년

레드스타킹이라는 급진 페미니즘 단체가
뉴욕에서 남자 14명과 가톨릭 수녀
1명으로 구성된 낙태 관련 입법 공청회를
방해한다.

1969년

1960년

미국에서
경구 피임약이
시판된다.

1963년

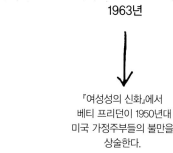

『여성성의 신화』에서
베티 프리던이 1950년대
미국 가정주부들의 불만을
상술한다.

1970년

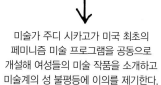

미술가 주디 시카고가 미국 최초의
페미니즘 미술 프로그램을 공동으로
개설해 여성들의 미술 작품을 소개하고
미술계의 성 불평등에 이의를 제기한다.

19 60년대와 1980년대 초 사이에는 1945년부터 전개되어온 사상의 영향으로 더 급진적인 제2세대 페미니즘이 융성했다. 여성의 위치가 남성과 다르며 동등하지 못하다고 본 제2세대 페미니스트들은 성생활, 종교, 권력 등 사회의 이모저모를 꼼꼼히 살펴보며 각각을 여성 억압과 관련하여 다시 정의했다. 페미니스트들은 문화와 사회를 바꿔 여성을 해방하는 방법에 대해 여러 가지 생각을 전개했다. 새로운 사상이 형성되면서 페미니즘 정치·사회운동도 심화되었다.

제2세대 페미니즘의 핵심 개념 중 하나는 여성은 태어나지 않고 만들어진다, 즉 사회적 조건화의 산물이라는 생각이었다. 1949년에 시몬 드 보부아르가 처음 표현한, 생물적 성(sex)과 사회적 구성물로서의 성(gender) 간의 이런 차이는 제2세대 페미니즘 사상에 엄청난 영향을 미쳤다. 여자의 생물적 특성이 여자의 삶을 결정지어서는 안 된다고 주장한 베티 프리던과 저메인 그리어 같은 페미니즘 저술가들은 양육, 교육, 심리학을 통해 여성에게 강요된 이상화된 여성성의 이미지를 설명하고 문제시하며, 여성들에게 그런 고정관념에 도전하길 촉구했다.

개인적인 것이 곧 정치적인 것

여성해방운동(WLM)으로 많이 알려져 있는 제2세대 페미니즘은 당시 민권운동과 베트남전쟁 반대운동이라는 정치활동의 맥락 속에서 전개되었다. 그 지지자들은 페미니즘이 평등권을 위한 투쟁에 불과한 것이 아니라 일종의 해방운동이라고 보았다. 그들이 보기에 여성의 개인적 경험은 곧 정치적인 것이었으며, 여성을 줄곧 억압해온 권력구조를 반영했다.

미국의 저술가이자 운동가인 케이트 밀레트 같은 당대의 급진 페미니스트들은 가부장제를 여성 억압의 주된 원인으로 규정했다. 어떤 페미니스트들은 무엇보다 핵가족이 가부장제의 영향력을 지속시키는 핵심 메커니즘이라고 보았고, 어떤 페미니스트들은 기독교 교회의 가부장제와 여성 혐오를 비난하며 여성화된 형태의 종교를 요구했다.

오래된 투쟁과 새로운 투쟁

제2세대 페미니스트들은 이전의 어떤 페미니스트보다도 성생활 문제를 깊이 탐구했다. 미국의 페미니스트 앤 코트는 에세

미국 대법원이 로 대 웨이드
사건에서 낙태권을 헌법상의
기본 권리로 볼 수 있다는
판결을 내린다.

1973년

에세이 「메두사의 웃음」에서 프랑스의
저술가 엘렌 식수가 남성적 제약에서
벗어난 '여성적 글쓰기'를
규정하고 옹호한다.

1975년

학자 마두 키쉬워와 루스 바니타가
마하트마 간디의 삶과 업적에서 영감을
받아 인도의 페미니즘
잡지 〈마누시〉를 창간한다.

1978년

1971년

영국의 사회운동가
에린 피지가 최초의
가정폭력 피해 여성보호시설을
설립한다.

1975년

영화제작자 로라 멀비가 '남성적 시선'
이론을 전개하며, 시각 예술 및 매체가
남성 관객을 즐겁게 하기 위해 여성을
남성의 관점에서 묘사한다고 말한다.

이 「질 오르가슴의 신화」에서 여성의 성생활에 대한 대중의 태도와 여론을 형성해온 주체는 바로 남자들이고, 이는 남자들이 여성의 성행위를 오로지 자신의 욕구와 관련해서만 규정하기 때문이라고 주장했다. 그녀의 저작과, 1976년에 출간된 여성 성생활에 관한 연구물 『하이트 보고서』는 여성의 성적 행동을 사실적으로 묘사해 여성의 성생활에 대한 통념을 깼다.

여성의 생식권과 수태조절능력은 여전히 페미니즘 문제로 남아 있었다. 새로 나온 피임약은 하나의 해결책으로 여성도 임신 걱정 없이 성행위를 즐길 수 있게 해주었다. 하지만 그 약을 얻기가 어려워서, 페미니스트들은 안전한 피임법을 무료로 사용할 권리와 여성의 낙태권을 위해 캠페인을 집중적으로 벌였다. 이런 요구사항과 관련

하여 여성보건운동이 미국을 비롯한 곳곳에서 일어났는데, 그 운동가들은 여성 스스로 건강관리를 주도하도록 촉구했다.

제2세대 페미니스트들은 강간과 가정폭력에 대한 정치적 인지도를 높이기도 했는데, 그들의 주장에 따르면 그런 '폭력은 남자들이 여자들을 지배하고 위협하기 위해 사용하는 것이다. 1970년대 말부터 미국의 페미니스트 앤드리아 드워킨은 포르노물을 맹비난하는 데 앞장서며, 포르노물이 여성을 억압할 뿐 아니라 여성에 대한 폭력을 조장하기도 한다고 주장했다.

평등권에 중점을 둔 페미니스트들은 제1세대 동지들이 했던 일을 계속하면서, 양성 간의 동일임금을 실현하는 데 특히 주력했다. 영국과 아이슬란드에서는 노동자 계급 여성들의 파업 후 각각 1970년과 1976년

에 동일임금법이 제정되었다. 이와 밀접히 연관된 것으로 '가사노동임금' 운동도 세계 곳곳에서 일어났다. 1972년에 이탈리아에서 시작된 그 운동은 어머니와 주부로 일하는 여성들의 무보수 노동에 대한 관심을 불러일으켰다. 페미니스트들은 여성이 집과 가족을 위해 하는 일에도 보수가 지급되어야 한다고 주장했다.

1970년대 말에 페미니스트들은 자기네 생각을 사회의 여러 영역에 적용했다. 영국의 실라 로보섬 같은 역사가들은 여성들이 역사에서 배제되었다는 점을 강조했고, 미국의 주디 시카고 같은 미술가들은 페미니즘과 직결된 작품을 만들기 위해 작업했고, 영국의 학자 로라 멀비 등은 영화 속의 여성 혐오를 탐구했다. ∎

여성은 태어나는 것이 아니라 만들어지는 것이다

억압의 근원

맥락읽기

인용출처
시몬 드 보부아르(1949년)

핵심인물
시몬 드 보부아르

이전 관련 역사
1884년 : 프리드리히 엥겔스가 『가족, 사적 소유, 국가의 기원』에서 여성 억압의 근원이 가족에 있다고 본다.

1944년 : 프랑스 여성들이 투표권을 얻고, 남편에게 아내에 대한 절대적 지배권을 부여한 프랑스의 19세기 법이 개정된다.

이후 관련 역사
1963년 : 미국의 베티 프리던이 『여성성의 신화』에서 교외의 핵가족이 여성을 억압하는 방식을 탐구한다.

1970년 : 저메인 그리어의 『여성, 거세당하다』가 영국에서 출간된다.

제1세대 페미니즘의 주된 목표는 양성 간의 법적·사회적·지적·정치적 평등을 이루는 데 있었다. 제2세대 페미니즘은 투쟁의 범위를 넓혔다. 페미니스트들은 평등을 계속 요구하는 한편, 여성의 개인적 경험, 즉 여성이 가정과 사회에서 어떻게 보이고 대우받는지도 살펴보았다. 또 그들은 여성해방을 위해 여성 억압의 근원도 분석했다.

보부아르의 『제2의 성』은 아마도 제2세대 페미니즘의 사상적·이론적 토대에 가장 중요한 기여를 했을 것이다. 1949년 프랑스에서 출간된 그 책은 제1세대 페미니즘의 말기와 1960년대 제2세대 페미니즘의 출현

참조 : ▪ 여성을 압박하는 제도 80쪽 ▪ 가부장제의 사회 통제 144~145쪽 ▪ 자궁 선망 146쪽 ▪ 후기구조주의 182~187쪽 ▪ 언어와 가부장제 192~193쪽

> 남자는 인간으로, 여자는 여성으로 간주된다. 여자가 인간답게 굴면, 여자가 남자 흉내를 낸다는 말이 꼭 나온다.
> 시몬 드 보부아르

기 사이에 나왔다. 여성에 대한 근거 없는 통념과 사회적 압력, 여성의 인생 경험을 전례 없는 방식으로 깊이 탐구한 책은 급진적인 결론에 이른다. 보부아르는 여성성이란 여러 세대에 걸쳐 형성된 사회·문화적 구성물이라고 말한다. 그녀는 바로 그런 구성물에 여성 억압의 원인이 있다고 주장한다.

'타자'로서의 여성

보부아르는 간단한 질문으로 시작한다. 여자란 무엇인가? 철학자들이 대체로 여자를 불완전한 남자로 정의해왔다는 사실에 주목한 그녀는 이어서 여자란 '타자'라고, 즉 오로지 남자와 관련해서만 정의된다고 말한다. 보부아르는 여자란 그냥 남자가 정한 것에 불과하며 남자와 관련해서 정의되고 식별되는데 남자가 여자와 관련해 정의되고 식별되지는 않는다고 설명한다. 여자는 '부수적'인 존재이며, '필수적'인 존재가 아니라 '없어도 되는' 존재다. 남자는 '주체', '절대자'이고, 여자는 '타자', '객체'다. 다시 말해 사회는 남성을 기준으로 설정하고, 여성은 이차적인 성으로 설정한다.

『제2의 성』 제1권에서 보부아르는 생물학, 심리학, 유물사관을 탐구하며 여성 종속의 합리적 이유를 찾아가며 결국 근거가 전혀 없다는 사실을 확인한다. 그런 다양한 학문 분야들은 두 성(性) 간에 명백한 차이가 있음을 보여주긴 하지만, 여성의 부차적인 지위에 대해서는 타당한 이유를 전혀 내놓지 못한다. 보부아르는 여자의 생명활동에 특별한 과정(사춘기, 월경기, 임신기, 폐경기)이 있다는 점은 인정하지만, 그런 특성이 여자의 운명을 확고부동하게 결정짓는다는 점은 인정하지 않는다.

그다음에 보부아르는 역사를 살피며 유목·수렵 사회에서 현대 사회에 이르기까지 사회적 변화를 더듬어보고, 신화와 문학도 살펴본다. 그런 온갖 영역에서 그녀는 여성이 종속적 역할을 맡도록 격하되어왔으며, 심지어 참정권운동을 벌일 때처럼 자기네

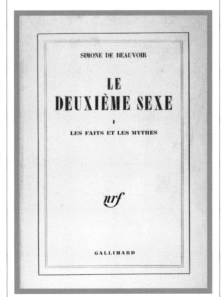

1949년에 갈리마르에서 출판된 『제2의 성』 프랑스어 초판은 두 권으로 구성되었다. 위에 보이는 제1권에는 '사실과 오해', 제2권에는 '체험'이라는 소제목이 붙었다.

시몬 드 보부아르

1908년에 파리의 중산층 가정에서 태어난 시몬 드 보부아르는 20세기의 매우 중요한 철학자 중 한 사람이었다. 그녀는 소르본 대학에서 공부했는데, 거기서 만난 장 폴 사르트르는 이후 50여 년간 그녀의 연인이자 동반자였다. 그 커플은 둘 다 다른 사람과 관계를 맺기도 했지만 함께 일하고 여행했는데, 그런 동반자 관계는 그들의 철학적·실질적 삶을 형성했다.

1944년부터 보부아르는 수많은 픽션·논픽션 작품을 발표했다. 그녀와 사르트르는 정치 잡지 〈레탕모데른〉을 공동으로 편집하며, 알제리와 헝가리의 독립 운동, 1968년 5월의 학생운동, 베트남전 반대운동 등 여러 좌익정치운동을 지지했다. 보부아르는 1986년에 파리에서 78세의 나이로 죽었다.

주요저서

1947년 『애매함의 도덕에 관하여The Ethics of Ambiguity』
1949년 『제2의 성The Second Sex』
1954년 『레 망다랭The Mandarins』
1958년 『처녀 시절Memoirs of a Dutiful Daughter』
1981년 『안녕히 : 사르트르에게 작별을 고하며Adieux : A Farewell to Sartre』

여성 억압의 원인

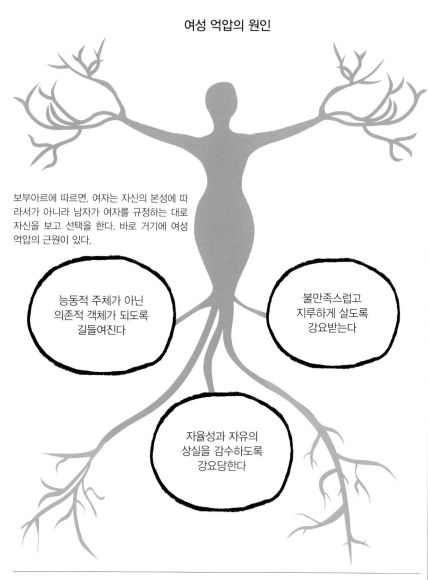

보부아르에 따르면, 여자는 자신의 본성에 따라서가 아니라 남자가 여자를 규정하는 대로 자신을 보고 선택을 한다. 바로 거기에 여성 억압의 근원이 있다.

능동적 주체가 아닌 의존적 객체가 되도록 길들여진다

불만족스럽고 지루하게 살도록 강요받는다

자율성과 자유의 상실을 감수하도록 강요당한다

여성을 해방시키는 일은 여자가 오로지 남자와 맺는 관계에만 얽매이지는 않게 하는 것이지, 그런 관계를 아예 맺지 못하게 하는 것이 아니다.
시몬 드 보부아르

경제적 운명도 여성이 사회 속에서 내보이는 모습을 결정짓지 않는다고 설명한다. 보부아르의 주장에 따르면, 그 여성적 인간을 만들어낸 것은 바로 문명인데, 그녀는 그런 인간을 남성과 내시의 중간적 존재로 간주한다.

보부아르에 따르면, 어린 소녀는 12세가 될 때까지는 남동생이나 오빠만큼 힘이 세고 남형제와 똑같은 지적 능력을 보여준다. 이어서 그런 소녀가 자신에게 여성성으로 제시되는 것을 받아들이도록 길들여지는 방식을 아주 상세히 설명하며, 여자에게는 자신의 자율적 존재와 객체적 자아 간의 갈등이 있다고 말한다. 여자는 다른 사람들, 특히 남자들을 즐겁게 하려면 주체가 아닌 객체가 되어야 하며 자율성을 포기해야 한다고 배운다. 보부아르가 보기에 이것은 악순환이 된다. 여자는 주변 세상을 이해하는 데 자유를 덜 행사할수록 자신을 주체로 표현할 엄두를 내기가 점점 더 힘들어진다.

보부아르는 페미니즘이 성공한 덕분에 젊은 여자들이 교육과 스포츠를 권장받고 있다고 인정한다. 하지만 그들은 성공해야 한다는 사회적 압력을 젊은 남자들만큼 많

권리를 얻기 위해 싸울 때조차도 그래왔다는 사실을 확인한다. 남성의 가치관이 언제나 지배적이어서 여성을 종속시키다 보니, 여성의 역사를 전부 남자들이 만들어온 지경에 이르게 되었다. 그리고 여자도 자신이 인정과 보호를 받아야 한다는 생각 때문에 이런 과정에 연루되어왔다. 보부아르는 여성이 권리를 어느 정도 얻긴 했지만 여전히 종속 상태에 있다고 주장한다.

여성성의 구축

『제2의 성』 제2권에서 보부아르는 여성이 유년기부터 성인기까지 겪는 체험을 분석한다. 그녀는 성생활, 결혼생활, 어머니 역할, 가정생활을 지적이고 철학적인 시선으로 면밀히 살펴본다. 그 책의 바로 이 부분에서 보부아르는 그녀의 가장 중요한 논지를 내놓는다. 여자는 여성으로 태어나는 것이 아니다. 여성성은 만들어지는 것이다. 그리고 그녀는 그 어떤 생물적·심리적·

사회주의자에서 페미니스트로

『제2의 성』을 썼을 때 시몬 드 보부아르는 페미니스트를 자처하지 않았다. 그녀는 사회주의자로서 사회주의 혁명이 여성을 해방시킬 것이라고 믿었는데, 1960년대 말에 페미니즘이 융성하자 마음을 바꾸었다. 보부아르는 1972년에 한 인터뷰에서 프랑스 여성의 처지가 지난 20년간 별로 변하지 않았으며 좌익에 속하는 사람들은 사회주의의 도래를 기다리면서 여성운동에 합류해야 한다고 말했다.

페미니스트를 자처하면서도 전통적인 개혁파에 가담하길 주저한 보부아르는 급진적인 프랑스 여성해방운동(Mouvement de la libération des Femmes, MLF)에 가담했다.

프랑스에서 낙태가 아직 불법이던 1971년에 보부아르는 나중에 '343인 선언'으로 알려진 낙태 지지 성명서에 300여 명의 여성과 함께 서명하고, 자신도 낙태 경험이 있다고 말하며 모든 여성에게 그 권리를 부여할 것을 요구했다.

『성의 변증법The Dialectic of Sex』(1970년)을 보부아르에게 헌정했다. 보부아르가 여성의 개인적 경험에 매긴 가치는 페미니즘 사상에 매우 중요했고, 초기 제2세대 페미니즘의 내부 결속과 의식 고양을 촉진했다. 보부아르는 여자들이 자신들을 사회 속의 한 계급으로 보아야 한다고 믿었다. 여자들은 속박에서 벗어나려면 자기들이 공유하는 경험과 억압을 인식해야 했다.

아마도 보부아르의 가장 큰 공헌은 섹스(sex, 생물적 성)와 젠더(gender, 사회적 성)를 구별한 일이었을 것이다. 보부아르는 『제2의 성』에서 섹스 대신 젠더라는 단어를 사용하진 않았지만, 그 차이는 분명히 밝히고 있다. 생물적 특징이 운명을 결정짓지 않는다는 보부아르의 주장과, 젠더가 섹스, 생물적 특성과 뚜렷이 구별된다는 그녀의 설명은 오늘날에도 페미니즘 담론을 통해 공감을 불러일으키고 있다. ∎

이 받진 않을 것이다. 그 대신 젊은 여자는 다른 종류의 성취를 목표로 삼는다. 그녀는 계속 여자로 지내며 여성성을 잃지 말아야 하는 것이다. 보부아르는 여자들이 사랑이나 나르시시즘이나 신비주의를 통해 자신의 의존성을 스스로 강화한다고 말한다. 의존적으로 살도록 길들여진 여자들은 지루한 집안일, 어머니 역할, 성적 굴종으로 점철된 삶을 받아들이는데, 그런 역할들을 보부아르는 자신의 삶에서 맹비난하고 거부했다.

해방운동과 유산

보부아르는 개인에게 자기 진로를 스스로 선택하고 스스로 결정을 내릴 능력이 있다고 믿었는데, 이는 보부아르가 인생의 동반자 장 폴 사르트르와 함께 주장한 철학 이론인 실존주의의 주요 원리 중 하나다. 『제2의 성』이 행동강령이 아니라 철학서이긴 하지만, 보부아르는 여자들이 여성성

의 사회적 구축을 인식하며 문제시할 수 있고 또 그래야 마땅하다고 주장한다. 여자들은 성취감을 주는 일, 지적 활동, 성적 자유, 사회 변화(경제적 정의 실현 등)를 통해 자율성을 찾고 자신을 해방시켜야 한다. 『제2의 성』은 영향력이 대단히 컸다. 단기적으로 보면, 여성 억압에 대한 분석은 슐라미스 파이어스톤 같은 후대의 페미니스트들에게 영향을 끼쳤는데, 파이어스톤은 저서

보부아르가 1970년 6월에 경찰서에서 풀려난 뒤 기자들에게 말하고 있다. 보부아르와 사르트르(그녀의 오른쪽)는 프랑스 정부 전복을 주장하는 불법단체가 발행한 신문을 판매한 혐의로 체포되었다.

미국 여성들이 추구하는 생활방식은 뭔가 크게 잘못되었다

이름 없는 문제

맥락읽기

인용출처
베티 프리던(1963년)

핵심인물
베티 프리던

이전 관련 역사
1792년 : 메리 울스턴크래프트가 「여성의 권리 옹호」를 발표한다. 울스턴크래프트는 그 책에서 여자의 역할은 남자들을 즐겁게 하는 것이라는 관점에 이의를 제기한다.

1949년 : 시몬 드 보부아르가 『제2의 성』에서 남자들이 여자들의 인간다움을 부정하려고 만들어낸 역사적 과정을 탐구한다.

이후 관련 역사
1968년 : 페미니스트 수백 명이 애틀랜틱시티에서 열린 미스 아메리카 미인대회에서 시위운동을 벌이며, 그 대회가 여성을 객체화하는 방식에 항의한다.

1970년 : 전미여성기구를 비롯한 몇몇 여성운동 단체의 페미니스트들이 〈레이디스 홈 저널〉사에서 연좌시위를 벌이며, 거의 다 남자로 구성된 이사진이 여성성 신화의 성립을 부추기는 것에 항의한다.

1956년의 이 주방세제 광고는 전형적인 미국 주부를. 프리던이 말한 '여성성의 신화'를 구현하는 이타적 아내·어머니로 묘사한다.

운동으로서의 페미니즘은 대공황과 제2차 세계대전이 일어나는 동안 기세가 꺾여 거의 소멸되다시피 했다. 하지만 1960년대에는 활기를 되찾은 페미니즘 운동이 나타났다. 미국에서 그런 부흥을 고취했다고 자주 회자되는 책은 1963년에 출간된 베티 프리던의 『여성성의 신화』다. 백인 중산층 여자들이 경험하는 불만감을 탐구한 그 책은 수많은 미국 여성들에게서 공감을 얻었다. 『여성성의 신화』는 곧바로 베스트셀러가 되었고, 프리던은 (가끔 논란을 불러일으키기도 했지만) 활력을 되찾은 페미니즘 운동의 선도적인 대변자가 되었다.

동료들을 상대로 한 설문 조사
1957년에 이미 노련한 저널리스트였던 프리던은 15년 전에 함께 졸업했던 대학 동창들을 상대로 철저한 설문 조사를 실시했다. 그녀는 세 아이의 어머니이자 한 남자의 아내인 자신이 때때로 집 밖에서 일해야 한다는 데 약간의 죄책감을 이미 느끼고 있었다. 이를 계기로 프리던은 자신이 처한 상황에 의문을 제기하고, 다른 여자들과 각자의 감정과 경험에 대해 이야기하게 되었다. 그녀가 인터뷰한 여자들은 대학교육을 받고 결혼해 자녀를 두고 있는 백인으로 대부분 녹음이 우거진 교외 지역에 살았으며 겉보기에는 경제적으로 풍족한 듯했다. 하지만 프리던은 그런 여자들이 만족스러워

하지 않는다는 사실을 몇 번이고 계속해서 발견하게 되었다.

그들은 밖에서 보기에 아무 문제도 없는 삶에 불만감을 표출했지만, 그 원인을 집어내진 못했다. 프리던이 인터뷰한 여자들은 그 문제가 무엇인지 분명히 표현하진 못했지만, 자신이 존재하지 않는 것처럼 느낀다거나, 뚜렷한 이유 없이 피곤하다거나, 불만감을 없애려고 신경안정제를 복용해야 한

그 문제는
오랫동안 미국 여성들의
마음속에 묻힌 채
입 밖으로 나오지 않고 있었다.
베티 프리던

참조 : ▪ 남성 주도적 세계의 여성 자치권 40~41쪽 ▪ 결혼과 직장 70~71쪽 ▪ 기혼여성을 위한 권리 72~75쪽 ▪ 억압의 근원 114~117쪽 ▪ 가족구조 138~139쪽

다고 말했다. 프리던은 바로 그런 불만족스러운 느낌을 '이름 없는 문제'라고 불렀다.

여성성의 신화

그런 역설적인 상황을 계속 연구하면서 프리던은 더 많은 여자들과는 물론이고 심리학자, 교육학자, 의사, 언론인들과도 인터뷰했다. 그리고 그런 불만감을 미국 전역의 여성들이 다 같이 느끼고 있다는 사실을 알게 되었다.

1963년에 프리던은 연구결과를 『여성성의 신화*The Feminine Myst-ique*』라는 책으로 발표했다. 그 책에서 그녀는 제1세대 페미니즘의 융성기에 여성운동가들이 수많은 것을 쟁취하긴 했지만 1940년대 말에는 여자들의 열망이 바뀌었다고 말한다. 대학에 다니는 여자가 늘어나긴 했지만, 그중 소수만 직업을 가졌고, 대부분은 평범한(?) 가정주부로서의 삶을 꾸렸다. 여자들은 아직도 '여성성의 신화', 즉 결혼생활과 가족에 뿌리를 둔 여성의 이상화된 이미지를 자신이 맡을 수 있는 가장 바람직한 역할로 보고 있었다. 프리던은 여자들이 예전보다 어린 나

> 자연은 여자의 운명을 아름다움, 매력, 상냥함을 통해 결정지었다. 어린 시절에는 귀여움 받는 딸로, 성숙한 후에는 사랑받는 아내로.
>
> **지크문트 프로이트**

이에 결혼하고 보통 남편이 대학을 마치도록 도와준 다음 자녀를 키우고 가족을 위해 가정을 꾸리는 데 일생을 바친다는 사실을 확인한다.

이상적 이미지

프리던에 따르면, 전후에는 여자들로 하여금 여성성 신화에 따르도록 하는 막대한 사회적 압력이 있었다. 1930년대에 독립적

인 젊은 여성들을 소개했던 〈레이디스 홈 저널〉과 〈매콜〉 같은 여성잡지들이 이제는 최신 가정용품을 갖춘 편안한 집에서 만족스러워하는 미국 주부들의 모습을 잔뜩 싣고 있었다. 「여성성은 가정에서부터」, 「가정을 꾸리는 일」, 「남성을 유혹하는 법」 같은 기사들은 성적 객체, 주부로서의 여성 이미지를 강화했고, 「남자들의 세계, 정치」 같은 기사들은 집 밖의 생활이 남자들에게 적합하다는 것을 시사했다.

또 프리던은 프로이트 사상이 여성성 신화의 성립에 미친 영향에 대해서도 쓰면서, 프로이트가 여성들이 직면한 온갖 문제가 성적 억압 때문이라고 보았다는 점을 독자들에게 상기시킨다. 심리학자들이 프로이트의 견해를 어떻게 받아들였는지 이야기하면서 그녀는 정신분석요법이 그 자체로 여성성 신화의 원인이 되진 않았지만 저술가와 연구자, 대학교수 등의 교육자들에게 영향을 미쳐 여성을 속박하는 결과를 낳았다고 말한다. 프리던은 이렇게 표현했다. "프로이트 이론 때문에 과학적 종교로 승격된 여성성 신화는 여자들에게 오로지 지나

베티 프리던

1921년에 미국 일리노이주 피오리아에서 베티 나오미 골드스타인이라는 이름으로 태어난 프리던은 1942년에 여자대학 스미스 칼리지를 심리학 전공으로 졸업했다. 좌익 정치에 관심이 있었던 그녀는 버클리대학교를 1년간 다닌 후, 노동조합 간행물에 글을 기고했다.

프리던은 1947년에 결혼하고, 임신했다는 이유로 일자리를 잃은 후 프리랜서 저술가가 되었다. 여성운동 참여 확대에 전념한 그녀는 1966년에 미국 최대 규모의 여성운동단체인 전미여성기구(NOW) 창설에 앞장서고 초대 회장이 되었다. 그리고 1971년에는 글로리아 스타이넘, 벨라 앱저그 등의 다른 페미니스트들과 함께 전미여성정치연맹의 설립을 도왔다.

만년에 프리던은 페미니즘 운동에서 나타난 극단적 경향을 비판했다. 그녀는 2006년에 죽었다.

주요저서

1963년 『여성성의 신화』
1982년 『두 번째 단계*The Second Stage*』
1993년 『나이의 원천*The Fountain of Age*』
1997년 『젠더를 넘어서*Beyond Gender*』
2000년 『지금까지의 삶*Life So Far*』

여자들이 불만을 느끼는 원인

여성을 어린아이로 취급하는
프로이트식 정신분석

성별에 따른
학교
교육과정

'이름 없는 문제',
즉 여자들이 느끼는
불만감에는
몇 가지 원인이 있다

여성성을
이상화하는
여성잡지와
행복한
주부 이미지

아내와 어머니로서 사는 데
시간을 쏟게 하기 위해
전문적인 직업 생활을 못 하게 함

여자들에게는 아내와 어머니로서
이행할 생물적·성적 기능이 있다고
주장하는 기능주의 이론

여자들이 마침내
자기다워질 자유를 얻었을 때
그들이 무엇이 될 수 있을지
누가 알겠는가?

『신통기』

그런 교육자들은 1950년대와 1960년대에 이른바 성별에 따른 교육과정을 제공했다. 프리던에 따르면, 심지어 여자아이들은 물리학과 화학보다 '생활과학'에 더 적합하다고 시사함으로써 그런 교육방식에 편향된 과학적 견해를 갖다붙이려는 시도도 있었다.

프리던이 보기에 여성성 신화는 실현 불가능한 이상이었다. 프리던은 미국 여성들이 '자기 마음을 부정하도록' 하는 이미지에 따라 살려고 애쓰는 모습을 15년간 지켜보아왔다고 말한다. 그 원인을 분석해낸 프리던은 '여자들을 위한 새 인생 계획'을 내놓으며, 여자들에게 여성성 신화에서 벗어나 성취감을 얻을 만한 의미 있는 일을 찾으라고 촉구한다. 그녀는 그렇게 하기가 어려울 수도 있다는 점을 인정하긴 하지만, 실제로 성공을 거둔 여성들의 예를 든다. 프리던이 보기에는 교육과 유급 고용이 여성성 신화의 덫에서 빠져나오는 길이었다.

새로운 지지

베티 프리던의 책은 미국 사회에 예사롭지 않은 인상을 주며, 수많은 중산층 백인 여성들에게 페미니즘을 소개해주었다. 그녀의 책 『여성성의 신화』 출간 후 1년 만에 30만 부가 팔렸고, 3년 동안 전 세계 13개 언어로 번역되며 300만 부 이상 팔렸다. 미

치게 보호하려 들고 삶을 속박하며 미래를 부정하는 느낌만을 주었다."

프리던은 기능주의의 사회이론도 비판한다. 사회의 각 부분이 전체의 안정성에 기여한다고 보는 그 이론은 당시 사회과학계에서 인기를 끌고 있었다. 프리던은 그 이론이 여자들의 기능이 아내와 어머니라는 성적·생물적 역할에 한정되어야 한다고 암시함으로써 여성성 신화에도 기여했다고 주장한다. 또 프리던은 인류학자들 또한 다른 문화에 대한 연구결과를 적용해 똑같

은 결론에 도달했다고도 말한다. 여성의 생식능력을 미화해 여성성 신화에 기여한 미국의 문화인류학자 마거릿 미드를 언급하면서 프리던은 미드가 정작 본인은 전문직 종사자로 만족스럽게 살면서 그런 견해를 내놓았다는 것이 모순적이라는 점을 지적한다.

프리던은 교육이 여성성 신화를 강화한다는 사실도 알아냈다. 초중고교와 대학교의 여학생들은 프리던이 '성별 지향적 교육자'라고 일컫는 사람들의 희생자가 되었다.

국과 영국을 비롯한 여러 나라의 여성들이 자신의 불만감이 그 책에 기술되어 있음을 인정하고, 그런 불만감을 극복하는 방법을 얻기 위해 페미니즘에 관심을 기울였다.

물론 비판도 있었다. 특히 프리던이 교외에 거주하는 중산층 백인여성들의 삶에만 초점을 맞추고 노동자 계급 여성들, 아프리카계 미국인들, 그 밖의 미국 내 소수민족들은 무시했다는 지적이 많았다. 그리고 이미 여성들이 프리던이 말한 속박에서 벗어나기 시작해서 전문직에 몸담거나 집

1970년 8월에 벌어진 '평등을 위한 여성 파업 가두행진'에서 여자들이 뉴욕 5번가를 가득 메우고 있다(이런 시위는 미국의 다른 여러 도시에서도 같은 방법으로 벌어졌다). 이 가두행진은 프리던이 공동으로 창설한 전미여성기구가 주관했다.

밖에서 일하고 있다는 지적도 있었다. 후대의 페미니스트들은 프리던이 변화를 제안하면서 남자들도 그 내용에 포함시켰다고 비판했다. 끝으로, 독자들 중 일부는 아내와 어머니의 역할이 비판을 받았다고 생각해 불쾌감을 느꼈는데, 이 문제에 대해서는 제2세대 페미니즘 토론에서 자주 우려가 표명되었다.

프리던의 유산

그런 비판에도 불구하고 프리던의 글은 수많은 여성의 심금을 크게 울렸다. 프리던이 여자들의 개인적 경험에 중점을 두었다는 사실은 그 책에 담긴 여러 가지 생각 못지않게 공감을 많이 불러일으켰다. 『여성성의 신화』는 여성해방운동을 촉발하고 제2세대 페미니즘을 부상시키는 데 도움을

주었다. 그 책이 출간되고 몇 년이 지나지 않아 여자들은 단체를 조직해 대중매체, 학교, 대학 등 사회 곳곳의 성차별에 이의를 제기했다.

실질적인 정치적 성과도 있었다. 책이 출간되고 몇 개월 후 미국에서는 동일임금법이 도입되어, 여자든 남자든 동일노동에 대해서는 동일임금을 받아야 한다는 원칙이 명문화되었다.

3년 후인 1966년에 프리던과 다른 페미니스트들은 다음과 같은 주장에 기초해 전미여성기구(NOW)를 설립했다.

"여자들은 무엇보다도 인간으로서 (…) 저마다 인간의 잠재력을 한껏 개발할 기회를 얻어야 한다." ■

'하느님의 계획'은 대체로 남자들의 계획을 위장한 것이다

페미니즘 신학

페미니즘 신학이라는 분야는 1960년대에 부상했다. 페미니즘이 여러 종교 단체와 미국종교학회(AAR)에 영향을 미치기 시작할 무렵이었다. 페미니즘 신학에서는 페미니즘과 마찬가지로 양성평등을 주장하지만, 특징적으로 종교 사상·행위의 체계를 해체(비평)하고 재건(재구상)하기도 한다.

이 스테인드글라스 창에서는 하와가 선악과나무의 열매로 아담을 꾀어 세상에 죄를 들여온 뒤 아담과 함께 에덴동산에서 쫓겨나고 있다.

페미니즘 신학의 핵심인물 중 한 명이 바로 메리 데일리다. 데일리는 종교, 특히 가톨릭교가 가부장적 체계를 띠며 남성적 관점을 지지하는 것을 비판했다. 그녀는 종교에서 더 이상 남성이 주도권을 쥐지 않아야 한다고 주장하고, 신을 가리킬 때 남성 대명사(He, His)를 사용하는 것을 비판하며, 여성과 언어가 남성의 지배에서 벗어난 공간을 창출할 것을 요구했다.

미국 페미니즘 신학계에서 영향력이 큰 다른 여성으로는 신학자 엘리자베스 쉬슬러 피오렌자, 로즈메리 래드퍼드 루터, 레티 러셀, 그리고 성서학자 필리스 트리블이 있었다. 그들은 성경을 읽는 새로운 방법을 내놓아, 여성 등장인물을 해방시키거나, 전에 여성을 종속시킬 목적으로 인용되었던 구절들을 재해석했다. 또 그들은 기독교의 기원에서 해낸 역할이 남성 학자들 때문에 묻혀버린 여성들을 찾기 위해 고대사도 연구했다.

여신 만세

어떤 페미니즘 신학자들은 주류 종교의 남성 중심적 이념을 거부하고, 대지(가이아) 혹은 여신을 찬미하는 여성 중심적 전통을 받아들인다. 미국의 페미니즘 역사가이자

참조 : ▪ 여성을 압박하는 제도 80쪽 ▪ 반식민주의 218~219쪽 ▪ 탈식민주의 페미니즘 220~223쪽
▪ 교차성 240~245쪽 ▪ 해방신학 275쪽

> 어떤 페미니스트들은
> '페미니즘 신학'이라는 용어를
> 모순 어법으로 여긴다.
> 메리 데일리

신학자인 캐럴 P. 크리스트는 신을 나타내는 온갖 남성적 상징을 거부하고 여성적 상징을 지지한다. 그녀의 '여신학(theaology)'에서는 그런 여성형 단어, 여성의 생활주기와 출산능력을 찬양하고, 서양문화의 여성 폄하를 비판한다.

기독교를 넘어서

페미니즘 신학은 이제 북아메리카와 유럽의 기독교라는 초창기의 좁은 분야를 넘어섰다. 유대교, 불교, 이슬람교, 힌두교의 페미니스트들도 각 종교의 경전이 여성을 종속시키는 데 쓰이는 것에 항의하며, 종교가 낳거나 지지해온 억압의 형태들을 식별하고 있다. 유색인 여성들과 비서구권 여성들은 자기들만의 신학 분야를 형성하며, 보통 교차성(인종, 계급, 젠더 등 여러 가지에 대한 억압이 겹쳐지는 복합성)을 강조해왔다. 1980년대부터 아프리카, 카리브해 지역, 라틴아메리카, 아시아의 페미니즘 신학자들은 제3세계 신학자 에큐메니컬 협의회에서 만나 종교, 가부장제, 식민주의의 교차점에 대해 논의해왔다.

상당수의 페미니즘 신학자들에게는 종교가 해방이나 구원으로 이어진다는 신념이 종교와 페미니즘에 대한 헌신의 버팀목이 된다. 하지만 메리 데일리 같은 다른 페미니즘 신학자들은 가부장적인 종교의 억압적 체계 때문에 종교를 거부한다. ▪

한 여성 신부가 영국의 자신의 교회에서 초에 불을 붙이고 있다. 영국 성공회는 1994년에 처음으로 여성을 신부로 임명했다. 영국 성공회가 여성을 주교로 임명한 것은 2015년이 되어서였다.

메리 데일리

1928년에 뉴욕의 노동자 계급 아일랜드계 가톨릭신자 부모에게서 태어난 메리 데일리는 대학원에서 철학과 신학을 공부하고 세 개의 박사학위를 땄다. 1966년에 그녀는 예수회가 운영하는 가톨릭 연구 대학인 보스턴 칼리지에서 여성 최초로 신학을 가르치게 되었고, 종교의 가부장제와 여성 억압에 대해 책을 쓰기 시작했다.

데일리는 가톨릭교를 개혁하길 바랐으나, 결국은 교회를 떠나 급진적인 포스트 크리스천 페미니스트를 자칭했다. 그리고 그 결과로 보스턴 칼리지와 갈등을 빚게 되었다. 1999년에 한 남학생이 '차별' 행위에 대해 소송을 제기하겠다고 협박했는데, 이는 데일리가 페미니즘 윤리학 강의에서 여학생들만 가르쳤기 때문이었다. 기나긴 법적 공방 끝에 결말이 났고 데일리는 퇴직했다. 그녀는 2010년에 81세의 나이로 죽었다.

주요저서

1968년 『교회와 제2의 성The Church and the Second Sex』
1973년 『하나님 아버지를 넘어서Beyond God the Father』
1984년 『순수한 욕망 : 기본 페미니즘 철학Pure Lust : Elemental Feminist Philosophy』

우리 자신의 생물적 특성은 제대로 분석된 적이 없다

성적 쾌락

맥락읽기

인용출처
앤 코트(1968년)

핵심인물
앤 코트

이전 관련 역사
1897년 : 영국의 초창기 성과학자 해블록 엘리스가 『성도착』에서 남성의 성생활을 살펴본다.

1919년 : 연구자 마그누스 히르슈펠트가 독일 베를린에서 성과학 연구소를 개설한다. 히르슈펠트는 인류의 성적 변이가 다양하다고 말한다.

이후 관련 역사
1987년 : 미국의 성과학자 베벌리 휘플이 여성의 성적 반응 측정 결과에 근거해 여자들이 상상만으로도 오르가슴에 이를 수 있다고 주장한다.

2005년 : 오스트레일리아의 비뇨기과 의사 헬렌 오코널이 클리토리스 내부 구조의 면적이 전에 생각했던 것보다 넓다고 주장한다.

제2세대 페미니스트들은 여성의 성생활을 남성이 좌우해야 한다는 통념에 이의를 제기했다. 그들은 남성의 지배권이 여자들에게 성적 쾌락이 부족한 근본 원인이라고 주장했다. 그리고 성생활 또한 정치적인 것이라고 강조했다.

1905년에 오스트리아의 정신분석학자 지크문트 프로이트는 클리토리스 오르가슴이 '미성숙하다'는 이론을 세우고, '성숙한' 여자들은 질 오르가슴을 느낀다고 주장했다. 그는 질내 삽입으로 오르가슴에 이르지 못하는 여자는 기능장애가 있거나 불감증에 걸린 것이라고 생각했다.

프로이트의 생각은 1950년대에도 아직 영향력이 컸지만, 페미니스트들은 그런 생각에 이의를 제기하기 시작했다. 1949년에 시몬 드 보부아르는 여성을 객체화하고 여성에게 성기를 삽입하려는 남성의 욕망이 성교의 원동력이라고 주장했다. 그녀는 여자의 성적 역할이 대체로 수동적이며, '불감이 여성 불감증의 가장 흔한 형태'라고 생각했다.

성과학자들

인간의 성생활에 대한 과학적 연구는 제2차 세계대전 후 인기를 얻기 시작했다. 사회가 적어도 결혼이라는 맥락 안에서는 성에 대해 점점 더 개방적으로 변하고 있던 시기였다. 미국의 생물학자 앨프리드 킨제이는 1948년에 남성의 성생활에 대한 보고

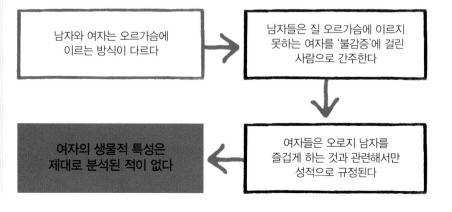

참조 : ▪ 성별에 따른 이중 잣대 78∼79쪽 ▪ 합법적 낙태권 획득 156∼159쪽 ▪ 정치적 레즈비어니즘 180∼181쪽 ▪ 섹스 긍정주의 234∼237쪽 ▪ 외설문화 282∼283쪽 ▪ 성적 학대에 대한 인식 322∼327쪽

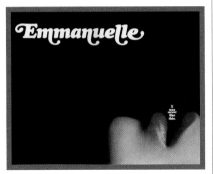

이 1974년 작 소프트코어 포르노 영화의 엠마뉴엘처럼 성적으로 자유로운 여자들은 당시 대중 매체에서 인기 있는 주제였다. 여성의 성생활을 좀더 복잡하게 묘사한 작품은 보기 드물었다.

서로 성공을 거둔 후 1953년에 『여성의 성적 행동』을 발표했다. 두 연구물은 합쳐서 '킨제이 보고서'로 불리게 되었다. 그는 질 오르가슴이 '우월하다'는 프로이트의 견해에 동의하지 않고, 클리토리스야말로 자극을 받는 주된 부분이라고 말했다. 미국의 연구자 윌리엄 매스터스와 버지니아 존슨

셰어 하이트가 저서 『하이트 보고서』를 들고 있다. 그 연구에서는 성생활이란 생물적으로가 아니라 문화적으로 형성되는 것이므로 사람들의 태도에 이의를 제기할 필요가 있다고 결론지었다.

도 성기능 장애, 성적 반응, 오르가슴에 대해 조사했다. 그들은 1966년에 내놓은 연구물 『인간의 성적 반응』에서 클리토리스 자극과 질 자극 둘 다 오르가슴으로 이어질 수 있다고 주장했다.

1960년대 말에는 성에 대한 사람들의 태도가 급속히 변해, 혼전 성관계도 사회적으로 좀더 용인할 만한 것이 되었다. 1968년에 앤 코트는 영향력 있는 에세이 「질 오르가슴의 신화」를 썼는데, 그 글은 1970년에 책으로 출간되었다. 코트에 따르면, 질 자극만으로는 여자가 오르가슴을 느끼기에 충분하지 않은데, 일반적인 성교 체위에서는 클리토리스가 자극을 받지 못하기 때문에 여자가 '불감증'에 걸리게 된다고 한다. 코트는 '불감증'이란 그 말이 책임을 남자가 아닌 여자에게 넘겨씌운다고 말한다.

코트의 주장에 따르면, 질 오르가슴을 느낀다고 주장하는 여자들은 자기 몸의 구조에 대한 지식이 부족해 헷갈려서 그러는 것이거나 '그런 척'만 하고 있는 것이다. 그런데도 남자들이 그 신화를 계속 주장하는 것은 성기를 삽입하려는 최우선적 욕망과 성적 소모품이 되면 어쩌나 하는 두려움을 비롯한 여러 가지 이유 때문이다. 코트의 글은 이성 간의 성관계와 여성의 성생활에 대한 통념에 이의를 제기했다. 어떤 여자들은 그 글을 이용해 여성 동성애를 장려하고자 했고, 또 어떤 여자들은 자기들이 오르가슴을 느끼는 척만 하고 있다는 주장에 반박했다. ■

앤 코트

미국의 저술가 앤 코트는 1941년에 덴마크에서 태어났다. 코트의 「질 오르가슴의 신화」(1968년)는 '뉴욕래디컬위민'이라는 단체에서 간행한 『첫해의 기록』라는 에세이 모음집에 처음 실렸다. 1968년에 코트는 한 유명한 연설에서 페미니즘 운동가들에게 다른 혁명 사례들을 보고 배울 것을 요청했다. 그해 말에 그녀는 급진 페미니스트이자 철학자인 티그레이스 앳킨슨과 함께 '더페미니스츠'라는 분리주의 단체를 설립했으나, 1969년에 그 단체를 떠나 슐라미스 파이어스톤과 함께 '뉴욕래디컬페미니스츠(NYRF)'를 결성했다. 1978년에 코트는 여성출판자유협회의 준회원이 되었다.

주요저서

1968년 「질 오르가슴의 신화The Myth of the Vaginal Orgasm」
1973년 『급진 페미니즘Radical Feminism』

우리는 자유분방한 여자와 존재하지도 않는 질 오르가슴에 대한 근거 없는 이야기를 전해 듣고 있다.
앤 코트

나는 공헌을 하기 시작했다

페미니즘 예술

맥락읽기

인용출처
주디 시카고(1999년)

핵심인물
캐롤리 슈니먼,오노 요코,마리나 아브라모비치,주디 시카고,미리엄 샤피로, 바버라 크루거

이전 관련 역사
1930~1960년대 : 프리다 칼로가 자신의 경험을 주요 주제로 사용한다.

이후 관련 역사
2007년 : 로스앤젤레스 현대미술관에서 최초의 대규모 페미니스트 미술 회고전 〈왝!〉이 열린다.

2017~2018년 : 뉴욕 브루클린 미술관의 페미니스트 아트센터에서 "〈디너파티〉의 뿌리"라는 전시회가 열려 주디 시카고의 획기적인 작품을 다시 선보인다.

1960년대에 여성 예술가들은 새로운 종류의 '페미니즘' 예술작품을 만들기 시작했다. 그런 작품 중 일부는 여성의 몸을 찬양했고, 일부는 여자들이 직면한 불평등에 분노를 표출했지만, 전체적으로는 어느 작품이든 여성들의 현실을 표면화하며 여자에 대한 전통적 태도를 거부했다. 일찍이 선구자들(멕시코 미술가 프리다 칼로 같은 여성들)이 있었는데, 그들은 대부분 당대에는 무명이었으나 나중에는 여자들의 경험을 생생하게 묘사해낸 성과를 인정받았다.

행위 예술

퍼포먼스 덕분에 예술가들은 '예술작품

참조 : ■ 남성 주도적 세계의 여성 자치권 40~41쪽 ■ 지적 자유 106~107쪽 ■ 현대 페미니즘 서적 출판 142~143쪽 ■ 여자들을 역사에 기록하기 154~155쪽 ■ 게릴라 시위 246~247쪽

프리다 칼로는 현대적 요소들과 멕시코 민속 예술을 버무린 양식으로 젠더와 인종 같은 문제를 탐구했다. 그녀의 단독 전시회는 1938년에 뉴욕에서 처음 열리고, 1939년에 파리에서 두 번째로 열렸다.

드 예술가 에로에게 흑백사진을 찍게 했다. 가장 충격적이고 논란의 여지가 많은 작품 〈내밀한 두루마리〉에서 슈니먼은 테이블 위에 서서 자신의 질 속에서 긴 두루마리를 풀어 꺼내고 거기 적힌 페미니즘 서적 발췌문을 낭독했다.

오노 요코와 마리나 아브라모비치 같은 다른 예술가들은 퍼포먼스로 수동성과 종속이란 주제를 탐구했다. 〈자르기〉(1964년)에서 오노는 관객들이 그녀의 옷을 속옷만 남을 때까지 조각조각 잘라내는 동안 가만히 앉아 있었다. 〈리듬 0〉(1974년)에서 아브라모비치는 깃털에서 총에 이르는 72가지 물건을 관객들 앞에 내놓고, 그들이 그런 물건을 사용해 그녀에게 즐거움이나 고통을 주게 했다.

비 네틀스는 종래의 예술작품에서 여성이 묘사된 방식을 패러디 하며 문제시한 예

역사에서
바로 지금 이 순간
페미니즘이 곧 휴머니즘이라고
믿고 있다.
주디 시카고

술가들 중 한 명이었다. 그녀의 작품 〈수잔나(Suzanna)……놀라다〉(1970년)는 성경 속의 수산나(Susanna) 이야기를 도전적으로 새롭게 해석한 작품이다. 수잔나가 목욕을 하다가 두 음탕한 노인 때문에 깜짝 놀라는 모습은 르네상스 회화에서 많이 다룬 주제였다. 네틀스는 사진, 퀼팅, 물감을 조합해, 희미하게 보이는 정원을 배경으로 알몸의 수잔나가 바깥쪽을 도전적으로 쳐다보는

안에서 능동적 동인이 되는 몸'과 '관찰 대상이라는 몸의 더 전통적인 역할'의 관계를 탐구할 수 있게 되었다. 초창기의 그런 프로젝트 중 하나는 캐롤리 슈니먼의 1963년작 〈눈 몸 : 변화를 불러오는 36가지 행동〉이었다. 자기 몸을 '필수재료'로 사용한 그녀는 알몸에 페인트, 그리스, 초크를 바르거나 플라스틱을 올려놓고 뉴욕의 자택 로프트를 배경으로 포즈를 취하고서 아일랜

잊힌 여성 미술가들

이름이 널리 알려지지 않은 여성 미술가들이 수없이 많이 있다. 예를 들면 1900년대 초에 스웨덴의 미술가 힐마 아프 클린트는 바실리 칸딘스키와 피터르 몬드리안보다 먼저 추상화를 그렸다. 1920년대와 1930년대에 독일의 주요 다다이즘 미술가 한나 회흐는 포토몽타주를 사용한 선구자 중 한 명이었고, 1940년대 뉴욕에서 활동한 우크라이나계 미국인 추상 표현주의 화가 재닛 소벨은 잭슨 폴록에게 영향을 미쳤다. 1968년에 낸시 그레이브스는 뉴욕 휘트니 미술관에서 개인전을 연 최초의 여성 미술가가 되었고, 1972년에 추상 표현주의 화가 앨머 토머스의 휘트니 미술관 개인전은 아프리카계 미국인의 첫 전시회였다.

〈1번 제단화〉는 아프 클린트가 〈신전 그림들〉을 완결하려고 1915년에 만든 세 작품 중 하나였다. 이 그림의 무지개색 피라미드와 태양은 그녀의 영성을 반영한다.

주디 시카고의 〈디너파티〉는 신화와 역사 속의 주요 여성 인물
들을 위해 차린 식탁으로 구성된다. 거기에 포함될 자격을 얻으
려면 각 손님은 시카고가 정한 기준을 충족해야 했다.

여성들의
삶을 개선하기
위해 노력했다

사회에 훌륭한
공헌을 했다

업적이
여성사를
조명한다

좀더
평등한 미래를
추구하는 데
모범이 된다

강렬한 이미지를 만들어냈다.

〈살아 있는 미국 여성 예술가들〉(1972년)에서 메리 베스 에델슨은 레오나르도 다빈치의 프레스코화 〈최후의 만찬〉 사본을 마련한 후 조지아 오키프, 리 크래스너, 오노 요코 등의 살아 있는 예술가들의 얼굴 사진을 식탁에 둘러앉은 예수와 열두 제자의 얼굴에 콜라주 기법으로 붙였다. 이는 사회와 기성 종교의 상류계급에서 여자들이 배제된 상황을 비꼬듯 지적한 것이다. 루이즈 부르주아는 설치미술작품 〈아버지의 파괴〉(1974년)로 자신의 고압적인 아버지에 대한 고통스러운 기억을 떨쳐냈다. 그 작품에서는 둥근 형체들이 동굴 같은 공간의 틀을 이루며 살색 물체들로 뒤덮인 식탁을 둘러싸고 있다.

마사 로슬러는 〈부엌의 기호학〉(1975년)이란 영상에서 텔레비전 요리 프로그램을 패러디 하여 가정 내 억압을 비판한다. 그녀는 주방기구들을 알파벳순으로 하나씩 들고 이름을 대며 각각의 쓰임새를 보여주는데, 그런 기구들은 때때로 무기가 되는 것처럼 보이기도 한다. 그런 행위들을 통해 그녀는 일상적 의미를 띤 그 물건 이름들을 '분노와 좌절을 나타내는 어휘'로 바꿔놓고, 마지막에 나이프로 허공을 갈라 Z자 모양을 만든다.

지배 계급에 반대하다

1971년 1월에 예술사가 린다 노클린은 에세이 「왜 위대한 여성 예술가는 존재하지 않았는가?」에서 예술사에 여성 예술가가 없는 이유는 위대한 예술작품을 만들 능력이 여성에게 선천적으로 없어서가 아니라 남성 중심적 예술계의 교육, 후원, 전시에서 여성이 배제되었기 때문이라고 주장했다. 1976년에 노클린은 로스앤젤레스 카운티 미술관에서 "1550~1950년의 여성 예술가들"을 공동으로 주최했다.

주디 시카고

1939년에 주디스 실비아 코언이라는 이름으로 태어난 시카고는 캘리포니아 대학에서 회화를 공부했는데, 그녀의 지도 교수들은 그녀가 여성 이미지를 사용하는 것을 혹평했다. 남성이 지배하는 미술계에 낙담한 그녀는 최초의 페미니즘 미술 프로그램을 개설하고, 1973년에 페미니스트 스튜디오 워크숍이란 기관을 창설했다. 그리고 1975년에는 『꽃을 통해 : 여성 미술가로서 나의 투쟁』이라는 책을 출간했다. 페미니즘 대작 〈디너파티〉를 선보인 후 그녀는 좀더 광범위한 주제로 관심을 돌리는 한편, 계속해서 학생들을 가르치고 글을 쓰며 다른 미술가들과 함께 작업했다. 나중에 발표한 〈홀로코스트 프로젝트〉와

〈해결책〉에서는 다양한 공예와 미술 매체를 이용한다. 2018년에 〈타임〉지는 시카고를 세계에서 매우 영향력 큰 사람 100명 중 한 명으로 꼽았다.

주요작업

1969~1970년 〈패서디나 라이프세이버〉
1975~1979년 〈디너파티〉
1980~1985년 〈출산 프로젝트〉
1985~1993년 〈홀로코스트 프로젝트: 어둠에서 빛으로〉
1995~2000년 〈해결책 : 제때의 한 땀〉

페미니즘 예술은
양식이나 운동이 아니라
하나의 가치 체계,
혁명적 전략, 생활 방식이었다.
루시 리파드

주디 시카고는 1970년에 캘리포니아 주립대학에서 대학 수준의 페미니즘 미술 교육과정을 처음으로 개설했다. 1년 후 그녀는 미리엄 샤피로와 함께 그 과정을 캘리포니아 예술대학(칼아츠)으로 옮겼다. 거기서 탄생한 〈우먼하우스〉(1972년)라는 공동 프로젝트에서는 28명의 예술가, 학생들이 할리우드의 한 오래된 집의 각 방을 페미니즘 설치미술작품으로 탈바꿈시켰다.

미리엄 샤피로는 P&D(패턴과 데커레이션) 운동의 주요 구성원이 되었다. 그 운동의 구성원들은 순수미술과 장식미술을 구별 짓는 것에 반대했는데, 샤피로는 '페마주(femmage)'라고 부른 여러 작품에서 그림과 직물을 재료로 하여 콜라주 기법을 썼다. 1975년에 시카고는 〈디너파티〉에 착수했다. 페미니즘 예술의 매우 상징적인 작품 중 하나인 그 다매체 설치미술품에는 도자기, 자수(刺繡), 금속 세공품, 직물이 혼용되어 있다. 100여 명의 예술가들이 자신의 작품을 바치며 남성 중심적 순수미술보다 수공예를 강조하고 단독 예술가라는 개념을 거부했다. 접시들은 하나를 제외하면 모두 정교한 여성 외음부 모양으로 장식되었다. 그 이미지는 나중에 일부 페미니스트들에게서 비판을 받았는데, 그들은 그런 디자인

이 스틸 사진은 아프리카계 아메리카의 탄생에 대한 미국 예술가 카라 워커의 애니메이션 〈남부의 노래〉의 한 장면이다. 이 영화에서는 그녀의 여느 작품처럼 젠더, 평등, 인종 문제를 다룬다.

이 작품 속의 여성들을 예우하기는커녕 폄하한다고 생각했다.

고정관념에 이의를 제기하다

1980년대에 여성 예술가들은 전통적인 여성성 개념, 특히 대중매체에서 여성성이 묘사되는 방식에 정면으로 도전하는 작품을 만들었다. 그들은 그런 묘사를 남성 중심적 사회의 인위적인 해석으로 간주했다. 〈무제 영화 스틸〉(1977~1980년)에서 사진작

페미니즘 예술은
인류의 2분의 1의 종속에
기반을 두지 않은 예술이다.
앤드리아 드워킨

가 신디 서먼(Cindy Sherman)은 여성성이란 여자들이 사회의 기대에 부응하기 위해 취하는 일련의 자세라는 생각을 탐구한다. 이와 비슷하게 바버라 크루거의 콜라주 작품과 개념 예술작품들은 그래픽디자인과 광고가 여성에 대한 고정관념을 강화하는 방식을 보여준다. 1985년에는 예술계의 성차별과 인종차별에 대한 관심을 불러일으키기 위해 예술가·운동가 단체 게릴라 걸스가 결성되었다.

1990년대에 여성 예술가들은 여러 가지 형태로 개인적 문제에 좀더 초점을 맞추었다. 그런 형태는 영국 미술가 트레이시 에민의 자전적인 작품들에서 이슬람 세계의 젠더, 정체성, 사회에 대한 문제를 살펴보는 시린 네샤트의 〈알라의 여인들〉 같은 작품들에 이르기까지 다양하다. ■

미스 아메리카 대회를 폐지하라!

여성해방운동의 대중화

여성해방운동은 1968년 9월 7일에 미국의 전국 무대에 갑자기 등장했다. 그 날은 약 400명의 페미니스트들이 뉴저지주 애틀랜틱시티에서 열린 미스 아메리카라는 연례 미인대회에서 극적인 시위를 벌였다. 그들의 목적은 남자들이 여자를 객체화하는 갖가지 방식과 그 대회의 인종차별 행위에 대해 관심을 불러일으키는 것이었다. 그 시위는 대중 매체를 통해 크게 보도되었고, '여성해방'은 일상 용어가 되었다.

자매애는 강하다

그 시위는 뉴욕래디컬위민(NYRW)에서 계획한 일이었다. 뉴욕의 첫 페미니즘 단체인 NYRW는 1967년 가을에 결성되었다. 창립회원으로는 슐라미스 파이어스톤(나중에 레드스타킹을 공동창립하기도 했다), 팸 앨런, 캐럴 해니시, 로빈 모건 등이 있었다. 회원 중 상당수는 시민권 운동과 베트남전 반대 운동을 해본 경험이 있었는데, 그들은 자신들은 물론 일반 여성들을 깔보는 남성 운동가들의 태도에 분노했다.

처음에 NYRW는 회원이 10여 명밖에 없었다. 그들이 공개적으로 항의 집회를 처음 벌인 것은 1968년 1월에 워싱턴 D.C.에서였다. 정치인이자 평화주의자인 저넷 랭

1968년 미스 아메리카 대회 반대 시위에서 의무적으로 하이힐을 신고, 노출 심한 옷을 입고 머리를 부풀린 모습(페미니스트들이 혐오한 모습)의 꼭두각시 인형이 쇠사슬로 묶인 채 사람들의 눈길을 끌고 있

킨이 이끈 베트남전 반대 가두시위에 5천여 명의 여성이 참여하고 있는 동안 NYRW는 페미니즘 문제에 대한 관심을 불러일으키기 위해 그에 대응하는 행사를 준비했다. "울지 말고 저항하라" 같은 슬로건이 적힌

참조 : ▪ 급진 페미니즘 137쪽 ▪ 게릴라 시위 246~247쪽

플래카드를 든 그들은 '전통적 여성성'의 장례식을 지내고, "자매애는 강하다"라는 문구가 적힌 전단을 배포했는데, 그 말은 초창기 여성해방운동의 유명한 슬로건이 되었다.

가두 연극

대중의 관심을 사로잡은 것은 바로 미스 아메리카 반대 시위였다. 로빈 모건은 그 시위가 사람들의 이목을 집중시켜야 한다는 점을 알고 있었다. 페미니스트들은 애틀랜틱시티로 몰려들어, 플래카드를 들고 가두행진을 벌이고, 양 한 마리를 미스 아메리카로 추대하며 시끄럽게 양 울음소리를 냈다. 또 그들은 '자유의 쓰레기통'을 길에 놓고, 정형화된 여성성과 관련된 물품들과 '여성 고문 도구들', 즉 브래지어, 거들, 하이힐, 〈플레이보이〉지 등을 그 통 안에 버렸다. 원래는 그 쓰레기통에 불을 지를 계획이었으나 허가가 나지 않아 실행하지 못했다. 그럼에도 여러 신문의 헤드라인은 페미니스트들이 '브래지어를 불태우는 사람들(bra burners)'이라는 오래도록 풀리지 않을 오해를 낳았다. 그 미스 아메리카 반대

> 우리는
> 남자들이 조심하라고 했던
> 바로 그런 여자들이다.
> 로빈 모건

시위는 일단의 여자들이 '여성해방'이라고 적힌 플래카드를 펼치면서 끝났다.

비슷한 시기에 애틀랜틱시티에서 벌어진 두 번째 시위에서는 미스 아메리카 대회의 인종차별적인 미의 기준을 비판 대상으로 삼았다. 그 미인대회가 하얀 피부색을 배타적 기준으로 유지시키고 있다고 주장하는 흑인여성 운동가들은 대안적인 미인대회를 열었다. 참가자들은 자동차 행렬로 그 도시를 한 바퀴 돈 후 리츠칼튼 호텔에 마련된 무대에 올랐는데, 필라델피아에서 온 열

아홉 살의 손드라 윌리엄스가 우승을 차지했다. 전통적인 왕관을 쓰고 하얀 가운을 입은 그녀는 아프로 스타일의 머리를 하고 아프리카 민속춤을 추었으며 기자들에게 흑인여성들이 아름답다고 말했다.

세상에 널리 알리다

두 시위는 헤드라인 뉴스가 되었고, 해당 행사들은 생방송으로 수많은 시청자에게 중계되었다. 그 영향은 엄청났다. 미스 아메리카 반대 시위는 여성해방운동이 대중의 주목을 받게 했고, NYRW 운동가들이 몹시 혐오한 여성에 대한 상업적·사회적 억압과 성적 대상화를 조명했다. 그와 비슷하게 미스 블랙 아메리카 행사는 흑인여성들이 경험하는 성차별과 인종차별의 이중 잣대를 드러내 보였다.

여성해방운동은 급격히 인기를 얻었고, 곳곳에서 다른 항의 운동과 시위가 뒤따라 일어났다. 1973년에 여성해방운동 단체는 미국에만 해도 2,000개 넘게 있었고, 그 운동은 전 세계로 퍼져 나가고 있었다. ■

로빈 모건

1941년에 플로리다주에서 태어난 로빈 모건(Robin Morgan)은 아역 배우였다. 컬럼비아대학에서 공부한 후 커티스 브라운 에이전시와 함께 일하며 시집을 출판했다. 1960년대에 정치적으로 활발히 활동한 그녀는 급진 페미니스트가 되어 1968년에 '지옥에서 온 여성국제테러음모단(W.I.T.C.H.)'을 설립했다. 그리고 1970년에는 여성해방운동 문집 『자매애는 강하다Sisterhood is powerful』를 편찬했다.

1984년에 모건은 시몬 드 보부아르 등의 페미니스트들과 힘을 합쳐 '자매애는 세계적이다협회(Sisterhood is Global Institute, SIGI)'라는 국제 페미니스트 싱크 탱크를 설립했다. 다른 상도 많이 받았지만 2002년에 모건은 세계여

성인권운동단체 이퀄리티 나우의 공로상을 받았다.

주요저서

1972년 『괴물들Monsters』
1977년 『도를 넘다Going Too Far』
1982년 『자유 분석The Anatomy of Freedom』
1984년 『자매애는 세계적이다Sisterhood is Global』
2003년 『자매애는 영원하다Sisterhood is Forever』

우리의 감정은 우리를 행동으로 이끌 것이다

의식 고양

맥락읽기

인용출처
캐시 세라차일드(1968년)

핵심인물
캐시 세라차일드

이전 관련 역사
1949년 : 『제2의 성』에서 시몬 드 보부아르가 여자들을, 일반적 경험을 공유하는 하나의 계급으로 인식한다.

1963년 : 베티 프리던이 『여성성의 신화』에서 미국 백인 중산층 여자들의 불만감과 고립감을 분석한다.

이후 관련 역사
1975년 : 미국의 페미니스트 수전 브라운밀러가 『우리의 의지에 반하여』를 출간한다. 그녀는 남자들이 강간으로 여자들을 종속시킨다고 주장한다.

2017년 : 미투운동이 소셜미디어를 이용해, 삶의 여러 영역에서 일어나는 성희롱에 대한 여자들의 인식을 높인다.

여성해방운동에서 인식을 높이는 데 사용한 주된 방법 중 하나는 의식 고양 (CR)이었다. 여자들만의 모임이 가정집과 카페에서 열려 참여자들이 어린 시절 일부터 결혼생활과 성생활에 이르기까지 자기 경험의 이모저모에 대해 이야기했다. 그들의 목적은 개인적인 문제들이 변화가 필요한 정치적 문제에서 비롯된다는 것을 보여주는 데 있었다.

의식 고양이라는 개념은 1967년에 나타났다. 일부가 이미 좌익 운동가이거나 시민권 운동가인 일단의 여자들이 뉴욕래디컬위민(NYRW)을 결성했을 때였다. NYRW는 뉴욕의 첫 여성해방운동 단체였는데, 당시에는 미국 전체에도 이와 같은 단체가 얼마

1977년에 텍사스주 휴스턴에서 열린 전미 여성 콘퍼런스에서 여자들이 손을 잡고 있다. 그 행사의 목적은 지미 카터 대통령에게 내놓을 행동 계획을 세우는 것이었다.

참조 : ▪ 억압의 근원 114～117쪽 ▪ 가부장제의 사회 통제 144～145쪽 ▪ 강간이라는 권력남용 166～171쪽 ▪ 트랜스 배제적 급진 페미니즘 172～173쪽 ▪ 언어와 가부장제 192～193쪽

> 우리는 자신을 억압하는 사람과
> 워낙 가깝게 지내왔기 때문에
> 지금까지 자신의 개인적 경험을
> 정치적 문제로 보지 못했다.
> **레드스타킹 선언**

없었다. 어느 날 저녁에 앤 포러라는 한 회원이 모임의 나머지 사람들에게 그들이 살아오면서 어떤 억압을 받았는지 예를 들어 달라고 부탁했다. 그녀는 자기가 그런 이야기를 듣고 싶어 하는 것은 바로 자신의 의식을 높이기 위해서라고 말했다.

1968년에 NYRW의 또 다른 창립회원이자 급진 페미니즘 단체 레드스타킹의 회원인 캐시 세라차일드는 「페미니즘 의식 고양 프로그램A program for Feminist Consciousress Raising」을 작성해 시카고 근처에서 열린 제1회 전국여성해방콘퍼런스에서 발표했다. 세라차일드는 자신이 억압받고 있다는 사실을 인식하는 여성의 수가 늘어나면 대대적인 해방운동이 전개될 것이라고 주장했다. 그녀는 여성들의 '계급 의식'을 깨우는 일이 페미니스트들의 가장 중요한 과제라고 믿었다.

의식 고양이 급부상하다

1970년에는 의식 고양을 통해 여자들의 경험을 인식하고 공유하는 일의 중요성을 요약하기 위해 "개인적인 것이 곧 정치적인 것이다(The Personal is Political)"라는 문구가 인쇄되었다. 그 문구는 NYRW 회원 캐럴 해니시가 『둘째 해의 기록』에 실은 글의 제목으로도 사용되었다. 1973년에는 미국 전역에서 10만 명 정도의 여자들이 의식 고양 모임에 참여하고 있었다. 그런 모임은 보통 12명 이하의 여성으로 구성되었다. 주제는 미리 정해졌고, 참여자들은 한 명씩 돌아가며 자기가 직장, 가정, 친밀한 관계에서 경험한 억압에 대해 이야기했다. 충고나 비판이 아니라 이해가 목적이었고, 모든 경험이 똑같이 중요한 것으로 여겨졌다.

여성해방운동에 영향을 미치다

반대자들은 의식 고양 모임이 잡담을 나누는 자리나 치료법에 불과하다며 그 가치를 깎아내리거나, 그런 모임이 충분히 정치적이지 않다고 생각했다. 또 그 운동은 남자들을 배제했다는 이유로 비판을 받기도 했다. 하지만 의식 고양의 지지자들은 해방운동의 목표가 여자들 삶의 현실에 맞게 세워져야 한다고 믿었다.

개인적인 것이 곧 정치적인 것이라는 생각은 여성해방운동에서 매우 중요한 개념 중 하나가 되었다. 그 개념에서 보자면 가부장제는 가정생활을 규정하며 형성하고 성관계 또한 정치적인 것이라고 본다. 또 여자들의 공통된 문제들을 개인적인 것이라고 일축하는 행위는 여자들을 종속적 역할에만 얽어매는 것이며 남자가 여자를 억압하는 또 다른 방식에 불과하다. 남성의 권력은 (사회와 가정에서의) 폭력, 결혼생활과 육아, 사랑과 성관계를 통해 강화된다. 일단 여성의 사생활을 정치적인 것으로 보고 나면, 성차별주의의 뿌리를 찾아내 문제시하고 변화시킬 수 있다. ■

캐시 세라차일드

미국의 페미니스트 캐시 세라차일드(Kathie Sarachild)는 1943년에 캐시 아마트닉이라는 이름으로 태어났다. 하지만 1968년에 아버지의 성을 버리고 그 대신 어머니의 이름인 세라를 쓰기 시작했다. 그녀는 1968년에 워싱턴 D.C.에서 벌어진 한 여성 평화 행진에서 "자매애는 강하다"라는 슬로건을 처음 사용했다.

1969년에 세라차일드는 급진 페미니즘 단체 레드스타킹의 초창기 회원이 되었는데, 한참 후인 2013년에는 레드스타킹 문집을 편집하기도 했다. 또 2013년에 캐럴 해니시, 티그레이스 앳킨슨 등과 함께 그녀는 젠더 문제를 토론하려는 사람들을 침묵시키는 행위에 이의를 제기하는 공개 성명에 참여했다.

주요저서

1968년 『페미니즘 의식 고양 프로그램』
1973년 『의식 고양 : 급진적 무기Consciousness-Raising : A Radical Weapon』
1979년 『페미니즘 혁명Feminist Revolution』

> 의식 고양 모임은
> 여성해방운동의 근간이다.
> **블랙 마리아 공동체**

평등과 자유를 구현하는 약

피임약

$19$60년 미국에 경구 피임약이 도입된 것은 과학적으로는 획기적 발전을 의미했고, 여자들에게는 전례 없는 사회적·성적 자유의 시대가 시작되었음을 의미했다. 곧 '필(the Pill)'이라는 이름으로 알려진 그 약은 예전의 이런저런 피임 방법보다 원치 않는 임신을 훨씬 효과적으로 막아주는 합성 호르몬들로 구성되었다.

피임약의 출현은 가족계획 운동가 마거릿 생어의 큰 업적이었다. 생어는 생물학자 그레고리 핑커스가 그 약의 연구자금을 확보하는 데 도움을 준 바 있었다. 몇 년 지나지 않아 핑커스는 생식학자 장밍쥐, 부인과학자 존 록과 함께 에노비드라는 첫 피임약을 개발해냈다. 임상시험은 미국과 푸에르토리코에서 실시되었다.

미국에서 승인이 나고 2년이 채 지나지 않아 미국 여성 120만 명이 그 피임약을 복용하고 있었다. 그러나 각 주는 개별적으로 그 약의 사용을 금지할 수도 있었다. 영국에서는 1961년에 국가보건서비스에서 피임약을 처방하기 시작했으나, 1967년까지 그 범위는 기혼여성으로 한정되었다. 보수

그 약 덕분에
나는 목적의식을 갖고
내 계획대로 살 수 있게 되었다.
글로리아 펠트

주의자들은 피임약이 성적 문란을 조장한다고 생각했지만, 생어 같은 페미니스트들은 그 약이 출현한 결과가 성적 쾌락만 쫓는 것이 아니라는 것을 알고 있었다. 피임약 덕분에 여자들은 수태조절수단을 얻어 산아제한을 하고 사회생활을 해나갈 수 있게 되었다. 건강상의 잠재적 위험성은 아직 해결해야 할 문제로 남아 있었지만, 피임약은 여성들을 자유롭게 해주었고, 오래도록 계속 널리 사용될 터였다. ■

참조 : • 산아제한 98~103쪽 • 합법적 낙태권 획득 156~159쪽 • 재생산권 268쪽

우리는
갈 데까지 간다

급진 페미니즘

맥락읽기

인용출처
레드스타킹 선언(1969년)

핵심인물
레드스타킹

이전 관련 역사
1920년 : 알렉산드라 콜론타이 같은 페미니스트들의 지원하에 소련에서 낙태가 합법화된다.

이후 관련 역사
1973년 : 미국 연방대법원에서 임신 후기(제3삼분기)까지의 낙태권을 인정하는 판결을 내린다.

1989년 : 레드스타킹 회원들이 뉴욕에서 낙태 공개발언 행사를 열어 그 행사의 20주년을 기념한다.

2017년 : 미국 대통령 도널드 트럼프가 주에서 인가한 민영 보험업체들의 낙태 수술 보험혜택 제공을 막는 법안에 서명한다.

슐라미스 파이어스톤과 엘렌 윌리스가 1969년에 창설한 레드스타킹(극좌파와 페미니즘을 둘 다 지지함을 나타내는 이름)는 뉴욕래디컬위민이 깨져 해체되었을 때 출현했다. 이와 비슷한 단체로 W.I.T.C.H.(지옥에서 온 여성국제테러음모단) 등도 있었다. 급진파 페미니즘의 목적은 여성의 몸에 대한 자주권을 되찾고 급진적 사회 변화를 법제화함으로써 여성 억압을 끝내는 것이었다.

레드스타킹의 전략은 '잽(zap)'이라는 일종의 직접 행동 시위와 가두 연극으로 구성되었다. 주로 뉴욕을 중심으로 활동한 그들은 플로리다주에도 지부를 하나 두고 있었는데, 샌프란시스코의 레드스타킹 웨스트는 독립적으로 운영되었다.

1969년 2월에 레드스타킹은 낙태 관련 법 개정에 대한 뉴욕 주 공청회에서 항의 운동을 벌여 공청회 진행을 방해했다. 공청회 구성원 15명 중 유일한 여성이 수녀라는 점을 지적한 그 단체는 낙태 문제에 대해 여자들이 본인의 경험을 예로 들어 증언할 권리를 간청했다. 한 달 후 레드스타킹 운동가들은 뉴욕 워싱턴광장의 한 감리교회에서 낙태 공개발언 행사를 열었다. 그 행사에서는 12명의 여성이 자신이 경험한 불법 낙태와 그에 따른 극심한 고통, 두려움, 위험, 엄청난 비용에 대해 이야기했다. 공개발언 행사를 보도한 글로리아 스타이넘은 그 일을 계기로 자신이 객관적인 기자에서 운동가로 변하게 되었다고 말했다. ■

W.I.T.C.H.의 한 회원이 1974년에 오토바이를 타고 샌프란시스코 거리를 달리고 있다. W.I.T.C.H.는 레드스타킹과 비슷하지만 좀더 극단적인 단체였다.

참조 : ▪ 마르크스주의 페미니즘 52~55쪽 ▪ 무정부주의 페미니즘 108~109쪽 ▪ 자궁 선망 146쪽 ▪ 가사노동 임금 147쪽 ▪ 합법적 낙태권 획득 156~159쪽

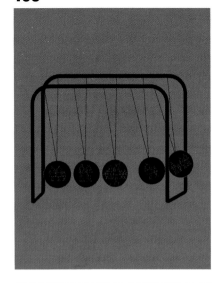

페미니즘은 사회의 가장 기본적인 구조까지 침투할 것이다

가족구조

맥락읽기

인용출처
슐라미스 파이어스톤(1970년)

핵심인물
슐라미스 파이어스톤, 게일 루빈

이전 관련 역사
1950년대 : 제2차 세계대전 후 북아메리카와 영국의 여성들이 전쟁 중의 직업을 그만두고 가정으로 돌아가도록 권고받는다.

1963년 : 베티 프리던이 『여성성의 신화』에서 백인 중산층 주부들의 불만감을 '이름 없는 문제'라고 부른다.

이후 관련 역사
1989년 : 국제연합의 아동권리협약에 어떤 차별도 받지 않을 권리가 포함된다.

2015년 : 미국의 소매업체 타깃(Target)이 더 이상 어린이 장난감과 침구를 성별에 따라 분류하지 않겠다고 발표한다.

19 50년대에 전후 경기호황의 덕을 본 미국 백인 중산층 가족들은 교외 지역으로 대거 이주했다. 그들이 만들어낸 성공의 이미지는 백인 이성애(異性愛) 핵가족의 이상화로 이어졌다. 그런 가족에서 남자는 돈을 벌어 오는 일을 맡았고, 여자는 그보다 덜 중요한 역할을 했다. 여자들의 그런 종속 상태는 그들 중 상당수가 전시에 얻었던 독립과 대조를 이루었다.

1970년 작 『성의 변증법』에서 급진 페미

어느 미국 백인 가족이 교외의 집에 있는 모습을 담은 이 1950년대 사진에서는 한 여성이 점심을 준비하는 동안 나머지 식구들이 휴식을 취하고 있다. 이런 가부장적 가족구조는 국가적 '이상'이었다.

니스트 슐라미스 파이어스톤은 남녀 간의 불평등이 여타 온갖 사회적 억압의 기반이며 핵가족 개념과 밀접히 관련되어 있다고 주장한다. 그녀는 여성 억압의 기원이 사유재산의 성립으로 거슬러 올라간다는 철학

참조 : ▪ 가정으로부터의 해방 34~35쪽 ▪ 억압의 근원 114~117쪽 ▪ 이름 없는 문제 118~123쪽 ▪ 가부장제의 사회 통제 144~145쪽

> 혁명으로 기본 사회 조직,
> 친가족을 뿌리 뽑지 않는 한
> 그 착취하는 기생충은 결코
> 절멸되지 않을 것이다.
> 슐라미스 파이어스톤

슐라미스 파이어스톤

1945년에 캐나다 오타와에서 독일인 어머니와 미국인 아버지의 맏딸로 태어난 슐라미스 파이어스톤은 정통파 유대교도 가정에서 자랐다. 그 가족은 그녀가 어릴 때 미주리 주 세인트루이스로 이주했다.

파이어스톤의 아버지는 가정에 가부장적 지배력을 행사했는데, 그녀는 이를 맹렬히 비난했다. 그녀는 두 개의 학사학위를 받은 후, 1967년에 뉴욕으로 가서 뉴욕래디컬위민을 공동으로 창설했다. 그리고 페미니스트 조 프리먼(Jo Freeman)과 함께 시카고 여성해방 조합을 다양한 문제를 다루는 반자본주의 연합체로 설립하고, 엘렌 윌리스와 함께 레드스타킹이라는 단체도 결성했다.

혁명적 페미니스트 파이어스톤은 1970년 작 『성의 변증법The Dialectic of Sex』에서 여자들이 핵가족구조를 뒤엎어야 한다고 주장했다. 1970년대에 정치적 활동을 그만둔 파이어스톤은 화가가 되었다. 이후 몇십 년간 조현병과 싸우다 2012년에 67세의 나이로 죽었다.

자 카를 마르크스와 프리드리히 엥겔스의 이론에 반기를 든다. 파이어스톤은 남성에 의한 여성 억압은 '기록된 역사 너머'의 더 오래 전으로, 즉 동물계와 친가족의 성적 불평등으로 거슬러 올라간다고 주장한다.

출산이라는 무거운 짐

파이어스톤은 생식적 불평등을 지적하며, 여자들의 열등한 사회적 위치가 임신해 있을 때의 취약성과 자녀에 대한 책임에서 비롯된다고 말한다. 그런 제약에 이의를 제기한 파이어스톤은 "우리는 더 이상 짐승에 불과한 존재가 아니다"라고 선언하고, 다양한 급진적 사회변화를 제안한다. 그녀는 성별의 차이를 문화적으로 무의미하게 만들 성 중립적인 자녀양육 방식이 필요하다고 말하고, 아이가 여자 몸 밖에서 태어날 수 있게 해줄 신기술이 발명될지도 모른다고 상상해보기도 한다.

파이어스톤은 이성애 핵가족 제도를 완전히 폐지하고, 자녀를 함께 키울 사람들의 공동체와 평등한 미혼 커플들로 그것을 대체해야 한다고 주장한다. 그녀는 어린이들도 더 큰 권리와 표현의 자유를 얻어야 한다고 힘주어 말한다.

평등한 미래사회에 대한 파이어스톤의 생각을 뒷받침하는 토대는 사회주의 페미니즘이다. 그녀는 과학기술이 발전하면 지성을 마비시키는 일을 없애고 노동자들을 해방시켜 그들이 보람을 느낄 만한 일을 하게 할 수 있다고 주장한다. 그녀는 여자들

> 여자들은 시집에 보내지고,
> 전쟁에서 탈취되고, 청탁의 대가로
> 교환되고, 공물로 바쳐지고,
> 거래되며, 사고팔린다.
> 게일 루빈

또한 가정에서 제한된 역할을 수행하는 상태로부터 벗어날 수 있을 것이라고 말한다.

핵가족 비판

파이어스톤 말고 다른 페미니스트들도 이성애 핵가족구조를 비판해왔는데, 그중 한 명인 게일 루빈은 1975년에 「여성의 밀거래 : 성의 '정치 경제학'에 관하여The traffic in Women : Notes on the 'political Economy' of Sex」라는 글에서 그런 입장을 밝혔다. 루빈은 서양에서 결혼의 역사란 대체로 남자들이 여자들을 상품으로 교환한 역사라고 말한다. 또 그녀의 주장에 따르면, 여자들은 가정에 얽매이면 남성 노동자를 뒷바라지하는 갖가지 일(요리, 자녀양육, 빨래, 집 청소 등)을 수행하게 된다. 하지만 그런 종류의 일에는 보수가 지급되지 않기 때문에 여자들은 일반적으로 남자들의 일에 따르는 경제적 자본을 얻을 수가 없다. ▪

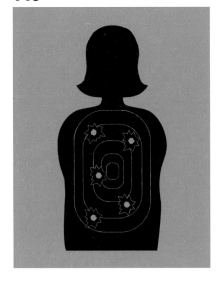

여자들은 남자들이 여자를 얼마나 싫어하는지 거의 모른다

여성 혐오에 맞서기

맥락읽기

인용출처
저메인 그리어(1970년)

핵심인물
저메인 그리어

이전 관련 역사
1792년 : 영국의 개혁가 메리 울스턴크 래프트가 「여성의 권리 옹호」에서 가부 장 사회의 사회적 조건화 때문에 여자 들이 비하되는 방식을 설명한다.

1963년 : 미국의 페미니스트 베티 프리 던이 '여성성 신화'란 여자들이 결코 얻 을 수 없는 이상화된 여성성이라고 정 의한다.

이후 관련 역사
1975년 : 『우리의 의지에 반하여』에서 미국의 페미니스트 수전 브라운밀러가 남자들은 '강간'을 여자를 위협하고 억 압하는 수단으로 사용한다고 주장한다.

1981년 : 미국의 급진 페미니스트 앤드 리아 드워킨이 포르노가 여자들의 인간 성을 말살시킨다고 주장한다.

19 60년대와 1970년대의 여성해방운 동에서는 페미니스트들의 저작물 이 쏟아져 나왔다. 그 중에서도 매우 강렬 하고 도발적인 책 중 하나는 저메인 그리어 의 『여성, 거세당하다*The Female Eunuch*』 (원제는 "여성 내시"이다)였다. 1970년에 출판 되자마자 베스트셀러가 되었으며, 제2세대 페미니즘의 주요 텍스트 중 하나가 되었다. 그리어의 주된 논지는 여자들이 사실상 사 회적·성적·문화적으로 거세당했다는 것

인데, 책 제목은 그런 사고에서 나왔다.

여자들이 여성의 '정상 상태'에 대한 기 본 가정에 의문을 제기할 줄 알아야 한다고 주장하는 그리어는 먼저 여성의 '몸'을 세포 에서 곡선미, 성기, '사악한 자궁'(생리혈의 근원)에 이르기까지 살펴본다. 그녀는 여자 들이 다른 성적 존재, 즉 남자들을 위한 성 적 대상으로 여겨지며 여자들의 성적 성향 이 수동적이라고 부정확하게 표현되고 있 다고 주장한다. 그녀에 따르면 여자의 특성 으로 가치 있게 여겨지는 것들은 거세당한 사람이나 동물의 특성에 해당한다. 이를테 면 소심함, 나른함, 연약함 같은 것이다.

'정신'에 대한 이야기로 넘어가서 그리어 는 유아기부터 사춘기를 거쳐 성년기에 이 를 때까지 여자에게 강한 영향을 끼치는 고 정관념들을 분석하면서, 여자들이 독립적 생각과 행동을 삼가도록 길들여지며 자신 을 '비논리적이고 주관적이고 대체로 어리 석은' 사람으로 보도록 유도된다고 주장한 다. 그리어가 보기에 여자들의 거세는 남녀

시선을 사로잡는 1971년 출간된 도서 『여성, 거세 당하다』의 표지는 영국 미술가 존 홈스가 디자인한 것이다. 저술가 모니카 덕스는 이 표지를 '그 자체 로 상징이 된 예술작품'이라고 평했다.

참조 : ▪ 성적 쾌락 126~127쪽 ▪ 가족구조 138~139쪽 ▪ 남성적 시선 164~165쪽 ▪ 강간이라는 권력남용 166~171쪽 ▪ 트랜스 페미니즘 286~289쪽 ▪ 성차별은 어디에서나 일어난다 308~309쪽

> 여자들은 어찌된 일인지
> 자신의 성욕, 욕구 능력, 성적 취향과
> 분리된 채로 살아왔다.
> 저메인 그리어

의 양극성과 관련하여 수행된다. 그 과정에서 남자들은 모든 에너지를 그러모아 '공격적이고 정복적인 권력'으로 변형시켰는데, 그런 권력은 이성애를 가학·피학적 패턴으로 격하시킨다. 그리어는 사람들이 낭만적인 신화를 제시하거나 여자를 남성의 성적 판타지로 그리는 외설물을 만듦에 따라 사랑 자체도 왜곡되어왔다고 주장한다.

그리어는 핵가족을 강력하게 비판한다. 그녀에 따르면 핵가족은 여자들을 억압하기도 하지만, 그런 가족 내부의 긴장 상태는 아이들에게도 여러모로 해롭다고 주장한다. 그녀는 아이들을 좀더 자유롭게 공동체에서 기르자고 제안한다.

여자를 싫어하는 사람들

『여성, 거세당하다』에서 가장 도발적인 듯한 대목에서 그리어는 사랑이 너무나 왜곡된 나머지 증오, 혐오로 변질되었다고 주장한다. 그녀는 남자들이 마음속으론 여자를 몹시 싫어하고 원망하며 역겨워하는데 특히 성관계 중에 혐오감을 많이 느낀다고 주장한다. 자신의 주장을 증명하기 위해 그녀는 여성에 대한 폭력, 가정 내 학대, 윤간, 남자들이 여자를 묘사할 때 쓰는 갖가지 모욕적 언동 등을 예로 든다.

책의 마지막 부분에서 그리어는 여자들이 결혼 같은 가부장적 관계를 맺지 말아야 한다고, 만약 그런 관계를 맺었는데 행복하지 않다면 떠나야 한다고 말한다. 여자들은 무보수로 일하길 거부해야 하고, 여자에 대한 온갖 정형화된 가정에 의문을 제기해야 한다고 말한다. 그리어는 무엇보다 여자들이 자신의 성적 취향, 에너지, 권력을 되찾아야 한다고 주장한다. 그녀에 따르면 여자들은 여성 혐오 사회의 온갖 과정에서 벗어남으로써 자신의 성적·사회적 해방을 향해 나아갈 수 있다.

그리어의 책은 성에 대한 숨김없는 표현과, 해방을 위한 도발적인 요청으로 수많은 여성에게 영향을 미쳤다. ■

> '우먼파워'란
> 여성의 '자기 결정 능력'을
> 의미한다.
> 저메인 그리어

저메인 그리어

1939년에 오스트레일리아 멜버른에서 태어났다. 저메인 그리어(Germaine Greer)는 가톨릭 학교를 졸업한 후 1964년에 장학금을 받고 영국 케임브리지대학에서 영문학을 공부했다. 1968년부터 1972년까지 그녀는 워릭대학에서 조교수로 일하며 언더그라운드 잡지 〈오즈Oz〉에 글을 기고했다.

『여성, 거세당하다』의 성공으로 그리어는 유명인사가 되어 토크쇼에도 출연하고 각종 칼럼을 썼다. 그녀는 미국에서 『털사 여성 문학 연구』라는 학술지를 창간하고, 출판사를 차린 뒤, 워릭대학으로 돌아가 영문학 교수직을 맡았다. 2018년에 그녀는 미투운동의 이모저모를 비판하고 경우에 따라 강간에 대한 형벌을 줄여야 한다고 말해 여러 페미니스트를 화나게 했다.

주요저서

1970년 『여성, 거세당하다』
1979년 『장애물 경주The Obstacle Race』
1984년 『성과 운명 : 인간의 생식력과 관련된 정치적 문제들Sex and Destiny : The Politics of Human Fertility』
1991년 『변화 : 여자, 노화, 폐경The Change : Women, Ageing and the Menopause』
1999년 『완전한 여성The Whole Woman』

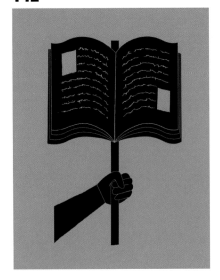

집필자들은 자신들의 행동을 글을 표현했다

현대 페미니즘 서적 출판

맥락읽기

인용출처
레티 코틴 포그레빈(1999년)

핵심인물
글로리아 스타이넘, 플로렌스 하우, 카멘 칼릴

이전 관련 역사
1849년 : 미국 최초의 페미니즘 잡지가 다달이 발간되기 시작한다.

1910년 : 일본에서 월간 여성 문예지 〈세이토〉가 창간된다.

1917년 : 미국에서 여성의 정치교육에 중점을 둔 잡지 〈우먼 시티즌*The Woman Citizen*〉이 창간된다.

이후 관련 역사
1996년 : 대중문화에 대한 페미니스트들의 사려 깊은 반응을 제공하기 위해 미국 포틀랜드에서 〈비치*Bitch*〉라는 잡지가 창간된다.

2011년 : 뉴욕에서 에밀리 굴드와 루스 커리가 에밀리 북스라는 출판사를 세운다. 그곳에서는 구독자들에게 (대부분 여자가 쓴) 전자책을 매달 한 권씩 보내준다.

19세기에는 여성을 위한 정기간행물이 번창했는데, 그런 현상이 특히 확연했던 미국에서는 투표권 획득이 여자들의 주요 목표 중 하나였다. 그러다 1920년대 말에 유럽과 북아메리카에서 대체로 여성 참정권이 실현되자(프랑스에서는 1944년에야 실현되었다), 페미니즘 출판물은 그 수가 점점 줄어들었다.

버지니아 울프와 시몬 드 보부아르 같은 몇몇 저술가들은 계속 영향력 있는 대변자로 남아 있었다. 역사상의 여성 종속화를 개탄한 보부아르의 1949년 작 『제2의 성』

은 제2세대 페미니즘 운동을 불러일으킨 책으로 인정받아왔다.

1970년대에 페미니즘 출판이 재부상한 것은 당대 여성들을 괴롭히던 여러 문제에 관심을 모으기 위해서였다. 베티 프리던이 베스트셀러 『여성성의 신화』에서 말한 숨막히는 가정생활은 초창기 운동에 자극제가 되었고, 언론인이자 운동가인 글로리아 스타이넘이 자기가 플레이보이 클럽 버니걸로서 직접 경험한 모욕적 착취에 대해 써서 같은 해에 발표한 기사 또한 그런 역할을 했다. 여자들이 여자들을 위해 출판을 하는 것은 스타이넘이 여러 연설에서 누차 말한 '혁명'의 일부였다. 그녀는 여자들이 단순히 개혁을 요청하기만 해서는 안 된다고, 세상, 특히 정치가 근본적으로 바뀌어야 한다고 주장했다.

문제 해결에 나서다
『오프 아워 백스*Off our Backs*』(우리 일에 간섭하지 마)는 미국의 새 페미니즘 정기간행

〈미즈〉지는 1972년 봄에 창간되었다. 창간호 표지에는 팔이 여덟 개인 인도 여신 두르가가 묘사되어 있는데, 거기서 그런 팔은 다리미질, 운전, 요리, 편지쓰기 등 한 여자가 수행하는 여러 가지 역할을 나타낸다

참조 : ▪ 지적 자유 106~107쪽 ▪ 억압의 근원 114~117쪽 ▪ 의식 고양 134~135쪽 ▪ 여자들을 역사에 기록하기 154~155쪽 ▪ 페미니즘의 온라인화 294~297쪽

글로리아 스타이넘

1934년에 태어난 글로리아 스타이넘(Gloria Steinem)은 아마도 미국의 제2세대 페미니스트 중에서 가장 유명한 사람이 된 듯하다. 1956년에 미국 스미스 칼리지를 졸업한 후 그녀는 장학금을 받고 인도에서 2년을 보내면서 장차 그녀의 운동의 길잡이가 될 간디주의를 받아들였다. 곧 그녀는 여성해방운동계에서 손꼽히는 다작 저술가, 표현력 좋은 지지자가 되었다. 1963년에 플레이보이 버니걸로 일하는 젊은 여자들의 취약성에 대해 그녀가 쓴 1인칭 폭로 기사는 페미니즘 운동에 활기를 불어넣었고, 그런 클럽의 근무 환경을 개선하는 데 도움이 되었으며, 오늘날의 언론학 수업에서도 활용되고 있다. 1972년에 〈미즈〉지를 공동으로 창간한 그녀는 지금까지도 여권 운동가로서 계속 활동해왔다. 2013년에 스타이넘은 미국 최고의 시민상인 대통령 자유 훈장을 받았다.

주요저서

1983년 『남자가 월경을 한다면*Outrageous Acts and Everyday Rebellions*』
1992년 『셀프 혁명*Revolution from Within*』
1994년 『말만 하지 말고*Moving Beyond Words*』
2015년 『길 위의 인생*My Life on the Road*』

물 중 하나의 전투적인 제목이었는데, 한 여성 공동체가 편집한 그 잡지는 1970년에 창간되었다. 영국에서는 1971년에 창간된 〈스페어 립*Spare Rib*〉(돼지갈비)이 여성해방운동의 사상과 관심사에 대해 이야기하며 신체상(身體像, body image), 인종, 계급, 여성의 성생활 같은 주제를 살펴보았다. 1년 후에는 〈브로드시트*Broadsheet*〉가 뉴질랜드의 첫 페미니즘 잡지가 되어 국내·국제 여성문제를 중점적으로 다루었다. 1972년에 스타이넘은 도로시 피트먼 휴스와 함께 〈미즈*Ms.*〉라는 잡지를 창간했는데, 시험 삼아 낸 창간호는 8일 만에 전국적으로 30만 부가 팔렸다. 〈미즈〉는 여류 명사들이 불법화된 낙태, 가정폭력, 포르노, 성희롱, 데이트 강간 등 논란의 여지가 많은 주제에 대해 공개적으로 한 이야기가 실린 최초의 미국 잡지였다.

페미니즘 출판사

1970년대 초에 영국과 미국에서는 페미니즘 서적 출판도 갑자기 활기를 띠었다. 미국의 저술가이자 출판인인 플로렌스 하우는 1970년에 남편 폴 로터와 함께 페미니스트 프레스라는 출판사를 세워 페미니즘 고전을 다시 찍어 내는 한편 여성학이라는 새 분야의 교과서도 펴냈다. 1973년에 영국의 출판인 카멘 칼릴은 비라고 프레스를 차렸다. 그 출판사의 이름(virago)은 '호전적인 여자'를 뜻하고, 사과 로고는 성경 속 이야기에서 하와가 맛본 금단의 선악과를 나타낸다. 1978년에 비라고 프레스는 모던 클래식 시리즈를 펴내기 시작해 수많은 여성 저술가의 작품을 부활시켰다. 그외에도 영국과 미국에서 좀더 다양한 페미니즘 서적을 펴내는 출판사들이 있었다.

새로운 여성 저술가들

여성들의 출판운동에 더욱더 박차를 가한 것은 앨리스 워커, 마거릿 애트우드, 앨리스 먼로, 토니 모리슨 같은 여러 새로운 저술가들과, 그들의 이야기와 의견을 몹시 듣고 싶어 하는 여성 독자들이었다. 그리고 페미니즘 서점이 나타나(1980년경 영국과 북아메리카에 100여 곳이 있었다) 그런 저술가들의 작품과 여성문제에 대한 논의를 더 많은 대중이 접할 수 있게 해주었다.

하지만 결국은 대형서점 체인들이 득세함에 따라 자영 서점들은 피해를 보게 되었다. 1980년대에는 페미니즘 출판사도 여러 곳이 도산하고 페미니즘 잡지도 상당수가 폐간되었지만, 1970~1991년에 미국에서 창립된 여성 출판사 64개 중 21곳은 1999년에도 영업을 하고 있었다. 최근 보도에 따르면 페미니즘 출판은 21세기에 신선한 자극을 받고 있는 듯하다. ∎

스타이넘의 「버니걸 이야기」는 한 여자가 여성미의 기준에 대한 세상 사람들의 태도에 공개적으로 이의를 제기한 선구적인 사례 중 하나였다.

〈보그〉

가부장제는
개혁이 되었든 안 되었든
아직 가부장제다

가부장제의 사회 통제

맥락읽기

인용출처
케이트 밀레트(1970년)

핵심인물
케이트 밀레트

이전 관련 역사
1895년 : 미국의 여성 참정권론자 엘리자베스 케이디 스탠턴이 『여자의 성경』에서 남성 우월주의라는 종교적 통설에 이의를 제기한다.

1949년 : 시몬 드 보부아르가 『제2의 성』에서 여성 억압의 역사적·사회적·심리학적 근원을 설명한다.

이후 관련 역사
1981년 : 미국에서 급진 페미니스트 앤드리아 드워킨이 『포르노그래피 : 남성의 여성 소유』에서 포르노가 여성에 대한 폭력과 관련되어 있다고 주장한다.

1986년 : 미국의 페미니스트 역사가 거다 러너가 『가부장제의 탄생』을 발표한다.

남성이 여성을 지배하는 사회·정치 체제인 가부장제는 1960년대와 1970년대에 급진 페미니스트들의 주요 표적 중 하나였다. 그 주제에 대한 그들의 이론은 미국 저술가·운동가 케이트 밀레트의 『성의 정치학』에 잘 제시되어 있다. 1970년에 출판된 그 책에서는 가부장제를 정의하고 분석하며, 가부장제가 여성을 억압하는 다양한 방식을 살펴본다. 그 책의 제목은 보통 개인적 문제로 간주되는 삶의 어느 영역과 마찬가지로 성에도 흔히 무시되는 정치적 측면이 있다는 밀레트의 주장을 반영한다.

케이트 밀레트 같은 급진 페미니스트들이 보기에 가족은 본래 가부장적이었다. 거기서 여자아이들은 태어난지 얼마 되지 않아서부터 수동적 태도를 배우고 남자아이들은 적극적인 역할을 맡는다.

참조 : • 가족구조 138~139쪽 • 강간이라는 권력남용 166~171쪽 • 언어와 가부장제 192~193쪽

> 성별은
> 정치적 함의를 띤
> 지위 범주다.
> 케이트 밀레트

정치가 일단의 사람들이 다른 사람들을 지배하는 권력관계를 나타낸다면, 성적인 관계 또한 본질적으로 정치적인 것이다. 밀레트가 보기에 성 정치는 남성이 여성을 지배하는 일을 나타내며, 가부장 사회를 뒷받침하는 토대가 되는데, 그런 사회에서는 권력과 관련된 온갖 영역(정부, 관청, 종교, 군대, 산업, 과학, 금융, 학계 등)이 모두 남성의 손 안에 있다.

가부장제는 가정에서 시작된다

다른 급진 페미니스트들처럼 밀레트는 남성의 우월성에 대한 생물적 근거가 전혀 없다고 본다. 그녀의 주장에 따르면, 오히려 남자와 여자의 성 정체성은 어릴 때 젠더에 대한 부모와 문화권의 관념을 통해 형성된다. 가족은 사회의 가부장적 구조를 반영하며 강화하므로 '가부장제에서 가장 중요한 조직'이라고 볼 수 있는데, 그런 가정 내의 행동은 남자들이 확립하고 통제한다.

밀레트는 교육 또한 가부장제를 강화한다고 믿는다. 교육은 젊은 여자들은 인문학과 사회학 쪽으로, 젊은 남자들은 과학, 기술, 공학, 전문직, 사업 쪽으로 유도함으로써 불균형을 초래한다. 그런 여러 분야의 통제력은 정치적인 힘으로서 산업계, 정부,

군대의 가부장제에 이로운 방향으로 작용한다.

폭력과 습관

밀레트는 가부장제에서는 사회화, 즉 습득 행동을 얻는 과정이 워낙 효율적이어서 폭력이 별로 필요하지 않다고 주장한다. 하지만 가부장제의 권력이 성적 폭력에 의존하는 한 가지 경우가 예외로 있다고 그녀는 지적하는데, 바로 강간이다. 강간에서는 공격성, 증오, 멸시, 폭행 욕구가 유난히 여성 혐오적인 가부장적 형태로 결합된다.

밀레트가 보기에 가부장제는 남자들과 여자들의 심리에 워낙 깊이 새겨져 있어서, 그 체제가 양성에서 만들어내는 성격 구조는 '정치 체제라기보다 사고방식과 생활방식에 훨씬 가까운 것'이 된다. 밀레트는 1830년대부터 페미니스트들이 이룩해온 여성의 법적·사회적·성적 지위 변화가 가부장제의 변화에는 전혀 도움이 되지 못했다고 주장한다. 심지어 여성이 투표권을 획득한 일도 가부장제에는 타격을 입히지 못했는데, 이는 정치 체제를 여전히 남자들이 규정하고 있었기 때문이다. ■

> 성 혁명의 첫걸음은
> 가부장제의 주된 피해자인
> 여성들을 해방하는 일이다.
> 케이트 밀레트

케이트 밀레트

미국의 페미니스트 케이트 밀레트(Kate Millett)는 1934년에 미네소타 주 세인트 폴에서 태어났다. 그녀는 미네소타대학, 영국 옥스퍼드대학 세인트 힐다스 칼리지, 뉴욕 컬럼비아대학에서 공부했다. 1966년에 전미여성기구(NOW)가 결성되었을 때 그 단체의 구성원이었지만, 알고 보니 케이트의 페미니즘은 더 급진적이었다. 그녀는 1970년에 『성의 정치학』을 발표한 후 〈세 여자의 삶Three Lives〉(1971년)이라는 다큐멘터리 영화를 비롯해 다른 페미니즘 작품들을 더 내놓았다.

조각가이기도 했던 밀레트는 1965년에 동료 조각가와 결혼했다. 1970년대 초부터 정신병에 시달렸던 그녀는 정신 건강 문제도 자신의 정치사상과 운동에서 다루기 시작했다. 이혼 후 그녀는 자신이 동성애자임을 밝히고 사진가 소피 키어와 결혼했다. 두 사람은 2017년에 밀레트가 죽을 때까지 계속 함께 지냈다.

주요저서

1970년 『성의 정치학 Sexual Politics』
1974년 『비행 Flying』
1990년 『정신병원 여행 The Loony-bin Trip』
1994년 『잔혹한 정치 The Politics of Cruelty』
2001년 『어머니 밀레트 Mother Millett』

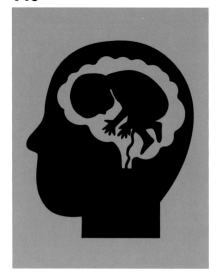

자궁 선망은 남성의 무의식을 괴롭힌다

자궁 선망

19 68년에 프랑스에서 결성된 '여성해방운동(Mouvement de libération des femmes, MLF)'은 여러 산하단체를 거느린 페미니스트 조직으로, 그 다양성을 자랑스러워하며 '남성적인' 계층제 개념을 보란 듯이 무시했다. 그 조직이 유명해진 것은 1970년에 조직원들이 파리 개선문의 무명용사묘 근처에서 '무명용사의 아내'에게 헌화했을 때였다.

MLF의 산하단체 중 하나는 정신분석학자 앙투아네트 푸크(Antoinette Fouque)가 이끈 '정신분석과 정치(Psychanalyse et politique, Psych et po)'였다. 프랑스 페미니스트들 중 대다수는 여성의 생물학적 차이를 여성 억압과 관련지었지만, '정신분석과 정치'는 가부장제의 '남근 질서'로부터 억압받아온 여성의 잠재적인 해방을 꾀하는 것에 그 차이가 있다.

푸크는 여자의 출산 능력에 대한 남자들의 선망이 여성 혐오의 원동력이라고 믿었다. 정신분석학자 자크 라캉의 사상에서 영향을 받은 푸크는 여자들이 오로지 정신분석적인 무의식 탐구를 통해서만 남신을 거

성적·경제적·정치적 차이를 부정하는 페미니즘은 최상의 여성 살해 수단이다.
앙투아네트 푸크

부하고 '여신에게로 돌아가' 새로운 진짜 여성의식, 남자들이 구축하지 않은 성적·상징적 권능을 산출할 수 있을 것이라고 말했다. 그녀는 프랑스의 나머지 페미니즘을 '남근 페미니즘'이라고, 가부장제 못지않은 적이라고 신랄하게 비판했다.

1972년에 푸크는 '여자들의 출판사(Éditions des Femmes)'를 세워, 부르주아 출판사들에게 '탄압받고 혹평받고 거부당한' 여성들의 저작물을 유통시키고자 했다. ■

참조 : · 억압의 근원 114~117쪽 · 남성적 시선 164~165쪽 · 후기구조주의 182~187쪽 · 젠더 수행성 258~261쪽

우리는 언제나 그들에게 꼭 필요한 노동자들이다

가사노동 임금

맥락읽기

인용출처
셀마 제임스, 1975년

핵심단체
가사노동 임금

이전 관련 역사
1848년 : 『공산당 선언』에서 마르크스와 엥겔스가 부르주아 사회의 여자들은 '단순한 생산수단'으로서 착취당하고 있다고 주장한다.

1969년 : 이탈리아에서 좌파 학생들이 사회개혁운동을 벌여 결국 '뜨거운 가을'이라는 대규모 파업사태가 발생하게 된다.

이후 관련 역사
1975년 : 뉴욕에서 마거릿 프레스코드와 윌멧 브라운이 '흑인여성 가사노동 임금'이라는 단체를 설립한다.

1981년 : 루스 테일러 토대스코가 오클라호마 주 털사에서 '여자들이 나쁜 게 아니라 법이 잘못됐을 뿐 연합(No Bad Women, Just Bad Laws Coalition)'을 설립해 성 노동의 비범죄화에 주력한다.

여자들이 가족을 위해 수행하는 가사노동에 대해 국가가 임금을 지불해야 한다는 생각은 1972년에 이탈리아에서 처음 제기되었다. 그 개념은 대중매체의 상상력을 자극하며 찬반양론을 불러일으키더니 곧 '가사노동 임금(Wages for Housework)'이라는 국제적 운동으로 발전했다.

그 운동을 이끈 사람들(셀마 제임스, 마리아로사 달라 코스타, 실비아 페데리치, 브리기테 갈티어)은 이탈리아의 오페라이스모(Operaismo, 노동자주의)라는 지적 운동의 운동원들이었다. 마르크스주의 이론에 입각한 오페라이스모에서는 일이란 사회에서

당사자의 권력 기반에 해당하며 어떤 일이든 사회적으로 가치를 인정받으려면 적정한 임금이 꼭 필요하다고 주장했다. '가사노동 임금' 운동가들은 집안일, 육아는 물론이고 성행위도 여성의 권력 기반을 형성한다고, 여자들이 자신의 서비스에 대한 급료와 좀더 나은 근무 환경을 요구해야 한다고 주장했다.

그 운동가들은 (가족의 건강을 유지하고 미래의 노동자를 만들어내는 일을 포함해서) 여자들이 집에서 하는 일이 산업과 이윤을 뒷받침한다고 주장했다. 그들은 복지수당과 육아수당 또한 여자들이 당연히 받아야 할 급료로 보았다. 또 그들은 여자가 집 밖에서 하는 일을 좀더 가치 있고 해방적인 활동으로 보는 페미니스트들을 비판하기도 했다. ■

1950년대의 한 주부가 수동 탈수기로 빨래를 하고 있다. 페미니스트들은 보수가 지급되지 않고 보통 눈에 띄지도 않는 이런 일이 여자들이 무력한 원인이라고 주장했다.

참조 : ▪ 노동조합 결성 46~51쪽 ▪ 마르크스주의 페미니즘 52~55쪽 ▪ 국내총생산 217쪽 ▪ 핑크칼라 페미니즘 228~229쪽

건강은 우리가 정의해야 한다

여성 중심의 보건의료

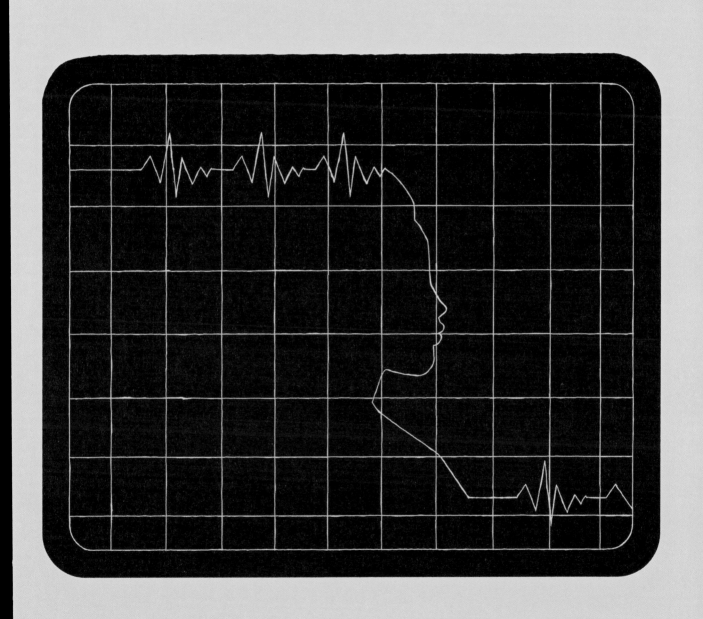

맥락읽기

인용출처
닥터스 그룹(1970년)

핵심단체
보스턴 여성 건강도서 공동체

이전 관련 역사
1916년 : 미국의 운동가 마거릿 생어가 뉴욕 브루클린에서 최초의 산아제한 진료소를 연다.

1960년대 초 : 미국 식품의약청(FDA)이 피임약 사용을 허가한다. 피임약은 널리 보급되지만 기혼자들에게만 허용된다.

이후 관련 역사
1975년 : 페미니즘여성의료센터연합이 설립되며 미국의 주요 도시에 지부를 둔다.

1975년 : 미국 여성보건운동의 '행동대'에 해당하는 전미 여성 보건 네트워크가 첫 시위를 벌인다.

여자들은 출산할 때
남성이 지배하는 독재적이고 계층적인
의료 체계의 통제를 받는다.
실라 키칭어

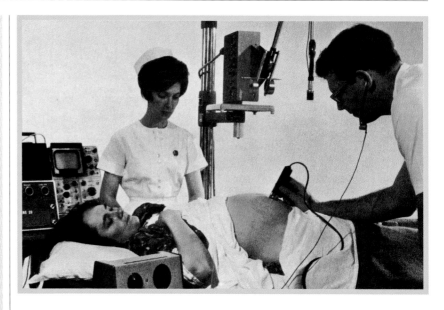

19 70년대까지는 여성의 성 건강과 생식 건강에 관해 여자들이 직접 이야기하거나 이해하고 있는 경우가 드물었다. 의사들은 보통 자신이 진찰한 여성의 진단 결과를 그녀의 남편에게 알려주었고, 여자들 본인의 경험은 도외시했다. 피임법에 대한 접근권은 제한되어 있었고, 출산은 대체로 투약과 수술로 진행되는 과정이었다.

제2세대 페미니즘과 피임약은 여자들과 임신 및 성교의 관계를 바꿔놓았다. 그런 상황에서 여성보건운동이 일어났는데, 이는 여성에 대한 의료계와 남성의 지배권에 이의를 제기한 혁명이었다. 그 운동의 목표는 여자들이 자기 몸을 알고 마음대로 할 수 있게 하는 것이었다.

몸에 대한 지식

1969년에 미국 보스턴에서 열린 여성해방운동회의의 성 건강 워크숍에서는 23세에서 39세에 이르는 열두 명의 여자들이 좋은 의료서비스를 찾기 어려웠던 경험에 대해 이야기했다. 이를 계기로 그들은 '닥터스 그룹'이란 단체를 결성하고, 193쪽짜리 소책자 「여성과 여성의 몸에 대하여」를 발행

한 임신부가 캐나다의 위니펙 종합병원에서 초음파 검사를 받고 있다. 1970년대에는 수많은 여성이 최첨단 산전관리의 덕을 보았지만, 그중 일부는 자신이 '과잉 의료화'의 대상이 되어 지나치게 환자 취급을 받고 있다고 느꼈다.

하게 되었다. 그 책자의 목적은 여자들에게 그들의 몸에 대해 가르쳐주고, 수치심, 치욕감, 자책감을 떨쳐버리게 하며, 의료전문가들과의 관계를 개선하는 것이었다. 손으로 나눠 준 그 책자에는 여성의 해부학적 구조, 월경, 성생활과 연애, 성 건강, 영양, 임신, 출산, 피임에 대한 숨김없는 논의가 담겨 있었다.

1971년에 그 책자는 제목이 『우리 몸, 우리 자신Our Bodies, Ourselves(OBOS)』으로 바뀌었고, 닥터스 그룹은 보스턴 여성 건강서 공동체가 되었다. 1973년에는 첫 유료 증보판 『우리 몸, 우리 자신』이 출간·판매되었다. 여성 동성애, 자위행위, 낙태에 대한 그 책의 솔직한 조언은 대중에게 충격을 주었다.

이 책은 수년간 여러 차례 개정되었다. 초창기의 책들은 환자들이 의료계 지배층의 봉이 되고 있는 상황을 중점적으로 다루었다. 여성보건운동가들의 글 중 상당 부분

참조 : ▪ 여성을 위한 더 나은 치료 76~77쪽 ▪ 산아제한 98~103쪽 ▪ 합법적 낙태권 획득 156~159쪽 ▪ 재생산권 268쪽 ▪ 여성 성기 절제에 반대하는 운동 280~281쪽

에서는 의사·환자 관계에 내재하는 힘의 불균형을 강조하며, 이를 바로잡기 위한 지식을 더 얻을 권리가 여자들에게 있다고 주장했다.

여성보건운동의 주요 측면 중 하나는 접근성이었다. 『우리 몸, 우리 자신』에 따르면, 의사들은 자기네 권력을 유지하기 위해 전문 의학용어를 사용했다. 결정적으로『우리 몸, 우리 자신』의 본문에는 개인적 경험과 일화가 많이 실려 있었는데, 이들은 여성 보건운동에서 과학·의료데이터만큼이나 중요한 요소가 되었다. 널리 알려져 있다시피 저메인 그리어가 『여성, 거세당하다』에서 페미니스트들에게 자신의 월경혈을 직접 맛보라고 외쳤듯, 이 책의 저자들은 독자들에게 이렇게 말했다. "당신의 몸이 곧 당신이고, 당신은 저속하지 않다."

초창기의 『우리 몸, 우리 자신』은 정치적인 면에 좀더 중점을 두며, 여성의 건강과 사회·경제적 배경의 관계를 강조했다. 저자들은 여성의 몸을 알려면 여자들이 살고 있는 사회·정치 환경을 알아야 한다고 주장했다. 여자들은 자기 몸에 대해 배우기만 할 것이 아니라, 그 지식을 이용해 의료

우리가 자기 몸에 대해 느끼는 바를 이야기하는 것은 훨씬 더 재미있는 일이었다.
『우리 몸, 우리 자신』

여자로서 하는 거의 모든 경험이 내면의 불화를 부추기다 보니 우리는 자기 몸에 극심한 혐오감과 증오감을 깊이 느껴왔다.
『우리 몸, 우리 자신』

계 지배층에 이의를 제기하고 사회의 모든 계층이 의료서비스에 좀더 쉽게 접근할 수 있게 해달라고 요구해야 했다.

산아제한

생식 선택권에 대한 문제만큼 여성보건운동과 정치의 관련성이 명백히 드러나는 곳은 없었다. 『우리 몸, 우리 자신』에서 산아제한을 다루는 장은 임신에 대해 직접 결정할 권리가 여자들에게 있어야 한다는 선언으로 시작된다. 이를테면 임신할지 말지, 언제 임신할지, 만약 자녀를 둔다면 몇 명이나 둘지 등을 여자들이 직접 결정할 수 있어야 한다는 것이다. 이 선언은 20세기 내내 존재해온 여성의 권리와 산아제한의 밀접한 연관성을 지속시켰다.

또 그 책에서는 여자들에게 성·생식 건강을 위한 비영리단체인 미국가족계획연맹의 해당 지부에 연락해보라고 조언하는 한편, 피임약, 자궁 내 피임기구(IUD), 페서리, 살정제 같은 피임 수단의 안전성과 효능에 대해서도 자세히 설명한다. 그리고 성

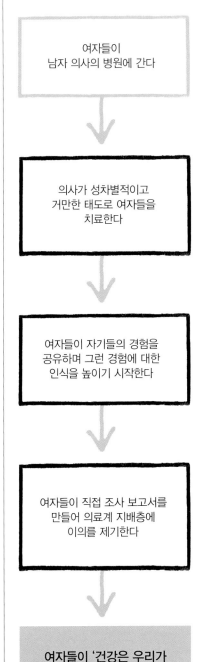

여성 중심의 보건의료에 이르는 길

여자들이 남자 의사의 병원에 간다

의사가 성차별적이고 거만한 태도로 여자들을 치료한다

여자들이 자기들의 경험을 공유하며 그런 경험에 대한 인식을 높이기 시작한다

여자들이 직접 조사 보고서를 만들어 의료계 지배층에 이의를 제기한다

여자들이 '건강은 우리가 정의해야 한다'고 선언한다

실라 키칭어

1929년에 영국 서머싯에서 조산사이자 산아제한운동가이던 어머니의 딸로 태어난 실라 키칭어(Sheila Kitzinger)는 출산에 대한 사람들의 태도에 큰 변화를 가져왔다. 옥스퍼드대학에서 문화인류학을 공부한 후 결혼을 하고 다섯 딸 중 첫째를 집에서 낳았다. 그 일은 그녀에게 단언코 긍정적인 경험이었다. 여성 중심의 출산과 저위험 임신부의 가정 분만을 지지한 키칭어는 1958년에 '자연분만재단'(1961년부터 쓴 이름. 지금의 영국전국분만재단)의 설립을 도왔다. 그녀는 임신과 육아에 대한 책을 여러 권 썼고, 세계 곳곳에서 강연도 했다. 그녀는 사람들이 출산을 자연스러운 일, 심지어 즐거운 일로 보아야 한다고 믿었다.

1982년에 키칭어는 출산에 공헌한 바를 인정받아 대영제국 훈장(MBE)을 받았다. 그녀는 2015년에 사망했다.

주요저서

1962년 『출산 경험The Experience of Childbirth』
1979년 『좋은 출산 가이드The Good Birth Guide』
2005년 『출산의 정치학The Politics of Birth』
2015년 『출산에 대한 열정A Passion for Birth』

교 중절법과 피임약의 잠재적 부작용에 대해서도 경고해준다.

산아제한에 대한 페미니스트들의 글 중 상당 부분에서는 산아제한이 여성에게 미치는 영향을 강조한다. 여자들은 피임이 실패했을 때 임신을 하게 되는 당사자로서, 혼자 책임을 떠맡는 것을 억울하게 생각한다. 원치 않는 임신을 남자들이 여자들만큼 신지하게 받아들일 때까지 여자들은 계속해서 피임을 여성문제로 여길 것이라고 『우리 몸, 우리 자신』은 주장한다. "우리가 성관계를 죄책감 없이 만족스럽게 즐기려면 무엇이 필요할까?" 그 책에서는 이렇게 묻고 다음과 같이 답한다. "좋은 피임 방법만으로는 턱없이 부족하다. 하지만 그것이 적어도 하나의 출발점이긴 하다."

자녀 낳기

20세기 중반에 미국을 비롯한 여러 나라에서는 임신을 하고 어머니가 되는 것이 여자가 성취감에 이르는 열쇠라는 생각이 널리 받아들여지고 있었다. 『제2의 성』에서 시몬 드 보부아르는 임신을 하고 어머니가 되는 과정에서 여자들이 자아감을 잃고 '수동적 도구'가 된다고 말한다. 그녀는 여자가 어

> 우리 몸이 어떻게 기능하는지 모르면 남성들, 특히 전문직에 종사하는 남자들은 온갖 종류의 병원에서 우리에게 겁을 줄 수 있다.
> **『우리 몸, 우리 자신』**

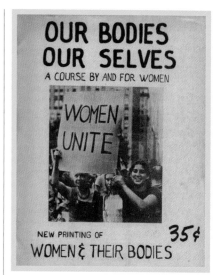

『우리 몸, 우리 자신』은 1970년부터 여러 가지 형태로 변신을 거듭해왔으며, 2017년까지 31개 언어로 번역돼 출간되었다. 위 사진은 1971년 판의 표지다.

머니가 되면 짐승처럼 '자기 몸에 고정되어' 남자들에게 지배받기 쉬워진다고 말한다.

몇 년 후에 저술가이자 학자인 실라 키칭어는 임신과 출산에 대한 대조적인 접근법을 널리 알리며, 여자들에게 분만과정을 긍정적인 일로 보도록 권장하기 시작했다. 1962년에 출간된 『출산 경험』은 여성 중심의 출산이란 개념을 알리는 선언문으로, 어머니들에게 임신과 출산에 대한 자율성을 갖추고 분만의 의료화와 남자 의사들의 지배에 저항하길 권했다. 이 책의 영향력은 매우 컸다.

『우리 몸, 우리 자신』에서 임신과 출산을 다루는 장들은 보부아르와 키칭어의 중간쯤의 입장에서 서술하는데 어쨌든 임신을 자유롭게 선택하는 편이 여성과 아이에게 더 좋다고 언명한다. 수정, 신체 증상, 임신, 분만, 산후에 대해 상세히 설명하면서, 여자들에게 임신 과정에 적극적으로 관여하길 권한다. 그 저자들은 키칭어처럼 전통적인 의사·임신부 관계에 이의를 제기하는 한편, 보부아르처럼 누구든 임신을 하

2011년에 영국 스트라우드에서 셰어 시비가 와일드라는 아기를 낳을 준비를 하고 있다. 수중 분만용 욕조에서 분만 중에 그녀는 그 과정에서 자기 몸과 아기에게 외부의 도움이 필요하지 않다고 단언했다.

면 정체성 변화를 받아들이느라 애를 먹게 된다는 점을 강조한다. 저자들에 따르면 바로 그런 힘든 일이 산후우울증 같은 문제로 이어질 수도 있는데, 이는 여자들이 자신이 느끼는 바를 말로 표현할 수가 없거나 자신의 감정에 대해 죄책감을 느끼기도 하기 때문이라고 말한다. 키칭어와 같은 맥락에서 『우리 몸, 우리 자신』은 여자들이 임신과 출산의 과정을 받아들일 줄 알아야 한다고 주장한다. 의학적 평가보다 일화를 강조하며 저자들은 여자들이 자신의 '어머니답지 않은' 감정에 대해 느끼는 죄책감에 이의를 제기한다.

전 세계적으로 수많은 사람에게 읽힌 『우리 몸, 우리 자신』은 계속 개정되어 대중의 변화하는 태도를 반영하고 있다. 여러모로 개혁이 이루어지면서 그 책의 정치색은 옅어졌지만, 그 책의 전반적인 영향은 아무리 강조해도 지나치지 않다. ∎

남성 우월주의적인 방식으로
행동하는 의사는
의술을 갖추긴 했지만
유능하지 않은 것이다.
『우리 몸, 우리 자신』

분만통

페미니스트들은 분만통을 다루는 방식에 대해 의견이 엇갈린다. 그들 중 일부는 실라 키칭어가 가정 분만을 선호하며 자연 분만 운동에서 옹호하는 비의료화된 접근법을 주장함으로써 통증 완화에 대한 여성의 권리를 부정한다고 생각한다. 그들은 분만통이란 결코 고결한 것이 아니라고, 분만통을 꾹 참는 것은 그 통증이 하와가 에덴동산에서 선악과를 먹은 일 때문에 여자들이 받는 벌이라는 성경의 관점을 강화하는 짓이라고 주장한다. 그들은 의료화에 대한 제2세대 페미니즘의 비판이 여자들이 자기네 생물적 특성의 굴레에서 벗어나길 바랐던 제1세대 페미니즘의 갈망에 역행한다고 본다.

다른 페미니스트들은 반대 의견을 맹렬히 옹호하며, 분만할 때 통증이 도움이 된다고 말한다. 그들은 의료화의 가장 극단적 형태인 제왕절개 수술로 아이를 낳으려는 여자들을 가리켜 '아이를 밀어내기에는 너무 우아한(too posh to push)' 사람들이라고 부른다.

여자들의 저항에는 시작점이 없다

여자들을 역사에 기록하기

맥락읽기

인용출처
실라 로보섬(1972년)

핵심인물
실라 로보섬

이전 관련 역사
1890년 : 남자들이 미국애국남성회에 여자들의 입회를 허락하지 않자 미국애국여성회 첫 지부가 조직된다.

1915년 : 영국의 역사가 바버라 허친스가, 페미니즘 역사관을 널리 알린 선구적 책 중 하나인 『현대 산업계의 여성들』을 출간한다.

이후 관련 역사
1977년 : 여성사를 연구하는 역사가들의 첫 학술단체인 전미여성학협회가 창립된다.

1990년 : 미국 조지아 주 에모리대학교에 최초의 여성학 박사과정이 개설된다.

역사가들은 노동계급투쟁과 혁명운동처럼 평등주의 원칙에 따른 활동을 비롯해 인간 활동의 거의 모든 분야에서 여자들의 역할을 무시하거나 경시해왔다. 영국의 역사가 실라 로보섬은 『영국 여성운동사』에서 그런 부당함에 이의를 제기하고자 했다. 1973년에 출간된 이 책은 여자들이 역사 속에서 수행했던 필수적 역할을 기록하기 시작했다.

아마추어 역사가들

하지만 묵살된 여성사를 밝히려고 지속적으로 시도한 사람들은 전문 역사가가 아니라 19세기 말에 창립된 여러 미국여성단체[남부 제주(諸州) 참전여자동맹(UDC), 아메리카 식민자의 여성 후손들(CDA), 미국애국여성회(DAR) 등]의 구성원들이었는데, 그들은 미국 역사상 가장 큰 변화를 가져온 두 번의 분열사태인 독립전쟁(1775~1783년)과 남북전쟁(1861~1866년)에서 여자들이 했던 역할을 기록하고자 애썼다. 여자들의 역사를 기록하고자 노력한 단체들은 남성 중심적이던 미국 역사 서술 방식을 여자들이 바꿔낸 강력한 본보기가 됐을 뿐 아니라, 양성 간의 생물적 차이에 근거한 19세기식 '영역 분리'론에 이의를 제기하기도 했다.

학문 분야

1960년대에 제2세대 페미니즘이 발흥하는 가운데 실라 로보섬은 다른 사람들에게 여성사 자체를 하나의 학문 분야로 보도록 권장했다. 1969년에 최초의 여성학 강좌가 미국 코넬대학에서 개설되었다. 몇몇 전문가 단체도 설립되었고, 몇 안 되지만 〈여성사 저널〉과 〈여성사 리뷰〉(둘 다 1989년에 창간됨) 같은 학술지도 만들어졌다.

1970년대와 1980년대에 여성학의 성장은 사회사의 발흥과 때를 같이했다. 사회사의 목표는 역사 서술에서 묵살되어 역사상에 불분명하게 나타나 있는 사람들의 삶을

가치관은 그것을 잉태한 사회 구조가 사라진 후에도 오래도록 존속한다.
실라 로보섬

참조 : ▪ 계몽주의 페미니즘 28~33쪽 ▪ 노동자 계층 페미니즘 36~37쪽 ▪ 마르크스주의 페미니즘 52~55쪽 ▪ 억압의 근원 114~117쪽

> 66
> 여성사는 여성해방을 위한
> 가장 중요한 수단이다.
> **거다 러너**
> 99

발굴하는 것이다. 역사를 밑바닥부터 다시 쓰고자 하는 사회사학자들의 목표는 여성사 연구자들에게 공감을 불러일으키며, 여성들의 목소리를 회복하기 위한 방법론뿐 아니라, 역사 속에서 가부장적 지배력과 현상태를 유지할 목적으로 여자들의 역할이 사회적으로 구축된 방식을 보여주기 위한 방법론도 제공했다. 역사는 여성 억압

의 또 다른 근원인 것으로 밝혀졌다.

이 시기의 여성사 개척자 중에는 미국 학자 캐럴 스미스로젠버그, 내털리 제이먼 데이비스, 메리 베스 노턴, 린다 커버, 거다 러너 등도 있었다. 여성·젠더학이란 분야는 계속 성장을 거듭하며, 유사 이래 여자들이 수행해온 역할을 옹호하고 기념하기 위한 운동이 지속되고 있음을 입증하고 있다. ▪

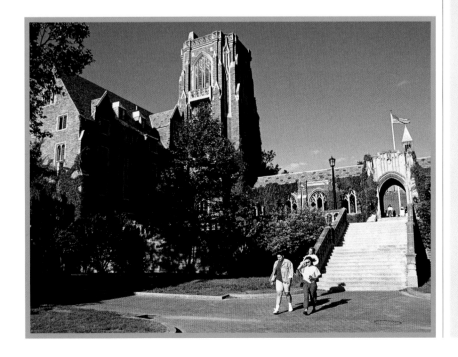

코넬대학교는 미국 최초로 여성학 강좌를 열었다. 지금 페미니스트·젠더·섹슈얼리티학이라고 불리는 그 강좌는 퀴어이론까지 포함할 정도로 확장되었다.

실라 로보섬

영국 여성해방운동의 선구자이자 사회주의 페미니즘 이론가이며 저술가인 실라 로보섬(Sheila Rowbotham)은 1943년에 영국 리즈에서 태어났다. 그녀는 옥스퍼드대학 세인트 힐다스 칼리지에서 공부한 후 네덜란드 암스테르담대학 젠더 정치학과에서 첫 직위를 얻었다.

왕립예술학회 회원이자 맨체스터대학 젠더·노동사 교수이기도 했던 로보섬은 페미니즘과 급진 사회운동에 정통한 역사가로서 국제적 명성을 얻었다. 마르크스주의의 영향을 많이 받은 그녀는 여성 억압을 경제적·문화적 분석 범주를 통해 고찰해야 한다고 주장한다.

주요저서

1973년 『영국 여성운동사Hidden from History : 300 Years of Women's Oppression and the Fight Against it』
1997년 『여자들의 한 세기 : 영국과 미국의 여성사A Century of Women : The History of Women in Britain and the United States』
2010년 『아름다운 외출 : 페미니즘 그 상상과 실천의 역사Dreamers of a New Day : Women Who Invented the Twentieth Century』

여성의 자유가 걸린 문제다

합법적 낙태권 획득

맥락읽기

인용출처
미 대법관 오코너, 케네디, 수터(1992년)

핵심단체
우리 몸, 우리 자신, 미국가족계획연맹

이전 관련 역사
1967년 : 영국이 임신 28주 이하의 그레이트브리튼인에 한해 낙태를 합법화한다(1990년에는 그 제한이 24주 미만으로 줄어든다).

1971년 : 시몬 드 보부아르가 '343인 선언'(불법 낙태를 한 적 있다고 시인한 프랑스 여자들의 명단)을 발표한다.

이후 관련 역사
1976년 : 미국 의회에서 하이드 수정안이 통과되어 메디케이드(저소득층 의료보험) 대상자인 여성 대부분의 낙태에 대한 연방기금지원이 금지된다.

2018년 : 아일랜드에서 낙태를 규제하는 수정헌법 제8조가 폐지된다.

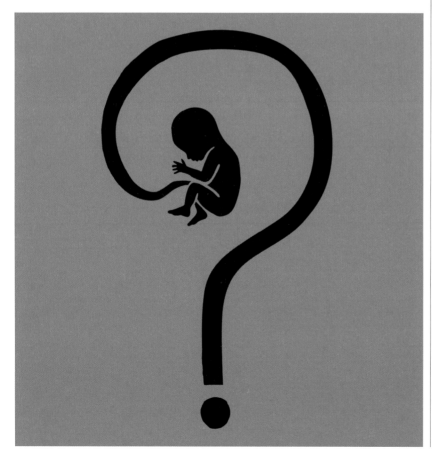

안전하게 합법적으로 낙태할 권리를 위한 1960~1970년대의 투쟁은 여성해방운동의 핵심요소 중 하나였는데, 그 운동에서는 그것이 도덕 문제라기보다 인권 문제라고 보았다. 법적 규제는 여자들이 불법 낙태를 하다 죽거나 크게 다치는 결과를 낳았다. 페미니스트들은 여자가 자기 몸을 자기 마음대로 할 권리와 여자의 생식권에 중점을 두며, 임신중절 수술을 받아야 할지 말아야 할지 결정할 권리는 오로지 여자에게만 있다고 주장했다.

19세기와 20세기 초에 페미니스트들은 의견이 엇갈렸다. 그들 중 일부는 도덕적인 이유로 낙태를 좋지 않게 생각했지만, 상당수

참조 : ▪ 성별에 따른 이중 잣대 78~79쪽 ▪ 산아제한 98~103쪽 ▪ 여성 중심의 보건의료 148~153쪽 ▪ 섹스 긍정주의 234~237쪽

카를 5세의 합스부르크제국에서는 1532년에 독일 최초의 형법전인 카롤리나 법전에 규정된 대로 낙태를 익사형으로 처벌할 수 있었다.

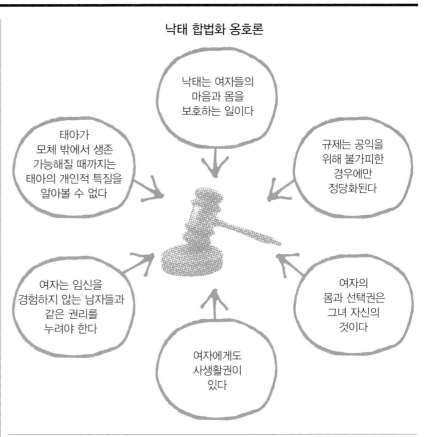

낙태 합법화 옹호론

- 낙태는 여자들의 마음과 몸을 보호하는 일이다
- 태아가 모체 밖에서 생존 가능해질 때까지는 태아의 개인적 특질을 알아볼 수 없다
- 규제는 공익을 위해 불가피한 경우에만 정당화된다
- 여자는 임신을 경험하지 않는 남자들과 같은 권리를 누려야 한다
- 여자의 몸과 선택권은 그녀 자신의 것이다
- 여자에게도 사생활권이 있다

는 낙태가 필요악이라고 생각했다. 1869년 뉴욕의 페미니즘 신문 〈혁명〉에 실린 작자 미상의 한 글에서는 낙태금지법 반대론을 폈는데, 그 이유인즉 원치 않는 임신의 책임은 남자에게 있는데, 법은 남자 말고 여자를 처벌하기 때문이라고 했다. 1916년에 미국 최초의 산아제한연맹을 설립했던 마거릿 생어는 도덕적 이유로 낙태에 반대했다. 그녀가 피임법을 제공한 주요 목적은 여자들의 생명을 위태롭게 하는 불법 낙태 시술을 막기 위해서였다.

페미니즘 문제

낙태는 1960년대 말의 페미니즘 운동에서 주요 사안이 되었다. 당시 영국 여성해방운동에서는 '산모의 요구에 따른 낙태'를 주된 목표 중 하나로 삼고 있었다. 1967년 낙태법은 임신 28주 이하의 잉글랜드, 스코

틀랜드, 웨일스 여성에 한해 낙태를 합법화했는데, 단 임신이 산모의 육체적·정신적 건강에 해로우리라는 것을 의사 두 명이 인

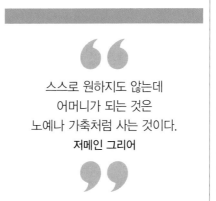

> 스스로 원하지도 않는데 어머니가 되는 것은 노예나 가축처럼 사는 것이다.
> **저메인 그리어**

정해야 한다는 조건이 붙었다. 미국에서는 『여성성의 신화』의 저자 베티 프리던이 여성해방과 낙태권을 관련지었다고들 하지만, 레이철 프러터는 「선택의 문제 : 여자들은 낙태권을 요구한다」에서 낙태를 규제하는 법이 가난한 비(非)백인여성들에게 불균형하게 영향을 미친다고 힘주어 말했다.

1971년에 영향력 있는 여성 건강서 『우리 몸, 우리 자신』에서는 낙태금지법이 쾌락을 위한 성행위가 나쁘다는 관념, 임신이 쾌락에 대한 벌이라는 관념, 임신에 대한 두려움이 전통적 성도덕을 강화한다는 관념에 사로잡혀 있다고 보았다. 페미니스트들은 대부분 낙태에 정신적 외상이 따를 수 있음을 인정했지만 자기 몸을 자기 마음대

제인 컬렉티브

미국의 낙태법이 연방 수준에서 바뀌기 전에는 얼마간의 단체들이 여자들이 (아직 불법이긴 했지만) 안전한 낙태를 할 수 있도록 도왔다. 이는 비용이 많이 들고 위험한 낙태 방법이 사라지게 하기 위한 노력의 일환이었다. '제인 컬렉티브'라는 단체는 1965년에 일리노이 주 시카고에서 당시 19살의 학생이던 헤더 부스가 세웠다. 낙태하려는 여자들이 겪는 문제를 부스가 알게 된 것은 그녀의 친구가 임신했을 때였다.

제인 컬렉티브의 구성원들은 안전한 낙태 수술을 할 수 있도록 훈련을 쌓았다. 그 단체는 절대 광고를 하지 않았다. 여자들은 입소문으로 그곳을 알게 된 후 전화를 걸어 제인을 찾았다. 제인 컬렉티브는 낙태 수술비로 100달러를 요구했는데, 대부분의 여자들은 그 정도의 금전적 여유가 없었다. 그래서 그 단체는 무이자로 대출을 해주기도 했다. 1973년에 미국 전역에서 낙태가 합법화될 때까지 제인 컬렉티브는 1만 1,000건 정도의 낙태 시술을 했다. 사망자는 한 명도 없었던 것으로 알려졌다.

낙태법이
어떤 형태로든 존재한다는 것은
곧 여자들의 권리를
부정한다는 뜻이다.
『우리 몸, 우리 자신』

1975년에 캐나다 사람들이 낙태 합법화 운동가 헨리 모건탤러 박사를 지지하는 시위를 벌이고 있다. 그 의사는 불법 낙태 시술을 한 죄로 몇 차례 투옥되었다.

로 하지 못하는 것이 여자들에게 더 해롭다고 생각했다.

법 개정

영국의 낙태법은 원래 미국에도 적용되어, (보통 15주 무렵) 태아가 움직이기 시작하기 전에 여자가 약이나 기구로 아이를 떼는 것을 허용했다. 하지만 1802년에 영국에서 낙태가 불법화되자 미국에서도 1821년부터 낙태금지법이 제정되었다.

영국과 미국에서는 낙태를 하려는 여자들의 구성도 달라졌다. 19세기 이전에는 대부분이 미혼자였으나, 1880년대에는 절반 이상이 기혼자였고 상당수가 이미 자녀를 두고 있었다. 의료계와 정부는 이를 여권 운동의 발흥 탓으로 돌렸다. 영국의 1861년 법은 심지어 의료적 이유로 인한 낙태도 불법화했고, 미국의 1873년 콤스톡법은 낙태에 대한 정보를 공표하는 일 등도 금지했다.

1936년 결성된 낙태법 개혁회 덕분에 영국 여자들은 산모의 정신건강이 위태로울 경우 낙태할 권리를 얻었다. 하지만 거기에는 정신과 진료를 받을 형편이 되는 여자들만 포함되었다. 불법 낙태 건수와 그에 따른 사망자 수는 계속 증가했다.

1960년대에는 수많은 여자들이 낙태법 폐지 운동을 벌이고 있었다. 1964년 미국에서 게리 산토로라는 여자가 코네티컷주의 한 모텔에서 스스로 낙태를 하려다 죽었는데, 그녀가 죽은 모습이 생생히 담긴 사진은 나중에 낙태권 운동의 촉매제가 되었다.

베테랑 여성운동가 마거릿 생어가 코네티컷 산아제한연맹에 미친 영향은 1965년의 그리스월드 대 코네티컷소송으로 이어졌다. 그 사건에서 코네티컷 가족계획연맹의 에스텔 T. 그리스월드는 피임약과 피임기구의 판매 및 구입을 금지한 콤스톡법에 도전해 성공을 거두었다.

2년 후인 1967년에 콜로라도 주는 미국에서 강간이나 근친상간의 경우, 혹은 산모의 건강이 위태로운 경우의 낙태를 합법화한 첫 주가 되었다. 그 후 다른 13개 주도

> 사생활권은
> 여자가 임신중절 수술을 받을지 말지
> 스스로 결정할 권리를
> 포함할 만큼 폭이 넓다.
> 로 대 웨이드 판결

같은 결정을 내렸다. 하와이주는 1970년에 산모의 요청에 따른 낙태를 합법화한 첫 주가 되었고, 워싱턴주는 국민 투표를 통해 낙태를 합법화한 첫 주가 되었다. 1973년에는 20개 주에서 낙태가 부분적으로나마 합법화되어 있었다.

로 대 웨이드 사건

낙태가 연방 수준에서 합법화되게 한 소송은 1973년의 '로 대 웨이드(Roe vs Wade)' 사건이었다. 그 사건의 당사자인 노마 매코비는 1969년 6월에 셋째 아이를 임신하게

되었다. 당시 당시 텍사스 주에서는 강간의 경우 낙태가 합법이었기 때문에 그녀는 댈러스에 가서 낙태 시술을 요청하며, 자기가 강간을 당했다고 거짓 주장을 했다. 경찰에 보고된 바가 없어 거절을 당한 그녀는 불법 낙태시술을 받으려 했지만 알고 보니 그런 시술소들은 경찰의 조치로 폐쇄되어 있었다. 1970년에 변호사 린다 커피와 세라 웨딩턴은 '제인 로'라는 가명으로 알려진 그녀를 대신해 댈러스 카운티 지방검사 헨리 웨이드를 상대로 소송을 제기했다. 그해에 (이미 출산을 한 매코비에게는 너무 늦은 시기였다) 세 명으로 구성된 재판부는 텍사스 법이 수정헌법 제9조의 사생활권을 침해하므로 헌법에 위배된다고 선고했다.

그 사건은 연방대법원까지 갔는데, 1973년 1월에 대법원은 7대 2로 텍사스 주의 낙태법이 위헌이라고 공표했다. 대법관들은 "태아는 온전한 의미에서 개인으로 인식된 적이 없"으며 낙태가 사생활권의 범주에 들어간다고 보았다. 이 판결 후 미국에서는 임신 12주 미만의 낙태는 금지할 수 없었다.

하지만 1992년에는 또 다른 획기적 소송인 미국가족계획연맹 대 케이시 사건의 판결에 따라 미국의 주들이 임신 초기(제

로 대 웨이드 사건은 1989년에 텔레비전전용으로 제작된 한 영화의 소재가 되었다. 배우 홀리 헌터(오른쪽)가 노마 매코비, 즉 '제인 로' 역을 맡았다.

1삼분기)의 낙태를 규제할 권리를 되찾았다. 오늘날 미국에서는 사람들이 '낙태 합법화'를 두고 그 찬반이 거의 반반으로 나뉘어 있으며, 낙태법에 대한 불만이 널리 퍼져 있다. 현재 낙태가 불법인 국가는 60여 개국에 이른다. ■

시몬 베유

시몬 베유(Simone Veil)는 프랑스에서 여성의 권리를 향상시킨 것, 특히 낙태 합법화에 힘쓴 것으로 유명하다. 1927년에 니스에서 시몬 자코브라는 이름으로 태어난 그녀는 겨우 17살 때 나치에게 잡혀 아우슈비츠로 보내졌다. 그녀는 홀로코스트에서 살아남은 뒤 법학과 정치학을 공부했다. 법률가로 활동한 후 그녀는 치안 판사로 일하며 여성 재소자들의 처우를 개선했다.

1974년에 베유는 보건부 장관으로 임명되면서 프랑스 정부의 첫 여성 장관이 되었다. 그 무렵 프랑스 여성들은 합법적 낙태권을 요구하고 있었다. 1971년에 '343인(불법 낙태를 한 적 있는 여자들) 선언'이 발표된 후, 의사 331명도 비슷한 선언서에 서명해 자기들이 여성의 낙태권을 지지한다고 공표했다. 얼마 후 베유는 베유 법안을 기초해 1975년에 통과시켜 임신 초기(제1삼분기)의 낙태를 합법화했는데, 그러는 도중에 극우파에게서 폭력적인 공격을 받기도 했다.

1979년에 베유는 유럽 의회의 첫 여성 의장이 되었다. 그녀는 2017년에 89세의 나이로 죽었다.

항의하라, 파업하라

여성 노동조합 결성

맥락읽기

인용출처
그웬 데이비스(2013년)

핵심인물
에스터 피터슨, 로즈 볼런드, 아일린 풀런, 베라 사임, 그웬 데이비스, 실라 더글러스

이전 관련 역사
1900년 : 뉴욕에서 국제여성의류노동조합이 설립된다.

1912년 : 매사추세츠 주의 섬유공업계에서 일하던 여성들의 파업을 계기로 미국에서 최저임금법이 제정된다.

이후 관련 역사
1993년 : 미국에서 가족의료휴가법이 제정되어 피고용인들이 자녀 등의 가족을 병간호하기 위해 직장복귀가 보장되는 휴가를 낼 수 있게 된다.

2012년 : 아이슬란드의 노동조합들이 고용주들에게 남녀 임금을 동일하게 지급하도록 권장하기 위해 동일임금 기준안의 작성을 돕는다.

제2차 세계대전 중에 방위산업계에서 여자들을 고용한 일은 페미니즘 노동 문제가 공론화되는 계기가 되었다. 처음에 참전국의 노동조합들은 여성의 권리를 다루는 일보다 돌아오는 군인들의 일자리를 보호하는 일에 관심을 기울였다. 하지만 1950년대에 경제가 성장하고 여성 노동자에 대한 수요가 증가하자 일부 노동조합들은 오로지 성별에만 근거한 임금 불평등에 이의를 제기하기 시작했다.

미국에서는 동일임금법을 도입시키기 위한 시도가 여러 차례 거듭되고 정치·페미니즘 운동이 계속된 끝에 결국 노동운동가 에스터 피터슨의 지지와 대통령 존 F. 케네디의 장려로 1963년에 마침내 동일임금법(Equal Pay Act)이 발포되었다. 하지만

파업 중인 대거넘 재봉공들이 1968년 6월 28일에 런던 화이트홀에서 가두시위를 벌이고 있다. 이로부터 16년이 지나고 또 다른 파업이 일어난 후에야 그들의 일은 '숙련직'으로 인정받았다.

유럽에서는 여성들이 공동 파업을 일으킨 후에야 동일 노동에 대해서는 동일임금을 지불해야 한다는 원칙이 효력을 얻었다.

저항하다

영국에서 입법을 앞당긴 사건은 1968년에 런던의 포드 자동차 대거넘 공장에서 일하던 재봉공들이 일으킨 파업이었다. 그 파업의 도화선이 된 것은 포드사가 여성들의 작업(자동차 시트커버를 만드는 일)을 'C' 범주(숙련직)가 아닌 'B' 범주(반숙련직)로 격하하고 'B' 범주의 여자들에게 같은 직위의 남자들보다 15퍼센트 적은 임금을 주기로 결정한 일이었다. 1968년 6월 7일에 여성 재봉공들은 로즈 볼런드, 아일린 풀런, 베라 사임, 그웬 데이비스, 실라 더글러스의 주도하에 작업을 중단했다. 그들의 3주 파업은 자동차 생산을 전면 중단시켰다.

재봉공들을 설득해 직장에 복귀시키기 위해 고용부 장관 바버라 캐슬은 협상에 나서서 남자 임금의 92퍼센트까지 임금을 인상시키고 정부가 '동일임금' 문제를 재검토하게 했다. 1년 후 포드 파업으로 고무된 여성 노동조합원들은 '여성 평등권을 위한 전국합동운동위원회'를 결성해 런던에서 동일임금 시위를 벌였다. 1970년 유럽연합법에 따라 영국의 동일임금법은 직장에서 남자와 여자를 불공평하게 대우하는 행위를 금지했다.

섬나라의 연대의식

아이슬란드에서는 해마다 10월 24일이 되면 여성 근로자들이 '여성 총파업'을 기념한다. 그날은 1975년에 당시 노동인구의 90퍼센트에 육박했던 2만 5천 명의 여자들이 전국적인 파업에 동참한 날이다. 그들은 레이캬비크에 모여 여성에게 불공평한 경제 상황에 항의하며, 직장 근무에 대한 동일임금과 집안일과 육아에 대한 보상을 요구했다. 아이슬란드의 주요 페미니즘 단체인 레드스타킹은 그 시위를 준비하면서, 파업이 가장 강력하고 효과적인 행동일 것이라고 판단했다. 그 '총파업'의 결과로 학교, 은행, 전화국, 신문사, 극장 등 여성 근로자들에게 의존하는 수많은 산업체와 서비스업체가 어쩔 수 없이 문을 닫았다. 파업은 자정까지 계속됐고, 사회 전반에서 여성 노동자들에게 동등한 가치가 있음을 온 나라에 보여주겠다는 목적을 달성했다.

파업 후 1년 뒤 아이슬란드는 성평등법안을 통과시켜 여자와 남자의 평등권을 보장했다. 2018년에 아이슬란드는 고용주가 동일 노동에 대해서는 여자와 남자에게 동일임금을 의무적으로 지불하게 하기 위한 법안을 통과시킨 세계 최초의 국가가 되었다. ∎

광장에 서 있는 그 여자들에게는
엄청난 힘이 있었고
그들 사이에서는
큰 연대감과 저항감이
감돌고 있었습니다.
비그디스 핀보가도티르

2018년 스페인 여성 파업

2018년 3월 8일(세계 여성의 날) 170개국이 항의 집회를 계획했을 때, 스페인은 총파업이 노동조합의 지원을 받은 유일한 나라였다. 대부분 여성인 500만여 명의 노동자들이 '페미니스트 파업'에 동참했는데, 그 파업은 여러 페미니즘 단체로 구성된 8M 커미션이라는 공동체가 1975년 아이슬란드 '여성 총파업'에서 영감을 받아 주최한 일이었다. "우리가 멈추면 세상이 멈춘다"라는 구호 아래 수많은 여성이 약 200개의 스페인 마을과 도시에서 24시간 시위 등의 행동에 참여하며 직장 근무, 학업, 가사노동을 중단시켰다. 시위자들의 요구 사항은 성별에 따른 불공평한 임금에 대한 항의에서부터 여성에 대한 폭력에 반대에 이르기까지 다양했다. 시위자들은 여성이 가정에서 겪는 불평등과 증가하는 대여성 폭력 범죄율도 강조했다. 〈엘 파이스〉라는 신문이 실시한 여론조사에 따르면, 스페인 인구의 82퍼센트가 그 파업을 지지했다. 여러 노동조합이 24시간 파업을 지원했지만, 스페인의 양대 노동조합인 UGT와 CCOO는 2시간 파업까지만 지원했다.

비명 소리 죽여

가정폭력 피해자 보호

맥락읽기

인용출처
에린 피지(1974년)

핵심인물
에린 피지, 앤 서머스

이전 관련 역사
1878년 : 영국 여자들이 부부소송법에 따라 폭력적인 남편과 이혼할 수 있게 된다.

1973년 : '가정폭력'이라는 현대적 용어가 영국 의회에서 처음 사용된다.

이후 관련 역사
1994년 : 미국에서 여성폭력방지법이 승인된다.

2012년 : 가정폭력 전과 공개 제도('클레어법')로 영국 경찰이 개인의 과거 폭력 행위를 공개할 권한을 더 얻게 된다.

2017년 : 미국의 성소수자(LGBTQ) 단체인 '인권 캠페인'이 성소수자 사회의 가정폭력을 부각한다.

19 70년대까지는 남성 파트너에게 폭력을 당하는 여성들의 곤경이 공개적으로 논의되는 일이 드물었지만, 페미니스트들은 늦잡아도 1800년대부터는 가정폭력과 싸워온 터였다. 영국에서는 1937년에 부부소송법(Matrimonial Causes Act)으로 부부간에 벌어지는 학대행위를 이혼사유에 포함시켰지만, 학대 행위를 증명하는 절차는 어렵고 비용도 많이 들었다.

여자들은 1960년대 말부터 1970년대 초에 이르는 동안 각종 의식 고양 모임에서 자신의 개인적 경험을 공유하기 시작했다. 이후 자신이 겪는 학대가 개인적 문제가 아니라 정치적 교정이 필요한 공동체의 문제라는 사실을 깨닫기 시작했다.

여성보호시설

영국 여성해방운동의 초창기 구성원인

1974년 런던 서부 치스윅에 위치한 영국 최초의 모자 보호 시설에 여자들과 아이들이 잔뜩 모여 있다. 대중의 인식을 높이기 위한 운동이 전개된 후, 보호 시설을 찾는 사람들의 수는 급증했다.

참조: ▪ 기혼여성을 위한 권리 72~75쪽 ▪ 의식 고양 134~135쪽 ▪ 강간이라는 권력남용 166~171쪽
▪ 캠퍼스 성폭력 반대 투쟁 320쪽

> 우리는 가정폭력을 부끄럽고
> 남자답지 못한 일로 보는
> 사고방식을 육성해야 한다.
> **앤 서머스**

에린 피지는 1971년 런던 치스윅에 최초의 여성보호시설을 세웠다. 그것은 '매 맞는 아내' 생활의 실상을 세상에 알리는 중요한 첫걸음이었다(당시에는 가정폭력 생존자를 매 맞는 아내라고 불렀다). 그 보호시설은 피해자들을 물리적·정신적으로 지지해주었고, 세간의 주목을 끌어 전에 남편과 아내 간의 문제로 여겨졌던 문제를 대중에게 알렸다.

여성들의 개인적인 이야기에 중점을 둔 피지의 1974년 저작 『비명 소리 죽여, 옆집에서 들을라』는 그 문제를 한층더 부각시켰다. 버려진 건물을 무단점유해 새 보호소를 여는 피지의 전략은 지방 당국을 화나게 했지만, 그녀가 한 일은 국회의원, 대법관 등에게서 널리 칭찬을 받기도 했다. 대법관 헤일섬 경은 피지가 아주 특별한 일을 해주고 있다고 말했다.

다른 운동들

1969년에 애들레이드에서 여성해방운동(WLM) 단체를 결성했던 오스트레일리아의 페미니스트 저술가 앤 서머스도 여성보호시설을 세웠다. 1970년에 시드니로 이주한 그녀는 다른 페미니스트들과 함께 영국 국교회 소유의 버려진 건물 두 채를 점유하고, 1974년에 거기서 엘시 레퓨지라는 보호소를 열었다. 그들은 1년 후부터 정부의 재정 지원을 받을 수 있었다.

캐나다에서는 1972년에 23개 페미니즘 단체가 결성한 연합체인 전국행동위원회(NAC)가 여성 보호의 법제화를 계속 요청했다. 그들이 요구한 연방 수준의 변화는 결국 1985년 권리·자유 헌장에 포함되었다.

1991년에 캐나다 남자들이 여성을 혐오하지 않는 건강한 남성성을 함양하기 위해 시작한 화이트 리본 캠페인은 지금 60여 개 국에서 벌어지고 있다. 1993년에 국제연합은 세계 각국이 대여성 폭력에 대한 접근법을 재고하도록 압력을 가하기 위해 『가정폭력 대처 방법』을 발행했다. 미국, 오스트레일리아, 영국에서는 여성을 학대로부터 보호하기 위한 새로운 법안 혹은 개정된 법안이 통과되어왔다. 가정폭력은 계속 발생하고 있지만, 이제 그 문제를 무시할 수 있는 나라는 훨씬 줄어들었다. ▪

> 여성 세 명 중 한 명은
> 살아가면서 친밀한 파트너에게
> 얻어맞거나 성관계를 강요받거나
> 하는 식으로 학대당한다.
> **국제연합 공보부 2008년 보고서**

에린 피지

1939년에 중국 칭다오에서 태어난 에린 피지(Erin Pizzey)는 서방 외교관들의 딸로서 어릴 때 남아프리카공화국, 레바논, 캐나다, 이란, 영국 등 여러 나라에서 살았다. 그녀는 몸과 마음을 학대하는 가정에서 자랐는데, 피지의 부모 둘 다 가해자였다. 나중에 그녀는 여자도 남자 못지않게 폭력 행위를 저지를 가능성이 있다고 주장해 급진 페미니스트들을 언짢게 만들었다.

논란의 여지가 있는 피지의 견해는 공격적인 페미니스트들의 항의와 살인 협박을 불러왔다. 그녀는 뉴멕시코 주 샌타페이, 케이맨 제도, 이탈리아로 거듭 이주하며 글을 쓰다가 1990년대에 런던으로 돌아왔다. 피지가 1971년에 설립한 치스윅 위민스 에이드(지금의 위민스 레퓨지)는 영국 최대 규모의 가정폭력피해자 지원단체다.

주요저서

1974년 『비명 소리 죽여, 옆집에서 들을라Scream Quietly or the Neighbours Will Hear』
1998년 『감정 테러리스트와 폭행당하기 쉬운 여성들The Emotional Terrorist and the Violence-Prone』
2005년 『지긋지긋한 아이 : 사랑이 없는 세상Infernal Child: World without Love』

남성적 시선은 남성의 판타지를 여성에게 투영한다

남성적 시선

맥락읽기

인용출처
로라 멀비(1975년)

핵심인물
로라 멀비, 벨 훅스

이전 관련 역사
1963년 : 프랑스의 비판 이론가 미셸 푸코가 의사가 환자보다 생물의학에 편협하게 치중하는 현상을 이야기하며 '의학적 시선'이라는 용어를 사용한다.

1964년 : 프랑스 정신분석학자 자크 라캉이 철학자 장 폴 사르트르의 '시선'이라는 개념에서 영향을 받아 '타자'의 '시선'에 대한 이론을 세우기 시작한다.

1975년 : 푸코가 파놉티시즘 이론을 전개한다. 그 내용은 죄수들처럼 우리는 끊임없이 감시받으면 자신을 단속하게 된다는 것이다.

이후 관련 역사
2010년 : 미국의 소설가 브렛 이스턴 엘리스가 여성 영화감독들은 훌륭한 영화를 만드는 남성적 시선이 부족하다고 주장한다.

영화에서 카메라의 관점은 남성적이며 능동적이고, 여성들은 수동적인 관찰 대상이다.

결정적인 남성적 시선은 남성의 판타지를 여성 인물에게 투영해서 그 인물을 적당히 양식화한다

여자는 그런 식으로 영화 속 남성 등장인물에게나 관객에게나 욕망의 관능적 대상이 된다

결과적으로 남자가 권력을 쥐고 있다

페미니즘 영화이론가 로라 멀비가 '남성적 시선(the male gaze)'이란 용어를 만든 이후 그 말은 페미니즘 상용 어휘의 일부가 되었다. 대중문화 속의 성차별주의와 여성의 성적 대상화를 거론할 때 널리 쓰이는 남성적 시선에 대한 멀비의 원래 주장은 정신분석학에 기초해 고전 할리우드 영화의 여성 묘사 방식을 고찰한 논증이었다.

욕망의 대상

「시각적 쾌락과 서사 영화」에서 멀비는 할리우드 영화에서 (남성) 영화제작자가 카메라로 여성에 대한 남성의 욕망을 반영하며 관객을 (이성애자인) 남성으로 상정한다고 주장한다. 멀비는 카메라로 숏을 보여주는 방식(여자의 몸을 전체적으로 보여주지 않고 부분별로 따로따로 나눠 각 부분을 클로즈업하고 몸을 야하게 천천히 훑어 올라가며 보여주는 방식)이 어떻게 영화 속 여자들을 남성들의 욕망의 대상으로 묘사하는 결과를 낳는지 분석한다. 영화 속에서 남자들은 이야기를 끌어가는 능동적 주인공으로 묘사되지만, 여자들은 남자 주인공을 돕는 수동적 지지자로, 그리고 남자의 성적 판타지의 수동적 대상으로 묘사된다.

정신분석학자 지크문트 프로이트의 절

참조 : ▪ 억압의 근원 114∼117쪽 ▪ 이름 없는 문제 118∼123쪽 ▪ 반포르노그래피 페미니즘 196∼199쪽 ▪ 섹스 긍정주의 234∼237쪽 ▪ 아름다움에 관한 신화 264∼267쪽 ▪ 성적 학대에 대한 인식 322∼327쪽

시증(scopophilia, 대상을 봄으로써 쾌락을 얻는 증세) 이론을 이용해 멀비는 영화 속 여성의 '관찰당하기'가 남성 관음증의 한 형태라는 이론을 세운다.

저항적 시선

1992년에 흑인 페미니즘 이론가 벨 훅스는 『검은 외모 : 인종과 묘사*Black Looks : Race and Representation*』라는 책을 출간했다. 그 책에서 훅스는 할리우드 영화에 구석구석 배어 있는 백인성을 비판적으로 고찰하고 흑인여성들이 영화에 어떻게 공감해야 하는지를 문제시함으로써 멀비의 논지에 이의를 제기한다. 훅스의 주장에 따르면, 영화 속에서 자기들이 '유모(mammy)'나 '요부(jezebel)'라는 정형화된 인종차별적 이미지로만 나오는 것을 보는 흑인여성들은 멀비가 말하는 시각적 쾌락을 얻는 방법이 크게 두 가지가 있다. 그들은 자신의 흑인성을 억누르고 영화 속의 백인 여자들에게 감정을 이입해 어느 정도 대표성을 느끼려고 해

1946년 개봉된 〈포스트맨은 벨을 두 번 울린다〉의 이 프랑스판 포스터는 그 영화의 남성적 시선을 자랑스럽게 보여준다. 여주인공 코라 스미스는 처음에 일련의 클로즈업을 통해 등장하는데, 그 결과로 관객은 그녀를 훔쳐보듯이 볼 수밖에 없다.

보거나, 영화를 비판적 시각으로 보면서 관람의 즐거움을 창출해야 한다. 훅스는 영화 속의 인종차별주의와 성차별주의를 해체하는 것이 남성적 시선뿐 아니라 영화에서 흑인여성이 삭제된 것에도 이의를 제기하며 일종의 시각적 쾌락을 얻는 한 가지 방법이 될 수 있다고 말한다.

흑인여성들이 영화를 즐겁게 볼 방법을 이론화하면서 훅스는 '저항적 시선'이라는 용어를 만든다. 이는 지배적 시선을 평가할 뿐 아니라 자기 시선으로 응수하기도 하는 비판적 시선을 뜻한다. 그것은 힘을 적극적으로 되찾는 시선이다. 훅스가 보기에 흑인 페미니즘의 저항적 시선은 흑인 페미니즘 독립영화에서 찾아볼 수 있는데, 그런 영화는 영화에서 흑인여성이 배제된 것을 비판하며 단순히 반응하기만 하는 것이 아니라 흑인여성을

아주 효과적으로 묘사하는 매체다.

퀴어 시선

학자들은 영화를 퀴어 시선, 즉 성소수자의 시선으로도 해석해야 한다고 주장해 왔다. 퍼트리샤 화이트는 『불청객 : 고전 할리우드 영화와 레즈비언 묘사』에서 이성애자인 남성을 흥분시키려고 만든 영화를 여성 동성애자 관객들도 소비하고 있다면 그런 상황과 남성적 시선은 어떻게 관련되어 있는지 묻는다. ▪

여자는 자기 몸을 다른 사람의 눈에 비치는 대로, 익명의 가부장적 타자의 눈에 비치는 대로 경험한다.

샌드라 리 바트키

로라 멀비

1941년 옥스퍼드에서 태어난 로라 멀비는 옥스퍼드대학 세인트 힐다스 칼리지에서 공부했다. 그녀는 1970년대에 페미니즘 영화 이론 분야를 개척한 획기적 논문 「시각적 쾌락과 서사 영화」를 내놓으며 페미니즘 영화이론가로 알려졌다. 1974∼1982년에 멀비는 남편 피터 울런과 함께 영화 6편의 시나리오를 쓰고 각각을 감독했는데, 그 중 〈아마존의 여왕 펜테실레이아〉(1974년), 〈스핑크스의 수수께끼〉(1977년)를 비롯한 대부분의 작품에는 페미니즘과 관련된 주제가 담겼다. 1991년에 그녀는 〈훼손된

기념물들〉도 공동으로 감독했다. 멀비는 2000년에 영국 학사원의 회원으로 선출되었고, 지금 런던대학 버크벡 칼리지에 영화이론 교수로 재직하고 있다.

주요저서

1975년 『시각적 쾌락과 서사 영화*Visual Pleasure and Narrative Cinema*』

1989년 『시각적 쾌락과 그 밖의 쾌락들*Visual and Other Pleasures*』

1996년 『페티시즘과 호기심*Fetishism and Curiosity*』

강간은
의식적으로
협박하는
과정이다

강간이라는 권력남용

맥락읽기

인용출처
수전 브라운밀러(1975년)

핵심인물
수전 브라운밀러, 앤토니아 카스타네다

이전 관련 역사
1866년 : 미국 의회에서 프랜시스 톰프슨, 루시 스미스 등의 흑인여성들이 멤피스 폭동 때 백인 경찰관들이 흑인여성들을 집단 강간한 일에 대해 증언한다.

1970년 : 시카고 강간 반대 여성단체가 강간과 사회의 권력 불균형을 관련짓는 성명서를 발표한다.

이후 관련 역사
1993년 : 수십 년간의 투쟁 끝에 부부 간의 강간이 미국 50개 주 모두에서 불법화된다.

2017년 : 성폭력 가해자들에게 책임을 묻는 미투 페미니즘 운동이 전 세계로 퍼져 나간다.

수전 브라운밀러가 1975년 『우리의 의지에 반하여』를 썼을 때 강간은 숨겨진 문제 중 하나였다. 그 당시 강간은 좀처럼 신고되지 않다 보니 드문 일로 간주되고 있었다. 강간에 대한 이야기가 나올 때면 다들 목소리를 낮추었고, 보통 그 일을 여성 피해자의 탓으로 돌렸다. 그 논리인즉 남자들은 생물적 특성상 성교가 '필요하다'는 것이었다. 당시의 통념적 인식에 따르면, 남자의 성욕을 조절하거나 하다못해 제한하기라도 하는 일은 여자의 책임이었다.

강간은 정치적 문제다

1970년대에 페미니스트들은 여성 성폭력에 대한 사회의 반응에 이의를 제기하며, 권력이 강간의 동기라는 개념을 도입하기 시작했다. 브라운밀러의 책은 촉매제 역할을 했다. 4년간의 연구에 기초한 그 책에서는 선사시대부터 강간은 줄곧 남자가 여자에 대한 우위를 주장하는 주요 메커니즘이었다고 상정한다. 그녀의 주장에 따르면 강간은 결코 성욕으로 인한 치정 범죄가 아니라, 남자가 여자 몸에 대한 권력을 확고히 하려고 의식적·고의적으로 사용하는 수단이다. 이는 부부 간 강간, 낯선 사람이 저지르는 강간에는 물론이고 노예화, 전쟁, 집단학살 같은 대규모 테러행위에도 해당되는 이야기다. 따라서 강간은 정치적 문제로 보아야 한다.

브라운밀러에 따르면, 남자들은 여자의 몸이 남자의 소유물이라는 통념을 통해서, 그리고 여자들을 종속적 지위에 앉히는 조직적 차별을 통해서 강간을 허락받는다. 여성의 몸이 남자의 소유물이라는 해묵은 관념이 강간에 대한 현대의 인식에서도 여전히 문제가 되고 있다고 본다.

브라운밀러는 아동 성 학대에 대중의 관심을 끌어모은 초창기 저널리스트 중 한 명

> 강간은
> 남자 대 남자의 재산 범죄로서
> 법전에 뒷문으로 들어갔다.
> 수전 브라운밀러

수전 브라운밀러

저널리스트이자 페미니스트인 수전 브라운밀러는 1935년에 뉴욕 브루클린에서 태어났다. 노동자 계급 유대인 가정에서 자란 브라운밀러는 어릴 때 예로부터 유대인들이 받아온 대우와 홀로코스트에 대해 배운 것이 대여성 폭력에 맞서는 계기가 되었다고 말했다.

브라운밀러는 1964년에 민권운동에 관여하게 되었고, 1968년에 뉴욕래디컬위민 주최의 의식 고양 모임에 참석한 후 페미니즘에 관심이 생겼다.

1975년 작 『우리의 의지에 반하여』가 논란에 부딪히긴 했지만, 브라운밀러의 논지, 즉 강간은 언제나 남자들이 여자들에게 권력을 행사하는 기본 방법이었다는 논지는 성폭력에 대한 페미니즘 운동의 접근법에 지대한 영향을 미쳤다.

주요저서

1975년 『우리의 의지에 반하여Against Our Will: Men, Women, and Rape』
1984년 『여성성Femininity』
1989년 『웨이벌리 플레이스Waverly Place』
1990년 『우리 시대에는 : 혁명 회고록In Our Time: Memoir of a Revolution』

참조 : ▪ 가정폭력 피해자 보호 162~163쪽 ▪ 인도의 페미니즘 176~177쪽 ▪ 희생자가 아니라 생존자 238쪽 ▪ 분쟁지역 여성 278~279쪽 ▪ 성차별은 어디에서나 일어난다 308~309쪽 ▪ 남자들이 여자들을 아프게 한다 316~317쪽 ▪ 캠퍼스 성폭력 반대 투쟁 320쪽 ▪ 성적 학대에 대한 인식 322~327쪽

이기도 했다. 그녀의 주장에 따르면, 성인 여자들이 당하는 강간과 아이들이 당하는 성폭력의 가해자는 보통 겉보기엔 정서적으로 안정되고 강직한 듯한 남자로, 피해자가 아는 사람이며 가족 내부 인물인 경우도 많다. 그런 범죄는 소수의 '변태 성욕자들'만 저지르는 짓이 아닌데, 사회는 종종 이와 반대되는 억지 주장을 하려 한다.

집단폭력으로 저질러진 강간

이후 페미니즘 학자들은 겁먹은 집단에게 굴욕감을 주며 그 사람들에 대한 우위를 굳히는 방법으로 강간을 사용하는 경우를 고찰해왔다. 1993년 논문 「정치적 성폭력과 정복정책」에서 멕시코계 미국인 페미니스트 앤토니아 카스타네다는 18~19세기에 해당 지역 주민들을 복종시키는 데 집단 강간이 어떻게 사용됐는지 살펴본다. 그녀에 따르면, 지금의 캘리포니아 주에 해당하는 지역 곳곳에서 원주민 여성과 아동들을 상대로 자행된 강간은 스페인 군인들이 자기네가 정복한 땅과 사람들의 몸에 대한 소유권을 주장한 방법 중 하나였다. 일부 가톨릭 사제들이 그런 집단성폭행에 반대하긴 했지만, 스페인 가톨릭 군주제라는 미명하의 무력 정복활동 덕분에 그들의 선교체제는 캘리포니아 전역으로 퍼져 나갈 수 있었다.

아메리카 원주민 학자이자 페미니스트인 앤드리아 스미스는 이런 논의를 더 진전시켰다. 2005년 작 『정복 : 성폭력과 아메리칸 인디언 학살』에서 그녀가 주장하는 바에 따르면, 북아메리카의 원주민 여성들을 상대로 자행된 집단강간은 원주민들이 사는 땅이 본래 약탈해도 되고 침략받기 쉬운 곳이라는 백인 식민지 개척자들의 믿음의 연장선 위에 있었다.

강간에 대한 오해와 진실

✖ 오해 / ✔ 진실

오해	진실
여성성이 강간을 자초한다	남자들은 강간으로 여자들에게 권력을 행사하려 한다
강간의 동기는 성욕이다	강간의 동기는 권력과 폭력이다
강간에 대한 이야기가 전혀 나돌지 않는 것을 보면 강간은 분명 드문 일일 것이다.	침묵 문화가 강간을 에워싸고 있어서 사람들은 강간에 대해 이야기하길 두려워한다
강간은 항상 낯선 사람이 저지른다	강간은 피해자가 아는 사람이 저지를 가능성이 더 많다.
여자들은 '강간당했다고 소리쳐 알리며' 허위 고소를 한다.	강간의 허위 고소율은 2~6퍼센트로 다른 범죄에 비해 높지 않다.

노예 강간

2009년 발표된 논문 「미국 노예제도의 '성 경제'」(2009) 등의 연구물에서 아프리카계 미국인 학자 에이드리엔 데이비스는 미국의 백인 노예주들이 일상적으로 강간을 사용해 흑인여성들을 위협하는 한편 흑인남자들에게 자신이 그런 여자를 보호할 힘이 없음을 상기시켰다고 주장한다. 또 그녀에 따르면, 미국이 1808년부터 해외 노예수입을 금지하자, 남부 주들은 미국 국내 노예 무역을 확장해 그런 규제에 적응했다. 흑인여성들은 다음 세대의 노예를 낳음으로써 남부의 백인 경제를 뒷받침했는데, 그런 아이들은 강간으로 수태되는 경우가 많

> 강간은
> 여자에 대한 남자의 기본 무기,
> 남자의 의지와 여자의 공포의
> 주요 동인이 되기도 했다.
> 수전 브라운밀러

았다. 데이비스는 흑인여성에 대한 성폭력이 미국 경제의 역사적 발전에 매우 중요했다고 주장한다.

페미니즘 운동

성폭행 위기관리센터의 설립은 제2세대 페미니즘 운동의 핵심요소 중 하나였다. 그런 시설을 세운 여자들(그들 중 일부는 성폭력을 직접 경험한 적이 있었다)은 피해자들에게 피신처와 지원을 제공하고자 했다.

이러한 시설을 여자들이 여자들을 위해 만들었다는 사실은 중요했다. 강간 신고를

뉴잉글랜드의 동류 시설 중 규모가 가장 큰 보스턴 지역 성폭행 위기관리 센터는 1973년에 설립되었다. 그곳은 때를 불문하고 성폭력 생존자들에게 무료 서비스를 제공한다.

하는 피해자들은 그 범죄를 상세히 기록하는 경찰을 불신하는 경우가 많았다. 대부분 남자인 경찰관들은 몰인정한 것으로 악명 높았고, 피해자들을 부끄럽게 하며 그들의 이야기를 믿어주지 않는다고 알려져 있었다. 성폭행센터 운동가들은 자원과 지원을 구할 수 있는 안전한 장소를 강간당한 피해 여자들에게 제공하고자 했을 뿐 아니라, 강간에 관한 법을 바꿔 강간범들이 꼭 책임을 지게 하고자 했다.

1972년에 워싱턴 D.C.의 급진 페미니스트들은 「성폭행 위기관리센터를 설립하는 법」이라는 소책자를 발행했다. 곧 전국 곳곳에서 여러 단체가 결성되었다. 1973년에 샌프란시스코 강간 반대 여성단체(SFWAR)는 주당 20시간씩 지원되는 전화상담 서비스(1980년대 초에는 24시간 핫라인이 되었다)를 시작하는 한편, 지지 집단과 개인상담도 제공했다.

국제 운동

1970년대부터 1980년대 초까지는 비슷한 종류의 운동이 다른 나라에서도 일어났다. 영국에서는 런던 성폭행 위기관리센터(LRCC)가 1976년에 문을 열고 24시간 전화 상담은 물론 일대일 지원도 제공하고 병원도 소개해주었다. 센터의 목적은 피해자들을 섣불리 판단하지 않도록 지원하고, 성폭력을 경찰에 신고하는 일과 관련된 자원을 제공하며, 사건을 법정으로 가져가기로 한 사람들에게 법체계를 다루는 일과 관련하여 도움을 주는 것이었다. 그 시설은 심리치료도 제공했다.

오스트레일리아에서는 강간 반대 여성단체가 1974년에 시드니에서 첫 성폭행 위기관리센터를 열었다. 캐나다에서는 1982년에 밴쿠버에서 여성폭력반대여성단체/성폭행 위기관리센터(WAVAW/RCC)가 만들어졌다.

1970년대에 페미니스트들은 여성 혐오 사회에서 강간이 평범하고 일상적인 일이 되는 현상을 지칭하려고 '강간 문화'라는 용어도 쓰기 시작했다. 1975년 미국 다큐멘터리 영화 〈강간 문화〉에서는 강간이 정신이

부부 간 강간

17세기에 영국의 판사 매슈 헤일은 법에 따르면 부부 간의 강간이란 존재할 수 없다고 판결했다. 그는 여자가 결혼생활에 들어가면 여생 동안 남편과 성관계해도 좋다고 승낙하는 셈이라고 판단했다. 당시에는 다른 영어권 국가에서도 이런 생각이 통념이었지만, 19세기에 여성 참정권론자 엘리자베스 케이디 스탠턴, 루시 스톤, 빅토리아 우드헐은 언제 남편과 성관계를 할지 여자가 결정해야 한다고 주장했고, 영국의 페미니스트 해리엇 테일러 밀도 같은 주장을 했다.

부부 간 강간이 영국에서 비로소 불법화된 것은 1991년에 가서였다. 미국에서는 1993년에 50개 주 모두에서 부부 간 강간이 불법화됐으나, 그런 강간을 비(非)부부 간 강간과 똑같이 다룬 곳은 17개 주에 불과했다. 그해에 국제연합 인권고등판무관도 부부 간 강간이 인권을 침해하는 일이라고 못 박았다.

> 평등의 또 다른 특징은
> 강간과 양립할 수 없다는 점이다.
> 앤드리아 드워킨

상자가 저지르는 개인적 행위라는 통념을 반박하고, 강간과 성차별과 대여성 폭력의 연관성을 강조했다. 그 영화는 강간에 대한 사회의 관점을 바꾸고 여성 성폭력 방지 운동을 성장시키는 데 영향을 미쳤다. 1978년에 그 영화는 미국 의회 의사록에서 언급되었는데, 강간 문화라는 개념이 연방 수준의 미국 정계에서 언급된 것은 이때가 처음이라고 알려져 있다.

1970년대부터 강간 예방 운동과 생존자

모욕 반대 운동이 여러 나라에서 수없이 일어났는데, 그런 운동에서는 성적 동의에 대한 대중교육, 강간 관련 법의 현대화, 병원과 법정과 대중매체의 모범 사례에 중점을 두었다. 강간과 관련된 용어도 바뀌어서, 예컨대 성폭력을 경험한 사람들은 '피해자'보다 '생존자'로 인식되었다.

1970년대나 1980년대에 설립된 단체 중 상당수는 지금도 계속 운영되고 있다. SFWAR는 1990년에 공식적인 비영리 조직이 되었고, 꾸준히 성장을 거듭하고 있다. 오스트레일리아의 첫 성폭행 위기관리 단체는 결국 성폭행 반대 센터(CASA)라는, 정부로부터 재정지원을 받는 15개 시설이 되었다.

미국에서는 강간·학대·근친상간 전국 네트워크(RAINN)가 1994년에 설립되어 전국 성폭행 핫라인을 운영하고 있다. 그리고 1994년의 여성폭력방지법은 강간 문화 방지 활동에 대한 정부 재정지원원을 확립했다. 어떤 나라에서는 그런 활동을 하는 단체들에 대한 재정 지원이 영구적인 난제다. 예

를 들면, 영국은 1984년에 68개의 성폭력 위기관리센터가 여러 도시에서 운영되고 있었다. 하지만 2010년에는 그 수가 39개로 줄어들었고, 그런 시설들 중 5분의 1 정도만 재정지원을 필요한 만큼 충분히 받았다.

지속되는 폭력

긍정적인 진전이 더러 있긴 했지만, 성폭력은 여러 나라에서 숨겨진 문제, 혹은 거의 인정되지 않는 문제로 남아 있다. 수십 년간 운동이 벌어진 후 2013년에야 아일랜드 정부는 강간으로 임신한 여자를 포함한 '타락한 여자들'을 악명 높은 막달레나 세탁소로 보내는 데 정부가 적극적 역할을 했음을 인정했다. 그 세탁소는 사실상 '자비의 성모 동정회'라는 가톨릭 수녀회가 운영한 강제노동 수용소였는데, 수녀들은 그곳의 젊은 여자들에게 가혹하게 굴며 그들의 아기를 부잣집에 팔아넘겼다. 그런 관행은 아일랜드에서 18세기부터 1996년까지 계속되었다.

일본의 경우 2018년 다큐멘터리 〈일본의 감춰진 수치〉는 강간 등의 성폭력에 대한 이야기가 금기시되는 나라에서 한 여성이 자신을 강간한 유명 저널리스트를 법정에 세우기 위해 싸우는 과정을 보여주었다. 강간 문화에 대한 인식은 높아지고 있는지 몰라도, 그 문화는 가난한 나라와 부유한 나라, 서양과 지구적 남부를 가리지 않고 차별 없이 세계 전역에서 존속하고 있다. ∎

2012년 12월 남델리에서 23세의 물리치료사 여성이 버스에 타고 있다 윤간당해 죽게 된 사건을 규탄하는 묵언 시위 중에 뭄바이 여성들이 초에 불을 붙이고 있다.

여자로 태어나 여자로 살아가는 것은 하나의 체험이다

트랜스 배제적 급진 페미니즘

맥락읽기

인용출처
리사 보걸(2013년)

핵심인물
재니스 레이먼드, 실라 제프리스, 저메인 그리어, 리사 보걸

이전 관련 역사
1973년 : 캘리포니아 주에서 서해안 레즈비언 콘퍼런스의 공동주최자 베스 엘리엇이 트랜스젠더라는 이유로 레즈비언 분리주의 단체 거터 다이크스로부터 맹비난을 받은 후 행사 장소를 떠난다.

1977년 : 글로리아 스타이넘이 성전환 중은 더 중요한 페미니즘 문제에 집중하는 데 방해된다고 말한다.

이후 관련 역사
2008년 : 오스트레일리아의 저술가·블로거 비브 스마이드(시스젠더 여성)가 자신이 속하는 트랜스 포용적 급진 페미니즘 공동체와 구별하기 위해 트랜스 배제적 급진 페미니즘이라는 용어를 만든다.

19 70년대부터는, 자기들은 '여성'으로 태어나 늘 여성으로 인정받아왔으므로(시스젠더) 자기네 삶과 억압 경험은 트랜스 여성의 그것과 완전히 다르다고 믿는 강경한 페미니스트 하위집단이 있어왔다. 그런 여자들은 지금 '트랜스 배제적 급진 페미니스트(Trans-Exclusionary Radical Feminists, TERFs)'라고 불리지만, 그들이 자기들을 가리킬 때 그 용어를 사용하는 일은 별로 없다.

1970년대 제2세대 페미니즘의 전성기에 메리 데일리, 재니스 레이먼드, 실라 제프리스 같은 일부 급진 페미니스트들은 트랜

스 여성을 '침입자'로 간주했다. 그들은 어떤 사람을 여자로 볼 수 있는가 하는 문제에 대해 강경하고 적대적인 관점을 취하며 트랜스젠더 정체성의 타당성에 대한 반론을 전개했다.

재니스 레이먼드는 1979년에 『성전환 제국 : 쉬메일의 탄생』을 출간했는데, 그 책은 트랜스 배제적 급진 페미니즘을 공공연히 표방한 최초의 문서다. 거기서 그녀는 트랜스 여성들은 특권의식 때문에 여자들의 공간을 침입하고 싶어 하는 정신이상 남성이라고 비난한다. 또 그녀는 같은 레즈비언 페미니스트인 샌디 스톤(여성 음반사 올리비아 레코드의 사운드 엔지니어)을 구체적으로 지목하며 스톤이 여성 음악계의 트랜스젠더 사기꾼이라고 맹비난했다.

1990년대에 그런 견해를 더 부연한 실라 제프리스는 나중에 트랜스젠더들이 젠더 이분법에 대한 해로운 고정관념을 유지시키고 있다고 말했다. 그녀는 여성스러운 트

2017년에 미국 시카고에서 운동가들이 트랜스젠더의 권리를 위해 시위하고 있다. 이들은 트랜스젠더 학생들이 자신의 성 정체성에 부합하는 화장실을 사용할 수 있게 했던 정책이 철폐된 것에 항의하는 중이다.

저메인 그리어가 2008년에 오스트레일리아 시드니의 NSW 티처스 콘퍼런스센터에서 청중에게 연설하고 있다. 현재 아주 강경한 트랜스 배제적 급진 페미니스트인 그리어는 여러 대학에서 '강연 거부'를 당해왔다.

랜스 여성들이 여자의 바람직한 외모와 행동에 대한 해로운 가부장적 지령을 받아들이고 있다고 주장했다. 또 제프리스는 의료계 지배층이 트랜스 남성의 수술을 허락함으로써 '여자들의' 몸을 손상시키고 있다고도 주장했다. 그녀에 따르면, 전에 남성스러운 레즈비언으로 인식되어왔던 트랜스 남성들의 성전환 수술은 레즈비언 사회의 위기로 이어졌다.

저메인 그리어는 지금 아주 널리 알려진

TERF 중 한 명이다. 그녀는 트랜스 여성이 성전환 수술을 받아야 할 제대로 된 이유란 하나도 없다고 주장한다. 그녀의 견해에 따르면, 태어날 때부터 남성 성기가 있는 사람은 남자일 뿐이며 언제나 남자일 수밖에 없다.

트랜스 포용적 페미니즘

TERF에 대한 비판은 신랄하고 광범위하다. 트랜스 포용적 페미니스트들은 소외 집

단들을 배제하고 괴롭히는 짓을 지지하는 페미니즘이라면 과연 페미니즘이라고 불릴 자격이나 있는지 묻는다. 줄리아 세라노 같은 비판자들은 TERF가 자기네 페미니즘 원칙, 즉 여자를 단순한 육체로서가 아니라 복잡한 주체로서 이해하려고 오랫동안 시도해온 원칙을 어기고 있다고 주장한다. 교차성을 주목하는 비판자들은 인종과 계급도 성전환 수술 전·중·후의 개인적 인권 경험에 큰 영향을 미친다고 지적한다.

TERF는 트랜스젠더들의 정체성을 존중하지 않고 트랜스 여성이란 '양기'로 여자들을 등쳐 먹는 '여장 남성'이라는 해로운 인식을 조장한다는 점에서 수시로 비판받고 있다. TERF 이념에 반대하는 사람들은 그런 비인간적인 과장된 표현이 트랜스 여성의 살인율이 높은 원인 중 하나라고 말한다. ▪

성전환자들은 모두
진정한 여성적 형체를
인공물로 격하시키고
그 몸을 사사로이 씀으로써
여자들의 몸을 더럽힌다.

재니스 레이먼드

미시간 여성 음악 축제

여자들의 공간에 트랜스 여성의 출입을 금지시키는 일에 대한 싸움이 시작된 것은 1976년부터 미국 미시간 주 하트에서 열린 미시간 여성 음악 축제(Michigan Womyn's Music Festival, MichFest)에서였다. 당시의 다른 여러 페미니즘 단체들처럼 주최 측은 'women'의 끝 음절을 쓰지 않으려고 'womyn'을 사용했다.

그 축제에서는 논란의 여지가 있는 '위민본위민(womyn-born-womyn: 여자로 태어난 여자)' 정책을 시행했는데, 결과적으로 주최자들은 1991년에 트랜스젠더 참가자 낸

시 버크홀더를 적대하고 쫓아내게 되었다. 그 후 수년간 항의가 계속되는 가운데 1990년대 초에 캠프 트랜스가 대안적인 행사로 창설되었고, '트랜스 여성도 여기 있어도 괜찮아(Trans Women Belong Here)'라는 운동에서는 그 축제를 내부에서부터 변화시키고자 했다.

창설자 리사 보걸이 정책 개정을 거듭 거부하자, 참가자 수도 줄었고 공연자들도 공연을 취소했다. 미시간 여성 음악 축제는 결국 2015년에 폐지되었다.

비만은 무력함을 거부하는 방법 중 하나다

비만 긍정주의

비만 긍정주의는 뚱뚱한 사람들이 자기 몸을 있는 그대로 사랑하고 받아들일 권리가 있다는 생각이다. 뚱뚱한 몸은 본래 건강하지 못하다고 보는 관점을 거부하고, 서구적 신체관이 종종 건강과 도덕적 가치를 동일시하는 방식을 비판한다. 영국의 정신분석학자 수지 오바크를 비롯한 비만 긍정주의 지지자들은 뚱뚱한 여자들이, 뚱뚱한 몸을 응징하는 성차별주의적·유럽중심적·이성애주의적·시스섹시즘적 미의 기준에 순응하도록 강요받고 있다고 주장한다. 그들은 몸의 가치에 대한 그런 계급제를 뒤집어엎어야 한다고 힘주어 말한다. 오바크가 1978년 출간한 『비만은 페미니즘의 주제다』는 비만 긍정주의 페미니즘 운동에 지적으로 기여한 선구적인 책이었다.

다루기 힘든 몸들

몸에 대한 서구적 사고방식의 뼈대가 된 것은 몸이란 죄악스러운 것이며 특히 여자들의 몸은 유혹에 넘어가기 쉽다는 기독교 교리였다. 몸에 대한 계몽주의 시대의 관념들도 큰 영향을 미쳤는데, 대표적인 예인 심신이원론에서는 이성적 정신이 육욕적 육체를 다스려야 한다고 주장한다. 비만학이란 학문 분야의 학자들은 그런 핵심적 관념들을 비판하며, 두 관념 모두 사회가 어떤 몸을 열등하다고 판단하고 또 소외 계층(여성, 유색인, 빈자, 성소수자, 장애인 등)의 몸을 특히 다루기 힘들다는 사회적 통제가 필요하다고 판단하는 데 모종의 역할을 해왔다고 주장한다.

이념에 이의를 제기하다

페미니스트들은 비만에 대한 부정적 인식이 맞서 싸워볼 만한 일종의 차별이라는 점을 1960년대에 처음 알아차렸다. 급성장 중이던 비만 수용 운동의 활동가들과 함께 뭉친 페미니스트들은 트위기처럼 깡마른

누구든 뚱뚱한 사람을 보고 진단할 수 있는 것은 뚱뚱한 사람들에 대한 자신의 고정관념과 편견이 어느 정도인가 하는 점뿐이다.
메릴린 완

참조 : • 이름 없는 문제 118~123쪽 • 남성적 시선 164~165쪽 • 섹스 긍정주의 234~237쪽 • 아름다움에 관한 신화 264~267쪽 • 라이엇 걸 운동 272~273쪽

미국 보스턴에서 열린 전미 비만 수용 촉진 협회 컨벤션에서 여자들이 함께 벨리 댄스를 추며 자기들의 긍정적인 신체상을 통해 비만 긍정주의 운동을 장려하고 있다.

패션모델이 여자들의 우상으로 알려졌던 당시에 뚱뚱한 사람들에 대한 조직적 억압을 반대했다.

1980년대에는 비만 혐오에 이의를 제기하는 단체가 더 많이 생겨났고, 1990년대에는 비만 해방 운동과 라이엇 걸 운동이 비만 페미니즘 진(zine: 발행 부수가 적은 잡지)들의 창간으로 이어졌다. 1994년에 진으로 발간된 운동가 메릴린 완의 『뚱뚱해! 그래서 뭐?*Fat!So?*』는 1998년에 단행본으로 나왔다. 그즈음 몸집·몸무게 차별 반대 협회(CSWD, 1991년 설립) 같은 단체들은 몸집이 큰 여자들이 마른 여자들보다 소득도 적고 임금인상률도 낮다고, 그리고 의사들이 진단도 제대로 안 해보고 질병이 과체중 때문이라고 넘겨짚는 경우가 많다고 발표했다.

인터넷시대에도 비만 긍정주의는 비만 비하에 대한 인식이 높아지고 '비만패션(fatshion)'과 플러스 사이즈 모델들이 급증하고 소셜 미디어상의 추종자가 엄청나게 많아지는 가운데 성장을 거듭해왔다. 시인이자 운동가인 소냐 러네이 테일러는 교차적 페미니즘 운동과 2018년 출간한 『몸은 사과거리가 아니다』로 '몸에 근거한 억압 체제들을 해체'하고자 한다.

비만 긍정주의에서 파생된 자기 몸 긍정주의 운동에서는 어떤 몸이든 가치 있고 아름답다는 점을 강조한다. 하지만 비만 긍정주의 지지자들 중 일부는 자기 몸 긍정주의 운동을 비판하며, 아주 소외된 계층, 특히 '고도 비만'인 사람들과 유색인 여성들은 자기 몸 긍정주의 운동에서 충분히 존중받지 못하고 있다고 주장한다. ■

수지 오바크

1946년 런던의 한 유대인 가정에서 태어난 수지 오바크(Susie Orbach)는 정신분석학자이자 페미니즘 저술가이며 사회 비평가이다. 그녀는 1978년에 발표한 『비만은 페미니즘의 주제다』에서 여자들이 자기 몸과의 관계에서 겪는 문제, 여자들이 음식을 먹는 정서적인 이유, 그리고 결정적으로 날씬한 몸이 이상적인 몸으로 예시되는 방식을 살펴보았다.

오바크는 그 후에도 『비만은 페미니즘의 주제다 2』, 『단식투쟁』, 『먹는다는 것에 관하여』, 『몸』 등 비슷한 분야의 저작들을 발표해왔다. 그녀는 연인관계, 특히 이성애자 커플 간 관계의 역동성에 대해서도 글을 쓴다. 오바크는 2004년에 유니레버와 함께 (전문 모델 대신 다양한 연령대와 몸집의 여성들을 모델로 쓰는) 도브 "리얼 뷰티" 캠페인을 벌였고, 지금 영국의 신체 자신감 캠페인의 운영위원이다.

주요저서

1978년 『비만은 페미니즘의 주제다*Fat Is A Feminist Issue*』
1983년 『여자들은 무엇을 원하는가?*What do Women Want?*』(루이즈 아이헨바움과 공저)
2005년 『섹스라는 불가능한 일*The Impossibility of Sex*』

여성의 해방, 모든 사람의 해방

인도의 페미니즘

맥락읽기

인용출처
카비타 크리슈난(2014년)

핵심인물
마두 키쉬워

이전 관련 역사
1850~1915년 : 식민지 시대에 사티(미망인 순장)와 아동 결혼 같은 풍습을 금지하고 성관계 승낙 연령을 높이려는 활동이 인도 페미니즘의 '제1단계'를 형성한다.

1915~1947년 : 여성문제를 다루는 일이 '제2단계' 민족주의·반식민주의 운동의 일부가 된다.

이후 관련 역사
2012년 : 델리에서 한 여성 물리치료사가 윤간당해 죽은 후 대대적인 운동이 벌어져 정부가 더 엄한 처벌을 시행하게 된다.

2017년 : 인구의 25퍼센트만 인터넷을 이용할 수 있는 인도에서는 성희롱과 성폭행에 반대하는 미투운동의 규모가 한정적이다.

인도의 페미니즘을 개척한 주체는 1947년 독립이 이뤄지기 전에는 여성의 지위라는 사안을 반식민주의 운동으로 끌어들인 상류계급 남자들이었고, 또 그 전에는 특정 풍습을 불법화하고자 했던 영국인들이었다. 1947년 이후 (여자들이 여자들을 위해 주도한) '제3단계' 페미니즘은 반식민주의 문제에서 벗어나 여성문제에만 초점을 맞출 수

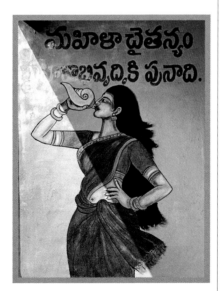

대여성 범죄율이 높은 인도 안드라프라데시 주의 이 벽화는 "여성 역량 증진이 여성 발전의 근간이다"라고 선언한다.

있었다. 하지만 1970년경 인디라 간디가 인도 최초의 여성 총리가 되어 있을 때, 정치계에는 다른 여성이 거의 없었고, 나머지 사회의 여성들은 대부분 자신의 일상생활에 대한 발언권이 거의 혹은 전혀 없었다. 남자들에게 유리한 사회·법 체제의 편향, 불공평한 재산권, 저임금 같은 문제를 다루는 일은 페미니즘 단체들의 몫으로 남아 있었다.

새로운 운동

1972년에 부족민 고아 소녀 마투라를 경찰관들이 윤간하고 나중에 무죄를 선고받자 여성에 대한 경찰의 폭력에 반대하는 운동이 일어났다. 그 운동은 결국 1983년에 법을 개정시키는 데 성공하여, 성관계를 승낙하지 않았다는 피해자의 주장이 반증되지 않는 한 받아들어져야 한다는 원칙을 법제화시켰다. 또 다른 법에서는 구금 중 강간도 처벌 가능한 범죄로 규정했다.

인도 페미니즘에서는 카스트, 부족, 언어, 지역, 계층의 권력구조 안에 존재하는 성 불평등을 생각해야 했기 때문에, 학계 여성들은 서구적 페미니즘 개념을 받아들이길 주저하며 좀더 인도에 적합한 접근법을 주장했다. 1978년에 학자 마두 키쉬워와

참조 : ▪ 전 세계로 번진 여성 참정권운동 94~97쪽 ▪ 반식민주의 218~219쪽 ▪ 탈식민주의 페미니즘 220~223쪽 ▪ 토착적 페미니즘 224~247쪽 ▪ 페미니즘의 온라인화 294~297쪽

마두 키쉬워

1951년에 태어난 마두 푸르니마 키쉬워는 델리의 미란다 하우스와 자와할랄 네루대학에서 공부했다. 학자이자 저술가이며 인권운동가인 그녀는 여성과 사회를 다루는 선구적 잡지 〈마누시〉를 공동 창간했다. 그녀는 델리에 있는 개발도상사회연구센터(CSDS)의 선임연구원이자, CSDS 인도연구 프로젝트의 책임자이기도 하다. 또 키쉬워는 '마누시 상가탄'이라는 포럼의 회장이기도 한데, 그 포럼에서는 사회정의를 고취하고 인권, 특히 여권을 강화하기 위해 특정 문제에 대응하는 시민단체들을 조직한다.

주요저서

1984년 『답을 찾아서 : 인도 여성들의 목소리*In Search of Answers : Indian Women's Voices*』
1986년 『간디와 여성*Gandhi and Women*』
1990년 『내가 페미니스트를 자칭하지 않는 이유*Why I Do Not Call Myself a Feminist*』
2008년 『열성적인 개혁가들, 치명적인 법 : 고정관념과 싸우기*Zealous Reformers, Deadly Laws : Battling Stereotypes*』

루스 바니타는 〈마누시*Manushi*〉라는 잡지를 창간했는데, 그 잡지는 사회, 법, 경제계의 가부장제와 여자들이 '사방팔방에서' 직면하는 폭력에 관한 주요 문제를 널리 알린다. 이제 전자책으로 발행되는 그 잡지는 원래 마하트마 간디의 삶과 업적에서 영감을 받았던 만큼, 사회 갈등의 평화적인 해결책을 찾으며, 여자들이 당대의 난제를 처리하는 데 도움을 주고 있다.

오늘날 인도의 페미니즘

인도 여자들은 이론상으론 법에 따라 남자들과 동등하게 하는 권리가 있지만, 실제로는 아직도 그런 권리를 무시당할 때가 많다. 주류 인도 페미니즘은 아동 결혼, 성별선택 낙태, 지참금 범죄, 강간, 소외계층 여성에 대한 폭력 같은 문제와 관련하여 여성들을 위해 계속 싸우고 있다. 여러 온라인 포럼에서는 신체, 월경 관련 금기사항, 성교육, 어머니 역할, 동성애 등을 주제로 삼아 여성들의 교육에 힘쓴다. 소셜미디어는 여성의 자유를 추구할 뿐 아니라 소수 집단을 위한 사회 정의도 요구하는 '제4세대' 페미니즘을 주도하고 있다.

갖가지 항의운동은 그런 매체를 통해 지지를 얻어왔고, 굴라비 갱(분홍 갱) 같은 단체들은 국지적으로 여성문제에 맞서고 있다. 그리고 '이브티징(eve-teasing, 공공장소에서 여성을 성추행하는 짓)' 같은 문제에 대응하는 운동들도 벌어진다.

힌두교 근본주의자들은 전통적 인도 여성이라는 이상을 옹호한다. 힌두교식 결혼과 가족에 대한 통념에 맞서 싸우는 힌두교도 여성들은 서구화되었다는 비난과 폭력에 노출된 실정이다. ∎

2002년에 결성된, 분홍색 사리를 입은 굴라비 갱은 여성과 아동을 상대로 폭력 등의 부정행위를 저지른 사람들에게 공개적으로 망신을 주고, 경찰에 압력을 가해 조치 시행을 촉구한다.

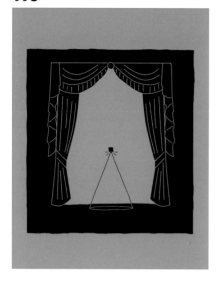

우리 목소리는 무시당해왔다

페미니즘 연극

맥락읽기

인용출처
린 노티지(2010년)

핵심인물
캐릴 처칠, 이브 엔슬러

이전 관련 역사
1968년 : 핼러윈에 뉴욕에서 '지옥에서 온 여성국제테러음모단(W.I.T.C.H.)' 구성원들이 마녀 복장으로 가두 연극('잽 zap')을 하며 월가에 마법을 건다.

이후 관련 역사
2011년 : 반자본주의 페미니스트들이 월가 시위의 준비를 돕지만, 나중에 자기들이 접한 남자 운동가들의 여성 혐오를 맹렬히 비난한다.

2013년 : 대여성 폭력의 종식을 요구하는 V-데이 운동가들이 밸런타인데이에 '10억 궐기' 플래시몹 댄스를 벌인다. 10억은 폭력이나 강간을 경험하게 될 세계 여성의 3분의 1을 나타낸다.

내가 절실히 통감하는 것은 페미니즘적 입장이므로, 그런 입장은 내가 쓰는 글에 큰 영향을 미칠 수밖에 없다.
캐릴 처칠

페미니즘 연극은 1970년대에 여성해방운동의 영향으로 부상했다. 이전에 버지니아 울프는 '자기만의 방'을 요구했지만, 당시 여자들은 자기들만의 무대, 즉 페미니즘 사상과 경험의 장을 원했다. 세계 곳곳에서 극단이 생겨났다. 영국의 '여성 극단'(지금의 스핑크스)과 '괴물 극단', 미국의 '스파이더우먼'과 '산기슭에서', 오스트레일리아의 '멜버른 여성 극단', 일본의 '도테카보이치자', 자메이카의 '자매들', 캐나다의 '나이트우드 극단' 등등.

급성장한 그 단체들은 여성에 대한 고정관념과 여성의 신체를 객체화하는 것에 이의를 제기한다는 공통된 목적이 있었다. 그들은 모두 여성의 평등에 대한 일반 원칙을 지지했지만, 그것을 어떻게 다루고 이뤄야 하는가 하는 점에서는 차이를 보였다. 예를 들어, '나이트우드 극단'의 우선사항은 캐나다 여성들이 캐나다 여성들에 대한 연극을 무대에 올리는 일이었지만, '스파이더우먼'은 원주민 여성 극단으로서 아메리카 원주민 여자들의 경험과 관련된 정치적 문제를 반영한다.

페미니즘 연극 만들기

각 극단이 취한 방향에 영향을 미친 페미니즘의 스타일과 정치적인 역학 관계도 저마다 달랐다. 급진 페미니즘적 접근법 중 하나를 취한 '산기슭에서'는 여성의 경험을 탐구하며, 그 경험을 바탕으로 하여, 남성적 주제와 등장인물이 지배하는 '가부장적 연극'과 완전히 다른 예술 형식을 만들고자 했다. 사회주의 페미니즘을 표방한 괴물 극단은 새로운 작품을 쓰는 데 전념하며, 여자들에게 연극의 모든 방면에서 일할 기회를 주기 위해 총체적으로 조직되었다.

세계적으로 인정받은 영국 극작가 캐릴 처칠은 '괴물 극단'의 의뢰를 받은 작가 중 한 명이었다. (튀니지 태생의 프랑스 작가 시

참조 : ▪ 지적 자유 106~107쪽 ▪ 페미니즘 예술 128~131쪽 ▪ 급진 페미니즘 137쪽 ▪ 언어와 가부장제 192~193쪽

몬 벤무사, 독일의 게를린트 라인스하겐, 이탈리아의 프랑카 라메 같은) 당대 유럽의 여느 극작가들과 마찬가지로 처칠은 사회주의 페미니즘의 영향을 받았다. 그녀의 희곡은 쿠바계 미국인 마리아 아이린 포네스나 아프리카계 미국인 에이드리엔 케네디 같은 실험적 페미니즘 극작가들의 작품이 그랬듯이 연극적으로 독창적이었다.

아마 처칠의 대표작일 1982년에 상연된 〈최상의 여성들〉은 디너파티 장면으로 시작되는데, 그 파티에서는 역사 속과 소설 속의 여자들이 모여 주인공 말린의 진급을 축하한다. 이야기가 전개되면서 말린의 과거가 드러나는데, 관객은 말린이 성공을 거두는 과정에서 다른 여자들이 큰 희생을 치렀다는 사실을 알게 된다.

새로운 세대

물질적 성공과 개인이기주의에 대한 〈최상의 여성들〉의 경고성 메시지는 알고 보니 그다음 수년간 페미니즘 및 페미니즘 연극 운동과 관련해 일어날 일의 예언이었다. 마거릿 대처의 영국 정부와 로널드 레이건의

캐릴 처칠의 〈최상의 여성들〉은 디너파티 장면으로 시작된다. 1991년에 런던 로열코트극장에서 올린 이 재공연에는 1982년 첫 상연 당시의 출연자들 중 일부도 참여했다.

미국 정부가 받아들인 자유방임 자본주의와 신자유주의는 페미니즘 연극을 특징지었던 공동체 정신과 상충했다.

1990년대에는 새로운 페미니즘 문제들이 젊은 세대의 운동가들에게 활기를 불어넣었다. 미국의 극작가 이브 엔슬러는 자신의 일인극 1996년 초연된 〈버자이너 모놀로그〉의 성공을 이용해, 대여성 폭력을 부각시키는 V-데이 운동을 주도했다.

불평등과 부정의는 21세기 페미니즘 연극에도 계속 영향을 미쳤다. 신랄한 비판을 내놓는 연극인 중에는 미국의 수전 로리 파크스와 린 노티지, 영국의 데비 터커 그린, 오스트레일리아의 원주민 여성 카바레 극단 '핫 브라운 허니'처럼 상을 받은 유색인종 여성들도 있다. 그들은 모두 차례가 되어 자기들만의 페미니즘 무대를 요구해왔다. ▪

보디랭귀지

이브 엔슬러의 여성 일인극 〈버자이너 모놀로그〉는 1996년 오프오프브로드웨이 히어아트센터에서 조용히 수면 위로 떠올랐으나, 곧 파문을 일으켰다. 이 모노드라마는 엔슬러가 여자 200명과 인터뷰하며 성행위, 연인 관계, 그와 관련된 폭력에 대해 그들에게서 들은 이야기를 바탕으로 만들었다. 그녀가 극적으로 전달해주는, 재미와 충격을 번갈아 안겨주는 이야기들은 무시할 수가 없었다. 48개 언어로 번역된 이 독백극은 이제 전 세계에 알려져 있다.

〈버자이너 모놀로그〉는 보수파의 격분을 불러일으켰고, 페미니스트들 중 일부는 그 작품이 너무 편협하며 지나치게 몸에 치중한다고 비판했지만, 그 작품이 정치적 문제들을 제기한 것에 갈채를 보내는 사람도 많았다. 1998년부터 엔슬러는 그 독백극을 세계적인 V-데이 운동의 일환으로 이용해 대여성 폭력에 항의하며 폭행, 근친상간, 여성 할례, 인신매매 같은 문제와 씨름해왔다.

베이루트에서 리나 코우리의 2006년 아랍판 "버자이너 모놀로그" 〈여자들의 이야기〉를 홍보하는 데 쓰인 포스터.

페미니스트들은 모두 레즈비언이 될 수 있고 되어야 한다

정치적 레즈비어니즘

맥락읽기

인용출처
리즈 혁명적 페미니즘 단체(1981년)

핵심단체
리즈 혁명적 페미니즘 단체

이전 관련 역사
1955년 : 미국 최초의 레즈비언 정치·사회단체 '빌리티스의 딸들'이 설립된다.

1969년 : 워싱턴 D.C.에서 '푸리아 공동체'가 페미니즘 레즈비언 분리주의 단체로 설립된다.

이후 관련 역사
1996년 : 미국의 사회학자 베라 휘스먼이 『자발적 퀴어』를 출간한다.

2008년 : 『성적 유동성 : 여성의 사랑과 욕구에 관하여』에서 미국의 심리학자 리사 다이아몬드가 여성의 성적 취향은 시간이 흐르면 변할 수 있다고 주장한다.

19 60년대 초부터 페미니스트들 중 상당수는 이성애를, 남자가 여자를 지배하는 주요 수단 중 하나로 보기 시작했다. 급진 레즈비언 페미니스트들은 이성 결혼이 과연 여자들의 본래 운명인지 의문시하며, 여자들에게 레즈비어니즘을 정치적 정체성으로서 생활화하도록 촉구했다.

정치적 레즈비언들은 여자가 남자의 폭력과 지배에서 제대로 벗어나려면 남자를 연애 생활과 성생활에서 완전히 배제하는 수밖에 없다고 주장했다. 그들의 주장에 따르면, 자진해서 이성애를 뒤로하는 것은 여자들이 여성해방운동에 더 깊이 헌신하는 방법 중 하나였다.

하지만 레즈비언 페미니즘이 전반적인

페미니즘 운동 내부에서 항상 받아들여진 것은 아니다. 예컨대 미국에서 [한때 전미여성기구(NOW) 회장이었던] 존경받는 이성애자 페미니스트 베티 프리던은 레즈비어니즘 옹호론과 거리를 두고자 했다. 그들은 1969년에 레즈비언들을 페미니즘의 위신을 위협하는 '라벤더색 위험 요인(lavender menace)'으로 볼 수 있다는 발언을 규탄했다.

가부장제에 저항하기

프리던에게 대응해 뭉친 일단의 급진 레즈비언 페미니스트들은 그녀의 모욕적 발언을 재활용하여 '라벤더 매너스(Lavender Menace)'라는 비공식 단체를 결성했다. 1970년에 그들은 「여자가 규정한 여자」라는 선언문을 작성해, 여자들에게 남자들의 성차별주의적 기대에 부응하지 말고 남자들에게 쏟던 에너지를 정치적 레즈비어니즘을 통해 다른 데 쓰라고 요청했다.

정치적 레즈비어니즘이라는 개념이 충분히 제대로 표현된 것은 영국 리즈혁명 페

1989년 뉴욕 게이 프라이드 퍼레이드에서 한 레즈비언 커플이 걸어가고 있다. 그 가두행진 행사가 처음 개최된 것은 1970년, 즉 성소수자(LGBT)와 경찰 사이에서 폭력 사태가 일어난 그리니치빌리지의 스톤월 항쟁 사건 후 1년 뒤였다.

참조 : ▪ 강제적 이성애 194~195쪽 ▪ 섹스 긍정주의 234~237쪽 ▪ 교차성 240~245쪽 ▪ 페미니즘과 퀴어이론 262~263쪽 ▪ 양성애 269쪽

레즈비어니즘은
우리 투쟁 전략의 일환으로
필요한 정치적 선택지이지
낙원 입장권이 아니다.
리즈 혁명 페미니즘 단체

미니즘 단체(LRFG)의 1979년 팸플릿 「정치적 레즈비어니즘 : 이성애 반대론」에서였다. 그 팸플릿에서 LRFG는 이성 간 성교, 특히 남자 성기의 삽입이 남성의 침입 행위에 해당하며 '침입당하는 중심부'라는 여성의 지위를 계속 상기시킨다고 보았다.

정치적 레즈비언들이 꼭 여자와 성관계를 맺는 사람으로 여겨지는 것은 아니다. LRFG는 레즈비언을 남자와 성관계하지 않는 여자로 정의했다. 정치적 레즈비언들 중에는 여성 파트너가 있는 사람도 많았지만, 성적으로 금욕하거나 성행위에 관심이 없는 사람도 더러 있었다.

이성애자 페미니스트들 중 상당수는 남자와 계속 성관계하면 '적'과 한통속이 되는 셈이라는 LRFG의 대담한 주장에 분노했다. 또 어떤 레즈비언들은 레즈비어니즘을 단순히 남자와 성관계하지 않는 것으로 정

'밤을 되찾자' 가두행진은 1990년대까지 영국 곳곳에서 벌어졌다. 그 운동은 2004년에 부활되었다. 위 사진의 가두행진은 2015년에 브리스틀에서 성폭력 반대 운동가들이 강간의 종식을 요구하며 벌인 것이다.

의할 수 있다는 이야기에 격분했다. 자신의 성적 취향이 선천적인 것이라고 믿는 사람들은 어떤 여자든 레즈비어니즘을 선택할 수 있다는 주장을 받아들이지 않았다.

리즈 혁명 페미니즘 단체

정치적 레즈비어니즘은 미국에 뿌리를 두고 있었지만, 아마도 그 운동의 영향을 가장 극대화한 것은 잉글랜드 북부의 리즈 혁명 페미니즘 단체(LRFG)였을 것이다. 1977년에 결성된 그 단체가 처음 유명해진 것은 그해 11월에 영국 전역의 '밤을 되찾자' 가두행진을 주최했을 때였다. 그 가두행진은 경찰이 당시 벌어지고 있던 '요크셔 살인광' 연쇄살인에 대처해 여자들에게 밤에 외출하지 말도록 권고한 것에 대응해 벌어졌다. '밤을 되찾자' 운동은 여자들이 육체적·성적 폭력을 당할 위험 없이 공공장소에 있을 권리를 위한 조치를 요청하는 활동이었다.

LRFG는 1980년대 내내 계속 활동했다. 1981년에 그 단체는 1979년 팸플릿 「정치적 레즈비어니즘 : 이성애 반대론」을 『원수를 사랑하라고? : 이성애적 페미니즘과 정치적 레즈비어니즘 간의 논쟁』이라는 책으로 다시 펴냈다.

섹스 전쟁

페미니스트들은 성적 취향을 표현하는 적절한 '페미니즘적' 방식이란 어떤 것인가 하는 문제를 놓고 1980년대 내내 계속 논쟁을 벌였다. 미국의 급진 레즈비언 페미니스트 앤드리아 드워킨은 남성 성기 삽입을 부정하며, 포르노와 성 노동을 대여성 폭력으로 간주해 비판하고, 성적 역할보다 평등주의를 강조했다. 미국의 게일 루빈 같은 다른 레즈비언들은 BDSM(구속, 지배, 가학, 피학)을 탐구하며 '섹스 긍정주의' 페미니스트를 자칭했다. ▪

여성은 글 속으로 들어가야 한다

후기구조주의

맥락읽기

인용출처
엘렌 식수(1975년)

핵심인물
엘렌 식수, 뤼스 이리가레, 줄리아 크리스테바

이전 관련 역사
1960년대 : 프랑스에서 구조주의에 반대하는 새로운 지적 운동이 전개된다.

1968년 : 자본주의, 전통적 가치관, 미 제국주의에 반대하는 학생운동과 총파업 때문에 프랑스 경제가 혼란에 빠진다.

이후 관련 역사
1970년 : 프랑스의 여성해방운동 단체 '여성해방운동'이 결성되어 1970년이 자기들의 투쟁 '원년'이라고 선언한다.

1990년 : 주디스 버틀러의 『젠더 트러블 : 페미니즘과 정체성의 전복』이 출간되면서 미국 독자들이 후기구조주의 페미니즘 사상을 접하게 된다.

> 언어는 전통적인 남성권력구조를 반영한다

→

> 이는 문학 등의 지적 문화에 대한 가부장적 지배로 이어진다

↓

> 여성은 자신의 운동을 통해 글 속으로 들어가야 한다

←

> 여자들은 사회변화로 이어질 새로운 '여성적 글쓰기'를 하도록 촉구받는다

후기구조주의(탈구조주의)는 1960년대에 프랑스에서 생겨난 철학 사조다. 그 사조는 구조주의에 대한 비판으로서 발전했다. 1950년대와 1960년대의 프랑스 철학 사상 중 하나인 구조주의에서는 문학 텍스트 같은 문화 상품의 기저에 논리적 원리 혹은 '구조'가 깔려 있다고 주장했다. 구조주의자들은 '이항 대립'이라는 개념을 사용하며 텍스트 속에서 이성적/감정적, 남성/여성 같은 반대항을 식별해 보편적 구성 원리를 밝히고자 했다.

반면에 후기구조주의자들은 해체라는 철학적 수단을 이용해 이항 대립론에 대한 반대론을 폈다. 후기구조주의자들이 보기에 텍스트는 자명한 '진리'의 원천으로 신뢰할 만한 대상이 아니다. 왜냐하면 텍스트는 역사와 문화의 영향을 받아 형성되는데 역사와 문화는 둘 다 인간의 지식 체계로서 편견에 휘둘리기 쉽기 때문이다. 그들은 우리가 아는 것뿐 아니라, 우리가 그것을 안다고 생각하는 방식, 그리고 무엇이 객관적 진리인가에 대한 우리 생각에 우리의 사회적 위치가 영향을 미치는 방식도 문제시했다.

프랑스 페미니스트 중 엘렌 식수, 뤼스 이리가레, 줄리아 크리스테바를 비롯한 상당수는 후기구조주의를 지식과 권력에 대

엘렌 식수

엘렌 식수(Hélène Cixous)는 1937년에 프랑스령 알제리의 오랑에서 의사인 아버지와 나치 독일에서 탈출한 어머니의 딸로 태어났다. 나중에 그녀는 알제리에 사는 유대계 프랑스인 가족의 일원으로서 자신의 정체성이 소외감으로 얼룩졌다고 말했다.

프랑스로 이주한 식수는 영문학을 공부하고 강의했으며, 1968년 프랑스 학생혁명에 관여하게 되었다. 그녀는 1970년대에 프랑스 페미니즘의 유력한 대변자가 되며, 그녀의 가장 영향력 큰 저작인 「메두사의 웃음」을 발표해 '여성적 글쓰기'에 대해 이야기했다. 1974년에 그녀는 유럽 최초의 여성학 박사과정을 파리 제8대학에서 개설했는데, 그 실험적인 대학은 그녀가 1968년 학생운동에 바로 부응해 공동으로 설립한 곳이다. 소설가이자 시인이며 극작가이기도 한 식수는 세계 각지의 대학에서 명예 학위를 받았다.

주요저서

1975년 「메두사의 웃음Le Rire de la Méduse」
1983년 『프로메테아 이야기Le Livre de Promethea』

참조 : ▪ 정치적 레즈비어니즘 180~181쪽 ▪ 언어와 가부장제 192~193쪽 ▪ 젠더 수행성 258~261쪽

식수가 파리 제8대학에 개설된 유럽 최초의 여성학 연구 과정에서 학생들을 가르치고 있다. 식수는 새로운 페미니즘적 언어를 개발한 지적이며 급진적인 사상가다.

한 통념을 비판하는 한 가지 방법으로 받아들였다. 특히 그들은 철학 텍스트가 남자들의 관점에서 작성되는데도 객관적·포괄적 사실로 제시되어온 방식에 사람들의 관심을 끌어모았다.

여성적 글쓰기

프랑스 철학자 엘렌 식수는 1970년대에 프랑스의 선구적 후기구조주의 페미니스트로 부상했다. 1975년에 그녀는 대표작인 에세이 「메두사의 웃음」을 발표했다.

그 글에서 식수는 여자들에게 전형적인 남성적 가치관을 여성적 가치관보다 높이 평가하는 주류 글쓰기 방식에 이의를 제기하라고 촉구한다. 그녀는 '여성적 글쓰기(écriture féminine)'라는 용어를 만들고, 그런 글쓰기를 '남근이성중심주의', 즉 남자들의 글과 말에서 (남성적) 이성을 (여성적) 감

여성이
역사 속에 '충격적으로' 등장하는
것이기도 한데, 여성 자신의 권리를 위해
모든 상징체계와 모든 정치 과정에서
취득자·개시자가 되는 것이기도 하다.
엘렌 식수

정보다 중시하는 방식에 도전하는 방법으로 내놓는다. 식수는 여자들에게 방관하지 말고 직접 나서서 글쓰기, 언어학, 지식 창출의 규칙을 다시 쓰라고 요청한다. 식수의 주장에 따르면 그런 일이 중요한 이유는 글쓰기가 사회를 변화시키는 핵심수단 중 하나이기 때문이다.

식수는 여성의 몸이 여성적 글쓰기에서 중요한 역할을 한다고 보았다. 그녀에 따르면, 여자들은 자신의 몸을 (이를테면 자위행위를 통해) 에너지와 감정의 물결 속에서 경험한다. 식수는 여자들이 자기 몸에 깃들어 사는 그런 복잡한 방식이 글쓰기를 통해 표현되어야 한다고 주장한다.

여자들이 그들의 글과 관련해 남자들에게 어떻게 폄하당해왔는지 이야기하면서 식수는 여자들이 글을 남몰래 써온 방식과 여자들이 자위행위를 남몰래 해온 방식을 비교한다. 그리고 그 두 방식 모두 여자에 대한 남자들의 두려움과 증오 때문에 여자들이 자기 힘의 원천과 단절되어온 방식을 전형적으로 보여준다고 주장한다.

식수는 미국의 정치적 레즈비어니즘 이론에 대해 숙고하면서 여자들 간 관계의 중

요성을 강조했다. 그녀는 누구든 욕구를 '증식'하는 과정에서 자신의 근원적 양성애 가능성을 추구해야 한다고 주장했다.

성적 차이

뤼스 이리가레(Luce Irigaray)는 벨기에에서 태어나, 엘렌 식수처럼 1970년대에 프랑스 페미니즘의 주요 공헌자가 되었다. 그녀는 몇 가지 이론을 전개했는데, 그중 하나인, 마르크스주의에 기초한 '거래 이론'에

여자들은 직접 글을 써야 한다.
그리고 여자들이 글을 쓰고 싶게
만들어야 한다. 여자들은 자기 몸에서
억지로 멀어져왔듯이 글쓰기에서도
억지로 멀어져왔다.
엘렌 식수

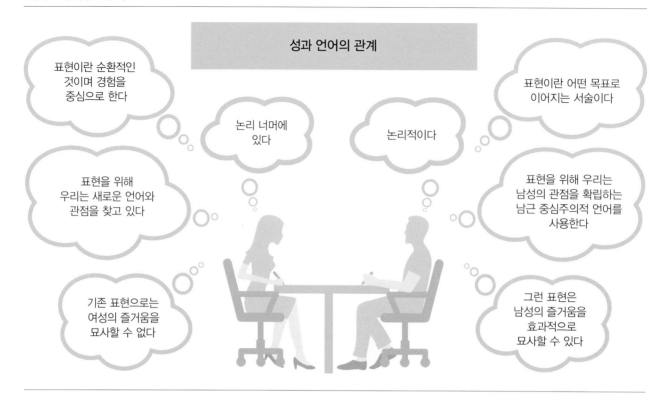

성과 언어의 관계

표현이란 순환적인 것이며 경험을 중심으로 한다

논리 너머에 있다

논리적이다

표현이란 어떤 목표로 이어지는 서술이다

표현을 위해 우리는 새로운 언어와 관점을 찾고 있다

표현을 위해 우리는 남성의 관점을 확립하는 남근 중심주의적 언어를 사용한다

기존 표현으로는 여성의 즐거움을 묘사할 수 없다

그런 표현은 남성의 즐거움을 효과적으로 묘사할 수 있다

서는 여자들이 자본주의 체제하에서 상품으로 격하되고 있다고, 마치 일반 남자들이 금융자산을 거래하고 모으듯 일부다처주의자 남자들이 여자를 거래하고 모으는 가운데 그런 일이 일어나고 있다고 주장했다.

자신의 저작에서 이리가레는 남성중심적 의사소통 방식과 문학작품에 이의를 제기하는 한 가지 방법으로서 여성의 글쓰기가 아주 중요하다고 주장한다. 이리가레는 여성 글쓰기의 일대 혁신을 통해, 아직 충분히 개념화되지도 분명히 표현되지도 않은 여성의 새로운 언어가 장차 나타나길 바란다. 이리가레는 아마도 성적 차이 페미니즘으로 가장 잘 알려져 있을 것이다. 그녀는 서양사상사란 남자들이 성적 계층 구조에서 최고 지위를 차지하며 여자들을 하급자로 간주해 아래에 두어온 역사라고 믿는다. 남자들의 가치관과 경험이 모든 인간의 경험을 대표하게 되면서 결과적으로 여자들의 경험과 철학적 공헌은 삭제되며 이상

화되기에 이르렀다. 이리가레는 사회가 남자들을 주체로 보고 여자들을 '타자'로 보는 성적 계층 구조 개념에서 벗어나 성적 차이를 인정해야 한다고, 즉 여자와 남자의 차이와, 여자들이 '나(I)'라는 지위를 차지해 여성 주체성을 구축할 권리를 인정해야 한

발기에 쏟는 관심을 보면 그것을 지배하는 상상이 여성에게 얼마나 낯선지 알 수 있다.
뤼스 이리가레

다고 말한다.

이리가레는 여자들(여기서 이리가레는 타고난 성별에 동질감을 느끼는 시스젠더 여자들을 생각하고 있다)이 체액(특히 월경혈, 모유, 양수)과 특별한 관계를 맺고 있다는 점도 주목하며, 그런 체액을 여자들이 글쓰기에서 개념적 유동성을 구현하는 능력과 관련짓는다. 1977년 출간한 저서 『하나이지 않은 성』에서 그녀는 남자에 비해 성감대가 많은 여자들의 유동적이고 복합적인 성적 취향에 관해 폭넓게 이야기한다.

여성 생식기관과 성감대의 다양성을 강조하면서 이리가레는 성생활에 대한 남성중심적 이해에서 남근을 으뜸으로 여기는 관점에 이의를 제기하는 한편, 여자들 간의 관능을 추구할 방안도 탐구하고자 한다. 이 후자의 문제는 이리가레의 논문 「우리 입이 함께 말할 때」(1980년)의 중심 주제다.

여자들이 '미메시스(mimesis)', 즉 예술적 모방에 참여해야 한다고 주장한 이리가레

> 사실적인 연극에서처럼
> 분장도 가면도 없이 쓰레기와 시체는
> 내가 살기 위해
> 끊임없이 밀쳐 내는 것들을 보여준다.
> 줄리아 크리스테바

는 정신분석학을 바탕으로 하여, 여자들이 자기네 여성성에 대해 남자들이 만들어낸 고정관념을 자기 책임하에 바꾸고 낯설며 색다른 형태의 여성성을 취해야 한다고 제안했다.

크리스테바와 아브젝트(abject)

불가리아에서 태어나 1960년대 중반에 프랑스로 이주한 줄리아 크리스테바는 정신분석학, 언어학, 문학 비평에 대한 저작으로 알려져 있다. 1982년 작 『공포의 권력』에서 그녀는 '아브젝시옹(abjection)'이라

는 개념을 탐구한다. 아브젝시옹이란 자아와 비아(非我: 나 밖의 모든 것) 혹은 주체와 객체의 경계에 대한 개인의 감각이 흐릿해지는 과정을 말한다. 무엇보다도 아브젝시옹은 개인이, 자아를 파괴하겠다고 위협하는 것, 즉 필사의 운명과 부득이 씨름해야 할 때 일어난다. 결국 우리는 모두 시체가 되면서 객체의 지위로 몰락할 것이다.

크리스테바는 특히 어머니의 몸이 사회적 아브젝시옹의 대상이라고 말한다. 임신과 출산의 과정을 통해 어머니의 몸은 주체와 객체의 경계에 도전한다. 그녀는 그녀 자신의 것이지만, 또 다른 존재가 그녀 내부에서 자라나 그녀의 몸 밖으로 나온다. 그녀는 임신, 출산, 모유 수유 과정에서 온갖 유동체를 유출하는 자신의 다루기 힘든 몸을 통해 문명과 자연의 경계를 넘어선다.

엇갈린 반응

프랑스 페미니즘 연구물은 생물학적 본질주의, 즉 남자와 여자가 생물적 특성 때문에 근본적·문화적으로 다르다는 생각을 퍼트린다는 점에서 비판을 받아왔다. 페미니스트들 중 상당수는 이리가레의 성적 차이 이론, 식수와 이리가레의 '여성적 글쓰

아브젝시옹과 어머니 몸에 대한 줄리아 크리스테바의 이론은 몸을 연구하는 페미니스트 학자들에게 영향을 미쳐왔다. 하지만 그녀는 생물적 차이를 중요시한다는 이유로 비판을 받아오기도 했다.

기' 옹호론이 기존의 성적 고정관념을 강화한다며 항의한다. 또 어떤 사람들은 후기구조주의 페미니즘 저술이 지나치게 이론적이고 엘리트주의적이며 난해하다고 비판한다. ■

빅토르 쥘리앵 지로의 〈노예 시장〉에서 남자들이 여자들을 상품으로서 거래하고 있다. 이 그림은 고대 하렘으로 들어갈 노예 한 명을 새로 얻는 장면을 보여준다.

거래 이론

마르크스 이론의 영향을 받은 이리가레가 『하나이지 않은 성The Sex Which Is Not one』에서 주장한 바에 따르면, 가부장 사회에서 여자들은 상품, 즉 지각된 시장가치에 따라 남자들 사이에서 거래되는 대상이라는 지위로 격하된다. 남자들은 여성의 존재를 집단 생식을 통해 존속하는 데 꼭 필요한 것일 뿐 아니라 통제를 받아야 하는 대상이기도 하다고 본다.

이리가레는 남자들이 자본주의 체제하에서 착취를 통해 부를 최대한 축적하려 하듯이 여자도 가능한 한 많이 '축적'하려 한다고 주장

했다. 그녀의 이론에 따르면, 그런 거래와 관련하여 여자들은 세 범주로 나뉜다. 어머니, 처녀, 창녀. 어머니는 '사용 가치', 즉 번식 가치에 따라 거래되고, 처녀는 남자들 사이에서 오가는 상품으로서 '교환 가치'에 따라 평가된다. 사용 가치도 있고 교환 가치도 있는 창녀는 남자들에게 악마로 취급받는다.

THE POL
OF DIFFE
1980s

ITICS
RENCE

차이의 정치
1980년대

페미니스트 시인 에이드리언 리치가
「강제적 이성애와 레즈비언 존재」라는
논문에서 이성애는 남성이 여성에게
강요한 것이라고 주장한다.

1980년

섹스 긍정주의 페미니스트 엘렌 윌리스와
게일 루빈이 뉴욕에서 바너드 섹슈얼리티 컨퍼런스를
주최하여 반(反)포르노 진영
페미니스트들을 격분하게 만든다.

1982년

미국 작가 앨리스 워커가
흑인 페미니스트 또는
유색인 페미니스트를 지칭하는
'우머니스트'라는 용어를 만든다.

1983년

1981년

아프리카계 미국인 페미니스트 겸 운동가
안젤라 데이비스가 저서 『여성, 인종, 계층』을
발표하며 페미니즘이 항상 인종차별주의에
시달려왔다고 주장한다.

1982년

영국에서 3만 명의 여성이
그린햄 커먼 공군기지를 에워싸고
이 기지의 핵무기 설치에 반대하는
시위를 벌인다.

19 80년대에 미국과 영국의 주류 정치는 보수 정권으로 바뀌었다. 미국 로널드 레이건 대통령과 영국 마거릿 대처 수상의 정부는 자유시장 자본주의를 표방했고, 이 이데올로기는 1960년대와 1970년대에 지배적이던 사상에 비하면 급진적 행동주의에 우호적이지 않았다. 일부 페미니스트들은 자유시장 자본주의에 도전했고, 그중 수천 명의 여성은 영국 그린햄 커먼 공군기지의 핵무기 설치에 반대하는 시위를 벌였다. 그러나 또 다른 페미니스트들은 특히 섹슈얼리티, 인종, 젠더의 맥락에서 페미니즘 자체를 재검토하기 시작했다. 유색인 여성들은 백인 지배적인 페미니즘이 어떻게 인종적 차이의 현실을 무시해왔는지를 분석했다. 동시에 세계 각지의 여성들 목소리가 페미니스트 사상의 중심부로 반영되기 시작했다.

1980년대 초에 미국 페미니스트 에이드리언 리치는 그녀가 '강제적 이성애'라고 정의한 바에 이의를 제기했다. 리치는 가부장제와 자본주의가 여성을 지배하기 위해 사용하는 강력한 도구가 바로 강제적 이성애라고 주장했다. 그녀는 모든 페미니스트에게 정치적 선언으로서 남성과 이성애 섹슈얼리티를 거부하라고 촉구했다.

1980년대가 끝나갈 무렵 또 다른 핵심적인 페미니스트 사상인 퀴어이론이 출현했다. 1990년대 이후까지 지속되고 있는 퀴어이론은 이성애를 성적 취향의 기준으로 삼고 동성애 섹슈얼리티보다 우월하게 보는 이데올로기에 의문을 제기했다. 젠더에 관한 페미니스트 이론에 기반을 둔 퀴어이론가들은 섹슈얼리티 역시 사회적으로 구성된다고 주장하며 각자 자신의 성정체성을 탐색하도록 권했다.

인종과 제국주의

유색인 페미니스트들에게는 인종이란 주제, 특히 페미니즘 내의 인종차별이 주된 관심사로 떠올랐다. 운동가 겸 학자 안젤라 데이비스는 저서 『여성, 인종, 계층Women, Race & Class』에서 19세기 말과 20세기 초의 여성 참정권운동 내의 인종차별과 계층차별을 조명하고, 초기 페미니즘은 중산층 백인여성의 관심사만을 반영했다고 주장했다. 그녀의 저작은 페미니즘 내에서 유색인 여성의 이슈 및 관심사와 그들의 역사와 문화가 어떻게 대변되고 표현되어 왔는지에 대한 논쟁을 촉발했다. 이에 벨 훅스 같은 페미니스트들은 모든 계층과 인종의 여성

미술계의 성차별과 인종차별에
맞서기 위해 뉴욕시에서 익명의
페미니스트 미술가 집단인
'게릴라 걸스'가 결성된다.

1985년

말레이시아에서
이슬람의 자매들이 결성되어
평등과 자유의 원칙을 기반으로
무슬림 여성의 권리를 증진하는 데 힘쓴다.

1988년

1984년

페미니스트 수지 브라이트가
미국 최초의 레즈비언 에로티카
잡지 〈온 아워 백스〉를
창간한다.

1986년

인도 출신 작가 찬드라 탈파드 모한티가
「서구의 시각으로-페미니스트 학문과 식민지 담론」이란
논문에서 서양 페미니스트들이 개발도상국
여성을 바라보는 시각에 이의를 제기한다.

1989년

미국 민권운동가 킴벌리 크렌쇼가
다양한 유형의 차별이 어떻게 서로 결합되고
상호작용하는지를 설명하기 위해
'교차성'이라는 용어를 만든다.

에게 도달할 수 있는 페미니즘을 만들기 위한 전략을 제시했다.

작가 앨리스 워커와 마야 안젤루 같은 일부 흑인 페미니스트들은 흑인여성이 '페미니즘' 대신 '우머니즘(womanism)'이란 용어를 사용해야 한다고 주장했다. 그들에게 페미니즘이란 자신들에 비하면 특권층 백인여성의 문화를 반영하는 것으로 보였기 때문이다. 텍사스와 멕시코 국경에서 자란 문화학자 글로리아 안잘두아 같은 또 다른 페미니스트들은 반식민주의 운동 내에서 여성의 상황을 다루며, 식민지 여성은 주류 페미니즘에서 무시당하고 있다고 주장했다.

이런 관점에서 반식민주의에 특화된 페미니즘 사조가 출현하여, 민족해방운동에서 원주민 여성의 경험을 분석하고 여성 성

기 절제와 일부다처제 같이 여성에게 강요되는 문화적 가부장제의 관습에 관심을 환기시켰다. 인도 학자 찬드라 탈파드 모한티는 '제3세계 여성'을 가난하고 교육을 못 받은 희생자로 보는 서양 페미니스트들의 인식이 진부하고 과도하게 단순화되어 있음을 지적하는 '탈식민주의' 페미니즘을 주창함으로써 논의를 더욱 진전시켰다.

결합된 억압

1980년대 말에 아프리카계 미국인 페미니스트 킴벌리 크렌쇼는 '교차성' 또는 교차적 사고라는 개념을 도입했다. 이 분석 도구는 계층, 인종, 젠더가 상호작용하며 다중의 억압을 형성하는 방식을 파헤쳤고, 특히 원주민 여성이나 유색인 여성처럼 사회에서 가장 주변화된 여성들에게 그런 억압

이 작용하는 방식을 분석했다. 흑인여성의 가정폭력 경험을 연구하는 과정에서 발전한 교차성 개념은 페미니스트 사상에 새로운 이론적 층위를 부여했다.

페미니스트의 관점들은 점점 더 많은 이슈에 적용되었다. 미국 행동가 바버라 에런라이크는 여성의 저임금과 취업기회 부족(일명 '핑크칼라 게토')을 조명했고, 여성들로만 구성된 집단인 게릴라 걸스는 미술계에서 여성 미술가들이 저평가당하는 것에 항의하는 기습적인 시위를 전술로 삼아 뉴욕 미술계에 혜성처럼 등장했다. 이밖에도 페미니스트 사상은 계속해서 전 세계로 퍼져나가, 무슬림 여성들은 강제 결혼에 반대했고 중국 여성들은 여성학 프로그램을 위한 캠페인을 벌였다. ■

가부장제의 언어적 수단

언어와 가부장제

맥락읽기

인용출처
데일 스펜더(1980년)

핵심인물
데일 스펜더

이전 관련 역사
1949년 : 시몬 드 보부아르가 『제2의 성』에서 사회는 남성의 견해를 기준으로 삼고 여성의 견해는 '타자'로 취급한다고 주장한다.

1970년 : 미국 페미니스트 케이트 밀레트가 『성의 정치학』에서 남성의 여성 혐오적인 글쓰기가 여성에 대한 가부장적 시각을 강화한다고 주장한다.

이후 관련 역사
2003년 : 뉴질랜드 사회언어학자 재닛 홈스(Janet Holmes)와 미리암 메이어호프 (Miriam Meyerhoff)가 편찬한 『언어와 성의 핸드북The Handbook of Language and Gender』에서 여성과 남성이 어떻게 언어를 통해 성 정체성을 유지하는지 연구한다.

언어는 모든 사회에 근본으로 언어가 있어 사람들은 의사소통을 하고 생각이나 가치관을 공유하고 받아들인다. 그래서 많은 페미니스트들은 언어를 중요한 연구 및 분석대상으로 여겼고, 특히 언어가 가부장제와 여성 차별을 영속시키는 데 기여하는 방식을 탐구해왔다.

1980년에 오스트레일리아 페미니스트 데일 스펜더는『남성이 만든 언어Man Made Language』를 출간했고, 이 책은 페미니스트 관점에서 언어를 연구하는 데 중요한 저작물이 되었다. 제목에서 시사하듯이, 이 책은 지배적 역할을 하는 남성이 여성의 예속을 강화하는 언어를 생산해왔다고 주장한

> 언어와 언어가
> 사용되는 상황이
> 가부장제 질서를 구성한다.
> 데일 스펜더

다. 스펜더가 보기에 언어와 언어규칙은 남성의 통제를 받으며 남성의 가치를 반영한다. 그 결과 여성은 무시되거나 '타자'로 규정된다. 여성들은 물려받은 언어를 사용할 수밖에 없으므로 이런 현실에 도전하거나 변화시키기가 어렵다는 것을 깨닫게 된다. 이런 식으로 언어는 남성의 지배권을 영속화시키고 가부장제를 고착화시킨다.

남성 중심의 언어

스펜더는 언어가 남성에게 유리하도록 이 사회가 구성된 방식을 반영한다고 보고 이런 언어적 편향을 성차별주의라고 부른다. 그가 보기에 언어의 성차별은 다양한 형태로 나타난다. 예로 '그(he)'라는 대명사는 남성과 여성 모두를 지칭하는데 사용되어, 남성의 우위를 상정하고 여성을 종속시킨다.

그는 'he'를 총칭 대명사로 사용하고 'mankind'로 전 인류를 의미하는 언어의 용례를 분석하며 그녀가 '그/남자 언어(he/man language)'라고 명명한 언어의 근원을 탐색한다. 나아가 17세기와 18세기에 남성 문법학자들이 남성이 언어에서 중심적 위치를 차지해야 한다고 명확히 선언하고 남성이 여성보다 더 '포괄적'이라는 언어 규칙을 세웠다고 지적한다. 이것은 남성이 여성보다 더

참조 : ▪ 여성을 압박하는 제도 80쪽 ▪ 가부장제의 사회 통제 144~145쪽 ▪ 후기구조주의 182~187쪽 ▪ 젠더 수행성 258~261쪽

> 언어의 독점은
> 남성이 자신들의 지배권과
> 여성의 비가시성을 보장하는
> 한 가지 수단이다.
> 데일 스펜더

데일 스펜더

페미니스트, 교사, 작가, 문학비평가로 활동 중인 데일 스펜더(Dale Spender)는 1943년에 오스트레일리아 뉴사우스웨일스 주 뉴캐슬에서 출생했다. 시드니대학에서 공부하고 제임스쿡대학에서 영어를 가르쳤다. 이후 런던대학에서 박사과정을 밟았고 그 연구를 토대로 『남성이 만든 언어』를 집필했다.

다작하는 작가인 스펜더는 290권이 넘는 책을 썼고, 그 중에는 패러디 문학인 『엘리자베스 피프스의 일기*The Diary of Elizabeth Pepys*』도 있다. 그녀는 또 문학 선집을 편집했고, 여성참정권운동을 기리는 의미에서 늘 보라색을 입고 다니며 'Shrieking Violet(비명 지르는 보라색)'이란 블로그를 운영하고 있다.

주요저서

1980년 『남성이 만든 언어』
1982년 『아이디어가 풍부한 여성들 그리고 남성이 그들에게 한 짓』
1983년 『이 세기에는 언제나 여성운동이 있었다』
1995년 『인터넷에서 수다 떨기 : 여성, 권력, 사이버공간』

영향력 있다는 것을 의미할 뿐 아니라 노골적으로 남성이 '기준'이라고 선언하는 셈이다. 이러면 여성은 이런 용어에서 자신을 발견하거나 자신을 정의할 수 없게 된다.

'chairman(회장)', 'fireman(소방관)', 'policeman(경찰관)' 같은 영단어도 마찬가지로 남성이 이런 역할을 지배한다고 가정하고 있다. 스펜더는 이런 모든 '그/남자 언어'는 '지배 집단(남성)과 힘없는 집단(여성)의 분열을 초래하고 강화하는' 데 일조한다고 주장한다. 이로써 여성은 언어적으로 드러나거나 대변되지 않고, 일상생활에서 여성을 희생시켜 남성의 자기표현만 강화되고 만다. 사실상 여성이 남성의 경험 속으로 흡수되는 것이다.

스펜더는 또 긍정적인 남성상과 부정적인 여성상을 부추기는 언어의 사례를 제시한다. 예를 들어 남성에게 적용되는 'bachelor(독신남자)'란 단어는 독립성과 정력을 시사하는 반면, 'spinster(노처녀)'는 여성을 경멸하는 부정적인 시각을 반영한다.

스펜더는 남성이 언어를 지배한 결과 여성은 자신들의 언어가 결여되었고, 그래서 대부분 침묵하게 되었다고 주장한다. 여성은 남성이 정한 언어를 사용하도록 강요받으면서 말을 잃었고, 여성의 기술은 저평가되거나 인정받지 못하며, 여성의 사회적·문화적 역할은 사라졌다는 것이다. 스펜더는 많은 학술분야에서 두각을 나타내는 여성이 적고 역사적 사건에서 여성의 경험과 역할이 간과되었다고 지적한다. 이런 이슈를 제기하는 스펜더의 저작에 힘입어, 오늘날의 페미니스트와 교육자들은 성차별적인 언어, 행동, 역사적 누락 등에 대항하고 있다. ▪

1950년대에 남자들이 회의에서 결정을 내리는 동안 한 여성이 회의록을 작성하고 있다. 사회의 많은 영역에서 그렇듯이, 비즈니스계도 남성에 중점을 둔 언어를 구축해왔다.

여성은 이성애를 강요받아 왔다

강제적 이성애

학자이자 시인인 에이드리언 리치는 이 성애가 자연스런 본성이나 기본적인 성적 취향이 아니라 사회에서 강요받은 결과라고 주장한 최초의 페미니스트 중 하나다. 그녀는 이성애와 가부장제가 여성을 통제하는 수단이기 때문에 인류 역사 내내 강요되어 왔다고 주장한다. 리치는 1980년 논문 「강제적 이성애와 레즈비언 존재Compulsory Heterosexuality and Lesbian Existence」에서 이성애가 하나의 '정치제도'

로서 기능하는 원리를 이해하는 방식으로 '강제적 이성애'란 용어를 사용한다.

남성의 통제

리치는 강제적 이성애가 결혼과 모성애라는 틀 안에서 여성의 남성에 대한 경제적 종속을 강조하는 자본주의 기제라고 설명한다. 여성의 경제적 생존능력 박탈과 남성의 법·종교·과학 지배 등 사회의 수많은 여성 학대 뒤에 강제적 이성애가 숨어있었다고 지적한다. 그러면서 남성이 여성의 몸을 통제하고 여성이 교육과 커리어에 접근하지 못하게 막는 다양한 방식을 요약하여 설명한다.

리치는 또 남성이 쓴 역사적 텍스트에서 레즈비언의 존재가 말소된 흔적을 파헤친다. 그녀는 남성들이 현대 여성에게 선대의 여성들이 이성애의 대안을 찾았다는 사실을 알리지 않음으로써 계속 여성의 선택을 통제하려고 시도해왔다고 주장한다.

리치는 가부장제의 여성 착취와 학대는

영국 런던의 한 교회 창에 그려진 이 스테인드글라스에서는 결혼이 이상적으로 묘사되어 있다. 에이드리언 리치는 결혼이 남성들의 여성에 대한 가부장적 통제의 핵심요소라고 보았다.

> 양성의 사회적 관계는
> 무질서하고 여성의 입장에서는
> 무력하지 않으면
> 극도로 문제가 많다.
> **에이드리언 리치**

여성들이 스스로 여성은 성적 대상이라는 통념을 내면화하고 생존하기 위해 자신의 영역을 침범하는 남성들을 받아들이게 만드는 결과를 낳고, 이런 공모가 여성들에게 남자의 관심을 얻기 위해 다른 여성과 경쟁하라고 가르치고 또 여성의 에너지를 남자들에게 투자하라고 가르친다고 주장했다. 이것은 그녀가 말하는 '남성 동일시(male-identification)'와 결부된 한 가지 방식이다.

패트리샤 하이스미스(Patricia Highsmith)의 1950년대 원작소설을 각색한 영화 〈캐롤Carol〉에서는 자식 있는 기혼녀(케이트 블란쳇)와 젊은 여자(루니 마라)가 이성애자라는 사회적 기대를 거부하고 레즈비언 관계를 맺는다.

레즈비언 연속체

강제적 이성애와 남성 동일시에 대응하기 위해 리치는 '여성으로 정체화한 여성(woman-identified-woman)'이란 급진적 페미니스트 개념을 추천한다. 이것은 정서적이고 낭만적이며 성적인 에너지를 남성에게서 거두어 여성에 쏟는 여성을 의미한다. 이 개념은 1970년대 내내 급진적인 레즈비언 분리주의에 영감을 주어, 보통 시골지역이나 해변의 '위민스 랜드(womyn's land)'에 모계 중심 공동체와 여성 전용 공간을 건설하는 여성들이 늘어났다.

리치는 '레즈비언 연속체(lesbian continuum)'란 개념에서 누구를 레즈비언으로 간주할 것인지의 개념을 확장한다. 리치는 소녀들의 첫사랑이 어머니라는 생각에 착안하여, 모든 여성이 어떤 성적 취향을 지녔든 간에 다른 여성에 대한 사랑의 연속체 위에 존재

한다고 주장한다. 이 주장은 페미니스트들에게 '레즈비언'이란 용어가 성적 취향에 근거하지 않고도 어떤 일관성이 있는지에 대한 논쟁을 촉발했다. 많은 페미니스트들이 리치의 연속체 개념을 거부했지만, 리치가 강제적 이성애를 가부장적 정치제도로 개념화한 방식은 페미니스트 이론에서 일대 혁명을 일으켰다. ■

에이드리언 리치

여러 상을 수상한 시인, 작가, 운동가인 에이드리언 리치(Adrienne Rich)는 1929년에 미국 메릴랜드 주 볼티모어에서 태어났다. 그녀는 래드클리프 칼리지에서 시와 창작을 공부하여 평생에 걸쳐 20권이 넘는 시집과 페미니즘, 레즈비언의 성, 인종, 유대인의 정체성에 관한 저서를 남겼다.

1960년대 동안 리치는 아내이자 어머니로서 자신의 경험과 미국 사회의 정치적 불안을 바탕으로 급진적인 성향으로 발전했다. 그녀는 신좌파(New Left)에 가담하여 베트남전쟁에 반대하고 여성의 권리와 흑인의 민권을 요구하는 시위를 벌였다. 경제학 교수이던 남편 앨프리드 해스켈 콘래드(Alfred Haskell Conrad)와

1970년에 헤어진 뒤에 자메이카계 미국인 작가 미셸 클리프(Michelle Cliff)를 1976년에 만났다. 두 사람은 2012년에 리치가 사망할 때까지 파트너 관계를 유지했다.

주요저서

1976년 『더 이상 어머니는 없다-모성의 신화에 대한 반성Of Woman Born: Motherhood as Experience and Institution』
1979년 『거짓말, 비밀, 침묵에 대하여-산문 선집On Lies, Secrets and Silences : Selected Prose』
1980년 「강제적 이성애와 레즈비언 존재」

포르노그래피는 남성 권력의 본질적인 섹슈얼리티다

반포르노그래피 페미니즘

맥락읽기

인용출처
안드레아 드워킨(1981년)

핵심인물
안드레아 드워킨, 캐서린 맥키넌

이전 관련 역사
1953년 : 휴 헤프너(Hugh Hefner)가 〈플레이보이*Playboy*〉지를 창간하고 마릴린 먼로(Marilyn Monroe)의 동의 없이 그녀의 누드 사진을 게재한다.

1968년 : 미국의 자생적 영화등급제도가 X등급을 도입하고, 포르노를 X등급으로 분류한다.

이후 관련 역사
1986년 : 포르노그래피에 관한 미국 법무부위원회 최종보고서(Meese Report)에서 포르노가 사회에 유해한 영향을 미친다고 규정한다.

1997년 : 미국 연방대법원이 언론의 자유라는 명분으로 인터넷 포르노 규제를 제한한다.

1980년대에 짧은 기간 동안 미국의 급진적 페미니스트와 우익 보수파는 포르노그래피를 불법화하기 위해 협력했다. 양측의 목표는 같았지만, 동기는 달랐다. 보수파는 포르노가 도덕적 타락을 부추겨 결혼과 사회를 위협한다고 믿었다. 반면에 반포르노 페미니스트들은 포르노가 여성을 인간이 아니라 섹스 대상으로 묘사하여 여성 폭력을 조장한다고 주장했다.

대표적인 반포르노 페미니스트로는 철학자 안드레아 드워킨이 있었다. 성폭행과 가정폭력의 생존자인 그녀는 범죄행위인 폭력이 포르노에서 성적으로 매력적이고 정상적인 행동처럼 묘사된다고 주장했다.

참조 : ▪ 성적 쾌락 126~127쪽 ▪ 여성 혐오에 맞서기 140~141쪽 ▪ 남성적 시선 164~165쪽 ▪ 성차별은 어디에서나 일어난다 308~309쪽

드워킨이 보기에 포르노는 인간의 섹슈얼리티를 찬양하는 것이 아니라 남성들에게 여성을 인간보다 못한 존재로 보도록 부추키는 것으로 여겨졌다. 그녀는 1981년에 출간된 『포르노그래피-여자를 소유하는 남자들Pornography : Men Possessing Women』에서 이런 확신을 밝혔다.

새로운 자유

비디오도 인터넷도 없던 시절인 1960년대 후반에서 1970년대 초반에는 포르노 영화에 관심있는 사람은 스태그필름(stag film, 남성용 도색영화)을 대여하거나 성인 영화관에 가서 관람할 수 있었다. 한동안 잠깐이었지만 포르노가 주류 문화로 편입한 듯 보였다. 〈핫 서킷Hot Circuit〉(1971년), 〈스쿨 걸School Girl〉(1971년), 린다 러브레이스(Linda Lovelace)가 출연하여 엄청난 성공을 거둔 〈목구멍 깊숙이Deep Throat〉(1972년) 같은 인기 포르노 영화는 문화적 합법성의 극단을 시험하는 듯했다. 남성 동성애자에게 〈모래속의 소년들Boys in the Sand〉(1971년), 〈백 로우The Back Row〉(1972년) 같은 게이 성인영화를 상

1984년에 찍은 이 사진에서 보이는 쇼월드센터 스트립클럽(Show World Center Strip Club)은 뉴욕시 8번가에 마지막까지 남아있는 섹스 클럽 중 하나다. 1980년대에 이곳은 섹스산업의 붐을 일으킨 주역이었다.

영하는 극장들은 일종의 해방구였다.

1973년에 미국 연방대법원은 포르노와 음란물 규제법과 관련된 두 사건을 판결했다. '밀러 대 캘리포니아Miller v. California' 사건에서 법원은 포르노를 '언론의 자유'로 여기면 수정헌법 제1조에서 보호하는 언론의 격이 떨어진다고 판결했다. 또 '파리성인극장 대 슬레턴Paris Adult Theater I v. Slaton' 사건에서 법원은 상업용 포르노의 검열과 규제가 사회에 최선의 이익이라고 판결했다. 두 판결은 포르노가 '훌륭한 전통 가치'와 도덕성을 위협한다는 보수적 관점에 기반을 두었다. 포르노가 여성에게 직간접적으로 해를 미친다는 사실은 고려되지 않았다.

1976년에 포르노 영화 〈스너프Snuff〉의 제작자들은 이 영화가 여자 주인공의 실제 살인과 사지절단을 찍었다고 주장했다. 영화제작자들은 나중에 이것이 홍보전략이었음을 인정했지만, 세간의 이목을 끌기 위한 이 위험한 행동은 페미니스트의 반발에

포르노는 이론이고
강간은 실천이다.
로빈 모건

안드레아 드워킨

1946년에 미국 뉴저지에서 출생한 안드레아 드워킨(Andrea Dworkin)은 어렸을 때 성폭행을 당한 적이 있다. 대학시절에 베트남전 반대 시위로 체포되어 감옥에 가서도 성폭행에 시달렸다. 1971년에 폭력적인 결혼생활에서 도망쳤고 1974년에 그녀의 최초 페미니스트 저서인 『여성 혐오Woman Hating』를 출간했다. 같은 해에 드워킨은 남성 동성애자인 젠더 비평적 페미니스트 존 슈톨텐베르크(John Stoltenberg)를 만났으며, 1998년에 그와 결혼했다.

포르노를 비판했던 드워킨은 1980년대에 변호사 캐서린 맥키넌과 함께 반포르노 법안의 초안을 작성했는데, 이 법안은 미니애폴리스와 인디애나폴리스에서 통과되었지만, 결국 연방 차원에서는 기각되었다. 1985년에 그녀는 뉴올리언스에서 대규모 반포르노 시위를 이끌었고, 이듬해에는 포르노그래피에 관한 법무부장관 위원회에서 증언했다. 드워킨은 2005년에 세상을 떠났다.

주요저서

1981년 『포르노그래피-여자를 소유하는 남자들』
1983년 『우익 여성들-길들여진 여성들의 정치』
1987년 『성교Intercourse』
1988년 『교전 지역에서 온 편지 : 1976~1987년 글모음』

자극을 얻기 위해 점점 더 잔인한 포르노를 찾게 된다

포르노에서 여자들이 잔인한 폭력과 강압에 노출된다

여성의 복종이 성적 자극 요인으로 이용된다

포르노를 더 많이 볼수록 잔인한 포르노에 둔감해진다

결과적으로 여성에 대한 폭력이 조장·남용된다

반포르노 페미니스트들은 폭력으로 자극된 성적 만족감을 계속 충족시키려면 점점 더 극단적인 폭력이 요구된다고 주장한다

포르노에 '평등', 여성용 포르노, 외설적인 재미라는 이름의 형세 역전 따위는 있을 수 없다
수잔 브라운밀러

변호사 캐서린 맥키넌은 안드레아 드워킨과 팀을 이루어 척 트레이너를 상대로 민사 소송을 제기하려 했으나 당시에는 성매매업 종사자와 포르노 영화배우들이 고용주를 고소할 수 있는 법이 마련되어 있지 않았다. 두 사람은 변화를 촉구하는 캠페인을 벌였고, 3년 후에 미니애폴리스 시의회는 맥키넌과 드워킨에게 여성의 권리침해를 이유로 포르노를 불법화하는 법규의 초안 작성을 의뢰했다. 맥키넌과 드워킨은 어느 정도 성공을 거두자 우익 반포르노 압력 단체와 협력하기 시작했다.

다른 위험

급진적인 페미니스트들은 반포르노 운동 진영과 우익 보수파의 연합에 문제가 있다는 것을 발견했다. 페미니스트 게일 루빈은 1981년에 「성의 정치학, 뉴라이트, 성적 소수자*Sexual Politics, the New Right, and the Sexual Fringe*」라는 논문에서 성적 취향의 검열이 어떻게 비주류의 성적 취향을 가진 사람들에게 억압적인 영향을 미쳐왔는지를 지적한다. 맥키넌과 드워킨은 모든 포르노가 여성에게 폭력적이라고 주장했지만, 루빈은 섹슈얼리티가 해방적일 수도 있다고 반박한다. 그녀는 섹스를 '좋은 섹스'와 '나

영감을 주었다. 영화를 홍보하기 위해 한 여성의 죽음을 고의적으로 이용하는 방식은 포르노가 여성에 대한 폭력을 이용해 성적인 자극을 추구한다는 페미니스트 주장의 실례를 제시했다.

1970년대 중후반에 미국에서 포르노와 여성 폭력에 직접적으로 반대하는 세 개의 페미니스트 운동가 단체가 결성됐다. 포르노와 미디어에서 폭력에 반대하는 여성들(Women Against Violence in Pornography and Media, WAVPM), 포르노에 반대하는 여성들(Women Against Pornography, WAP), 여성 폭력에 반대하는 여성들(Women Against Violence Against Women, WAVAW) 등이었다. 이 단체들은 극장 앞에서 행인들에게 영화 〈스너프〉를 보지 말자는 팸플릿을 나눠주며 시위를 벌였다.

1980년에 〈목구멍 깊숙이〉의 스타 린다 러브레이스가 1970년대 포르노가 상징하던 재미, 자유연애, 자유언론의 이미지에 직접적으로 반기를 든 자서전 『시련*Ordeal*』을 출간했다. 그녀는 폭력적인 남편 척 트레이너(Chuck Traynor)가 그녀를 때리고 강간한 뒤에 강제로 영화 속의 수간을 포함한 온갖 성행위를 시켰다고 폭로했다. 영화 〈목구멍 깊숙이〉는 여주인공의 클리토리스가 그녀의 목구멍 속에 있어 남자와 오럴 섹스를 하는 것이 즐겁고 자신감을 준다는 설정이었지만, 실제로 린다는 잔인한 폭력과 강압의 희생자일 뿐이었다. 린다는 〈목구멍 깊숙이〉를 관람하는 것이 그녀가 수없이 강간당하는 모습을 지켜보는 셈이라는 유명한 말을 남겼다.

이런 폭로를 접한 후에 예일대학 출신의

1982년에 뉴욕에서 열린 바너드 섹슈얼리티 컨퍼런스는 섹스에 긍정적인 페미니스트와 이 행사에 피켓 시위를 벌인 반포르노 페미니스트들 간의 극심한 분열을 드러냈다.

는 여성들(WAP)의 회원들은 이 컨퍼런스에서 피켓 시위를 벌였고, 이 컨퍼런스가 가학피학성 성애와 소아성애를 부추긴다고 주장했다. 반면에 컨퍼런스 강연자 중 하나인 앨리스 에콜스(Alice Echols)는 레즈비언의 가학피학성 성애를 옹호하는 레즈비언 교수로서 "이드 길들이기(The Taming of the Id)"라는 제목의 강연에서 성적 자유를 주장했다.

1980년대 초반의 법적 공방과 공공집회에도 불구하고 반포르노 페미니즘은 포르노의 확산을 막는 데 거의 성과를 거두지 못했다. 인터넷 시대가 되어 포르노에 좀더 쉽게 접근할 수 있는 요즘 환경이 아이들, 여성, 남성, 사회 전체에 장기적으로 어떤 영향을 미치는지에 대한 새로운 의문이 제기되었다. ■

뿐 섹스'로 범주화하면 성적 소수자들에게 상처를 줄 수 있다고 주장한다. 루빈의 섹슈얼리티에 대한 관점은 포르노를 포함한 모든 섹스가 상호동의만 전제된다면 합법적이어야 한다는 것이었다. 1984년에 한 레즈비언 단체가 반포르노 페미니스트 정기 간행물 〈오프 아워 백스*Off Our Backs*〉에 맞서 〈온 아워 백스*On Our Backs*〉라는 에로티카(성애물) 잡지를 출간하기 시작했다.

대립

포르노를 둘러싼 페미니스트 진영 간의 대립은 1982년 바너드 섹슈얼리티 컨퍼런스(Barnard Conference on Sexuality)에서 절정으로 치달았다. 이 컨퍼런스의 주최측은 포르노에 대한 페미니스트의 입장은 오로지 검열뿐이라는 선입견에 맞서기 위해 섹스에 긍정적인 다수의 강연자들을 초대하여 그들의 의견을 공유했다. 포르노에 반대하

포르노그래피는
진정한 감정을 억압하기 때문에
성애의 힘을 직접적으로 부정한다.
포르노는 감정 없는 감각을 강조한다.
오드리 로드

상호동의 하의 성관계와 페미니스트 섹스 전쟁

1982년에 뉴욕시의 바너드 섹슈얼리티 컨퍼런스에서 시작된 이른바 '페미니스트 섹스 전쟁'에서 포르노와 대부분의 이성애 섹스를 여성에 대한 폭력으로 보는 페미니스트들은 포르노에서 섹스의 해방을 발견한 페미니스트들과 논쟁에 참여했다.

반포르노 진영의 페미니스트들이 보기에 잔인한 역할극과 성적 자극을 위한 복종 등의 가학피학성 섹스는 본질적으로 억압적이다. 섹스에 긍정적인 페미니스트들은 성인의 동의하에 이루어지는 가학피학성 섹스에는 반대하지 않는다. 반포르노 페미

니스트들이 거의 모든 이성애 섹스를 폭력적이고 강압적이라고 보기 시작하자, 섹스 긍정주의 페미니스트들은 건전하고 소통하는 성관계를 옹호했다.

섹스 전쟁은 21세기까지 이어져서, 제3세대 페미니스트들은 성적으로 적극적인 여성의 권리를 주장하는 반면 섹스에 비판적인 페미니스트들은 왜 여성이 권리를 찾기 위해 섹시해보여야 하는지 의문을 제기한다.

여성은 미래의 수호자다

에코페미니즘

맥락읽기

인용출처
반다나 시바 (2005년)

핵심인물
반다나 시바

이전 관련 역사
1962년 : 레이첼 카슨(Rachel Carson)이 『침묵의 봄Silent Spring』에서 살충제의 심각한 환경파괴적 영향을 강조한다.

1973년 : 인도에서 칩코 운동(Chipko Movement)의 여성들이 정부지원 벌목사업으로 인한 삼림 파괴를 막기 위해 비폭력 직접 행동에 나선다.

이후 관련 역사
2004년 : 왕가리 마타이(Wangari Maathai)가 지속가능한 발전에 기여한 공로로 흑인여성 최초로 노벨평화상을 수상한다.

2016년 : 캘리포니아에서 웨스트코스트 에코페미니스트 컨퍼런스(West Coast Ecofeminist Conference)가 열려 폭력적인 가부장제 세계의 환경, 여성의 지위 저하, 동물권에 대해 논의한다.

프랑스의 페미니스트 프랑소와즈 듀본느(Françoise d'Eaubonne)가 1974년에 유기체와 그것을 둘러싼 환경간의 상호작용을 연구하는 생태학에 초점을 맞춘 새로운 페미니즘 분야를 가리켜 '에코페미니즘(ecofeminism)'이란 용어를 만들었다. 에코페미니즘은 자연을 지배하고 오염시키는 일이 여성을 억압하고 착취하는 일과 중요한 연관성이 있다고 주장한다.

미국의 여러 환경재해들, 특히 1979년의 펜실베이니아 쓰리마일섬 원자력발전소의 방사선 누출 사건이 계기가 되어 1980년에 600명의 여성이 최초의 에코페미니스트 컨퍼런스인 '지구상의 여성과 생명'에 모였다. 춘분날 매사추세츠 주에서 열린 이 컨퍼런스는 페미니즘, 군사화, 힐링, 생태학 간의 연관성을 검토했다. 에코페미니즘은 지구

기상이변 때문에 농작물 생산에 타격을 입은 남아프리카 10개국 여성농부 수백 명이 남아공 더반에서 열린 2011년 국제연합 기후변화 당사국 총회장 밖에서 시위를 벌이고 있다.

참조 : ▪ 인도의 페미니즘 176~177쪽 ▪ 핵무기에 반대하는 여성들 206~207쪽

선구적인 미국 생물학자 레이첼 카슨이 자택 근처의 강 옆에서 기록하고 있는 모습이다. 1962년 출간한 『침묵의 봄』은 환경 운동에 기폭제가 되어 DDT 같은 환경파괴적인 살충제 사용을 금지시키는 성과를 거두었다.

의 황폐화와 핵 멸망의 위협을 페미니스트의 관심사로 보는 '여성 동일시 운동'으로 정의된다. 두 가지 문제 역시 여성을 억압하는 것과 마찬가지의 '남성 우위 사고방식'에서 기인하기 때문이다. 에코페미니즘은 여성이 환경을 보호하고 지구상의 위협에 반대하는 캠페인을 벌이는 데 특별한 역할이 있다고 주장한다.

문화적 에코페미니즘

에코페미니즘이 발전함에 따라 다양한 접근방식으로 갈라지기 시작했는데, 그 중 하나는 보통 문화적 에코페미니즘이라 불린다. 이 사조는 영성, 여신 숭배, 자연 기반의 종교에 근간을 둔다. 미국 작가 겸 운동가인 스타호크(Starhawk, 미리암 사이모스(Miriam Simos)를 비롯한 이 사조의 지지자들은 여성이 자연환경과 본질적인 친족관계에 있고 천부적인 보호자로서 자연보호 운동에 앞장서야 한다고 주장한다. 다른 페미니스트들은 이 접근방식이 성 고정관념을 강화시키고 여성의 도덕적 우월성을 주장하며 계층, 인종, 자원의 경제적 착취 등은 고려하지 않는다고 비판한다.

급진적인 입장

반다나 시바 같은 에코페미니스트들은 정치적으로 보다 급진적인 입장을 취한다. 시바는 과학과 기술이 성 중립적이지 않다고 주장한다. 1960년대 후반에 전 세계적인 농업생산량을 획기적으로 증가시킨 기술 주도의 녹색혁명 같은 글로벌 기업의 계획은 그녀의 표현에 따르면 '서양의 기술적 남성'이 만든 경제성장이라는 지배 이데올로기를 반영한다. 이런 성장 중심의 계획에서 여성과 자연은 소유나 지배의 대상으로 취급되고, 양쪽 다 착취당한다.

시바는 지배적이고 가부장적이며 자본주의적인 세계관으로부터 지구상의 생명을 구하는 투쟁이 필요하다고 주장한다. 그녀는 여성이 주도하지 않는다면 지속가능한 미래를 기대할 수 없다고 믿는다. ▪

우리는 기업 전사들에 의한
지구황폐화를 페미니스트의
관심사라고 본다.
반다나 시바

반다나 시바

1952년에 출생한 반다나 시바(Vandana Shiva)는 인도에서 물리학을 공부한 뒤 캐나다에서 과학철학을 공부했다. 그녀는 농업과 식량생산에 관한 다양한 글을 써왔고, 아프리카, 아시아, 라틴아메리카, 유럽에서 민간단체들과 손잡고 생물의 다양성을 보호하고 유전공학에 반대하는 캠페인을 적극적으로 벌여왔다. 1982년에는 인도에서 독자적으로 과학기술생태학연구재단(Research Foundation for Science, Technology and Ecology)을 설립했다.

시바가 추진한 또 다른 프로젝트로는 나브다냐(Navdanya,생물의 다양성, 유기농법, 토종종자의 사용을 추구하는 인도 시민운동)와 지속가능한 생활을 위한 '비자 비댜피스(Bija Vidyapeeth)' 대학이 있다. 2010년에 〈포브스Forbes〉지는 시바를 세계에서 가장 영향력 있는 여성 7인 중 한 명으로 선정했다.

주요저서

1988년 『살아남기-여성, 생태학, 개발 Staying Alive: Women, Ecology and Survival in India』
1993년 『에코페미니즘Ecofeminism』 (마리아 미즈와 공저)
2013년 『지구와 화해하기Making Peace with the Earth』

'여성'은 시험이지만, 모든 여성이 그 시험을 치를 자격은 없다

페미니즘 내의 인종차별과 계층적 편견

맥락읽기

인용출처
안젤라 데이비스(1981년)

핵심인물
안젤라 데이비스

이전 관련 역사
1965년 : 미국 투표권법(Voting Rights Act)에서 투표의 인종차별을 금지한다.

1973년 : 미국에서 흑인여성에 관련된 문제 해결 촉구를 위해 전국흑인페미니스트기구(National Black Feminist Organization)가 설립된다.

이후 관련 역사
1983년 : 미국의 흑인 작가 겸 페미니스트 앨리스 워커가 저서 『어머니의 정원을 찾아서』에서 '우머니즘'이라는 용어를 만든다.

1990년 : 미국 흑인 사회학자 패트리샤 힐 콜린스가 저서 『흑인 페미니즘 사상 *Black Feminist Thought*』에서 '헤픈' 흑인여성이란 고정관념을 파헤친다.

미국과 영국의 제1세대와 제2세대 여성 해방운동 시기에 대부분의 페미니스트 저작물은 중산층 이상의 백인여성들이 집필했다. 그래서 당시 운동은 모든 여성들이 아닌 중·상류계급의 백인여성들의 경험과 편견을 반영하는 경향이 있었다. 이는 수많은 페미니스트 운동에도 똑같이 해당되었다.

유색인 여성들은 언제나 변화를 외치는 페미니스트 운동에 참여해왔으나, 유색인 여성과 가난한 노동계층 여성들만의 고유한 관심사는 주류 페미니즘에서 간과되기 일쑤였다. 1970년대부터 1980년대까지 유색인 페미니스트와 빈민·노동계층 페미니

참조 : ▪ 인종평등과 양성평등 64～69쪽 ▪ 흑인 페미니즘과 우머니즘 208～215쪽 ▪ 교차성 240～245쪽

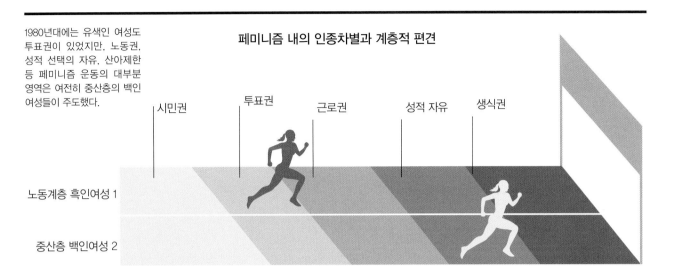

1980년대에는 유색인 여성도 투표권이 있었지만, 노동권, 성적 선택의 자유, 산아제한 등 페미니즘 운동의 대부분 영역은 여전히 중산층의 백인 여성들이 주도했다.

페미니즘 내의 인종차별과 계층적 편견

시민권　투표권　근로권　성적 자유　생식권

노동계층 흑인여성 1

중산층 백인여성 2

스트, 그리고 두 집단에 모두 속하는 페미니스트들은 페미니즘의 '자매애'를 약화시키는 인종차별주의와 편견에 관심을 집중시키기 시작했다.

백인을 위한 권리

1981년에 흑인 운동가, 학자 겸 작가인 안젤라 데이비스는 『여성, 인종, 계층Women, Race, & Class』을 출간했다. 노예제 시절부터 계속된 미국 여성해방운동의 역사를 연구한 이 책은 페미니즘이 어떻게 항상 인종과 계층의 편견에 지장을 받아왔는지를 폭로한다. 데이비스의 저술은 페미니즘 역사의 분수령이 되었다. 책에서 데이비스는 노예제가 어떻게 흑인여성을 인간 이하의 취급을 받는 궤도에 올려놓았는지, 흑인여성에 대한 태도가 백인여성에게 투사되는 것과는 얼마나 다른 여성성, 인종, 계층에 대

한 가정부가 미국 버지니아에서 목판으로 된 서재 난로를 쓸고 있다. 전후 시대에 백인여성의 지위는 그들의 '가정부(help)'에 반영되었고, 가정부들은 보통 아프리카계 미국인이었다.

한 가정을 반영하고 있는지를 분석한다. 또 백인 페미니스트들이 어떻게 평등을 위한 투쟁에서 반(反)흑인 인종차별주의와 계층적 편견을 강화해왔는지를 파헤친다.

데이비스는 1848년에 뉴욕 세니커폴스에서 열린 최초의 여성권리대회에 대해 쓰면서, 19세기 여성 참정권론자들이 어떻게 여성에게 영향을 미치는 두 가지 주요 억압

형태로서 결혼제도와 여성의 전문직 채용 배제를 강조해왔는지를 지적한다. 데이비스는 이런 관심사가 백인과 경제적 특권층 여성들에 특화되어 있어 빈곤한 노동계층의 백인여성과 노예 상태의 흑인여성의 곤경은 다루지 못했고, 또 북부 주들에서 노예가 아닌 흑인여성들이 겪어야 했던 인종차별의 문제도 다루지 못했다고 주장한다.

노예의 어머니들

19세기 미국에서 백인 페미니스트들은 종종 어머니로서 그들의 고유한 역할을 근거로 여성의 평등권을 요구했으나, 이 주장은 노예제 시대의 흑인여성들에게는 해당 사항이 없었다. 안젤라 데이비스는 당시 흑인여성들이 전혀 어머니로 인정받지 못하고 노예 노동력을 늘리기 위해 '새끼를 낳을' 책임이 있는 짐승처럼 취급받았다고 설명했다. 백인 노예주들이 흑인여성 노예의 생식기능에 특히 관심을 갖게 된 것은 1807년에 미국 의회가 아프리카 노예의 국제적 수입을 금지한 후부터였다. 그 후로

미국 항구로 밀항해 들어오는 노예선 같은 일부 예외는 있었어도, 노예주들은 미국 내에서 노예 노동력을 키우기 위해 오로지 '번식과 노예 경매에만 의존해야 했다.

그 결과 흑인여성에 대한 성적 학대가 더욱 심해졌다. 1865년에 미국이 노예제를 폐지할 때까지 백인 노예주들은 흑인여성 노예들을 직접 강간하는 동시에 흑인남성과 흑인여성이 강제로 아이를 갖도록 강요했다.

흑인여성은 성적으로 '헤프다'는 고정관념을 퍼뜨려 피해자에게 책임을 전가했고, 그 편견이 지금도 여전히 남아있다고 주장한다. 남성 노예주들은 흑인여성을 육체적으로, 성적으로 착취하면서도 그들을 백인여성과 같은 여성으로 바라보기를 거부했다. 백인여성은 신체적으로 연약하고 섬세하다고 여겼지만, 흑인여성은 남성들과 함께 들판에서 막일을 해야 했다. 또 이렇게 그들이 남성들과 똑같은 작업을 무리해서 수행하자, 흑인여성은 '여자답지 않고' '숙녀답지 못하다'는 인식이 백인 사회에서 강화되었다.

한편 산업혁명의 효과로 기계가 가사노동을 대신하게 되면서 집안 내에서 백인여성의 일은 점점 더 평가절하되고 하찮게 여겨지게 되었다고 데이비스는 주장한다. 그 결과 집밖의 '백인남성의 일'과 집안의 '백인여성의 일'을 구분하는 엄격한 성역할이 고착화되었다.

백인여성 참정권론자은 또 흑인여성들이 전국여성선거권협회(National Woman Suffrage Association) 회원이 되지 못하게 금지할 것을 요구했는데, 데이비스의 주장에 따르면 통합에 반대하는 남부 백인여성 회원들을 유지하기 위해서였다. 더욱이 1870년에 흑인남성들에게 투표권을 허용하는 수정헌법 제15조가 통과된 후에 격분했던 백인여성 참정권론자들도 많았다. 데이비스가 보기에 여성 참정권론자들은 백인여성보다 흑인남성이 먼저 투표권을 얻는다는

사실에 반대함으로써 그들의 뿌리 깊은 인종차별주의를 드러냈고, 이 사건이 흑인여성의 투표권을 얻는 데 잠재적으로 얼마나 중요한지를 고려하지도 않았다.

노예제의 유산

데이비스는 유색인 여성에 대한 많은 편견들이 현대까지 지속되게 만든 원인으로 노예제를 지목한다. 그녀는 노예제를 지지하는 사회에서 노예 소유주들은 만연했던 성폭행의 현실로부터 주의를 돌리기 위해

'여성들은 맞서 싸운다'라는 현수막이 1980년의 야외 시위현장에 펼쳐져 있다. 당시에 흑인과 백인 페미니스트들은 모두 여성에게 동등한 법적 권리를 약속하는 남녀평등 헌법수정안(Equal Rights Amendment)을 통과시키라고 강력히 요구했다.

> 세니커폴스 선언은
> 흑인여성들의 상황을 무시했듯이
> 노동계층에 속한 백인여성의
> 고충도 무시했다.
> 안젤라 데이비스

> 백인여성에게 타격을 주는
> 모든 불평등은
> 흑인, 노동자, 여성으로 3중의 착취를
> 당하는 흑인여성에게는
> 천 배로 상황이 심각해진다.
> 엘리자베스 걸리 플린

생식권

1865년에 노예제가 폐지된 후로 많은 노예를 낳아 길러도 더 이상 백인 노예주들에게 이익이 되지 않자, 백인 우월주의자들은 유색인종으로 '더럽혀지지 않은' 백인 국가에 대한 열망을 다시 주장하고 나섰다. 19세기 말과 20세기 초를 휩쓴 우생학은 자식을 낳을 사람과 낳지 말아야 할 사람을 구분하여 인류를 '정화한다'는 목표를 제시했다. 이로써 유색인 여성과 가난한 집안의 여성은 원하지 않는 불임화를 당하게 되었다.

데이비스의 글에 따르면, 당시 유색인 여성에게는 출산을 억제하라고 권장한 반면에 백인여성에게는 가능한 많은 자녀를 낳을 것을 기대했다. '산아제한'이란 용어를 만든 마거릿 생어 같은 초창기 페미니스트 가족계획 지지자들은 여성 생식권의 수호자로 환영받았다. 그러나 생어 역시 '열등한 자들의 출산을 막으면…부적합한 잡초를 뿌리 뽑는다'고 믿었다.

데이비스가 보기에, 여성의 몸을 인종과 계층을 기준으로 다르게 감시하는 이런 역사적인 이중 잣대는 많은 유색인 페미니스트들이 출산 이슈에 관한 백인 주도적인 페미니스트 운동을 의심의 눈길로 바라보게 만들었다. 유색인 여성들은 과거에 그들에게 강요된 강제 산아제한정책 때문에 생식권 이슈를 반드시 백인과 똑같이 해방적인 관점으로만 바라볼 수가 없었다.

차이 포용하기

데이비스의 탁월한 통찰은 페미니즘운동에서 누구의 목소리에 귀 기울여야 할지, 어떤 이슈를 '여성의 이슈'로 봐야 할지, 그리고 리더십, 사상, 전술에서 다양성의 필요에 대해 새로운 대화를 시작하는 계기가 되었다. 데이비스는 백인 특권계층 페미니스트들의 경험이 흑인이나 빈곤층 페미니스트들의 경험과 동일하지 않음을 분명히 입증했다.

1980년대에는 보다 다양한 페미니즘이 등장하면서 페미니즘 사상도 발전하게 되었다. 이제 '여성'의 개념은 더 이상 중산층 백인여성에 국한되지 않았다. '여성'의 개념은 그 수준을 넘어서서 모든 여성이 단순히 성별뿐 아니라 인종, 계층, 성적 집단의 일부로서 구현되는 방식을 고려하는 수준에 이르렀다. ■

> 여성이
> 다른 여성을 지배하기 위해
> 계층이나 인종차별을 이용한다면
> 페미니스트의 자매애는
> 온전히 형성될 수 없다.
> 벨 훅스

안젤라 데이비스

운동가, 학자, 교수인 안젤라 데이비스(Angela Davis)는 1960년대에 흑인 민권운동, 특히 흑표범당(Black Panther Party)과 흑인 공산주의 단체인 체 루뭄바 클럽(Che-Lumumba Club)에서의 활약으로 유명세를 얻었다. 데이비스의 행동주의는 그녀의 성장배경에서 기인했다. 그녀는 1944년에 엘라배마 주 버밍엄에서 태어나 1950년대 동안 반흑인 폭파에 노출된 지역에서 성장하다가 흑백이 분리된 초등학교에 다녔다.

데이비스는 공산주의와 연루되었다는 이유로 1970년에 로스엔젤리스 캘리포니아대학(UCLA)의 강사직에서 해고당했으나 복직했다. 같은 해에 데이비스는 탈출을 시도하다 죽은 한 흑인 죄수에게 총을 공급한 사건에 휘말려 옥고를 치렀다. 그녀는 1972년에 감옥에서 풀려나와 여성 권익, 인종, 형사사법제도에 관한 강연을 이어가고 있다.

주요저서

1974년 『안젤라 데이비스 자서전Angela Davis : An Autobiography』
1983년 『여성, 인종, 계층』
1989년 『여성, 문화, 정치Women, Culture, & Politics』

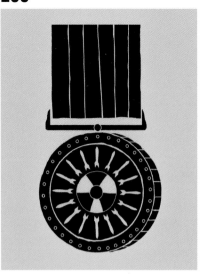

군대는 가장 노골적인 가부장제의 산물이다

핵무기에 반대하는 여성들

맥락읽기

인용출처
그린햄 커먼(Greenham Common) 뉴스
레터

핵심단체
그린햄커먼 여성평화캠프

이전 관련 역사
1915년 : 평화와 자유를 위한 국제여성
연맹(women's International League of Peace
and Freedom)이 결성된다.

1957년 : 런던에서 수소폭탄 실험에 반
대하는 여성들이 침묵시위를 벌인다.

1961년 : 미국에서 평화를 위한 여성 파
업(Women Strike for Peace)이 결성되어, 5만
명의 여성이 핵실험 금지를 요구한다.

이후 관련 역사
1987년 : 미국과 소련이 중거리핵전력
조약(Intermediate-Range Nuclear Forces
Treaty)을 체결한다.

1988년 : 영국의 여성운동가들이 비폭력
반핵 행동단체인 트라이던트 플라우셰
어스(Trident Ploughshares)를 결성한다.

19 81년 8월 27일에 영국에서 '지구상
의 생명을 위한 여성들(Women for
Life on Earth)'이라고 자신들을 소개한 36명
의 여성이 단체로 웨일스 카디프에서 출발
하여 190km를 걸어 버크셔 주의 그린햄 커
먼 공군기지에 도착했다. 이들의 목표는 미
국이 그린햄 커먼 공군기지에 크루즈 핵미
사일을 배치하고 실험할 계획이라는 사실
을 세상에 알리는 것이었다.

9월 4일 그린햄에 도착한 여성들 중에
네 명이 기지 철조망에 쇠사슬로 자기 몸
을 묶고 기지 사령관에게 시위의 이유를 설

명하는 서신을 전달했다. 여성들은 영국에
크루즈 미사일을 배치하는 데 반대하고 핵
무기 경쟁은 인류가 지금껏 직면했던 최대
의 위협요인이라고 믿는다는 것이 요지였
다. 여성들은 기지 정문 앞에 캠프를 세웠
다. 그 후 수주와 수개월에 걸쳐 다른 많은
여성들이 캠프에 합류했다. 이 캠프는 처음

1982년 그린햄의 '기지 보듬어 안기' 시위의 일환
으로 여성들이 서로 손을 잡고 '평화사슬'을 만들
고 있다. 일부 여성들은 단기간 방문했고 어떤 여
성들은 나뭇가지와 플라스틱으로 만든 '벤더스
(benders)'에서 몇 년씩 머물렀다.

참조 : ▪ 평화를 위해 하나가 된 여성 92∼93쪽 ▪ 에코페미니즘 200∼20쪽 ▪ 게릴라 시위 246∼247쪽 ▪ 분쟁 지역 여성 278∼279쪽

시위의 장기적 영향

그린햄 커먼 여성평화캠프의 유산은, 특히 그것이 핵무기 확산에 미친 여파를 정확히 산정하기란 거의 불가능하다. 그러나 그린햄에 마련된 여성전용공간은 매우 영향력이 컸고, 특히 여성이 힘든 상황에서도 함께 협력할 수 있음을 명백히 보여주었다. 이 캠프는 수천 명의 여성들을 현장으로 이끌었고, 강력한 동지애를 형성했으며, 여성들이 비단 핵무기 없는 세계를 만드는 운동가로서의 역할뿐 아니라 여성으로서의 역할과 상황을 논의하는 장을 제공했다. 이 캠프는 여성들이 핵보유국에 도전

할 수 있음을 입증했다. 여성들의 창조적 활동이나 '볼거리로서의 시위', 비폭력 직접 행동을 고수하는 원칙은 이후의 반전 캠페인과 환경운동에도 큰 영향을 미쳤다.

크루즈 미사일은 1991년에 그린햄에서 철수했지만, 일부 여성들은 2000년까지 남아서 핵무기 전반에 반대하는 시위를 벌였다. 2002년에 이 캠프는 '기념비적인 역사적 현장'으로 지정되었다.

그린햄 평화 정원(Greenham Peace Garden)의 이 조각상은 캠프파이어를 형상화한 것으로, 그린햄 비공식 운동가의 '너희들은 정신을 죽일 수 없다'는 가사가 새겨져 있다.

부터 여성들만 참여할 수 있다는 방침이 정해져있었다. 최초의 대규모 시위는 1982년 12월에 3만여 명의 여성들이 기지 철조망 주변에 인간 사슬을 만들어 '기지를 보듬어 안기(embrace the base)' 위해 모여들면서 시작되었다.

시위의 본격화

크루즈 미사일이 기지에 도착하면서 시위의 열기는 한층 뜨거워졌다. 여성들은 기지 주변 철조망을 끊고 기지 안으로 진입하여 피켓 시위를 벌였고, 미사일 배치를 감시하고 공론화했다. 일련의 행동으로 인해 많은 여성들이 기물 파손 혐의로 기소되고 체포되어 벌금을 물거나 수감되었다. 경찰과 법 집행관들이 여성들을 쫓아내기 위해 가하는 폭력 수위도 점점 높아졌다.

그린햄 커먼 여성평화캠프는 결성된 첫해에 전 세계 뉴스 헤드라인을 장식했다. 그린햄 여성들의 사진이 널리 퍼졌다. 그들은 사일로 지붕 위에서 춤을 추고 장난감으로 철조망을 장식하거나 실크와 털실로 사슬을 짜 넣기도 했고, 기지를 봉쇄하고 여러

'관문' 앞에 모이거나 거대 캠프를 이루는 소규모 캠프들을 세우기도 했다. 이런 유쾌한 혼란은 공권력과 핵 억지력에 집착하는 국가의 모습과 극명한 대조를 이루었다.

1983년에 이르자 그린햄커먼 여성평화캠프는 평화 시위자들만의 강력한 거점 뿐만 아니라 영국 페미니즘에서 가장 눈에 띄는 활동이 되었다. 여성해방운동의 핵심요소를 반영한 이 캠프는 위계구조도 없었고, 철저히 토론과 개인적 경험에 초점을 맞추어 합의를 기반으로 의사 결정을 내렸다.

소년들에게서
장난감을 빼앗자.
더 폴아웃 마칭 밴드

가부장제에 도전하다

많은 영국 페미니스트에게 그린햄은 단지 핵무기 뿐 아니라 남성의 군사력에 반대하는 여성들의 가장 두드러진 표현이었다. 핵무기는 남성이 여성에게 가하는 모든 종류의 폭력을 상징했다.

그린햄의 일부 여성들은 오로지 아이를 양육하고 남을 돌보는 여성만이 진정으로 군국주의에 대항할 수 있다고 주장했다. 이렇게 모성을 중시하는 입장을 반영하여, 그들은 기지를 둘러싼 철조망에 자기 아이들 사진을 걸어두었다. 일부 페미니스트들은 이런 전통적인 태도를 달가워하지 않으면서, 모성을 강조하는 접근방식은 여성을 무엇보다 어머니로만 보고 제한하려는 결정론적인 관점을 지지한다고 주장했다. 또 어머니들이 오래전부터 자기 아들들에게 싸울 의무를 상기시키는 역할로 전쟁에 이용되었다는 사실을 지적했다. 일각에서는 단일한 이슈에 너무 많이 집중하면 여성에게 영향을 미치는 나머지 많은 이슈에 관심을 환기시키지 못할 위험이 있다고 우려했다. ■

페미니즘이 라벤더색이라면 우머니즘은 보라색이다

흑인 페미니즘과 우머니즘

맥락읽기

인용출처

앨리스 워커(1983년)

핵심인물

앨리스 워커, 마야 안젤루(Maya Angelou), 벨 훅스(bell hooks)

이전 관련 역사

1854년 : 직업훈련과 임금평등을 요구하기 위해 워싱턴 D.C.에서 전국유색인여성단체연합(National Association of Colored Women's Clubs)이 결성된다. 이곳의 모토는 '올라가며 끌어주기'다.

1969년 : 마야 안젤루가 『새장에 갇힌 새가 왜 노래하는지 나는 아네』에서 인종차별과 성적 학대 경험을 이야기한다.

이후 관련 역사

2018년 : 아프리카계 미국인 작가 브리트니 C. 쿠퍼(Brittney C. Cooper)가 회고록 『웅변하는 분노 : 흑인 페미니스트가 자신의 슈퍼파워를 발견하다Eloquent Rage : A Black Feminist Discovers Her Superpower』를 출간한다. 이 책에서 쿠퍼는 흑인여성으로서 어떻게 자신의 목소리를 발견하여 인종과 성별을 초월한 존경을 받게 되었는지를 이야기한다.

우리 할머니와 어머니들은
예술가였기 때문에,
그들의 내면에서 샘솟는
창조성의 분출구가 없어
점점 미쳐갔다.
앨리스 워커

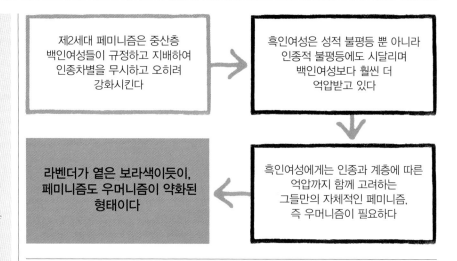

제2세대 페미니즘은 중산층 백인여성들이 규정하고 지배하여 인종차별을 무시하고 오히려 강화시킨다

→

흑인여성은 성적 불평등 뿐 아니라 인종적 불평등에도 시달리며 백인여성보다 훨씬 더 억압받고 있다

↓

라벤더가 옅은 보라색이듯이, 페미니즘도 우머니즘이 약화된 형태이다

←

흑인여성에게는 인종과 계층에 따른 억압까지 함께 고려하는 그들만의 자체적인 페미니즘, 즉 우머니즘이 필요하다

아프리카계 미국인 작가 앨리스 워커의 '페미니즘이 라벤더색이라면 우머니즘은 보라색이다'이란 구절의 정확한 의미는 오랫동안 논쟁거리였다. 워커가 만든 '우머니즘(womanism)'이란 용어는 그녀의 1983년 저서 『어머니의 정원을 찾아서 : 우머니스트 산문In Search of our Mothers' Gardens : Womanist Prose』에 처음 등장한다. 이 책은 아프리카계 미국인 여성으로 산다는 것이 어떤 일인지를 탐사하는 시, 에세이, 인터뷰, 리뷰 모음집으로 아프리카계 미국인 여성과 문학, 예술, 역사의 관계를 검토한다.

용어 정의

워커는 '우머니즘'의 정의를 설명하며 이 책을 시작한다. '우머니즘'은 흑인 어머니가 딸에게 어른이 되려고 애쓴다는 의미에서 "너는 여자같이 행동하는구나"라고 말할 때 자주 쓰는 '우머니쉬(womanish, 여자같이)'라는 흑인들의 민속어에서 유래한 용어다. 워커는 '우머니쉬'가 '경솔하고 무책임하며 진지하지 못하다'는 의미의 '걸리쉬(girlish, 소녀같이)'란 단어와 반대된다고 설명한다. 따라서 우머니스트는 진지하게 존중받아야 하는 사람이다.

워커는 흑인여성들이 '여자같이 행동한다'는 이유로 비난당할 때 이것은 그들의 행동이 '충격적이고 대담하며 용감하고 제멋대로처럼' 보이기 때문이라고 설명하여 '우머니즘'의 의미를 확장한다. 흑인여성은 '더 많이 알거나' 무언가를 더 깊이 이해하려고 들면 부적절하게 행동한다는 비난을 감수해야 한다는 것이다.

이런 설명은 순리를 거스르거나 사회적 기준을 수용하지 않는 여자들에게도 적용될 수 있었다. 특히 1980년대 초의 페미니스트들은 그런 행동을 보인다는 이유로 많은 비난을 받았다. 사실 워커는 우머니스트가 흑인 페미니스트라고 직접적으로 설명하여 우머니즘과 페미니즘의 강한 연관성을 인정했지만, 우머니즘이 기본적이고 더 강렬한 상태(보라색)이고 페미니즘(옅은 보라색인 라벤더색)은 그 일환에 불과하다고 주장했다.

모두를 위한 우머니스트

워커는 '우머니스트'의 정의 두 번째 부분에서 이 용어의 정의를 '다른 여성을 사랑하는' 모든 여성으로 확장시킨다. 이때의 '사랑'이란 성적인 사랑일 수도 있고 아닐 수도 있다고 말하며, 정서적인 삶과 힘을

참조 : ▪ 페미니즘 내의 인종차별과 계층적 편견 202~205쪽 ▪ 탈식민주의 페미니즘 220~223쪽 ▪ 특권 239쪽 ▪ 교차성 240~245쪽

찬양하는 여성들의 연대를 강조한다. 워커는 이어서 우머니즘은 레즈비언 여성과 남자를 친구로 사랑하는 여성뿐 아니라 남자 파트너가 있는 이성애 여성까지 모두 해당된다고 주장한다. 이 발언은 논쟁을 불러일으켰는데, 우머니스트가 남성과 결별하기를 원하지 않는다는 개념이 추가되었기 때문이다. 이런 입장은 가부장제에 대항하는 집단투쟁을 위해 남성을 거부해야 한다고 주장하던 일부 급진적인 레즈비언 페미니스트에게는 도전을 의미했다.

워커는 우머니스트를 위한 보편주의 철학을 요약하면서, 이것을 온갖 꽃들이 피어 있는 정원이라고 설명한다. 이런 비유는 또 이 책과 동명의 에세이 「어머니의 정원을 찾아서*In Search of our Mothers' Gardens*」에도 등장하는데, 여기에서 워커는 흑인여성의 창조성을 묘사하기 위해 잘 가꾼 다채로운 색깔의 정원이란 개념을 도입한다. 실제로 그녀의 어머니는 항상 꽃들이 만발한 화려한 정원을 가꾸었고, 워커는 이 정원이 어머니가 창조성을 표현하는 일종의 분출구였다고 보았다.

워커의 계속되는 주장에 따르면, 우머니스트는 남성과 여성이 각자의 문화적 특수성을 유지하면서 함께 살아갈 수 있는 세상에서 모든 인간의 생존을 위해 힘쓰는 사람이다. 그녀는 우머니스트가 운동가가 되어 억압받는 사람들을(노예들이 포획자로부터 탈출할 수 있는 방법으로) 안전하게 이끌 수 있고, 모든 인종의 생존을 위해 투쟁할 잠재력을 가진다고 설명한다.

이런 잠재력을 얻기 위해 우머니즘은 흑인여성의 삶 전체, 그들의 섹슈얼리티, 가족, 계층, 가난, 그들의 역사, 문화, 신화, 민속, 구전 전통, 정신성 등을 고려한다.

앨리스 워커

1944년에 미국 조지아 주 이턴튼에서 태어난 앨리스 맬시니어 워커(Alice Malsenior Walker)는 아프리카계 미국인인 소작인 부부의 여덟 번째 자식이었다. 워커가 사고로 한쪽 눈을 못 보게 되자, 어머니는 그녀에게 타자기를 주면서 집안일 대신 글을 쓰도록 허락했다. 워커는 장학금을 받고 조지아 스펠맨대학에 다녔다. 1965년에 졸업한 후에는 미시시피로 이주하여 민권운동에 참여했다.

워커는 아프리카계 미국인 문화, 특히 여성의 삶에 대한 통찰이 담긴 장·단편 소설과 시로 명성을 얻었다. 그녀의 가장 유명한 작품은 『컬러 퍼플』이다. 이 소설은 퓰리처상을 받았고, 1985년에 스티븐 스필버그(Steven Spielberg) 감독에 의해 영화로 만들어졌다. 오프라 윈프리(Oprah Winfrey)가 제작한 뮤지컬 버전은 2004년에 초연되었다.

앨리스 워커가 말하는 우머니즘의 정원에는
모든 인간이 인종, 성별, 계층에 상관없이 똑같이 잘 자란다.

우머니즘

계층분열 거부
양성평등 권장 약파
수월리티의 자녀
인종차별 거

주요저서

1981년 『훌륭한 여성은 억누를 수 없다
You Can't Keep a Good Woman Down』
1982년 『자오선*Meridian*』
1982년 『컬러 퍼플』
1983년 『어머니의 정원을 찾아서: 우머니스트 산문』

워커의 우머니스트 정의의 세 번째 부분에서는 우머니스트가 포용하고 찬양해야 하는 삶의 영역을 열거한다. 워커는 정신성, 춤, 음악에 대한 사랑이 어떻게 자신에 대한 사랑으로 이어질 수 있는지를 설명하여, 우머니즘의 범위에 자기 스스로 돌보기까지 포함시킨다. 이 주제는 아프리카계 미국인 페미니스트 벨 훅스가 훗날 『얌의 자매들』이란 저서에서 다루게 된다.

마지막으로, 워커는 보라색과 라벤더색을 비교하면서 우머니즘과 페미니즘을 비교한다. 페미니즘이 우머니즘의 한 측면이지 전체 스토리는 아니라는 것이다. 요약하자면, 이 책에서 워커는 아프리카계 미국인 여성들의 경험을 긍정하는 한편, 이런 경험을 바탕으로 전 세계를 위한 비전을 제시하고 있다.

조라 닐 허스턴

워커는 특히 간과되거나 잊혀진 흑인여성작가들에게 관심이 많았다. 조라 닐 허스턴(Zora Neale Hurston, 1891~1960년)은 워커

가 흑인문학 강의를 검토하다가 발견한 작가 겸 저널리스트, 인류학자였다. 워커는 허스턴의 작품이 흑인남성 작가들의 작품에 비해 짧게만 언급된 것을 알아챘다. 그녀는 허스턴의 작품을 찾다가 1935년에 출간된 아프리카계 미국인 전통민담집인 『노새와 인간Mules and Men』을 발견했다.

흑인 민속문화는 워커의 우머니즘 개념에 영감을 주었고, 허스턴의 작품을 발견한 일은 우머니즘 개념을 발전시키는 데 결정적이었다. 워커가 『노새와 인간』을 가족들에게 읽으라고 건네주자, 그들은 그 이야기가 어릴 적에 할머니 할아버지가 들려주던 민담이란 사실을 발견했다. 흑인들은 성인이 되면서 이런 선조들의 유산으로부터 멀어졌고, 대개는 자신들의 오래된 전통, 사투리, 노예제 하의 경험담을 부끄러워하거나 당혹스러워했다. 노예제 하에서 흑인들은 조롱당하고 고정관념에 따라 정형화되어, 그들의 후손은 유럽인처럼 변하기를 열망했던 것이다.

워커는 1979년 발표한 에세이 「조라 닐

> 아프리카계 미국인 여성에게 적용되는 일련의 부정적인 정형화된 이미지가 흑인여성의 억압에 근본적이었다.
> **패트리샤 힐 콜린스**

허스턴Zora Neale Hurston」에서 이 작가가 인생을 살아가는 방식에서뿐 아니라 자신의 흑인 혈통을 긍정하는 태도에서도 시대를 앞서갔다고 결론짓는다. 선각자로 사는 데는 나름의 대가가 따른다. 워커는 많은 사람들이 허스턴의 작품을 사랑했지만, 1930년대 당시 인습에서 벗어난 그녀의 라이프스타일에 대해서는 말이 많았다는 사실도 알게 되었다. 몇몇 아프리카계 미국인 비평가들은 허스턴이 연구보조금의 명목으로 '백인 놈들'에게 돈을 받는다고 비난하기도 했다.

허스턴을 '재발견'한 사건은 워커의 삶과 연구에 크나큰 영향을 미쳤다. 무엇보다 워커는 허스턴에게서 온전히 '자기 자신'으로 살다간 흑인여성을 발견했기 때문이다. 워커는 허스턴이 거침없는 솔직함 탓에 고통당했기 때문에 허스턴에 대한 자신의 에세이를 '경고의 이야기'라고 불렀지만, 그럼에도 흑인들이 나서서 흑인 지식인을 칭찬하

조라 닐 허스턴은 개인적 저작, 희곡, 민담집, 잡지기사, 부두교 연구자료 등을 집필했다. 그녀는 1960년에 무명으로 죽었으나 앨리스 워커의 글을 통해 재조명받았다.

고 그들이 외면당하지 않도록 노력할 책임이 있음을 보여주었다.

새장에 갇힌 새는 노래하네

우머니즘은 흑인여성의 삶 전반을 아우르면서 흑인여성들이 각자의 삶에서 다중적인 억압에 대처하는 방식을 찬양하기를 열망한다. 1969년에 아프리카계 미국인 작가 마야 안젤루는 첫 번째 자서전 『새장에 갇힌 새가 왜 노래하는지 나는 아네*I Know Why the Caged Bird Sings*』를 출간했다. 이 책에서 안젤루는 어머니의 남자친구에게 강간을 당하고, 인종적 편견에 시달린 경험을 글로 풀어낸다.

이 책의 인종차별주의와 성폭력 묘사는 흑인 페미니스트들이 성적 억압과 인종적 억압의 교차점에 주목했던 접근방식이 옳았음을 확인해주었다. 흑인여성들은 여러 가지 특수한 이슈들에 직면했고, 바로 이 점이 페미니즘 대신 우머니즘이 필요한 이유였다. 안젤루는 남성과 여성 모두 어떻게 인종차별주의에 영향을 받고, 종교와 교회가 어떻게 흑인공동체의 모든 측면에서 중심

> 미국의 성인 흑인여성이 가공할 캐릭터로 등장한다는 사실이 놀랍다는 반응을 종종 접한다.
> **마야 안젤루**

엔토자케 샹게이(Ntozake Shange) 원작의 1976년 브로드웨이 쇼 《무지개가 떠 있을 때/자살을 생각했던 흑인 소녀들을 위해*For Colored Girls Who Have Considered Suicide/When the Rainbow is Enuf*》는 흑인여성들의 특수한 경험을 집중적으로 다루었다.

적이며, 가난이 어떤 결과를 초래하는지를 묘사한다. 인종차별과 성차별에 맞선 투쟁이 분리될 수 없다는 신념에서 출발한 흑인 페미니즘은 흑인여성들이 양쪽 영역에서 동시에 겪는 불평등을 이야기하고자 했다. 그러나 1960년대와 1970년대에 들어 미국 흑인여성이 자신들의 경험을 반영하는 이데올로기를 모색하던 시절에는 이 단체도 구식으로 여겨졌다. 대부분의 미국 흑인여성에게 페미니즘은 그들이 세상과 관계 맺는 방식을 설명하는 데 실패한 것으로 보였다.

새로운 장

1973년에 인종차별과 성차별 문제를 함께 다루려는 바램에서, 흑인 페미니스트들은 뉴욕에 전국흑인페미니스트기구 (National Black Feminist Organization, NBFO)를 결성했다. 이들은 목표 선언문을 발표할 때 제2세대 페미니즘과 민권 및 흑인해방운동에서 흑인여성이 거의 눈에 띄지 않는 데 불만을 표하며 '미국의 흑인 중에 절반 이상을 차지하지만 거의 잊히다시피 한 절반, 즉 흑인여성'의 수요를 대변하겠다는 결의를 밝혔다.

이듬해에는 이 기구의 한 분파가 보스턴에 더욱 급진적인 컴바히강 공동체(Combahee River Collective)를 설립했다. 1977년에 전국흑인페미니스트기구의 이전 멤버들인 데미타 프레이저(Demita Frazier), 비벌리 스미스(Beverly Smith), 바버라 스미스(Barbara Smith)는 컴바히강 공동체 선언문을 작성했다. 선언문에 흑인여성들은 인종차별과 성차별을 동시에 겪고 있다고 언명했다. 이것은 흑인여성들이 흑인 공동체의 성적 억압과 전체 사회의 인종차별, 그리고 페미니스트 운동 내의 인종차별 등 다중적인 억압의 희생자임을 분명히 인정한 최초의 순간이

었다. 컴바히강 공동체는 기존의 여성해방운동이 성적 억압에 집중하기 때문에 잘못되었다고 주장한 것이 아니라 단지 흑인여성들은 성차별 외에도 해결해야 할 또 다른 이슈들이 있다는 선언이었다.

선언문의 작성자들은 정체성 정치학과 인종적·성적 억압에 초점을 맞추었다. 또 자본주의, 제국주의, 가부장제처럼 그들이 처한 상황을 악화시키는, 그들이 보기에 유해한 이데올로기도 다루었다. 워커처럼 그들도 레즈비언 분리주의를 거부했다. 컴바히강 공동체는 1977~1980년 사이에 흑인 페미니스트 수련회를 7차례 후원했고, 이런 의식 고취 행사들은 과거에 고립되어 일하던 여성들의 지지 기반을 마련했다.

새로운 목소리들

워커는 1982년에 가정폭력과 여성들 간의 사랑, 그리고 미국 최남단 지역의 문화적 활력까지 조명한 소설 『컬러 퍼플The Colour Purple』을 집필했다. 이 당시에는 전국흑인페미니스트기구와 컴바히강 공동체가 모두 해체되어, 흑인여성들은 그들의 존재 전체에 초점을 맞출 새로운 접근방식을 간절히 모색하고 있었다.

> 흑인여성을 침묵시키려는 백인 페미니스트들의 시도는 거의 기록된 바가 없다.
> 벨 훅스

바로 이 시점에 학계에서 자신의 입지를 구축하기 시작하던 벨 훅스는 페미니스트들에게서 일종의 인종차별을 경험했다. 이것은 전국흑인페미니스트기구와 컴바히강 공동체가 각종 컨퍼런스와 간행물에서 늘 주장하던 바였다. 벨 훅스는 1984년에 발표한 저서 『페미니즘 이론 : 주변에서 중심으로』에서 여성학 커리큘럼과 페미니스트 이론이 흑인 저자들을 소외시키고 무시했다고 주장한다. 또 서양 사회에서는 모든 남성이 평등하지도 않고 모든 여성이 공통적

벨 훅스

벨 훅스는 켄터키 주 홉킨즈빌에서 태어났다. 그녀의 본명은 글로리아 진 왓킨스(Gloria Jean Watkins)란 본명으로 태어나 인종이 분리된 미국 남부지역에서 성장했으나, 여성들의 유산을 기리는 의미에서 외증조모 이름을 필명으로 삼았다. 또 그녀 본인보다 그녀의 메시지에 관심을 집중시키기 위해 대명사 없이 이름을 표기하기로 했다. 스탠퍼드대학에서 학사학위를, 위스콘신대학에서 석사학위를 받고 산타크루즈 캘리포니아대학에서 박사학위를 취득했다. 훅스는 널리 인정받는 지식인, 페미니스트 이론가, 화가 겸 작가로서 30권이 넘는 저서를 집필했다. 그녀의 작품은 흑인여성에 대한 다양한 인식을 점검하고 문화비평, 자서전, 시를 비롯한 여러 장르를 섭렵한다.

주요저서

1981년 『나는 여자가 아닙니까?-흑인여성과 페미니즘Ain't I a Woman? : Black Women and Feminism』
1984년 『페미니즘 이론-주변에서 중심으로Feminist Theory : From Margin to Center』
1993년 『얌의 자매들-흑인여성과 자기 회복Sisters of the Yam : Black Women and Self-recovery』

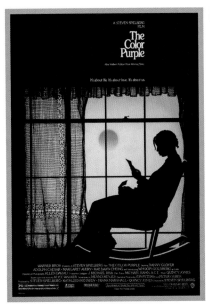

『컬러 퍼플』은 1985년에 동명의 영화로 개봉했다. 미국 남부에서 한 흑인여성이 겪는 학대와 편견을 기록한 이 작품은 퓰리처상을 수상하고 오스카상 11개 부문에 후보로 올랐다.

인 사회적 지위를 공유하지도 않기 때문에 페미니즘은 여성과 남성을 평등하게 만들 수 없다고 단언한다.

훅스는 이 저작을 바탕으로 더욱 포괄적인 페미니즘 이론을 제시하면서, 자매애를 장려하는 한편 (다른 미국 운동가 겸 유색인 작가 오드리 로드도 그랬듯이) 여성들이 서로의 존재를 받아들이면서도 서로의 차이를 인정해야 한다고 촉구한다. 그러나 훅스가 페미니스트들에게 각자 인종, 계층, 성별과의 관계를 고려해야 한다고 주장했을 때, 일부 흑인 페미니스트들은 식민주의와 노예제의 유산을 상속받은 백인여성들이 과연 인종차별주의를 본격적으로 논의할 수 있을지 미심쩍어했다. 그래도 훅스는 백인여성을 포용했을 뿐 아니라 양성평등 운동에서 남성 참여의 중요성을 주장하면서, 실질적인 변화가 일어나려면 남자들이 제 몫을 해줘야 한다고 주장했다.

오늘날의 우머니즘

초창기 흑인여성단체들은 대부분 1980년대 초반에 해체되었지만, 흑인 페미니즘과 우머니즘은 이 시기에 아프리카게 미국인 여성들의 삶을 바탕으로 성장했다. 우머니즘은 여전히 논란의 대상이긴 해도 역사적인 용어로 사용되고 있다. 벨 훅스와 앨리스 워커 같은 이들은 페미니즘 내에서 흑인들이 설 자리를 요구함으로써 보다 지적인 논쟁이 펼쳐질 장을 마련했고 페미니즘 내에서 대안적 이론이 발전할 여지를 제공했다.

일례로 1993년에 아프리카게 미국인 클레노라 허드슨 윔즈(Clenora Hudson-Weems)는 페미니즘뿐 아니라 흑인 페미니즘이란 말도 완전히 거부하며 그 용어가 유럽 중심적이라고 비판했다. 대신 그녀는 흑인여성의 아프리카 유산을 아우르는 접근방식으로서 '아프리카나 우머니즘'을 주창했다.

흑인에 대한 편견은 21세기 사회에서도 여전히 만연하고, 흑인여성들은 이런 편견과 싸우려는 노력의 최전선에 서왔다. 2013년에 미국에서 결성된 '흑인의 목숨도 소중하다(Black Lives Matter)'는 국가나 자경단의 폭력이 흑인의 삶에 영향을 미칠 때마다 개입하는 것을 목표로 삼는 운동이다. 이 운동은 세 명의 흑인여성인 앨리시아 가자(Alicia Garza), 패트리시 쿨러스(Patrisse Cullors), 오팔 토메티(Opal Tometti)가 시작한 것으로, 2012년에 플로리다 주에서 무기를 소지하지 않은 흑인 청년 트레이본 마틴(Trayvon Martin)을 죽인 살인범이 무죄선고를 받은 후에 결성되었다. 이 여성들은 미국 전역에서 소식을 전파하고 같은 뜻을 가진 사람들과 연결되기 위해 소셜미디어를 이용했다. 이들은 흑인들이 사회에 기여한 바를 알리고 흑인의 인간성을 긍정하며 억압에 저항하기 위해 풀뿌리 운동을 조직하기를 원했다. 그 후로 '흑인의 목숨도 소중하다' 운동은 전 세계의 운동가 네트워크를 보유한 새로운 시민권 운동으로 발돋움했다. ■

2017년 캐나다 토론토의 프라이드 행진(Pride march)에 참여한 '흑인의 목숨도 소중하다' 지지자들. 이들은 경찰들의 흑인 폭행에 시위하며 제복을 입은 경찰은 행진에 참여하지 말라고 요구했다.

주인의 도구로는 결코 주인의 집을 무너뜨릴 수 없다

운동가의 도구로서의 분노

맥락읽기

인용출처
오드리 로드(1984년)

핵심인물
오드리 로드

이전 관련 역사

1978년 : 미국 페미니스트 메리 데일리(Mary Daly)가 『부인/과학Gyn/Ecology』에서 모든 여성은 똑같이 억압당하고 있다고 주장한다.

1981년 : 미국 페미니스트 벨 훅스가 『나는 여자가 아닙니까?』에서 흑인여성들은 여성해방운동에서 철저히 배제되고 있다고 주장한다.

이후 관련 역사

1990년 : 미국 페미니스트 패트리샤 힐 콜린스가 저서 『흑인 페미니즘 사상』에서 인종과 여성해방운동에 대한 벨 훅스의 주장에 동의한다.

1993년 : 영국 사회학자 쿰쿰 바브나니(Kum-Kum Bhavnani)가 '차이'를 하나의 이론으로 통합하는 여성학 강좌를 알리는 기사를 발표한다.

19 60년대와 1970년대의 여성해방운동은 모든 여성을 대변한다고 주장했지만, 오드리 로드는 일부 여성, 특히 빈곤층 여성과 흑인여성은 배제되었다고 느꼈다. 그녀는 여성의 자유를 얻기 위한 투쟁을 설명하기 위해 주인과 노예의 관계에 비유하면서, 여성이 서로간의 차이를 받아들이고 그 차이를 적과 싸우기 위한 원동력으로 이용해야 한다고 주장했다. 또 변화는 압제자의 도구인 두려움과 편견에서 얻어지는 게 아니라 규칙을 바꾸고 함께 노력해야만 얻을 수 있다고 선언했다.

로드는 1973년 발표한 〈당신들 각자에게For each of you〉라는 시에서 여성들에게 권위와 싸우는 건설적인 방법으로서 분노를 이용하라고 조언한다. 로드에 따르면, 분노는 적절하게 사용할 경우 불평등과 싸우기 위한 강력한 에너지원이 될 수 있다. 이때 분노는 다른 여성에게 향해서는 안 되고 여성의 삶을 구속하는 사람들에게 향해야 한다. 로드는 1981년 미국여성학회(National Women's Studies Association) 강연에서 분노를 이용하여 여성해방운동이 인종차별 이슈의 논의를 거부한다고 고발했다. 여성해방운동 측에서 인종차별은 오직 흑인여성만이 해결할 수 있고 전체 운동 차원에서는 해결할 수 없다는 입장을 고집했기 때문이다. 로드는 이것이 백인여성은 결코 자신들의 편견을 깨닫지 못한다는 의미라고 주장했다. ∎

오드리 로드는 아프리카계 미국인 작가이자 페미니스트, 민권운동가다. 그녀는 정치적·사회적 부당함에 대한 분노를 표현하는 수단으로 그녀의 시를 이용했다.

참조 : ▪ 인종평등과 양성평등 64~69쪽 ▪ 흑인 페미니즘과 우머니즘 208~215쪽 ▪ 특권 239쪽 ▪ 교차성 240~245쪽

인구의 절반은 무보수로 일한다

국내총생산(GDP)

맥락읽기

인용출처
마릴린 웨어링(1988년)

핵심인물
마릴린 웨어링

이전 관련 역사
1969년 : 미국 페미니스트 벳시 워리어 (Betsy Warrior)가 『가사노동-Housework』에서 여성의 가사노동이 모든 경제적 거래의 기반이라고 주장한다.

1970년 : 덴마크 경제학자 에스터 보스럽 (Ester Boserup)이 『경제 발전에서 여성의 역할Woman's Role in Economic Development』에서 개발도상국에서 경제성장이 여성에게 미치는 영향을 검토한다.

이후 관련 역사
1994년 : 미국에서 〈페미니스트 경제학 Feminist Economics〉 저널이 창간된다. 이 저널은 미국에서 여성과 남성의 삶을 개선할 새로운 접근방식을 찾겠다는 사명을 내건다.

2014년 : 다양한 페미니스트 경제학 이론을 한 권으로 모은 선집 『마릴린 웨어링에 기대어Counting on Marilyn Waring』가 출간된다.

19 90년대에 뉴질랜드의 대학강사, 농부, 여권운동가인 마릴린 웨어링이 경제적·정치적 이데올로기에서 중요한 목소리로 부상했다. 그녀는 모든 국가의 경제에서 여성의 무보수 노동이 담당하는 필수적인 역할을 무시했다고 주장하며 주류 경제학에 대한 페미니스트의 비판을 선도했다.

국내총생산

1988년 웨어링은 기념비적인 저작 『만약 여성이 계산된다면If Women Counted』에서 경제이론들이 어떻게 여성 노동의 대부분을 배제시켜 세계 인구의 절반을 보이지 않게 만들었는지를 분석한다. 그녀는 기본적인 경제개념, 특히 국내총생산(GDP)을 다시 생각해야 할 필요성을 설득력 있게 주장한다. 그래야만 여성의 무보수 노동의 생산성을 비롯하여 공동체 전체의 복지를 반영할 수 있다는 것이다. 웨어링은 크고 작은 공동체 단위에서 여성의 시간의 중요성을 강조했던 최초의 학자였다. 그녀는 여성의 시간을 경제와 정부의 가부장적 전통에

> 가장 중요한 질문은 여성이 하는 일의 가치가 무엇이냐가 아니라 여성이 일을 할 시간이 있느냐는 것이다.
> **마릴린 웨어링**

도전하는 수단으로 바꾸었다. 기존에는 어디에도 드러나지 않던 여성의 가사노동을 마침내 경제적 가치와 연계시킨 것이다.

웨어링은 『만약 여성이 계산된다면』을 통해 국제연합이 국내총생산을 다시 계산하도록 설득했고, 수많은 국가들이 새로운 회계방식을 도입하는 데 영감을 주었다. 이 책은 또 페미니스트 경제학의 기본 토대로서 여성의 가시성을 높이는 데 기여했다고 평가받는다. ■

참조 : ▪ 마르크스주의 페미니즘 52~55쪽 ▪ 보육기관의 사회화 81쪽 ▪ 가사노동 임금 147쪽

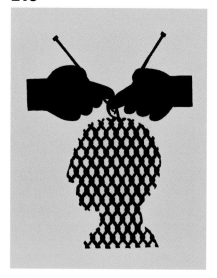

백인 사회가 우리의 인간성을 빼앗았다

반식민주의

맥락읽기

인용출처
글로리아 안잘두아(1987년)

핵심인물
아와 티암, 글로리아 안잘두아

이전 관련 역사
1930년대 : 파리에서 프랑스어를 쓰는 아프리카 및 카리브해 출신 작가들이 프랑스의 식민지배와 동화정책에 맞선 시위로 네그리튀드(Negritude) 문학운동을 시작한다.

1950년대 : 마르티니크 철학자 프란츠 파농(Frantz Fanon)이 식민지 시대와 신식민지 시대의 여성 억압과 성차별주의자의 지배를 분석한 저작들을 발표한다.

이후 관련 역사
1990년 : 남아프리카공화국 작가 베시 헤드(Bessie Head)가 자서전을 출간하여, 남아프리카공화국의 아파르트헤이트(인종차별정책) 하에서 자라며 인종차별주의와 가부장적 흑인민족주의에 지배받은 삶을 이야기한다.

식민정책 수립자들은 보통 한 사회에서 여성의 지위가 그 사회의 '문명화' 수준을 나타낸다고 믿었다. 그들은 식민지 남성의 '야만적인' 관습으로부터 유색인 여성을 '보호한다'는 명분으로 식민 모국의 간섭, 억압, 점령을 정당화했다. 그 결과 유색인 여성들은 그들의 인종적·성적 권리를 주장하기가 더 힘들어졌고, 독립운동 내에서도 성별에 따른 분열이 일어났다. 식민지 여성들이 아무리 민족주의적 대의에 기여해도 식민지 남성들은 계속 그들의 동기를 의심했고, 종종 여성들이 유럽의 의제를 수용한다고 비난했다. 일부 페미니스트들은

가부장적인 이 사회에서
여성의 지위에 도전하려면
사회 전체의 구조에
도전할 각오를 해야 한다.
아와 티암

국가의 독립을 위해 싸우는 노선과 여성의 권리를 주창하는 노선 사이에서 갈등에 시달렸다.

이중 지배

식민주의 치하 여성의 경험에 대해 글을 쓴 페미니스트 중에는 세네갈 작가 아와 티암이 있다. 그녀는 저서 『거침없이 말하라, 흑인 자매들이여-블랙 아프리카의 페미니즘과 억압*Speak Out, Black Sisters : Feminism and Oppression in Black Africa*』을 통해 서아프리카와 중앙아프리카에서 전통의 억압과 식민지배의 억압이 여성의 삶을 어떻게 지배해왔는지를 살펴본다. 티암은 제도화된 가부장제, 일부다처제, 여성할례, 첫 성경험, 피부 미백 등의 공공연한 논의로 많은 금기를 깨부수며 여성이 겪는 식민체제와 전통적 가부장제의 이중 억압을 조명한다.

한 가지 예를 들자면, 티암은 1908~1960년에 벨기에령 콩고의 식민 통치 하에서 수출용으로 재배하는 환금 작물의 도입이 어떻게 여성 착취를 가중시켰는지를 설명한다. 전통적으로 작물재배는 여성의 노동으로 여겨졌는데 식민 체제 하에서는 오로지 남성만 '성인이고 법적으로 유효하다'고 인정되었기 때문에 여성의 추가적 노동의 대가

참조 : ▪ 탈식민주의 페미니즘 220~223쪽 ▪ 토착적 페미니즘 224~227쪽 ▪ 특권 239쪽, 교차성 240~245쪽 ▪ 여성 성기 절제에 반대하는 운동 280~281쪽

는 고스란히 남성들 차지가 되었다.

이 주제에 대한 또 하나의 핵심 저작인 『두 가지 식민주의와 싸우기*Fighting Two Colonialisms*』는 남아프리카공화국 출신 저널리스트 스테파니 어당(Stephanie Urdang)이 쓴 책으로, 1974년과 1976년에 포르투갈로부터의 독립투쟁에 참여한 기니비사우의 여성들을 살펴본다. 그녀들은 독립의

'대의'에 함께 행동하도록 남성들을 설득하고 자신들도 무기를 들었다. 그럼에도 식민주의가 종식되고도 독립운동 지도자 아밀카르 카브랄(Amilcar Cabral)이 약속했던 양성평등은 주어지지 않았다. 대신 여성들은 강제로 전통적인 역할로 돌아가야 했다.

새로운 질문

반식민주의가 폭로한 성차별과 인종차별 구조는 논쟁을 불러일으켰고 억압에 저항하려는 의식을 자극했다. 미국에서는 치카노(멕시코계 미국 남성) 운동에서 치카나(멕시코계 미국 여성) 페미니즘이 발전했다.

치카노 운동은 1846~1848년의 멕시코-미국 전쟁 때 미국이 점령한 접경지대에서 멕시코 후손들에 대한 차별적 대우에 저항하는 시위로 1960년대에 시작되었다. 치카나 페미니스트들은 미국에서 백인여성이 지지하는 페미니즘은 치카나들이 성차별 외에 추가적으로 직면한 인종 및 계층차별 문제를 다루지 않는다는 것을 발견했다. 치카나 페미니스트인 글로리아 안잘두아는 다양한 정체성과 억압이 서로 맞물린다고 강조하며 그들의 이슈가 이렇게 무시당하는 것은 일종의 신식민주의라고 주장했다. ∎

한 치카나 여성이 차별에 반대하는 시위를 위해 1971년에 미국-멕시코 국경의 칼렉시코에서 새크라멘토까지 1,600km를 행진하는 레콘키스타 행진(La Marcha de la Reconquista)에 참여하고 있다.

글로리아 안잘두아

글로리아 안잘두아(Gloria Anzaldúa)는 1942년에 텍사스에서 출생하여 젊은 시절부터 농장 노동자의 권리를 지키는 투쟁 등 치카노 행동주의에 참여했다. 그녀는 중간소득층 대상 운동의 연구자로서 식민주의 내부의 위계구조에 주목했고, 성별, 계층, 인종, 건강의 이슈가 어떻게 상호연관되는지에 연구의 초점을 맞추었다. 안잘두아는 가장 유명한 저서 『경계지대/경계선 : 새로운 메스티자 *Borderlands/La Frontera: The New Mestiza*』에서 미국과 멕시코 접경지대의 식민주의와 남성 지배를 분석했다. 2004년에 세상을 떠났다.

주요저서

1981년 『내 등이라고 불리는 이 다리-급진적인 유색인 여성이 쓰다』
1987년 『경계지대/경계선 : 새로운 메스티자』
2002년 『우리가 집이라 부르는 이 다리-변화에 대한 급진적 비전』

투쟁하는 자매들의 공동체

탈식민주의 페미니즘

맥락읽기

인용출처
찬드라 탈파드 모한티(1984년)

핵심인물
찬드라 탈파드 모한티, 가야트리 차크
라보르티 스피박

이전 관련 역사
1961년 : 프랑스의 식민지 알제리에서
일하던 정신과의사 프란츠 파농이 식
민주의의 인간성 말살 효과를 다룬 『대
지의 저주받은 자들』을 출간한다.

이후 관련 역사
1990년대 : 이민, 세계화, 현대적 소통
에 초점을 둔 초국가적 페미니즘이 등
장한다.

1993년 : 토니 모리슨(Toni Morrison)이
아프리카계 미국인 최초로 노벨문학상
을 수상한다. 그녀의 글은 흑인의 경험
을 미국 주류 문학에 포함시킨다.

탈식민주의 페미니즘은 탈식민주의의
하위 분야다. 탈식민주의는 서구의 식
민주의가 현재의 경제적·정치적 제도에 미
친 영향과 현대 세계에 남아있는 신식민주
의와 제국주의의 잔재를 연구하는 학문이
다. 탈식민주의 연구는 여러 제국주의의 지
배를 받았던 민족의 역사를 재검토하고 문
화적·사회적·정치적 영역에서 식민지 지
배자와 주민들의 권력 관계를 분석한다.

탈식민주의 페미니즘은 탈식민주의와
서구 페미니즘이 모두 탈식민지 세계 여성
의 관심사를 수용하지 않는 데 반발하여 탄
생했다. 1980년대 이전에는 대부분의 탈
식민주의 이론을 남성들이 제시했다. 중

참조 : ▪ 초기 아랍 세계 페미니즘 104~105쪽 ▪ 인도의 페미니즘 176~177쪽 ▪ 반식민주의 218~219쪽 ▪ 토착적 페미니즘 224~227쪽 ▪ 포스트 마오 시대 중국의 페미니즘 230~231쪽

> 단순히 성별을 기준으로
> 자매애가 존재한다고
> 가정할 수는 없다.
> 찬드라 탈파드 모한티

요한 텍스트로는 프랑스의 해외 영토인 마르-니크의 에메 세제르(Aime Cesaire)가 쓴 1950년작 『식민주의에 대한 담론Discourse on Colonialism』, 프란츠 파농의 1964년작 『대지의 저주받은 자들The Wretched of the Earth』, 팔레스타인계 미국인 학자 겸 비평가 에드워드 사이드(Edward Said)의 1978년작 『오리엔탈리즘Orientalism』 등이 있었다. '탈식민주의(Postcolonialism)'라는 용어 자체는 과거부터 오늘날까지도 논쟁의 여지가 있다. 이 용어는 과거에 식민지배를 경험한 국가들에 동질성이 있고, 그 국가들이 영구히 식민화된 과거와 연관되거나 또는 식민지배의 영향이 현재는 더 이상 남아있지 않다고 전제한다. 그러나 현실은 매우 다른 경우가 많다. 과거의 식민지 국가들은 종종 가부장적인 권력투쟁으로 분열되고 또 다른 형태의 억압인 국제적인 간섭을 받게 된다.

진짜 여성들

1980년대에 탈식민주의 페미니스트들은 서양 북반구의 백인 중산층 여성들을 기준으로 삼는 선진국 페미니스트들이 제시하는 이론을 비판하기 시작했다. 그들은 서양 페미니즘이 서양에서 여성의 투쟁을 동질화하고 그 결과를 남반구 개발도상국의 제3세계 여성에게 적용한다고 비난했다. 이런 접근방식은 오만하게 느껴졌고, 현실적인 문제를 가진 진짜 여성들을 보편적인 단일 집단으로 환원시킨다는 지적이 제기되었다.

인도에서 찬드라 탈파드 모한티는 비(非)서구권 국가에 사는 여성들은 권력 유무나 재산 수준에 무관하게 가난하고, 무지하고,

제3세계 여성

주변화
길들여짐
가난함
종교적
문맹
남성 지배의 희생자
전통문화의 억압
단일하고 동질적인 집단
무력하고 취약함

서양 페미니스트들의 '제3세계 여성'에 대한 인식은 종종 여성의 존재를 획일적이고, 억압적인 고정관념으로 환원시킨다.

찬드라 탈파드 모한티

1955년에 인도 뭄바이에서 태어난 찬드라 탈파드 모한티(Chandra Talpade Mohanty)는 탈식민주의와 초국가적 페미니스트 이론에서 가장 중요한 학자 중 하나다. 모한티는 델리대학에서 영어를 공부하고, 일리노이대학에서 교육학 박사학위를 받았다. 그녀의 1986년 논문 「서구의 시각으로-페미니스트 학문과 식민지 담론Under Western Eyes: Feminist Scholarship and Colonial Discourses」은 널리 인정받았다. 모한티의 관심분야는 차이와 연대의 정치학, 지식의 탈식민화, 국경을 넘어선 페미니스트 연대 등이다.

모한티는 현재 여성학 및 젠더학의 석좌교수이며, 뉴욕 시러큐스대학의 인문학 학과장이다. 최근 연구에서는 신자유주의의 정치학을 분석하고 있다.

주요저서

2003년 『경계 없는 페미니즘-이론의 탈식민화와 연대를 위한 실천Feminism Without Borders : Decolonizing Theory, Practising Solidarity』

2013년 『초국가적 페미니스트 건너기-신자유주의와 급진적 비판에 대해Transnational Feminist Crossings : On Neoliberalism and Radical Critique』

가야트리 차크라보르티 스피박

1942년에 콜카타에서 출생하여 탈식민주의 이론에서 최고의 권위자 중 하나가 된 가야트리 차크라보르티 스피박(Gayatri Chakravorty Spivak)은 1983년에 발표한 선구적인 논문 「서발턴은 말할 수 있는가?」로 가장 잘 알려져 있다.

스피박은 1961년에 인도를 떠나 코넬대학의 대학원 프로그램에 참여하면서 미국과의 오랜 유대관계를 시작했다. 현재는 컬럼비아대학의 인문학 교수로 재직 중이다. 그러나 그녀는 1986년부터 서벵골의 초등학교를 재정지원하며 인도와도 계속 가까운 관계를 유지하고 있다. 2012년에는 예술철학 부문 교토상을 받고 그 상금을 인도의 초등교육 지원재단에 기부했다. 스피박은 또 마하스웨타 데비(Mahasweta Devi)의 작품 같은 인도어 저작을 영어로 번역하고 있다.

주요저서

1983년 「서발턴은 말할 수 있는가?」
1999년 『포스트 식민 이성 비판-사라져가는 현재의 역사를 향해A Critique of Postcolonial Reason: Towards a History of the Vanishing Present』

부르카로 전신을 가린 두 여성이 아프가니스탄 헤라트 거리를 걷고 있다. 이슬람 근본주의 탈레반의 여성 억압은 미국과 동맹국들이 2001년에 아프가니스탄을 침공한 이유 중 하나였다.

성적으로 구속되어 전통에 얽매여 살다가 희생당한다는 가정이 깔려있다고 주장했다. 반면에 서구 여성은 현대적이고 성적으로 자유롭고, 교육을 많이 받고, 스스로 의사결정을 할 수 있다고 가정한다는 것이다.

현지에서 시작된 투쟁

모한티와 다른 여성들은 서양의 제3세계 여성에 대한 고정관념을 거부하면서 토착적 페미니스트 운동에 힘을 보탰다. 그들은 개발도상국의 페미니즘이 진정성을 확보하려면 '수입된' 페미니즘이어서는 안 된다고 주장했다. 각 사회의 고유한 이데올로기와 문화에서 출발해야만 각 사회에 존재하는 복잡한 층위의 억압을 반영할 수 있다는 것이다. 그들은 또 다양한 형태의 차이를 페미니즘 운동의 일부로 인정하는 것이 서양 페미니스트들의 의무라고 주장했다.

일부 서양 페미니스트들은 탈식민주의 주장이 페미니즘운동을 군소집단으로 분열시킬 위험이 있다고 두려워하며 '전 세계의 자매애'를 강조하지만, 서양의 많은 유색인 페미니스트들은 탈식민주의의 주장을 수용하고 공감한다. 아프리카계 미국인 오드리 로드는 1984년 출간한 『아웃사이더 자매Sister Outsider』에서 차이를 부정하면 과거와 같은 억압을 강화한다고 주장한다. 그녀의 주장에 따르면, 백인여성들은 그들이 백인으로서 누리는 특권을 감안하지 않고 그들만의 경험에 비추어 여성을 정의함으로써 유색인 여성을 "타자", 즉 그들의 경험과 전통을 이해하기는 너무 '낯선' 아웃사이더"로 만든다고 주장한다.

벨 훅스 같은 흑인 페미니스트들은 서양 페미니즘이 인종이란 주제를 무시할 뿐 아니라 오히려 인종차별을 부추긴다고 주장하여 한발 더 나아간다.

'3중의 식민화'

서양 페미니즘의 제3세계 여성에 대한 억압은 보통 '3중의 식민화'라고 불린다. 탈

> 서발턴을 무시하는 것은
> 제국주의 프로젝트를
> 이어가는 셈이다.
> **가야트리 차크라보르티 스피박**

식민주의 페미니스트에 따르면, 제3세계 여성은 식민열강에 첫 번째로 '식민화되고' 가부장제에 두 번째로 '식민화되며' 서양 페미니스트들에 세 번째로 식민화된다. 이런 이유로 인종은 탈식민주의 페미니즘 담론에서 중심적인 쟁점이 되었다.

탈식민주의 비평가 가야트리 차크라보르티 스피박은 1983년에 발표한 「서발턴은 말할 수 있는가?*Can the subaltern Speak?*」라는 논문에서 유럽 중심적인 '자아'와 익명의 비유럽 '타자'를 고찰한다. 그녀는 식민지의 가부장적 권력구조와 식민 모국에 속하지 않은 사람들을 부르는 명칭인 '서발턴(subaltern)'이 과연 스스로를 대변할 수 있는지 반문한다. 그녀의 대답은 서발턴이 이해받거나 지지받지 못하기 때문에 그럴 수 없다는 것이다. 스피박은 이렇게 쓴다. "문화적 제국주의에 접근할 수 없거나 접근이 제한된 모든 것이 서발턴이다."

역사적으로 서양 페미니스트 이론이 대학 교육과정의 커리큘럼을 지배해왔고, 모든 페미니즘을 대표하게 되었다. 유럽의 페미니스트 텍스트를 탈식민주의 관점에서 재평가하는 움직임이 여성학 프로그램에 변화를 가져오긴 했어도, 들이 저술한 탈식민주의 페미니즘은 여전히 페미니즘의 주류 사조에서 벗어난 것으로 여겨진다. 이런 현실은 스피박이 '신(新)식민주의, 다문화주의, 문화적 상대주의 지식 생산'이라고 부른 현상과 일치한다. 이런 접근방식은 보다 단순하고 보다 정치적으로 올바른 문화 연구 브랜드를 만들기 위해 다른 사람들의 다양한 차이를 무시한다.

인도 출신 소설가 아니타 데사이(Anita Desai), 나이지리아 출신 작가 플로라 누와파(Flora Nwapa), 자메이카 출신 소설가 겸 시인 올리브 시니어(Olive Senior)의 작품 같이 영어로 쓴 중요한 탈식민주의 여성 소설도 많다. 그러나 대학 커리큘럼에서 여전히 여성작가들 비중이 적고 탈식민주의 여성작가들이 탈식민주의 남성작가들에 비해 인지도가 낮다는 사실은 여성작가들이 직면하는 더 큰 장벽을 반영할 뿐 아니라 여성들이 계속 인종, 계층, 성별의 이유로 소외되는 다중적인 식민화의 현실을 반영한다. 예를 들어 1986년에 나이지리아 남성 극작가 월레 소잉카(Wole Soyinka)는 흑인 최초로 노벨문학상을 받았고, 나이지리아 출신의 작가 치누아 아체베(Chinua Achebe)의 『모든 것이 산산이 부서지다*Things Fall Apart*』와 영국계 인도인 살만 루슈디(Salman Rushdie)가 1981년 발표한 『한밤의 아이들*Midnight's Children*』 같은 남성작가의 탈식민주의 문학은 폭넓은 인정과 다양한 상을 받았다.

그럼에도 불구하고, 탈식민주의 페미니즘은 주류 페미니즘의 경계를 더욱 심각한 허점투성이로 만드는 데 성공했다. 1980년대 이래로 인도 학계에서는 '페미니즘'이란 용어에 의문을 제기하며 인도에 특화된 대안을 찾자고 주장해왔다. 탈식민주의 페미니스트들은 계속해서 전 세계 여성의 공유된 가치에 기반을 두고 여성들의 다양한 목표와 투쟁을 더욱 제대로 이해하려고 노력하는, 보다 포괄적이고 유용한 주류 페미니즘을 요구하는 운동을 벌이고 있다. ■

남수단 여성들이 2017년에 평화를 위해 집결한 모습이다. 이들은 내전으로 분열된 탈식민주의 국가에서 정부군과 반란군 양쪽에서 침묵을 강요당하는 상황을 상징하기 위해 자신들의 입을 테이프로 막고 있다.

우리 후손들이 고마워할 조상이 되자

토착적 페미니즘

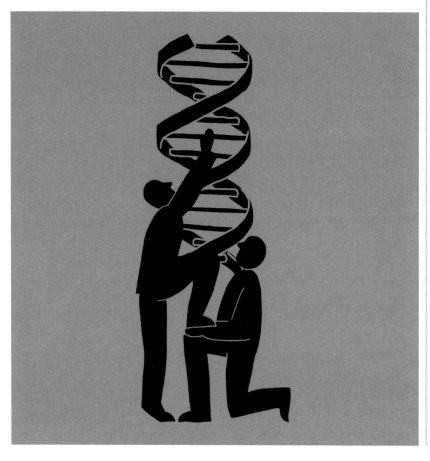

맥락읽기

인용출처
위노나 라듀크(2015년)

핵심인물
위노나 라듀크, 메리 투엑스 얼리, 폴라 건 알렌

이전 관련 역사
1893년 : 미국이 하와이 왕국을 점령한 동안 릴리우오칼라니(Lili'okalani) 여왕이 강제로 왕위에서 물러난다. 식민지 지배자들은 하와이에 기독교를 전파하고 여성들에게 '세례명'과 아버지 성을 쓰도록 강요한다.

이후 관련 역사
1994년 : 멕시코 남부 치아파스에서 사파티스타 민족해방군(Zapatista Army of National Liberation)이 여성의 노동, 공평한 임금, 교육, 파트너 선택 등의 권리를 보장하는 여성혁명법(Women's Revolutionary Law)을 발표한다.

2015년 : 캐나다의 저스틴 트뤼도(Justin Trudeau) 총리가 실종 및 살해 원주민 여성 및 소녀 전국 조사(National Inquiry into Missing and Murdered Indigenous Women and Girls) 기구를 만든다고 공표한다.

토착적 페미니즘은 인종적 배경이 유럽의 식민지 개척자들이 정착한 국가들인 원주민 여성의 경험과 관심에 초점을 맞춘다. 이 토착적 페미니즘은 미국, 캐나다, 오스트레일리아, 뉴질랜드를 중심으로 활발하게 전개되어왔지만, 또 당국의 원주민 억압에 반대했던 멕시코의 치아파스 같은 지역에서도 활발하다. 운동가와 학자들은 식민화, 백인우월주의, 집단학살, 성폭력, 원주민에 적대적인 민족주의, 식민지 땅에 도입된 유럽 가부장제 등이 원주민 여성의 삶에 미친 영향을 글로 쓰고 문제를 제기한

참조 : ▪반식민주의 218~219쪽 ▪탈식민주의 페미니즘 220~223쪽 ▪교차성 240~245쪽

원주민 여성은 성별과 민족성
둘 다와 관련된 이유로
불평등을 당한다

그들은 이중 억압을 당한다

이 문제와 싸우기 위해, 그들은 여성의
이슈를 전면에 내세우며 민족 투쟁에서
여성의 역할을 늘려간다

이런 전략을 통해
여성의 자율성과 민족의 자주성이
연계된다

2002년 오스트레일리아 영화 〈토끼 울타리〉의 한 장면. 이 영화는 국가의 명령에 따라 강제로 애보리진 어머니와 떨어져 살게 된 세 혼혈 소녀가 어머니에게 돌아가려고 시도하는 내용을 담고 있다.

다.

외부 억압

토착적 페미니스트들은 식민화가 원주민 가족구조에 심각한 영향을 미쳐 원주민 여성이 전통적으로 그들의 체질과 문화에 적합한 환경에서 아이를 낳아 기를 능력이 떨어졌다고 지적한다. 북미 원주민을 연구하는 학자이자 페미니스트 안드레아 스미스(Andrea Smith)는 식민지배 하에서 원주민 여성과 그 가족들이 당하는 다양한 억압을 기록해왔는데, 그 중에는 성폭력, 가정폭력, 백인의 원주민 토착문화 착취, 원주

민 여성의 삶의 질 저하, 19세기와 20세기에 미국과 캐나다에서 정부가 승인한 원주민 기숙학교 등이 포함되었다. 기독교 선교사들이 운영하는 이런 학교는 원주민 아이들로부터 전통문화와 모국어를 박탈하고, 강제로 그들을 '재교육' 시켜 '문명화'된 유럽 문화로 편입시켰다.

마찬가지로 오스트레일리아에서도 애보리진(Aborigin) 여성들이 강간을 당해 낳은 혼혈아들을 강제로 어머니에게서 떼어내어 기숙학교 생활을 시켰는데, 이 정책은 1910년부터 1970년까지 유지되었다. 오늘날 오스트레일리아의 '잃어버린 세대(Lost Generation)'라고 불리는 이 아이들은 토착적인 유산을 거부하고 강제로 백인 문화에 적응하도록 교육받았다. 이들은 모국어 사용을 금지 당하고, 새로운 이름을 받았다.

이들이 속한 보호기관의 대부분 가혹한 환경에서는 아동학대가 만연했다.

토착적 행동주의

미국에서는 1968년에 미국인디언운동(American Indian Movement, AIM)이 수많은 민권단체의 하나로 등장했다. 미국인디언운동은 수백 년간 미국 정부에 토지를 빼앗기고, 생태계가 파괴당하고, 빈곤해진 끝에 북미 원주민 공동체를 위해 경제적 독립을 추구하기 시작했다. 많은 북미 원주민 여성들이 미국인디언운동에 참여하여 그 목표를 위해 싸웠지만, 이 조직은 의료와 중요한 생식권 등 여성에게 영향을 미치는 이슈에는 관심이 부족해 여성들을 좌절시켰다.

이런 문제를 해결하기 위해 1974년에 북미 원주민 여성단체인 전북미인디언국가여성들(Women of All Red Nations, WARN)이 결성되었다. 이들은 북미 원주민 여성의 건강과 관련된 이슈를 조명하고, 연방정부가 위반한 조약상의 권리를 되찾고 보호하며, 토착문화의 상업화에 맞서 싸우는 등 일련의

메리 투엑스 얼리

원주민 운동가 메리 투엑스 얼리는 1911년에 캐나다 몬트리올 근처의 카나웨이크 보호구역에서 태어났다. 그녀는 평생 동안 원주민 여성의 권리를 차별하는 법에 도전했던 활동으로 기억된다. 특히 일부 원주민 여성에게 재산을 소유할 권리와 자신이 태어난 보호구역에서 살 권리를 부정했던 1876년 원주민법(Indian Act)에 맞서 싸웠다.

얼리는 18세에 일을 찾아 미국으로 이주했고, 1960년대까지 원주민 여성에게 원주민 권리를(Indian Rights for Indian Women, IRIW) 같은 여권단체에서 활발히 활동했다. 얼리는 캐나다 정부와 전국원주민조직(National Indian Brotherhood)에 속한 남성들의 고질적인 편견에 맞서 오랜 투쟁을 벌인 결과 마침내 1985년에 원주민법에 수정조항을 추가하는 데 성공했다. 얼리의 말을 인용하자면, 그녀는 이제 "…법적으로 보호구역에 살면서 재산을 소유하고 죽어서 내 동족과 함께 땅에 묻힐 권리를 얻게 되었다." 그녀는 생전의 마지막 해인 1996년에 전국 애보리진 공로상(National Aboriginal Achievement Award) 수상의 영예를 안았다.

> 나는 여성이다.
> 그리고 원주민 국가의 일원이다.
> 하지만 사람들은
> 나를 원주민이나 여성 중
> 하나로만 본다.
> **위노나 라듀크**

원주민 권리회복 캠페인에 착수했다.

강요된 불임

페미니스트 운동가 위노나 라듀크는 북미 원주민 태생의 배우였던 아버지 밑에서 태어나 1985년에 북미 원주민 여성과 가족 공동체에 초점을 둔 미국 기반의 원주민여성네트워크(Indigenous Women's Network, IWN)를 설립한 사람 중 하나다. 그녀는 또 전북미인디언국가여성들과 협력하여 토착적 페미니스트의 주요 현안이던 미국 정부의 강요된 불임화 프로그램을 세상에 알렸다.

학자들은 1970~1976년 동안 미국 원주민 여성의 25~50퍼센트가 원주민건강서비스(Indian Health Service)에 의해 불임화되었다고 추산했다. 원주민 여성과 소녀들은 대부분 언제든 원상복구가 가능하다는 거짓

위노나 라듀크가 1997년에 북미 원주민의 신성한 지역인 네바다 주 유카산을 방사성 폐기물 저장고로 이용하는 정책에 시위하기 위해 워싱턴 D.C.의 미국 국회의사당 밖에서 연설하고 있다.

말을 듣고 강제로 불임수술을 받거나 아예 본인의 동의도 없이, 혹은 알지도 못하는 상태로 불임이 되었다.

이런 정책의 시행 결과 1970~1980년에 원주민 여성의 출산율이 감소함으로써 여성의 자율권을 침해했을 뿐 아니라, 원주민 가정에서 아이를 낳지 못해 역사적 멸종에 직면함으로써 그들 부족의 혈통을 이어갈 권리도 침해 당했다. 이것은 미국에서 빈곤한 유색인 여성과 장애 여성 같은 소외된 여성 인구를 불임시켜온 오랜 역사와도 맥을 같이 했다.

나는 짐을 나르는 짐승,
경멸적인 북미 인디언 여자, 반역자,
기껏해야 오랫동안 잊힌 황무지의
멸종된 주민이라는, 원주민 여성에 대한
대중의 인식을 너무도 잘 안다.
폴라 건 알렌

실종 및 살해 여성

북미에서 토착적 페미니스트 운동의 또 다른 중요한 영역은 실종 및 살해된 원주민 여성(MMIW)의 문제였다. 캐나다에서는 이 문제를 둘러싼 논쟁이 국가적 위기로 분류되었다. 운동가들은 수십 년 동안 이 문제 해결에 할당된 자원의 부족을 알리려 시위에 참가했다. 캐나다 브리티시컬럼비아 주의 외진 16번 고속도로는 23개의 원주민 부락과 접하고 있고 히치하이킹으로 유명한데, 1960년대 후반 이래로 이 도로에서 원주민 소녀와 여성들의 납치 및 살해가 빈번히 발생했다. 대부분의 살해는 미제사건으로 남았다. 2016년 캐나다 정부는 이 고속도로를 따라 대중버스 노선을 도입하여 저임금 원주민 여성들에게 안전한 교통수단을 제공하겠다고 결의했다.

백인 페미니즘을 넘어서

토착적 페미니즘의 핵심요소는 원주민 여성의 삶에 대한 비전을 제시하고 백인 지배적인 페미니즘의 배경에 반대하는 행동주의를 전파하는 것이다. 북미 원주민 작가 겸 운동가 폴라 건 알렌은 뉴멕시코의 라구나 푸에블로 원주민보호구역의 인접 지역에서 성장하여 1980년대에 토착적 페미니즘의 발전 기반을 마련했다.

알렌은 1986년 저서 『신성한 고리 : 아메리칸 인디언 전통에서 페미니즘 회복하기*The Sacred Hoop : Recovering the Feminine in American Indian Traditions*』에서 원주민 여성이 모계 중심의 풍성한 부족 전통을 지니고, 유럽 식민지가 되기 오래 전부터 그들 공동체에서 사회적·정치적·정신적 지도자 역할을 해왔다고 주장한다. 알렌은 북미 원주민 여성이 권력을 가졌던 토착적 전통을 강조하며 이런 유산을 되살리고 회복해야 한다고 믿는다. 또 현대의 젠더 사상이 유럽 식민지 개척자들을 통해 북미로 수입된 편협한 가부장적 성역할 관점에 강하게 영향을 받은 과정을 설명한다.

알렌의 주장에 따르면, 이런 지식은 역사적으로 여성에 대한 사회적 억압이 보편적이고 불가피하거나 모든 문화에 적용되는 현실이 아니란 점에서 주로 백인이 이끄는 페미니스트 운동에 시사하는 바가 많다. ■

나는 남성과 여성에 대한
흑인의 인식이
서구의 개념보다
훨씬 더 수준 높다고 생각한다.
제임스 볼드윈

미국 작가 제임스 볼드윈은 백인성이 원주민 여성 차별을 비롯한 인종차별주의의 핵심이라고 믿었다.

백인성 연구

1903년에 아프리카계 미국인 사학자 겸 운동가 W.E.B. 듀보이스(W.E.B. Du Bois)는 '피부색 경계(colour line)'가 20세기를 지배하는 정의의 문제가 될 것이라고 썼다. 1980년대에 접어들어 비판적 백인성 연구(critical whiteness studies)라는 학술분야가 특히 미국, 영국, 오스트레일리아에서 비판적 인종 연구의 하위 분야로 등장했다. 이 연구는 오랜 세월에 걸쳐, 지리적 경계를 넘나들며 진화하고 변천해온 백인성을 인종의 범주로 검토하려 시도한다. 학자들은 유색인 커뮤니티와 대비되며 암묵적인 인종 기준으로 자리 잡은 백인성 개념에 도전한다. 그들은 '백인'이 실제로는 민족적으로 다양한 유럽 문화가 동화된 상태라고 주장한다. 아일랜드인, 이탈리아인, 그리스인 등의 여러 문화도 백인이 '되어' 지배적인 백인 '문화'로 흡수되기 전에는 '타자'로 여겨졌다는 것이다. 일단 백인으로 인정받게 된 사람들은 백인의 인종적 지배로부터 혜택을 얻는다. 다시 말해 백인성은 인종차별이 확대되는 과정의 일환이라고 볼 수 있다.

여성은 막다른 직업군에 갇혀 있다

핑크칼라 페미니즘

맥락읽기

인용출처
카린 스타라드, 바버라 에런라이크, 홀리 스크러(1983년)

핵심인물
카린 스타라드, 바버라 에런라이크, 홀리 스크러

이전 관련 역사
1935년 : 미국 정부가 최초로 시도한 사회안전망인 사회보장법(Social Security Act)에 최빈곤층 대상의 공공의료 및 모자복지 혜택이 포함된다.

1982년 : 미국 의회가 성별에 따른 차별을 금지하는 남녀평등 수정헌법안(Equal Rights Amendment, ERA) 비준에 실패한다.

이후 관련 역사
1996년 : 빌 클린턴 대통령이 빈곤 가정, 특히 편모 가정에 대한 정부 원조를 축소하는 개인책임 및 근로기회 조정법(Personal Responsibility and Work Opportunity Reconciliation Act)에 서명한다.

'핑크칼라(pink-collar)'는 1970년대 초반에 미국에서 비전문적인 '여성' 사무직을 의미하는 용어로 처음 사용되었다. 이 용어는 곧 웨이트리스, 간호, 주택청소 등 주로 여성들이 수행하는 직업을 의미하게 되었다. 이런 직업은 남성이 지배하는 화이트칼라 직업(사무직과 관리직)과 블루칼라 직업(생산직)에 비해 임금이 낮다.

핑크칼라 페미니스트들은 고용주들의 이런 경제적 착취에 반발한다. 그 중에서도 작가인 카린 스타라드, 바버라 에런라이크, 홀리 스크러는 빈곤, 임금 불평등, 직업 차별, 불평등한 가사분담 등이 여성에게 미치는 영향을 파헤쳐왔다. 이들이 1983년

에 발표한 『아메리칸 드림의 빈곤 : 여성과 아이들 먼저*Poverty in the American Dream : Women & Children First*』에서 이 같은 요인들이 여성들의 자율적이고 즐거우며 건강한 삶을 영위할 능력을 어떻게 제한하는지를 보여준다. 제대로 임금도 못 받고 혹사당하며 커리어 변경이나 발전의 여지가 거의 없는 '핑크칼라 게토'에 대해 묘사한다. 이들에 따르면 남성 리더들은 심지어 화이트칼라 직장에서도 여성들을 일정 지위 이상으로는 승진시키지 않음으로써 여성들의 커리어 정체와 '유리 천장'을 뚫지 못하는 현실을 초래한다. '유리 천장'이란 1978년에 미국의 경영 컨설턴트 메릴린 로덴(Marilyn Loden)이 만든 용어로 여성들의 성공을 가로막는 보이지 않는 장벽을 의미한다.

여성과 빈곤
다이애나 피어스(Diana Pearce)는 세계적으로 빈곤한 여성이 많은 이유를 구조적 억압의 결과라고 설명하며 '빈곤의 여성화'에

20세기 초의 시사만화에서 남자 보스가 비서에게 구술하고 있다. 타이피스트의 수요가 늘면서 여성 고용이 붐을 이루었지만 타이핑 같은 일은 보통 단조로워서 공장 생산라인과 많이 비슷했다.

참조 : • 결혼과 직장 70~71쪽 • 가족구조 138~139쪽 • 적극적으로 달려들기 312~313쪽 • 임금격차 318~319쪽

> 이혼과 함께 빈곤이 시작되는
> 여성들이 점점 더 늘어난다.
> 카린 스타라드, 바버라 에런라이크,
> 홀리 스크러

대해 이야기했다. 여기서 구조적 억압이란 제도와 사회가 여성의 경제적 자원과 기회를 제한하는 방식을 의미한다. 피어스는 1950년부터 1970년대 사이에 여성이 부양하는 미국 가정이 크게 증가한 추이를 살펴보면서, 임금 노동과 때로는 이혼이 어떻게 여성을 남성으로부터 독립시키는 동시에 경제적 불안을 야기할 수 있는지를 관찰한다. 이런 상황은 특히 일하면서 양육비까지 혼자 부담해야 하는 여성들과, 둘 다 저임금을 받는 핑크칼라 직업을 가진 동성 관계의 여성들인 경우에 더욱 심각해진다.

인종차별의 여파

유색인 여성은 대부분 빈곤의 여성화와 구조적인 인종차별에 이중으로 타격을 받는다. 세 사람 역시 이 사실을 지적하면서, 미국 상원의원이자 사회학자 대니얼 패트릭 모이니핸(Daniel Patrick Moynihan)이 그의 1965년 아프리카계 미국인 가족에 대한 보고서, 일명 "모이니핸 리포트(Moynihan Report)"에서 주장한 '흑인 모계제(Black Matriarchy)'에 대한 영향력 있는 이론을 맹비난한다. 모이니핸은 흑인여성들이 가족을 모계 중심으로 지배하여 흑인 핵가족이 쇠퇴하고 흑인남성이 가족 내에서 권위 있

게 행동하지 못하게 된 책임이 있다고 주장한 것으로 악명 높다. 심리학자 윌리엄 라이언(William Ryan)은 1971년 저작 『희생자 비난하기Blaming the Victim』에서 빈곤에 대한 거짓말에 반박하며 모이니핸의 주장에 대한 거센 비난의 움직임에 동참했다. 라이언은 희생자 비난이 단지 소외된 집단을 만들어내는 사회적 불평등의 분석을 피하기 위한 편리한 핑계일 뿐이라고 주장한다.

구조적인 인종차별은 1980년대 이래로 미국 흑인여성들에게 빈곤의 여성화를 강화해왔다. 레이건 대통령의 마약과의 전쟁(1982~1989년)과 빈민가 범죄소탕의 결과 많은 흑인남성이 감옥에 가면서 흑인여성 혼자 부양하는 가구 수가 급격히 증가했고, 흑인여성을 '복지여왕(welfare queen, 일은 안 하면서 복지지원금으로 잘 먹고 잘 사는 사람을 비난하는 용어)' 취급하는 인종차별적인 고정관념이 생겨났다. 2011년에 미국 정부의 「미국의 여성Women in America」 보고서는 미국의 모든 여성이 발전이 부족하다는 사실을 전반적으로 확인했다. 여성들, 특히 유색인 여성은 훌륭한 교육을 받고도 여전히 남성보다 낮은 임금을 받았고 빈곤선 이하의 생활을 하는 경우가 많았다. ■

> 어떤 여성이 최저 생계비보다
> 적은 임금을 받고 일한다면,
> 그녀는 당신을 위해
> 크게 희생해온 것이다.
> 바버라 에런라이크

바버라 에런라이크

1941년에 미국 몬태나 주 뷰트의 노동계층 가정에서 태어난 바버라 에런라이크는 평생 여성의 건강, 계층, 빈곤에 대해 폭넓은 글을 써온 정치적 행동가로, 현재는 미국 민주당 사회주의자(Democratic Socialists of America) 모임에 속해 있다. 그녀는 커리어 내내 탐사보도로 많은 상을 수상했다. 그녀의 가장 유명한 저서는 2001년 출간한 『노동의 배신Nickel and Dimed』으로, 미국 전역에서 최저 임금을 받는 '여성' 직업군에서 3개월간 일한 연대기순의 기록이다.

에런라이크는 1970년에 뉴욕 공공보건소에서 딸을 출산할 때, 주로 유색인들이 이용하는 이 보건소에서 단순히 당직 중인 의사가 퇴근해야 한다는 이유로 그녀에게 유도분만을 했다고 밝혔다. 이 경험은 그녀가 격분하여 열정적인 페미니즘 활동을 벌이는 계기가 되었다.

주요저서

1983년 『세계 공장의 여성들Women in the Global Factory』

2003년 『세계 여성들 : 신 경제의 보모, 가정부, 성매매 노동자Global Women : Nannies, Maids, and Sex Workers in the New Economy』

2008년 『오! 당신들의 나라This Land Is Their Land : Reports From a Divided Nation』

여성의 이슈들은 무시당해 왔다

포스트 마오 시대 중국의 페미니즘

맥락읽기

인용출처
리샤오장(1988년)

핵심인물
리샤오장

이전 관련 역사
1919년 : 사회적·정치적 개혁을 요구하는 민족주의 5·4운동이 중국 대중의 성차별 인식을 일깨운다.

1950년 : 신혼인법이 중국에서 최초로 남녀평등을 법제화한다.

이후 관련 역사
2013년 : 23세의 대학 졸업생이 가정교사로 지원했다가 고용주에게 거부당하고 나서 중국 여성 최초로 성차별 소송에서 승소한다.

2015년 : 중국의 젊은 페미니스트 다섯 명, 이른바 '페미니스트 파이브(Feminist Five)'가 세계 여성의 날을 앞두고 '풍기문란 행위'로 체포된다.

19 76년에 마오쩌둥 주석이 사망한 후에 마침내 덩샤오핑이 중국의 최고 권력자 겸 정책결정자로 부상했다. 그는 이른바 '사회주의 시장경제'를 도입하고 글로벌 자본주의에 국가 문호를 개방한다는 결정으로 중국인의 생활을 모든 면에서 바꾸어놓았고, 여성의 지위 역시 변화시켰다.

역할 변화
마오쩌둥의 국영경제와 집단농장과 공장 체제 하에서는 여성들이 교육과 고용 측면에서 비교적 평등을 누렸다. 그러나 포스트 마오 시대에 여성의 지위는 비록 고용, 교육, 주택 공급 등에서 여성 차별을 금지하는 법이 있었음에도 불구하고 자본주의

여성도 하늘의 절반을 떠받칠 수 있다.
마오쩌둥

시장의 수요와 고용주들의 주관적인 결정에 크게 좌우되었고, 그 결과 고용과 진급 면에서 여성 차별이 증가했다.

1979년 덩샤오핑은 또 가족규모를 제한하여 인구증가를 억제하기 위해 '한 자녀' 정책을 도입했고, 이 정책은 생활수준을 후퇴시켰다. 중국에서는 문화적으로 아들을 선호하다보니 여자아이를 임신하면 낙태를 하거나 갓 태어난 아이를 버리는 일이 비일비재했다. 일부 서양의 논평가들은 이 정책이 인권과 생식권을 침해한다고 비난했다.

덩샤오핑의 사회주의 현대화 정책은 여성의 지위를 희생시켜 경제발전을 최우선으로 추구했다. 마오쩌둥의 집단체제가 몰락하자 가정이 중요한 경제적 단위가 되었다. 마오쩌둥 시대의 '강철' 여성 노동자들은 이제 '사회주의 주부'로 변해야 했다. 여성은 신기술에 대한 접근이 거부되었고, 공학 같은 주제를 연구하는 일도 금지되었다.

새로운 자각
중국의 여성해방운동은 여성에 대한 새로운 규제를 무릅쓰고 새로운 정체성을 확립하기 시작했다. 1983년에 베이징시 여성연맹(Beijing Municipal Women's Federation)

참조 : ▪ 마르크스주의 페미니즘 52~55쪽 ▪ 일본의 페미니즘 82~83쪽

리샤오쟝

중국의 대표적인 페미니스트 사상가인 리샤오쟝은 포스트 마오 시대 중국에서 학술적 논의의 영역에 여성학을 도입한 업적을 높이 평가받는다. 1951년에 정저우대학의 학장을 지낸 교육자 아버지 슬하에서 태어난 그녀는 허난대학에서 공부했고 1985년에 그곳에 중국 최초의 여성학 연구센터를 세웠다. 같은 해에 리샤오쟝은 최초의 여성 젠더의식 과정과 최초의 전국적인 독립 여성 컨퍼런스를 출범시켰다. 그녀는 대학에서 후학을 양성하고 활발한 집필활동과 강연을 하고 살고 있다.

주요저서

1983년 「인류의 진보와 여성의 해방*Progress of Mankind and Women's Liberation*」
1988년 『이브의 탐구*The Exploration of Eve*』
1989년 『양성의 격차*Gap Between Sexes*』
1989년 『여성의 미의식 연구*Study on women's Aesthetic Awareness*』
1999년 『여성에 대한 설명*Interpretation of Women*』

은 시골 지역의 여성 가사노동자를 고용하고 훈련시켜 도시 가정에 배치하는 회사를 설립했다. 이런 접근방식은 가사가 '여성의 일'이라는 고정관념을 강화시켰지만, 그래도 여성들이 독립적으로 생계를 해결한다는 점에서 여성의 처지가 개선된 것으로 평가되었다.

포스트 마오 시대 중국에서 여성운동의 중요한 발전은 여성학 프로그램과 여성에 대한 학계 연구가 정착된 것이다. 그때까지 중국 여성은 성별에 관한 집단적인 의식을 표현할 만한 문화적 공간이 부족했다. 역사적으로 중국의 페미니스트 운동은 유 젱시에(Yu Zhengxie, 1775~1840년) 같은 남성이 주도해왔다. 그럼에도 불구하고 유젱시에 역시 전족이나 과부 수절 같은 풍습을 비판했지만 여전히 여성을 남성이 해방시켜야 할 수동적인 대상으로 보았다.

1980년대 중국에서 여성학의 선구자는 리샤오쟝이었다. 그녀는 1983년에 「인류의 진보와 여성의 해방*Progress of Mankind and*

1979년에 시행된 중국의 '한 자녀' 정책은 생활수준을 증진시키기 위한 목적이라고 널리 홍보되었다. 이 논란 많은 정책은 2015년부터 단계적으로 폐지 수순을 밟기 시작했다.

Women's Liberation」이란 논문을 발표했다. 2년 후에는 최초의 비공식 여성전문기관인 여성학회(Association of Women's Studies)가 설립되었고, 이 주제에 대한 최초의 학계 컨퍼런스가 허난성의 성도 정저우에서 개최되었다.

이때부터 중국의 여성학은 비약적으로 발전했다. 1985년에 중국 여성학센터(Centre for Women's Studies)가 정저우대학에 신설되었고, 그 후로 중국 전역에 수많은 유사한 연구센터가 생기기 시작했다. 이로써 중국 역사상 최초로 여성이 국가의 감시 없이 남성과 대등한 입장에서 여성의 지위에 대한 논의에 참여하게 되었다. ▪

포스트 마오 시대 중국에서 마르크스주의 페미니즘 이론의 전제 조건은 여성 전체를 추상화하는 것이다.
리샤오쟝

강제 결혼은 인권 침해다

강제 결혼

맥락읽기

인용출처
국제연합(2009년)

핵심인물
자이나 안와르

이전 관련 역사
622년 이전 : 아라비아 반도에서 아버지가 죽으면 홀로된 의붓어머니는 장남과 강제 결혼하는 풍습에 따른다.

622~632년 : 예언자 무함마드의 시대에 메디나에서 어린 소녀가 그의 아내 아이샤(Aisha)에게 강제 결혼이 싫다고 불평하자 무함마드가 개입하여 결혼을 중단시킨다.

8~10세기 : 이슬람교의 수니파와 시아파가 편찬한 법전에서 결혼할 때 양 당사자의 동의를 요구한다.

이후 관련 역사
2012년 : 모로코에서 아미나 필라리(Amina Filali)가 자신을 강간한 남자와 강제 결혼한 뒤 자살한다. 2014년에 강제 결혼을 허용하는 법이 폐지된다.

여성에게, 때로는 아주 어린 여자아이에게 원치 않는 남자와의 결혼을 강요하는 풍습은 보통 무슬림의 신앙과 관련된 경우가 많다. 강제 결혼은 본래 이슬람교에서 허용되지 않는데도 특히 중동과 남아시아에서 문화적으로 강요된다. 대개는 가문 내에서 재산과 부동산을 지키기 위해, 부적절한 관계를 막기 위해, 약속을 지키기 위해, 또는 빚을 청산하기 위해 강제 결혼을 시킨다. 무슬림, 시크교, 힌두교, 기독교 여성이 모두 희생자가 될 수 있고, 서양에 사는 여성들도 휴일을 맞아 가족이 있는 고국에 돌아갔다가 자신이 결혼한 사실을 뒤늦게 발견하곤 한다.

강제 결혼은 중매 결혼과는 다르다. 중매 결혼에서는 양 당사자가 정해진 결혼 파트너를 받아들이거나 거부할 자유가 있다. 이에 반해 강제 결혼을 거부하는 여성이나 남들이 보기에 부적절한 사람과 결혼하기로 선택한 여성은 가족에게 수치를 안겨줬다는 이유로 '명예' 범죄의 희생양이 되기 쉽다. 강제 결혼은 또 인신매매와도 연관이 있다. 아동의 강제 결혼에 반대하는 글로벌 단체 '걸스 낫 브라이즈(Girls Not Brides)'는

한 여성이 북부 나이지리아의 결혼 분쟁에서 이슬람 율법에 따른 정의를 요구하고 있다. 강제 결혼은 이슬람 율법에 맞지 않는데도 일부 지역에서는 75%에 달할 정도로 많이 자행된다.

참조 : ▪ 강간이라는 권력남용 166~171쪽 ▪ 인도의 페미니즘 176~177쪽 ▪ 희생자가 아니라 생존자 238쪽 ▪ 현대 이슬람 페미니즘 284~285쪽

아동 결혼의 비율이 높은 예멘에서 한 어린이 신부가 시위하고 있다. 자선단체들은 아동 결혼을 막기 위해 힘쓰고 있고, 한때 어린이 신부였던 젊은 여성들이 시위에 참여하고 있다.

코스타리카, 니카라과, 도미니카 공화국, 베트남, 인도네시아, 중국 등 다양한 국가에서 결혼 목적으로 소녀들이 매매된다고 보고한다.

강제 결혼 근절

1980년대에 국제연합, 각국 정부, NGO (비정부기구), 압력단체들이 강제 결혼을 뿌리 뽑기 위해 힘을 모았다. 강제 결혼은 사회에서 가장 교육 수준이 낮은 집단에서 가장 많이 일어나므로, 교육이 이 관습을 막는 핵심요소로 꼽혔다. 그러나 정부의 노력은 모든 지역에 고르게 손길이 미치지 못하고 때로는 실효성도 불분명하다. 예를 들어 알제리, 바레인, 쿠웨이트, 리비아 같은 국가들은 강간범이 희생자 여성과 결혼을 하면 강간범의 죄를 면제하는 식으로 강제 결혼을 손쉽게 합법화한다(이 경우 희생자 여성은 아무런 선택권이 없다).

여권단체들은 집단궐기하여 강제 결혼 문제를 정면으로 공격했다. 말레이시아에서는 페미니스트 자이나 안와르가 1988년에 '이슬람의 자매들(Sisters In Islam, SIS)'을 결성했다. 이 단체는 무슬림 세계에서 강제 결혼을 허용하는 법을 포함한 가족법 개정을 촉구하는 여성 변호사와 운동가 집단으로, 강제 결혼 관습이 이슬람 율법에 어긋난다고 주장했다. 몇몇 무슬림 국가들은 2000년대에 강제 결혼이 불법이라고 선언했다. 2005년에는 사우디아라비아의 최고 종교 지도자들이 이 관습을 금지시켰다.

영국에서는 14세 때 강제 결혼을 해야 한다는 사실을 깨닫고 집에서 도망친 영국 시크교 여성 재스빈더 생헤라(Jasvinder Sanghera)가 1992년에 강제 결혼과 명예 범죄 희생자들을 지원하는 자선단체 '카르마 너바나(Karma Nirvana)'를 설립했다. 다른 유럽 국가와 미국처럼 영국에도 강제 결혼을 강행하는 사람들을 고발할 법이 마련되어 있지만, 수치심과 비밀 유지 때문에 많은 사건이 세상의 빛을 보지 못한다. 이런 인권 침해를 근절시키려면 가장 위험에 처한 공동체 출신의 여성들이 설립하고 운영하는 단체들에서 제공하는 실질적이고 정서적인 지원이 대단히 중요하다. ■

여성이 결혼에 동의해야 하고,
그렇지 않으면 그 결혼은 무효다.
앤 소피 로알드

자이나 안와르

페미니스트 겸 운동가인 자이나 안와르(Zainah Anwar)는 1954년에 말레이시아 조호르에서 태어났다. 저널리스트로 훈련받은 후에 미국에서 법을 공부하고 다양한 싱크탱크에서 일했다. 안와르는 1988년에 미국계 무슬림 페미니스트 아미나 와두드(Amina Wadud)를 포함한 다섯 명의 여성들과 함께 여성 권익을 증진하고 차별에 도전하며 강제 결혼 같은 관습을 불법화하기 위해 말레이시아에 '이슬람의 자매들'을 공동 설립했다. "만약 신이 정의롭다면, 이슬람교가 정의롭다면, 왜 법과 정책이 이슬람교의 이름으로 정의롭지 못한 세상을 만드는가?" 이런 정곡을 찌르는 질문은 여성들에게 동기를 부여했다.

이슬람의 자매들의 활동은 쿠란의 진보적인 해석을 주도하는 동시에 활동 영역을 넓히기 위해 국제적인 인권 프로토콜을 구축하는 것이다. 안와르는 20년 넘게 이 단체의 리더로 활동했고 현재 이사회에 소속되어 있다.

주요저서

1987년 『말레이시아의 이슬람 부흥운동 *Islamic Revivalism in Malaysia*』
2001년 『이슬람교와 가족계획 *Islam and Family Planning*』
2011년 『명예의 유산 *Legacy of Honour*』

모든 성적인 비난 뒤에는 욕망에 불타는 위선자가 숨어있다

섹스 긍정주의

맥락읽기

인용출처
수지 브라이트(1990년)

핵심인물
수지 브라이트, 캐럴 퀸, 게일 루빈, 엘렌 윌리스

이전 관련 역사
1965년 : 미국에서 남성용 포르노잡지 〈펜트하우스Penthouse〉가 창간된다.

1969년 : 예술가 앤디 워홀(Andy Warhol)의 〈블루 무비Blue Movie〉가 성을 묘사한 성인영화로는 최초로 미국에서 개봉한다.

이후 관련 역사
1992년 : 클래런스 토머스(Clarence Thomas)가 성추행으로 고발당하고 혐의를 부인한 상태에서 미국 대법관으로 임명되자 페미니스트 작가 레베카 워커(Rebecca Walker)가 '제3세대 페미니즘'이란 용어를 만든다.

2011년 : 토론토에서 캠퍼스 강간 사건에 대한 경찰관의 발언에 반발하여 최초의 '슬럿워크(SlutWalk)' 시위가 열린다.

1980년대 초에 등장한 섹스 긍정주의(sex positivity) 페미니스트 운동은 당시 다른 페미니스트들이 지지하던 포르노그래피 단속에 대한 반발에서 출발했다. 그러나 이 운동은 사실 육체적 쾌락, 실험정신, 안전한 섹스 교육 등을 장려하는 보다 광범위한 섹스 긍정 운동에 기반을 두었다. '친섹스(pro-sex) 페미니즘'으로도 불리는 이 운동은 여성의 성적 자유를 강조하고 성적 소수자(LGBTQ) 집단을 지지하며 상호동의한 성인의 성행위에 대한 어떤 법적이고 사회적인 제약에도 반대했다. 이들은 레즈비언, 양성애자, 젠더 유동성(gender fluidity, 여성·남성 등 고정적인 성 정체성에 구

참조 : ▪ 산아제한 98~103쪽 ▪ 성적 쾌락 126~127쪽 ▪ 피임약 136쪽 ▪ 반포르노그래피 페미니즘 196~199쪽 ▪ 성 노동자 지지하기 298쪽

> 젊은 여성이
> 성적이고 지적인 자신의
> 권력을 발견하면, 자신의 목소리와
> 자신의 정의를 찾게 된다.
> 수지 브라이트

애받지 않는 것)을 받아들이는 것이 여성해방에 필수적이라고 믿었다. 많은 급진적 페미니스트들과 달리 남성의 섹슈얼리티를 비난하지는 않았지만, 가부장적인 정부가 계속해서 법 제정을 통해 여성의 섹슈얼리티를 차별할 것이라고 경고했다.

쾌락 대 검열

이 운동이 등장하기 전에도 마거릿 생어와 베티 도슨(Betty Dodson) 같은 미국의 성 개혁가와 성교육가들은 산아제한, 성교육, 자위 등을 옹호하며 깊이 뿌리내린 도덕적 신념에 도전했다. 킨제이 보고서와 하이트 보고서 같은 과학적 연구 역시 여성 섹슈얼리티에 관한 기존 인식을 변화시켰고, 피임법의 발전과 1960년대의 '자유 연애' 문화는 성행위에 일대 혁명을 일으켰다.

1975년에 미국의 기업가, 작가, 성교육가인 조아니 블랭크(Joani Blank)는 다운데어

1970년에 도널드 캠멜과 니콜라스 로에그가 공동 감독한 컬트영화 〈퍼포먼스Performance〉의 섹스 장면에 믹 재거, 미셸 브레튼, 아니타 팔렌베르크가 출연하고 있다. 워너사는 1968년에 런던에서 이 영화를 제작한 후에 개봉을 앞두고 노출 수위를 낮추었다.

프레스(Down There Press)를 설립하고 『여성을 위한 섹스 플레이북The Playbook for Women About Sex』을 출간했다. 그녀는 2년 후에 미국에서 두 번째 페미니스트 섹스토이 제작사인 굿 바이브레이션(Good Vibrations)을 설립했고, 이곳은 섹스 긍정주의 페미니즘과 페미니스트 문학의 중심 허브가 되었다. '섹스 긍정주의 페미니스트'로 불린 최초의 여성 중 하나인 수지 브라이트도 이 회사의 초창기 직원이었다. 미국 작가 겸 사회학자 캐럴 퀸은 지금도 이곳에 성과학자로 몸담고 있다.

기업들이 전반적인 사회 풍조가 자유로워진 틈을 타서 포르노를 접하기 쉽게 만들어 포르노에 대한 규제를 완화시키자 대중이 느끼는 불편함은 점점 커졌다. 〈목구멍 깊숙이〉와 〈스너프〉 같은 널리 알려진 포르노 영화들은 성 혁명이 십대의 방탕한 성행위와 여성 폭력을 부추길 것이라는 두려움을 유발했다.

1980년대의 반포르노 페미니스트 운동은 이런 우려에서 탄생했다. 캐서린 맥키넌, 돌첸 라이드홀트(Dorchen Leidholdt), 안

수지 브라이트

작가, 교육가, 섹스 전문가인 수지 브라이트(Susie Bright)는 1958년에 미국 버지니아주에서 태어났다. 1970년대 후반에 반전주의 같은 좌익의 대의를 위해 활발히 활동하다가 국제사회주의자들(International Socialists)의 일원이 되었다. 그녀는 캘리포니아와 디트로이트에서 노동자로 일하면서 지하 신문인 〈더 레드 타이드The Red Tide〉에 글을 기고했다.

섹스 긍정주의 페미니즘의 옹호자인 브라이트는 에로비디오 클럽(Erotic Video Club)을 만들고 나중에는 펜트하우스 포럼에 포르노그래피 영화 리뷰를 기고했다. 그녀는 X등급물 비평가협회에 속한 최초의 여성이 되었다. 브라이트는 섹스 긍정주의 잡지 〈온 아워 백스〉를 편집하면서 섹스 칼럼리스트 '수지 섹스퍼트(Susie Sexpert)'로 활동하기도 했다. 그녀는 또 최초의 여성 에로티카 시리즈인 『헤로티카Herotica』를 만들고, 『베스트 아메리칸 에로티카The Best American Erotica』 시리즈를 펴내고 있다.

주요저서

1997년 『수지 브라이트의 섹스 교서』
2003년 『엄마의 작은 딸 : 섹스, 모성, 포르노, 헤픈 여자에 대하여』
2011년 『큰 섹스, 작은 죽음 : 회고록』

게일 루빈의 섹슈얼리티 이론

루빈은 그녀가 '특권 집단(charmed circle)'이라고 부른 정상으로 간주되는 성적 행위(왼쪽)와 가학피학증처럼 일반 기준을 벗어난 행위(오른쪽)를 구분한 섹스 위계구조를 요약했다.

이성애	동성애
결혼	동거
일부일처	난교
출산	비출산
자유	돈이 목적
커플	독신이나 집단
연애	일회성
같은 나이	다른 세대
집에서	밖에서
포르노 없이	포르노를 보며
오직 몸만	도구 이용
가학피학증 없음	가학피학증

급진적인 섹스 이론은
성애의 불평등과 성적 억압을
발견하고 서술하고 설명하며
고발해야 한다.
게일 루빈

드레아 드워킨, 로빈 모건 같은 급진적인 필자들은 포르노를 인권 침해이자 여성의 억압 도구로 간주했다. 여성 폭력에 반대하는 여성들(WAVAW)과 포르노에 반대하는 여성들(WAP) 같은 새로운 여성단체들은 미국과 캐나다 전역에서 반포르노 법안 제정을 압박했다.

페미니스트 섹스 논쟁

섹스 긍정주의 지지자들은 반포르노 진영이 매매춘과 BDSM(구속, 지배, 가학, 피학 등의 다양한 성행위)을 바라보는 입장에 분노했다. 반포르노 진영은 이 두 가지를 근본적으로 여성 혐오적이고 폭력적이라고 규정했던 것이다. 작가 팻 칼리피아(Pat Califia)와 인류학자 게일 루빈이 창설한 미국의 레즈비언 페미니즘 BDSM 단체 사모아(Samois)는 상호동의하의 BDSM 행위는 페미니즘과 충분히 양립 가능하지만, 여성의 욕구에 도덕적 판단의 잣대를 들이대는 것은 명백히 반페미니스트적이라고 주장했다. 사모아의 비판은 성노동자들의 권리를 인정해달라고 요구했던 매매춘 비범죄주의 페미니스트 지지자들의 호응을 얻었다.

섹스 긍정주의 페미니스트 운동이 성장하면서, 그 지지자들은 점점 공격적으로 변해가던 반포르노 캠페인에 반기를 들었다. 1979년에 미국 저널리스트 엘렌 윌리스는 「페미니즘, 도덕주의, 포르노그래피 Feminism, Moralism and Pornography」라는 논문을 발표하여, 반포르노법이 언론의 자유 권리를 침해하고 성적 자유를 위협하며 여성과 성소수자들을 위험에 빠뜨릴 수 있다는 우려를 밝혔다.

1982년에 윌리스와 루빈은 바너드 섹슈얼리티 컨퍼런스를 주최하여 뜨거운 논란을 불러일으켰다. 당시 이들이 천명한 목표는 폭력과 포르노그래피를 넘어 생식과는 별개의 이슈인 '섹슈얼리티'에 초점을 맞추는 것이었다. 이 행사는 반포르노 단체들의 맹렬한 비난을 부추겼지만 섹스 긍정주의 페미니즘이 상당한 인지도를 얻는 계기가 되었다.

이른바 페미니스트 섹스 논쟁은 그 후로도 계속 다양한 양상으로 전개되었다. 1984년에 발의된 드워킨-맥키넌 조례에서 포르노그래피가 여성의 민권을 침해한다고 선언하자, 이에 맞서 윌리스는 페미니스트 반검열 대응본부(Feminist Anti-Censorship Taskforce)를 세웠다. 같은 해에 수지 브라이트는 최초의 여성 에로티카 잡지 〈온 아워

> 성에 대한 발언은 우리 세상에서 가장 억압되고 무시되는 종류의 표현이다.
> 수지 브라이트

백스)를 공동 창간했는데, 이 잡지의 제목은 반포르노 페미니스트들의 글을 게재하던 급진적 페미니스트 잡지 〈오프 아워 백스〉(1970~2008년)의 패러디였다. 당대에 여성들이 제작하는 유일한 섹스 잡지였던 〈온 아워 백스〉는 1980년대의 섹스 긍정주의 페미니즘과 레즈비언 문화를 고스란히 담고 있었다.

비난과 동의

1980년대 초반의 가장 영향력 있는 논문 중 하나는 친섹스 페미니즘의 초석이 된 루빈의 「섹스 사유하기 Thinking Sex」다. 이 논문은 섹슈얼리티에 대한 태도를 역사적으로 검토하면서 당대의 상충되는 성적 관습을 재조명한다. 한편에서 '섹스 부정주의' 사상가들은 섹스를 기존 관습에 따르지 않는 한 잠재적으로 위험하고 타락한 행위로 보았다. 반면에 섹스 긍정주의를 지지하던 루빈은 성적 학대를 종식시키는 '성애의 창조성'과 개인들이 원하는 대로 자신의 섹슈얼리티를 표현할 자유를 주창했다.

물론 섹스 긍정주의 페미니스트들도 모든 쟁점에 동의하지는 않았다. 1996년에 미국 극작가 이브 엔슬러(Eve Ensler)의 논쟁적인 연극 〈버자이너 모놀로그〉에 대해서도 역시 의견이 분분했다. 섹스 긍정주의의 선구자 베티 도슨은 이 작품이 클리토리스와 성적 쾌락보다는 질(버자이너)과 여성 성폭행에 초점을 두었다고 비난했다. 또 다른 페미니스트들은 이 연극이 개방적이고 섹슈얼리티를 포용하고 있다고 극찬했다.

상호동의, 포르노그래피, 섹슈얼리티를 둘러싼 질문들은 여전히 논쟁적이지만, 섹스 긍정주의는 의심할 여지없이 확고한 입지를 구축해왔다. 21세기에 대부분의 서양 여성들은 불과 몇 세대 전만 해도 생각지도 못했던 성적 자유를 누리고 있다. ∎

캐럴 퀸

1958년에 태어난 섹스 긍정주의 저자 겸 교육가 캐럴 퀸은 미국 오리건 대학에서 공부했다. 그녀는 샌프란시스코에서 성적 다양성을 접하면서 성교육자가 될 영감을 받았다. 그 후 섹슈얼리티에 관해 글을 쓰기 시작했고, 다운데어프레스와 손잡고 몇 권의 책을 출판했다.

1990년에 퀸은 섹스토이 제작사 굿 바이브레이션에서 일하기 시작했고 지금도 여전히 이곳 소속의 성과학자로 남아 있다. 1998년에 그녀가 만든 비디오 〈벤드 오버 보이프렌드 Bend Over Boyfriend〉(남성과 여성의 항문 성교에 관한 내용)는 이 회사의 베스트셀러 시리즈가 되었다. 퀸은 또 이 회사의 최초 비디오제작사인 섹스 포지티브 프로덕션의 발전에 기여하여, 이 제작사는 양성애자 인물들이 출연하는 획기적인 포르노 영화를 만들기 시작했다. 본인도 양성애자인 퀸은 1994년에 파트너 로버트 모건 로렌스(Robert Morgan Lawrence)와 함께 샌프란시스코에 섹스와 문화센터를 설립하여 지금까지 운영하고 있다. 이곳은 다양한 젠더 스펙트럼의 공동체들에게 만남의 장소가 되고 있다.

주요저서

2015년 『섹스 앤 플레져 북 The Sex and Pleasure Book』

누구나 자신의
삶에 대한 진실을
말할 권리가 있다

희생자가 아니라 생존자

맥락읽기

인용출처
엘렌 바스와 로라 데이비스(1988년)

핵심인물
엘렌 바스, 로라 데이비스

이전 관련 역사
1857년 : 프랑스 병리학자 오귀스트 앙브루아즈 타르디외(Auguste Ambroise Tardieu)가 아동 성적 학대에 관해 최초의 책을 쓴다.

1982년 : 세 여성이 메릴랜드 주 볼티모어에서 근친상간생존자익명모임(Survivors of Incest Anonymous)을 만든다.

1984년 : 미국 의회가 아동학대피해자권리법안(Child Abuse Victims's Rights Act)을 통과시킨다.

이후 관련 역사
2014년 : 미국과 남수단을 제외한 모든 회원국이 국제연합 아동권리협약(Convention on the Rights of the Child, 1990년에 최초 비준)의 최신 문건 비준에 동의한다.

19 80년대 이전에는 근친상간과 아동을 상대로 한 성범죄에 대한 공개적인 논의가 공공연히 지탄을 받았다. 둘 다 드문 일로 치부되었고, 일반적으로 강간 역시 마찬가지였다. 제2세대 페미니스트들은 이런 문화적 규율에 문제를 제기하며 여성과 소녀에 대한 성폭행을 진지하게 생각해달라고 요청했다. 그들은 어릴 때 성폭행을 당한 여성들이 범죄사실을 폭로할 뿐 아니라 그들의 심리적인 상처를 치유하기 위해서도 그들의 경험을 이야기하도록 장려해야 한다고 주장했다.

성폭력에 반대하는 페미니스트 운동에 영감을 받아 1988년에 미국 페미니스트 엘렌 바스와 로라 데이비스는 아동 성폭행에서 살아남은 여성들의 자립을 위한 책 『아주 특별한 용기The Courage to Heal』를 발표했다. 두 사람은 이 책에서 여성들의 경험을 인정하고 그들에게 혼자가 아니라는 확신을 주기 위해 생존자들의 이야기를 소개한다. 이 저자들은 '생존자'라는 용어를 사용하여 취약성보다는 회복력에 초점을 맞춘다. 그러나 일부 페미니스트는 '생존자'라는 용어에 비판적이다. 그들은 '희생자'라는 용어가 여성에 대한 구조적 폭력의 심각성을 일깨우고 침해당한 인권을 되찾기 위해 정부지원을 확보하려는 노력을 지지한다고 주장한다. ■

전 미국 체조 국가대표팀의 팀닥터 래리 나사르(Larry Nassar)가 성폭행으로 기소당한 후에 미국 스포츠 기구들의 새로운 변화 방침을 결정하기 위해 2018년에 생존자들이 공청회에 참가하고 있다.

참조 : ▪ 가정폭력 피해자 보호 162~163쪽 ▪ 강간이라는 권력남용 166~171쪽 ▪ 남자들이 여자들을 아프게 한다 316~317쪽 ▪ 캠퍼스 성폭력 반대 투쟁 320쪽

노력 없이 얻은 특권은 허용 받은 지배권이다

특권

맥락읽기

인용출처
페기 매킨토시(1988년)

핵심인물
페기 매킨토시

이전 관련 역사
1970년대 : 제2세대 페미니스트들이 남성 특권 현상에 대한 학술자료를 발표하기 시작한다.

이후 관련 역사
2004년 : 반인종차별주의 작가, 운동가, 대중연설가인 팀 와이즈(Tim Wise)가 미국에서 『나 같은 백인 : 특권을 가진 아들의 인종에 대한 고찰White Like Me : Reflections on Race From a Privileged Son』을 출간한다.

2017년 : 미국 작가 겸 아마추어 계보학자 제니퍼 멘델존(Jennifer Mendelsohn)이 특권과 미국의 위선을 비판하기 위해 현대 반(反)이민주의 정치인과 언론인의 조상들이 이민 온 이야기를 트위터에 올리기 시작한다.

특권이란 한 사람이 노력 없이 얻어 평생에 걸쳐 누리는 혜택을 말하며, 불법이민자를 박해하는 국가의 시민으로 태어나거나 부유한 가문에서 태어나는 경우를 예로 들 수 있다. 사회의 억압 체계는 힘없는 사람들을 희생시켜 힘있는 사람들에게 특권을 제공한다.

1988년에 미국의 페미니스트이자 반인종차별주의 학자 페기 매킨토시는 자신이 어떻게 백인이란 특권을 깨닫게 되었는지에 관한 「백인 특권 : 눈에 보이지 않는 배낭을 내려놓기White Privilege : Unpacking the Invisible Knapsack」라는 논문을 썼다. 그녀는 백인성이 백인에게 유색인은 접근할 수 없는 삶의 유용한 '도구'를 제공하는 방식을 설명하기 위해 배낭이란 비유를 사용한다.

매킨토시는 백인 특권의 46가지 사례를 제시한다. 이런 사례는 그녀의 자녀들이 학교에서 오로지 백인의 역사적 업적만을 배운다는 것부터 1회용 반창고가 백인의 피부색에 맞춰 제작된다는 것까지 다양하다. 이 모든 것이 백인을 유색인보다 우월하게 평가하는 구조적 가치 체계의 산물이다. 매

> 특권에 익숙해지면
> 평등이 억압처럼 느껴진다.
> 프랭클린 레너드

킨토시는 백인이 지배하는 사회가 능력주의의 신화를 유지하기 위해 백인 특권의 현실을 부정하도록 부추긴다고 주장한다.

페미니즘의 주된 과제는 여전히 특권에 대해 발언할 용기를 내는 것이다. 오늘날의 페미니스트 운동은 건강한 신체의 특권, 기독교인의 특권, 시스젠더(생물학적 성과 성 정체성이 일치하는 사람)의 특권, 시민권의 특권 등 다양한 형태의 특권을 밝혀내고 있다. ■

참조 : ▪ 인도의 페미니즘 176∼177쪽 ▪ 흑인 페미니즘과 우머니즘 208∼215쪽 ▪ 반식민주의 218∼219쪽 ▪ 토착적 페미니즘 224∼227쪽 ▪ 교차성 240∼245쪽

모든
억압 체계는
서로
맞물려있다

교차성

맥락읽기

인용출처
컴바히강 공동체(1977년)

핵심인물
킴벌리 크렌쇼

이전 관련 역사
1851년 : 미국 오하이오 주 애크론의 여성대회(Women's Convention)에서 노예 출신인 소저너 트루스(Sojourner Truth)가 "나는 여자가 아닙니까?(Ain't I a woman?)"라는 연설을 한다.

1981년 : 미국 민권운동 지도자 안젤라 데이비스가 『여성, 인종, 계층』을 발표하여, 페미니즘 운동이 어떻게 리더들의 인종과 계층 차별주의에 가로막혀 왔는지를 지적한다.

이후 관련 역사
2000년 : 흑인 저자 벨 훅스가 『모두를 위한 페미니즘』을 출간한다.

2017년 : 국제연합 전문가들이 미국 내에서 인종차별과 인권 유린이 증가하는 추세라고 보고한다.

오랫 동안 많은 국가에서 백인 중산층 여성들이 페미니스트 집단을 지배했다. 이들은 주로 성별로 인해 억압을 경험한 반면, 빈곤한 노동계층 백인여성들은 성별과 계층 때문에 억압을 당했고 유색인종 여성들은 성별, 인종, 때로는 계층까지 포함한 이유로 억압을 당했다. 온갖 생활 일선에서 억압에 시달리는 여성들, 이를테면 가난한 레즈비언 원주민 여성은 종종 자신의 삶과 직결된 페미니즘 운동을 모색하는 노력이 '분열을 초래하는' 것처럼 느끼게 되었다.

남성 먼저

당시 다른 사회적 정의 운동은 가장 많은 권력을 가진 자들이 지배하는 경향이 있었다. 예를 들어 좌익집단은 대부분 백인 남성이 이끌었고, 그들 중 일부는 여성을 잠재적인 섹스 파트너 겸 비서직 지원 인력쯤으로 여겼다. 흑인여성들 역시 흑인해방 단체를 주로 흑인남성들이 지배하는 경향을 발견했고, 레즈비언들은 게이해방전선 (Gay Liberation Front)이 남자 동성애자의 경험에만 초점을 맞춘다고 불만을 느꼈다. 이밖의 여러 조직들이 인종차별, 성차별, 동

> 가부장제와 인종차별에 맞서는 투쟁은 결합되어야 한다.
> 킴벌리 크렌쇼

성애 혐오, 계층 억압, 기타 편견 등이 동시에 교차하는 문제들을 한꺼번에 다루는 데 실패했다.

매사추세츠 주 보스턴의 흑인 레즈비언 페미니스트 사회주의 단체인 컴바히강 공동체는 다중적인 억압에 직면한 여성들의 문제를 해결하기 위해 결성되었다. 1977년에 발표된 컴바히강 공동체 선언문은 다중적인 억압이 교차하는 방식을 최초로 공식적으로 천명한 발언 중 하나였다. 이 단체의 구성원들은 사회적 정의를 이루기 위한 아래로부터의 상향식 접근을 제안하면서, 가장 소외된 사람들의 수요를 우선적으로

킴벌리 크렌쇼

1959년에 오하이오 주 캔턴에서 태어난 킴벌리 윌리엄스 크렌쇼(Kimberle Williams Crenshaw)는 현재 UCLA 법대 석좌교수로, 1986년부터 이곳에서 강의하고 있다. 그녀는 코넬대학에서 정부와 아프리카학을 연구하다가 1984년에 하버드대학에서 법학을 전공했다. 1985년에 위스콘신대학에서 법학 석사학위(LLM)를 받았다.

크렌쇼는 제3세대 및 제4세대 페미니즘의 기반으로 널리 인식되는 개념인 '교차성'이란 용어를 만들었다. 교차성 개념은 또 아파르트헤이트 이후 남아프리카공화국 헌법의 평등 조항 초안을 작성할 때도 큰 영향을 미쳤다고 알려져 있다. 크렌쇼는 1996년에 아프리카계

미국인정책포럼(The African American Policy Forum)을 결성했다. 또 2011년에 컬럼비아대학에 설립된 교차성과 사회정책연구센터(Center for Intersectionality and Social Policy Studies)의 초대 센터장을 맡았다.

주요저서

1989년 『인종과 성의 교차점 탈주변화하기』
1991년 『주변부 지도그리기』
1993년 『상처를 주는 말 Words that Wound』
1995년 『비판적 인종 이론 Critical Race Theory』
2013년 『레이스 트랙 The Race Track』

1965년 시민권 시위에 참여했던 이런 미국 흑인여성들은 백인여성이 결코 경험하지 못할 심각한 경찰의 만행에 직면했고 여전히 직면하고 있다.

충족시키면 사회 전반의 생활수준이 높아진다고 주장했다. 안젤라 데이비스, 벨 훅스, 오드리 로드 같은 흑인여성 페미니스트 작가와 운동가들 역시 페미니즘 내에서 인종, 계층, 성별에 기초한 분석의 필요성에 대해 글을 썼고, 이들의 저서는 훗날 교차성이라 불리게 될 영역을 형성했다.

다중 위험

컴바히강 공동체의 분석은 패트리샤 힐 콜린스(Patricia Hill Collins)와 데버러 K. 킹(Deborah K. King) 같은 흑인 페미니스트 학자들이 사용한 '다중 위험' 개념과도 유사했다. 이 용어는 성차별주의가 인종차별주의와 결합하여 다중적인 위험이 되고, 또 다시 계층 차별 및 다른 억압과 결합하여 더욱 다중화되는 방식을 의미한다.

킹과 다른 학자들은 노예제 하에서 흑인여성으로 살아가는 일의 다중 위험을 지적

한다. 노예가 된 흑인여성은 흑인남성과 똑같이 들판에서 허리가 휠 정도의 노동을 수행하면서, 또 고문과 통제의 수단이자 노예 노동력을 늘리기 위해 아이를 생산하는 수단으로서 강간에 시달려야 했다. 킹은 흑인여성들이 다중 위험을 이해해야만 자유롭고 자율적인 주체로서 자신의 해방을 향해 나아갈 수 있다고 믿는다.

교차성

'교차성(intersectionality)'이란 용어는 1989년에 미국 법학 교수이자 비판적 인종 이론가 킴벌리 크렌쇼가 「인종과 성의 교차점 탈주변화하기Demarginalizing the Intersection of Race and Sex」라는 논문에서 처음 사용했다. 후속 논문인 「주변부 지도그리기Mapping the Margins」(1991년)에서 그녀는 교차성을 세 가지 주요 유형인 구조적, 정치적, 재현적 교차성으로 구분한다. 구조적 교차성이란

유색인 여성이 겪는 억압이 백인여성이 겪는 억압과는 근본적으로 다른 방식을 일컫는다. 정치적 교차성은 법과 공공정책이 유색인 여성에게 미치는 특수한 영향, 심지어 페미니즘이나 반인종차별의 목적으로 만들어진 법과 공공정책의 영향까지 다룬다. 재현적 교차성은 유색인 여성이 대중문화에서 어떻게 잘못 표현되는지, 그리고 이 문제가 일상생활에서 유색인 여성에게 어떤 영향을 미치는지를 설명한다.

크렌쇼는 또 우리가 억압의 다중성을 고려할 때 인종차별에 성차별과 계층차별을 더하는 식의 가산적인 접근방식을 택해서는 안 되고, 계층차별이 어떻게 인종차별로 변하는지, 또 인종차별이 어떻게 성차별로 변하는지 등을 이해해야 한다고 강조한다. 예를 들어, 1980년대에 '복지여왕'이란 고정관념은 주로 흑인 편모와 연관되어 있었다. 당시 흑인여성들은 가난한 백인여성들은 겪을 필요가 없는 빈곤의 낙인을 감수

우리가 교차하지 않으면, 우리 중 일부는 소외될 것이다.
킴벌리 크렌쇼

해야 했다. 크렌쇼는 로스엔젤리스의 유색인 공동체 내의 여성보호소를 예로 들어 권력, 특권, 억압의 교차성이 작동하는 방식을 보여준다. 그녀의 설명에 따르면, 이런 보호소는 여성들을 가정폭력에서 보호하기 위한 공간이지만, 많은 보호소가 대중교통으로는 찾아갈 수 없고, 관련 정보도 대부분 영어로만 제공되어 일부 여성들은 이해하지 못한다. 이런 보호소가 도움이 필요한 여성들을 위한 공간이라고 주장하면서도 실제로는 그들이 보호하려는 많은 여성을 좌절시킨다는 것이다.

게다가 크렌쇼가 주장하기로, 모든 여성의 가정폭력 경험은 인종, 계층, 기타 요인들에 따라 매우 다양하다. 일례로 이민자 여성은 가정에서 학대받는 상황에서 벗어나려면 강제추방될 위험을 감수해야 한다. 파트너의 폭력을 경찰에 알리면 출입국 관리 당국이 그 가족의 밀입국 상태를 조사하는 결과로 이어질 수 있기 때문이다.

크렌쇼는 또 여성을 돕기 위해 설립된 많은 비정부기구(NGO)의 정책도 재정지원의 주체에 따라 영향을 받는다고 지적한다. 비정부기구는 보통 백인 특권층이 주를 이루는 재정 후원자의 관점에서 가정폭력 같은 이슈를 바라봐야 할 의무감을 느끼기 때문에 통역이나 번역 서비스의 필요성 같은 실제 이용자들의 특수한 요구사항은 우선순위에서 밀리기 십상이란 것이다.

누구의 목숨이 소중한가?

많은 국가에서 사회적 변화를 추구하는 운동들이 우연이든 고의로든 간에 인종, 성별, 계층, 섹슈얼리티, 성 정체성, 종교, 능력 등을 기준으로 사람들을 계속 배제시키고 있다. 예를 들어 미국에서 경찰의 폭력에 직면한 흑인들을 지원하는 해방운동인 '흑인의 목숨도 소중하다'는 2013년에 급진적인 흑인 주동자 앨리시아 가자, 패트리시 쿨러스, 오팔 토메티가 결성했다. 세 여성 중에 두 명은 동성애자라고 밝혔다. 이들은 교차성 운동에 전념하고 있음에도, 성적 소수자(LGBTQ) 운동가와 다른 흑인여성들은 여전히 흑인에 적대적인 야만적 폭력의 여성 희생자들, 특히 동성애자와 트랜스젠더 여성들에 대한 공공의 지원과 사회적 관심이 부족하다고 우려한다.

이런 우려에 대응하여 '흑인의 목숨도 소중하다'의 여성 지지자들은 #세이허네임(#SayHerName, 그녀의이름을말하자) 운동을 시작했다. 이 운동은 2015년에 교통법규 위반 혐의로 감옥에서 죽은 아프리카계 미국인 여성 산드라 블랜드(Sandra Bland)의 의문사를 계기로 특히 추진력을 얻었다.

오늘날의 교차성

2016년 미국 대선에서 도널드 트럼프가 당선되었을 때, 출구조사 결과 백인여성 유권자의 52퍼센트가 그를 지지한 반면 흑인여성의 96퍼센트는 힐러리 클린턴에게 투표했다. 이런 통계는 백인여성이 인종적 정의에 대한 관심이 부족하다는 논쟁을 재점

엔터테이너 조세핀 베이커(Josephine Baker)는 미국을 떠나 1920년대 유럽에서 슈퍼스타가 되었다. 그녀는 1936년에 미국으로 복귀했지만, 아프리카계 미국인 여성으로서 겪은 인종차별과 성차별의 교차성 때문에 다시 프랑스로 돌아갔다.

2016년에 아프리카계 미국인 키이스 레몬트 스콧(Keith Lamont Scott)이 사살당한 후에 노스캐롤라이나 주 샬럿에서 한 여성이 경찰과 대치하고 있다. 미국 흑인여성들이 결성한 '흑인의 목숨도 소중하다' 운동이 당시 시위를 주도했다.

주인중심제

'주인중심제(kyriarchy)'는 1992년에 페미니스트 신학자 엘리자베스 쉬슬러 피오렌자(Elisabeth Schüssler Fiorenza)가 만든 용어다. 이 말은 그리스어로 '주님, 주인'을 뜻하는 '퀴리오스(Kyrios)'와 '이끈다, 다스린다'는 뜻의 '아르코(archo)'가 합쳐져 '주인에 의한 지배'를 의미한다.

주인중심제는 젠더라는 단일 이슈를 넘어 사회에서 권력이 행사되고 경험되는 다양한 방식을 반영하며, 그 결과 특권과 억압을 야기하고 인종차별, 성차별, 이슬람공포증, 계층차별, 성전환자 혐오 등을 아우른다. 모든 개인은 동시에 여러 역할을 하는데, 그 가운데 어떤 역할은 특권을 행사하고 어떤 역할을 차별을 받는다. 예를 들어 한 사람이 인도인, 상류층, 레즈비언일 수 있는 것이다. 누구나 이런 다양한 역할의 현실에 따라 세상을 경험하게 된다.

주인중심제는 모든 형태의 억압이 연결되어 있어, 이런 억압이 제도화되고 자체적으로 유지된다고 주장한다. 이미 권력을 가진 사람은 권력층에 머무는 경향이 있고, 권력이 없는 사람은 집단 내의 다른 사람에게 억압자의 입장을 취하는 경향이 있어 권리를 박탈당한 상태로 남는다.

화시켰다. 비판자들은 트럼프의 흑인과 라틴계에 적대적인 발언 기록과 인종 폭동 사건에 대한 그의 침묵 사실을 지적하며, 백인여성들의 집단적 성향이 구조적 인종차별주의를 부추긴다는 문제를 제기했다.

2017년에 도널드 트럼프의 취임식 주말 동안 워싱턴 D.C.와 전 세계에서 진행된 여성들의 행진 역시 교차성 페미니스트의 분석 대상이 되었다. 이런 분석은 당시 행진에서 많은 사람들이 썼던 상징적인 분홍색 고양이(pink pussy) 모자가 누구의 몸을 재현한 것이냐는 의문부터 백인여성들에게 여성들

의 행진에 참여한 엄청난 수만큼 '흑인의 목숨도 소중하다' 운동이나 이민자 권리 집회에도 참석해달라는 요구까지 다양했다.

이런 논쟁은 교차성의 통찰이 과거 못지않게 현재도 여전히 유효함을 시사하지만, 교차성에 대한 비판의 목소리도 분명히 존재한다. 예를 들어 아프리카계 미국인으로 젠더학 및 섹슈얼리티학 교수인 제니퍼 내시(Jennifer Nash)는 교차성의 정의와 방법론이 충분히 엄격하지 않다고 주장한다. 내쉬는 또 흑인여성을 하나의 집단으로 일반화하는 위험을 지적하면서 '여성들'이나 '흑인들' 같은 구체적인 정체성 집단을 구분하는 것이 정치적 연합을 형성하는 데 유용하다고 강조한다.

교차성은 이제 21세기의 포괄적이고 혁신적인 페미니스트 글쓰기의 핵심 영역으로 널리 인정받고 있고, 정의를 향한 기나긴 행진에서 계속해서 행동주의를 이끌어가고 있다. ∎

우리는
단일 쟁점만 있는
삶을 살지 않기 때문에
단일 쟁점 투쟁이란 있을 수 없다.
오드리 로드

정체성 정치학은
종종 집단 내 차이를
하나로 합치거나 무시한다.
킴벌리 크렌쇼

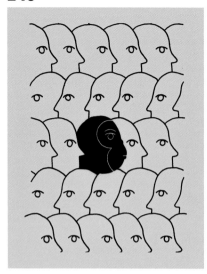

우리는
누구든 될 수 있고
어디에나 존재한다

게릴라 시위

맥락읽기

인용출처
게릴라 걸스(Guerilla Girls) 웹사이트

핵심인물
게릴라 걸스

이전 관련 역사
1979년 : 미국 화가 주디 시카고(Judy Chicago)가 서양 여성사에 헌정하는 거대한 페미니즘 설치작품 〈더 디너 파티 *The Dinner Party*〉를 전시한다.

이후 관련 역사
2009년 : 캘리포니아 주 로스앤젤레스의 J. 폴 게티 미술관(J. Paul Getty Museum)에서 게릴라 걸스의 아카이브를 입수한다.

2016년 : 게릴라 걸스가 미국의 〈레이트 쇼 위드 스티븐 콜베어 *The Late Show with Stephen Colbert*〉'에 출연하여 그들의 행동주의를 논한다.

2017년 : 영국에서 세계 여성의 날에 100인의 여성화가 집단이 런던 내셔널 갤러리 앞에서 시위를 벌인다. 이 미술관의 소장품 2천 점 중에 여성화가의 작품은 20점에 불과하다.

19 85년에 뉴욕에서 결성된 게릴라 걸스는 세계 최고의 미술 갤러리에 여성화가와 유색인 화가의 작품이 없다는 사실에 시위하는 익명의 여성 예술가 집단이다. 이 단체는 전 세계 미술계의 '최고' 전시회인 뉴욕 현대미술관(MoMA)의 1984년 "회화와 조각 국제 통람(An International Survey of Painting and Sculpture)"에 반발하여 결성됐다. 이 전시회에서 선보인 작품 169점 중에 13점만이 여성화가의 작품이었던 것이다.

게릴라 걸스는 게릴라 전사들처럼 기습전법을 구사한다. 그들의 특기는 '문화훼방', 즉 대개 한밤중에 나타나 포스터나 광고판을 설치하는 방법이다. 게릴라 걸스의 구성원들은 고릴라 가면(게릴라를 잘못 발음해서 생겨났다고 전해진다)을 쓰고 프리다 칼로(Frida Kahlo), 케테 콜비츠(Kathe Kollwitz), 한나 회흐(Hannah Hoch) 등 고인이 된 여성화가들의 이름을 사용하여 신원을 감춘다. 눈길을 끄는 게릴라 걸스의 행동은 페미니스트들은 유머감각이 없다는 1970년대의 고정관념을 깨부수고 새로운 세대의 페미니스트들을 끌어들이려는 목적이다.

게릴라 걸스는 언제나 유머러스한 이미지와 '정곡을 찌르는 쟁점'으로 예술계의 불평등을 보여준다. 게릴라 걸스의 가장 유명한 1989년 포스터는 장 오귀스트 도미니크 앵그르(Jean Auguste Dominique Ingres)의 1814년 회화 〈그랑드 오달리스크 *Grande Odalisque*〉를 패러디한 것으로, 이 포스터에는 앵그르의 누드화에 고릴라 머리가 붙어 있다. 그리고 미술계의 성차별과 인종차별에 대한 통계 수치와 '여성이 메트로폴리탄 미술관에 들어가려면 벌거벗어야 하는가?'라는 슬로건이 누드화를 둘러싸고 있다. 이 같은 이슈는 그들의 1998년 저서 『게릴라 걸스의 서양미술사 *The Guerrilla Girls' Bedside Companion to the History of Western Art*』에도 영감을 주었다.

인종차별과 성차별이
더 이상 유행하지 않으면,
당신들의 예술 수집품은
무슨 가치가 있겠는가?

게릴라 걸스

참조 : ▪ 페미니즘 예술 128~131쪽 ▪ 급진 페미니즘 137쪽, 여자들을 역사에 기록하기 154~155쪽 ▪ 라이엇 걸 운동 272~273쪽

게릴라 걸스는 정기적으로 정치적 이슈, 특히 여성에게 영향을 미치는 이슈에 대해 발언한다. 게릴라 걸스는 1992년에 워싱턴 D.C.의 낙태권 행진을 위한 포스터를 만들었고, 같은 해 LA폭동 때는 TV로 널리 방송된 흑인 택시운전사 로드니 킹(Rodney King)에 대한 경찰의 잔혹 행위에 맞서 시위를 벌였다. 최근 할리우드의 백인 남성이 지배하는 아카데미 시상식, 동성애에 반대하는 정치가, 도널드 트럼프를 미국 대통령으로 선출한 선거 등을 공개적으로 비판하고 있다.

게릴라 걸스는 예술계가 대부분 백인의 세계임을 고발하면서 정작 그들 자신도 압도적으로 백인이 많은 집단이라는 비난을 받아왔다. 과거에 게릴라 걸스로 활동했던 일부 유색인 여성화가들은 집단 내에서 소외감을 느꼈다고 밝혔다. 또 게릴라 걸스에서 아프리카계 미국인 미술가 '알마 토마스(Alma Thomas)'의 이름으로 활동하다가 그만둔 한 화가는 2008년에 고릴라 가면을 쓰고

게릴라 걸스가 1990년에 카메라 앞에서 포즈를 취하고 있다. 수십 년에 걸쳐 이 단체에서 60여명의 여성 예술가들이 활동했고, 일부 창립 멤버는 오늘날에도 여전히 활동하고 있다.

활동하기가 불편했다고 고백했는데, 그녀의 신원을 감추고 흑인여성으로서 고릴라의 이미지가 흑인에 적대적인 역사를 연상시키기 때문에 더욱 힘들었다고 설명했다.

게릴라 걸스는 또 예술의 자본주의적 상품화를 비판하는 동시에 그들 스스로 상품화의 일부가 되는 양 노선 사이에서 아슬아슬한 줄타기를 했다. 세계 각지의 갤러리들은 게릴라 걸스의 시위 자료 전시회를 열었다. 게릴라 걸스의 커리어를 아우르는 전시회들이 스페인 빌바오의 빌바오 미술관(Fundación BilbaoArte), 그리스 아테네의 헬레닉 아메리칸 유니언 갤러리(Hellenic American Union Galleries), 영국 런던의 테이트 모던, 프랑스 파리의 퐁피두 센터 등에서 개최되었다. ▪

문화훼방

문화훼방은 '서브버타이징(subvertising)'의 일종으로, 광고를 비틀고 뒤집어서 광고효과를 약화시키려는 목적을 지닌다. 문화훼방꾼들은 잘 알려진 로고, 슬로건, 이미지를 전복시켜 광고의 본래 의도에 의문을 제기하는 한편 그전까지 관심 없던 사람들의 이목을 집중시킨다. '문화훼방'이란 용어는 1984년에 광고가 사람들의 정신생활을 어떻게 형성하는지를 꿰뚫어본 미국 음악가 돈 조이스(Don Joyce)가 만들었지만, 학자들은 이런 활동이 아무리 늦어도 소비지상주의를 공격하는 데 문화훼방을 이용했던 1950년대 유럽에서 시작되었다고 보았다. 오늘날 캐나다의 친환경 저널 〈애드버스터스*Adbusters*〉는 문화훼방의 전형적인 사례인 '서브버타이즈먼트(안티마케팅광고)'를 운영한다. 또 익명의 영국 아티스트 뱅크시(Banksy)의 작품 역시 문화훼방의 사례로서, 그는 모두가 잠든 한밤중에 건물들의 옆면에 정치적 무게가 실린 이미지를 스텐실로 찍어놓는다.

모든 사람이 불평하는 여자들을 보기 싫어한다. 그러나 나는 우리가 아무도 불평하지 않도록 만들 방법을 찾아왔다고 생각한다.
게릴라 걸스

A NEW
EMERG
1990–2010

WAVES

새로운 세대가 등장하다
1990~2010년

미국 젠더이론가 주디스 버틀러가
자신의 책 『젠더 트러블』에서 젠더가
문화적·사회적으로 형성된다고 주장한다.

미국에서 페미니스트 작가 레베카 워커가
잡지 〈미즈〉에 실은 한 기사에서
"제3세대"라는 용어를 사용하며 새로운
페미니즘 시대가 도래함을 예고한다.

1990년

1992년

1990년

1991년

1993년

영국 페미니스트 작가 나오미 울프가
『무엇이 아름다움을 강요하는가』에서
아름다움에 관한 표준화된 생각이
여성을 억압하기 위해 사용된다고 주장한다.

펑크록에서 드러난 성차별주의에
맞서기 위해 미국 워싱턴 주에서
라이엇 걸 운동이 시작된다.

UN이 여성 성기 절제(FGC)가
여성에 대한 폭력의 한 형태임을
선언한다.

19 80년대 말 미국의 수전 팔루디 (Susan Faludi)를 비롯한 일부 페미니스트들은 페미니즘에 대한 강한 반발 세력이 있음을 인식하기 시작했다. 반페미니스트는 여성이 교육과 고용 분야에서 동등한 기회를 얻었으며, 남성을 무력하게 만들기 시작했다고 주장했다. 많은 매체가 포스트 페미니즘(postfeminism) 시대, 즉 여성이 더는 평등을 위해 피나는 노력을 하지 않아도 되는 시대에 대해 이야기했다.

상당수 미국 페미니스트가 이 같은 시각에 반기를 들었다. 이들은 여성의 입장에서 평등은 아직 달성되지 않았으며 양성평등은 페미니스트의 여러 목표 중 하나라고 생각했다. 이들은 제2세대 페미니즘이 이룬 성과를 인정하고 이를 토대로 삼고자 했으나 페미니즘이 변화하는 환경에, 특히 신

자유주의(neoliberalism)라는 보수파 철학이 성장하는 시대에 적응할 필요도 있다고 주장했다. 페미니즘의 새로운 세대가 발전하는 데 중요한 역할을 한 기폭제는 변호사인 애니타 힐(Anita Hill)이 성희롱으로 고소했다는 사실에도 불구하고 클래런스 토머스(Clarence Thomas)가 미국 대법관으로 임명된 사건이었다. 토머스는 힐의 주장을 부인했다. 페미니스트 작가 레베카 워커는 토머스의 대법관 임명 강행은 여성 혐오가 노골적으로 드러난 사례로 보고 페미니스트 잡지인 〈미즈〉에 실은 기사 「제3세대로 바뀌는 중이다」를 통해 새로운 페미니즘을 지지한다고 선언했다.

1960년대 후반에서 1970년대 출생한 많은 젊은 페미니스트에게 1990년대 초 등장한 라이엇 걸 운동(Riot Grrrl movement)은 제

3세대 페미니즘의 시작을 알리는 신호탄이었다. 페미니즘 사상과 펑크록을 결합하는 운동에 참여한 음악가들은 개인의 자율권을 강조했다. 이들은 강력한 이미지로 무장하고, 자기가 원하는 대로 옷을 입고, "화냥년"이나 "개잡년" 같은 단어를 사용하고, 음악이나 소규모 자비출판 잡지를 이용해 강간이나 가정폭력, 섹슈얼리티, 가부장제 같은 사회문제를 탐구했다. 이들은 여성의 문화와 우정을 찬양했다.

여성이 어떻게 자신을 표현하느냐가 이 시기 페미니스트 사이에서, 치열하게 벌어진 논쟁의 주제였다. 미국 페미니스트 아리엘 레비(Ariel Levy)가 몇몇 젊은 여성이 안드레아 드워킨 같은 포르노그래피 반대 운동가로 대표되는 제2세대 페미니스트들이 고상한 척 한다며 이에 항의하는 방법으로

미국 극작가 이브 엔슬러가
「버자이너 모놀로그」를
쓰고 성적 경험과 신체상,
여성에 대한 폭력을 탐구한다.

1994년

일본 여권 운동가 고야마 에미가
『트랜스 페미니스트 선언』에서
트랜스 페미니즘이라는
용어를 널리 알린다.

2000년

250명에 이르는 무슬림 여성운동가가
말레이시아 쿠알라룸푸르에서 만나
무슬림 여성에게 평등을 안기기 위한
전 세계적인 운동, 무사와를 결성한다.

2009년

1997년

아프리카계 미국인 페미니스트 로레타 로스가
유색인종 여성이 성에 대한 자기 결정권과
재생산권을 주장하도록 돕기 위해
자매의 노래를 공동 설립한다.

2005년

일부 젊은 페미니스트들이 성적 대상화를
받아들이는 방식에 대한 비판으로 아리엘
레비가 『열렬한 여성 우월주의자들 : 여성
그리고 외설문화의 등장』을 발표한다.

선택한 노골적인 성적 행동을 설명하기 위해 "외설문화(raunch culture)"라는 용어를 만들었다. 레비는 외설문화가 여성 혐오 문화에 직접적인 자양분 역할을 하고 여성을 경시하는 분위기를 더욱 키운다고 생각했다. 다른 페미니스트들이 레비의 관점에 이의를 제기하고 여성에게 성적 자유와 즐거움을 누릴 권리가 있다고 주장하면서 성에 대해 더욱 긍정적으로 접근하라고 요구했다. 이때부터 페미니스트가 제작한 포르노그래피를 옹호하는 움직임이 등장했다.

미국 작가 나오미 울프(Naomi Wolf)가 이상적인 여성성에 관해 페미니스트 사이에서 확립된 생각을 바탕으로 "아름다움에 관한 신화"라는 이론을 발표했다. 울프는 마케팅 전략이나 남성이 휘두르는 상업적 권력이 제시한 불가능한 이상에 다가가기 위

해 자신의 에너지를 쏟아야 하는 상황으로 여성이 내몰리고 있다고 생각했다.

제3세대 페미니즘은 섹스(sex, 생물적 성)와 젠더(gender, 사회적 성), 정체성에 관한 새롭고 때로는 상충하는 이론으로 묘사되기도 했다. 1990년 미국 페미니스트이자 철학자 주디스 버틀러(Judith Butler)가 『젠더 트러블』에서 사람들이 문화적 기대에 맞춰 끊임없이 젠더를 수행하면서 고정적인 젠더 정체성에 관한 환상을 만들어낸다는 이론을 제시했다. 버틀러는 젠더를 이분법을 따르지 않는 유동적인 존재로 보았다. 이와 같은 시기 양성애자들이 이성애자 여성과 동성애자 여성 모두 자신을 적대적으로 대한다고 불평하면서 양성애 문제가 사람들의 관심을 끌었다. 서구에서 활동하는 많은 페미니스트가 젠더 문제로 논쟁을 벌이

는 동안 다른 쪽에서 여성을 억압하는 행위에 맞서는 운동을 지속적으로 전개하면서 가난한 여성에게, 특히 미국 내 유색인종 여성이나 원주민 여성에게 제공되는 질 낮은 의료서비스 같은 논외로 취급되거나 감춰진 문제에 사람들의 이목을 집중시켰다. 또 가나 출신 영국 사회운동가 에푸아 도케누(Efua Dorkenoo)가 여성 성기 절제(FGC)에 반대하는 운동을 전개했다. 아프리카에서 어린 여성에게 광범위하게 자행되는 행위였다. 이라크 출신 여성운동가 자이납 살비(Zainab Salbi)는 보스니아 전쟁 기간에 보스니아와 헤르체고비나를 점령한 세르비아 정권이 세운 "강간캠프"가 존재한다는 사실을 폭로했다. 살비는 분쟁 지역에서 살아남은 강간 피해자를 돕기 위해 여성을 위한 여성 동맹을 설립했다. ■

나는
제3세대다

포스트 페미니즘과 제3세대

맥락읽기

인용출처

레베카 워커(1992년)

핵심인물

레베카 워커, 제니퍼 바움가드너

이전 관련 역사

1960년대~1980년대 초 : 제2세대 페미니즘이 여성 억압의 근원을 탐구하고 신체에 대한 여성의 권리에 초점을 맞춘다.

1983년 : 앨리스 워커가 인종차별주의와 결합한 성차별주의에 반기를 든 흑인 페미니스트를 지칭하기 위해 "우머니스트"라는 용어를 사용한다.

이후 관련 역사

2012년 : 소셜미디어를 활용해 사회의식을 고양할 능력을 갖춘 새로운 제4세대 페미니즘이 등장한다.

2015년 : 전국 설문조사에서 성적 소수자와 라틴계, 아시안계, 태평양 제도 출신, 무슬림 여성 중 4분의 1에 못 미치는 수가 미국 국적을 얻기에 좋은 시기라고 대답한다.

19 92년 당시 22세였던 미국 페미니스트이자 작가 레베카 워커가 페미니스트 잡지 〈미즈〉에 쓴 「제3세대로 바뀌는 중이다*Becoming the Third Wave*」라는 기사에서 인종차별주의와 계급차별주의, 성차별주의가 아직까지 사회에 만연했음을 인식하고 이에 반기를 든 새로운 제3세대 페미니즘에 합류했음을 선언했다. 워커가 쓴 기사는 여성에게 언어적으로든 신체적으로든 주위로부터 당하는 성희롱을 멈출 힘이 없음을 부각하고 포스트 페미니즘 시대에 들어 대다수 젊은 여성이 남성과 동등한 권리를 누리고 있으며 더는 페미니즘이 필요하지 않다는 사회 전반에 퍼진 믿음을 일축했다. "싸움이 끝나려면 아직도 멀었다." 워커는 이렇게 선언했다.

제니퍼 바움가드너와 에이미 리처즈가 2000년에 쓴 『선언 : 젊은 여성, 페미니즘, 그리고 미래*Manifesta : Young Women, Feminism, and the Future*』에서 언급했듯이 여성은 자신이 속한 세대의 요구 및 감성과 관련이 있도록 페미니즘을 바꿔야 했다. 1990년대 초부터 2012년 무렵까지 제3세대 페미니스트들은 여성이 "성공을 거두었고" 꿈을 이루었다는 확신을 얻지 못했음을 세상에 알렸다.

> 나는 이미 태어난 딸들을 위해
> 분노를 딛고 일어서
> 안건을 분명히 설명해야 할
> 의무가 있음을 깨닫기 시작했다.
> **레베카 워커**

새로운 보수주의

1980년대와 1990년대 초 미국과 영국은 1960년대와 1970년대 민권운동(civil rights movements)이 전개되는 동안 사람들이 일군 사회 발전에 반발하는 움직임을 곳곳에서 경험했다. 1979년부터 1990년까지 마거릿 대처(Margaret Thatcher)가 영국 총리로 재임하던 시절 영국은 우파 보수주의와 자유시장 자본주의, 그리고 훗날 "대처리즘"이라는 별명으로 불린 영국 국수주의에 휩싸였다. 1967년과 1988년 대처가 동성애를 합법화하는 투표를 실시했을 때 대처가 이끄

제니퍼 바움가드너

1970년 미국 노스다코타 주에서 태어난 제니퍼 바움가드너는 위스콘신에서 대학교를 다니는 동안 페미니즘 운동가로 변신했다. 1990년대 초 뉴욕으로 이주한 바움가드너는 〈미즈〉에서 인턴사원으로 일하다가 1997년 최연소 편집자가 됐다.

2000년 『선언』을 출간하면서 주목 받는 페미니스트로 성장한 그녀는 제3세대 페미니즘의 출현을 축하했다. 바움가드너는 재생산권과 낙태, 강간은 물론 양성애에 관한 글을 쓰기도 했다. 2002년 페미니즘 운동을 위한 무대를 마련하기 위해 에이미 리처즈와 함께 소프박스(Soapbox Inc.)를 설립했다. 바움가드너가 제작한 영화 〈나는 임신 중절 경험이 있다〉(2004년)

와 〈그것은 강간이었다〉(2008년)는 자신의 경험을 공유하라며 여성들을 격려했다. 바움가드너는 2013년부터 2017년까지 더 페미니스트 프레스(The Feminist Press)의 상임이사를 지냈다.

주요저서

2000년 : 『선언 : 젊은 여성, 페미니즘, 그리고 미래』
2007년 : 『양쪽을 살피다 : 양성애 정치학』
2011년 : 『여자! : 용기에 관한 몇 가지 생각 그리고 주절거림』

참조 : ▪ 여성참정권운동의 탄생 56~63쪽 ▪ 인종평등과 양성평등 64~69쪽 ▪ 억압의 근원 114~117쪽 ▪ 의식 고양 134~135쪽 ▪ 특권 239쪽 ▪ 교차성 240~245쪽 ▪ 라이엇 걸 운동 272~273쪽

제3세대 페미니즘의 탄생

페미니스트의 관심사는 진화했다. 다음 세대가 새로운 자유를 얻었으나 또 다른 사회 문제에 직면하고 이를 해결하려 노력했기 때문이었다.

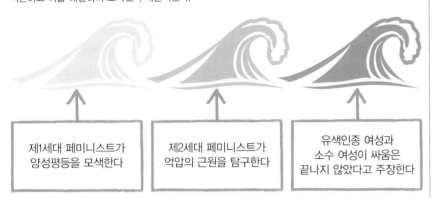

| 제1세대 페미니스트가 양성평등을 모색한다 | 제2세대 페미니스트가 억압의 근원을 탐구한다 | 유색인종 여성과 소수 여성이 싸움은 끝나지 않았다고 주장한다 |

는 영국 정부는 지방 정부가 동성애를 "권장"하거나 공립학교가 동성 관계를 "유사 가족 관계"로 받아들이도록 권장하지 못하게 막는 제28항을 제정했다. 많은 사람이 격렬하게 항의했으나 제28항은 2003년이 돼서야 삭제됐다.

1980년부터 미국 대통령 로널드 레이건(Ronald Reagan)이 주도한 보수적인 자유시장 경제가 미국에서 소득 격차를 더욱 벌리는 결과를 낳았다. 레이건은 게이와 레즈비언에게 평등한 지위를 부여함을 공공연하게 반대했다. 레이건은 1985년 9월까지 기자들과 질의 응답하는 자리에서 "에이즈"라는 단어를 공개적으로 언급하지 않았다. 침묵을 지킨다는 결정이 철회된 뒤 급진적인 풀뿌리 게이 인권단체로 "힘을 방출하기 위한 에이즈 연합(AIDS Coalition To Unleash Power)"이라는 의미를 담은 액트업(ACT UP)이 1987년 결성됐다.

침례교 목사 제리 폴웰(Jerry Falwell)이 1979년 설립한 도덕적 다수파가 레이건 시대 기독교 보수파(Christian Right)가 성장하는 과정에서 핵심적인 역할을 했다. 1980년대에 도덕적 다수파가 전개한 운동이 복음주의 기독교인을 결집시켜 페미니즘과 재생산권, 성 소수자(Lesbian, Gay, Bisexual and Transgendered, LGBT)의 권리에 반대하고 "가족 가치"를 중시하는 연대를 탄생시켰다. 1923년 처음 의회에 제출됐던 남녀평등 수정헌법안(Equal Rights Amendment, ERA)이 1982년 비준 기한까지 필요 과반수인 38개 주로부터 비준을 얻지 못했다. 1989년에, 그리고 1992년에 한 번 더 여성들이 낙태의 자유를 요구하며 가두시위를 벌였다.

1991년 성희롱 혐의가 있음에도 불구하고 클래런스 토머스가 미국연방대법원 판사로 임명됐다. 워커가 1992년 〈미즈〉에 「제3세대로 바뀌는 중이다」라는 기사를 쓴 계기였다. 1995년 페미니스트들이 "여성의 삶을 위한 대회(Rally for Women's Lives)"를 열고 여성폭력에 항의하는 집단시위를 벌였다. 1995년 워싱턴 D.C.에서 흑인의 민권을 요구하는 백만 남성의 행진이 개최된 뒤 1997년 흑인여성들이 필라델피아에서 백만 여성의 행진을 조직했다. 게이 인권운동가들도 1990년대 미국 국회의사당 앞에서 여러 차례 시위를 벌였다.

인종, 계급, 섹슈얼리티

보수정권이 가져온 정책변화는 많은 젊은 여성에게, 특히 백인 중산층에 속하지 않은 여성에게 시위에 나서야 하는 수많은 이유를 안겼다. 워커 같은 사회운동가들은 자신이 날마다 겪는 여성 혐오와 인종차별, 계급차별, 동성애 혐오 사례에 주목했다. 당시 정치적 기류가 낳은 부산물임에 틀림없다고 생각하던 흐름이었다.

제3세대 페미니스트는 제2세대 페미니스트가 거둔 성공을 인정하기는 했지만 미국 민권운동 지지자 킴벌리 크렌쇼(Kimberle Crenshaw)가 1989년에 쓴 논문에서 흑인 페미니스트 관점에서 바라본 인종과 젠더, 계급이 교차적으로 결합하는 현상에 관해 논하면서 처음 언급한 "교차성"에 관해 더욱 깊이 탐구하고 분석했다. 새로운 용어는 권력 구조가 맞물려 성적 소수자와

여성 힙합 가수의 선구자이자 페미니스트인 퀸 라티파가 흑인여성에 영향을 미치는 문제에 관한 랩을 하고 있다. 라티파의 노래 〈레이디스 퍼스트〉(1989년)는 자신의 몸과 젠더에 자부심을 가지라며 흑인여성을 격려한다.

유색인종, 노동자 계급, 장애인을 포함해 사회 내 거의 모든 소외계층을 억압하는 방식을 설명하기 위해 사용됐다. "여성공동체는 강하다"라는 로빈 모건(Robin Morgan)의 선언이 제2세대 페미니즘이 내세운 표어였다면 제3세대 페미니즘은 실제로 어떤 여성이 공동체에 속하는가라는 질문을 던졌다. 1970년대와 1980년대에 걸쳐 유색인종 페미니스트가 집중한 질문이었다.

제3세대 페미니스트에게 영향을 미친 글은 크렌쇼의 논문만이 아니었다. 찬드라 탈파드 모한티 같은 과거 식민지였다가 독립한 국가에서 활동하는 페미니스트가 이룬 중요한 학문적 성과도 한몫했다. 1988년 미국 페미니스트 페기 매킨토시(Peggy McIntosh)가 백인이 누리는 특권에 다뤄 사회적으로 파장을 일으킨 논문을 발표했고, 주디스 버틀러가 섹스와 젠더가 사회적으로 형성되는 과정을 탐구했으며, 게이와 레즈비언 문제에 관한 새로운 글들이 쏟아졌다. 1970년대 교육과정에 도입하기 위해 페미니스트들이 싸웠던 여성학 프로그램이 1990년대 들어 최상급 교육과정까지 진출했다.

학교 밖에서는 1990년대 초 남성 중심의 펑크 음악과 사회 전반에 걸친 여성 혐오 문화에 대한 반발로 페미니스트 펑크록 라이엇 걸 운동이 미국에서 떠들썩하게 모습을 드러냈다. 이들은 성인 여성과 소녀들을 목표로 하는 폭력과 성범죄를 공개적으로 비난하는 강력한 여성 문화를 탄생시켰다. 비키니 킬(Bikini Kill)이 부른 〈레벨 걸*Rebel Girl*〉같은 노래에서 라이엇 걸 운동가들은 여성들이 맺은 강력한 연대를 찬양했다.

여성에게 자신의 섹슈얼리티를 표현하고 성을 즐길 권리가 있다는 믿음은 제3세대 페미니즘을 떠받치는 주춧돌이기도 했다. 수전 브라운밀러(Susan Brownmiller) 같은 제2세대 페미니스트가 성관계를 거부할 합법적인 권리를 얻기 위해 싸웠다면 제3세대 페미니스트는 여성에게도 두려워하거나 부끄러워하지 않고 성을 즐길 자격이 있다고 주장했다. 1980년대에 걸쳐 성 긍정

> 해방된다는 말은 과거를 복제한다는 의미가 아니라 나만의 길을, 내가 속한 세대를 위한 참된 길을 찾는다는 의미다.
> 제니퍼 바움가드너와 에이미 리처즈

운동(sex positivity movement)을 전개한 페미니스트들이 요구하던 권리였다. 그러나 성 긍정 운동은 포르노그래피뿐만 아니라 BDSM 같은 변태 성행위까지 악으로 규정하기 위해 보수파 정치단체와 연합한 반포르노그래피 페미니스트의 신념과 충돌을 빚었다.

섹슈얼리티에 관한 딜레마

1980년대 초 〈뉴욕타임스〉가 「포스트페미니즘 세대의 목소리*Voices of the Post-Feminist Generation*」라는 기사를 실었다. 페미니스트가 주장하는 목표에는 동의하지만 자신이 보기에 부정적이고 분노에 차 있으며 남성을 적대시하는 구세대 "여성해방 운동가"와 손잡기는 꺼리는 젊은 여성들에 관한 기사였다. 이때 제2세대 페미니스트와 제3세대 페미니스트 사이가 갈렸다. 몇몇 제2세대 페미니스트는 제3세대에 속한 여성들이 자신의 문화를 충분히 비판하지

TV 드라마 〈섹스 앤 더 시티〉에 등장하는 샬럿과 캐리, 미란다. 사만다는 성적 해방이 무엇인지 보여주었으나 이들의 행복은 대개 남성에게 의존했다.

2017년 런던에서 열린 가두시위에 참석한 젊은 여성들이 국제원조구호기구(Care International)에 대한 지지를 표시하고 있다. 국제원조구호기구의 사명 중에는 빈곤과 싸우고 "여성에게 자율권을 부여"하는 임무가 포함된다.

변질된 제3세대

영국 문화이론가 안젤라 맥로비가 『페미니즘이 남긴 후유증The Aftermath of Feminism』에서 제3세대 페미니스트가 섹슈얼리티를 포용할 길을 찾으려 하는 동안 자신을 착취하는 기업 문화를 떠받칠 위험에 처했다고 주장했다. 맥로비는 한 사례로 어떻게 화장을 주제로 하는 TV쇼가 유능하게 혹은 섹시하게 보이겠다는 목표를 좇는 동안 더 나아졌다는 느낌을 받기 위해 여성이 돈을 지출할 수 있다는 생각을 팔아 화장품 매출을 신장하는지 이야기했다.

미국 페미니스트 앤디 자이슬러(Andi Zeisler)는 오늘날 성형수술에서부터 총에 이르는 어떤 상품이든 여성에게 팔기 위해 기업이 어떤 식으로 여성에게 부여된 자율권을 이용하는지 탐구했다. 예를 들어 미국에서 오토바이를 소유한 여성의 수가 최고치를 기록했다. 펨버타이징(femvertising)이나 임파워타이즈먼트(empowertisement)라 불리는 흐름은 소비자를 끌어들이기 위해 페미니즘을 동원하면서도 여전히 자신의 이미지에 대해 여성이 느끼는 불안감을 활용한다. 자이슬러는 제3세대 페미니즘을 돌이킬 수 없이 상품화된 운동이라고 생각한다.

않는다고 주장했다. 이들은 "개잡년"이나 "화냥년" 같은 단어를 끌어 쓰거나 자신을 가리켜 "걸(girl)"이라고 지칭하는 행위를 비난했다. 일부 제2세대 페미니스트의 생각에 여성을 비하하는 단어를 사용하거나, 오며가며 만난 사람과 가볍게 성관계를 맺거나, 성욕을 주체하지 못하는 여성 이미지에 맞춰 행동하거나, 포르노를 소비하는 행위는 포스트 페미니즘 세대가 페미니스트로서 나아갈 길을 잃었음을 알리는 표시였다.

1990년대부터 비판적인 페미니스트들이 성적 해방을 향한 젊은 여성의 요구가 여성의 종속적 지위를 더욱 강화하는 위험한 행위라고 주장했다. 미국 페미니스트 아

리엘 레비는 자신의 책 『열렬한 여성 우월주의자들 : 여성 그리고 외설문화의 등장 Female Chauvinist Pigs : Women and the Rise of Raunch Culture』(2005년)에서 성적 매력을 지나치게 과시하는 여성이 등장한 현상을 탐구했다. 레비는 이를 새로운 현상의 발전이 아니라 1980년대 성 긍정 이론을 지지한 페미니스트와 포르노그래피에 반대한 페미니스트 사이에 벌어진, 해결되지 않은 충돌이 낳은 결과라고 생각했다. 여성은 성적으로 해방되기를 원했으나, 성적으로 해방되면서 여성이 남성의 성 상품으로 전락하기가 쉬워졌다.

일부 페미니스트는 여성의 성적 해방을 찬양하는 주장을 펼치며 이익을 위해 거리낌 없이 여성을 성적 대상화하는 대중 매체를 목표로 삼았다. 일례로 영국 문화이론가 안젤라 맥로비(Angela McRobbie)는 미국 TV 드라마 〈섹스 앤 더 시티〉는 성적으로 자유

롭고 직장에서 성공한 여성을 그린다고 주장했으나 줄거리나 등장인물을 볼 때 반페미니즘 메시지를 고착하는 장면이 많았다. 이보다 더 큰 우려는 신문과 텔레비전, 영화에서 묘사되는 여성 대상 성범죄의 수위가 갈수록 높아진다는 사실이었다.

포스트 페미니즘 문제는 여전히, 그리고 지금도 새로 등장한 젊은 페미니스트 사이에서 뜨거운 논쟁거리다. 소셜미디어의 출현은 행동하는 사람을 폭발적으로 증가시켰으며 제4세대 페미니즘 등장을 알리는 신호탄이 됐다. ■

젠더는 반복된 행동의 집합체다

젠더 수행성

맥락읽기

인용출처
로라 멀비(1975년)

핵심인물
주디스 버틀러(1990년)

이전 관련 역사
1949년 : 시몬 드 보부아르가 "여성은 태어나지 않는다"라고 말하고 젠더는 여성이 "되는" 사회적 과정을 거쳐 형성 된다고 주장한다.

1976년 : 모니크 위티그(Monique Wittig) 가 이분법적 젠더가 강압적인 이성애의 토대라고 이야기한다.

이후 관련 역사
1990년대 : 심리학자 낸시 초더로(Nancy Chodorow)가 세대를 거듭하며 반복되 는 행위가 어떻게 젠더 역할을 고착하 는지 설명한다.

시몬 드 보부아르의 책 덕분에 제2세대 페미니스트가 남성과 여성의 차이를 토론할 때 "섹스(sex)"와 "젠더(gender)"를 구 분하기 시작했다. 섹스는 생물학적 차이를 이야기하는 반면 젠더는 흔히 젠더 역할이라 고 불리는 사회적 차이를 의미했다. 1986년 철학자 주디스 버틀러가 「시몬 드 보부아 르의 〈제2의 성〉에 나타난 섹스와 젠더」라 는 논문을 쓰고 보부아르가 젠더에 관한 새 롭고 중요한 이해를 제시했음을 인정했다. 그러나 버틀러는 동일한 주제에 관해 자신 만의 이론을 수립하고 섹스와 젠더라는 두 용어 간 차이를 분석했다.

1990년 버틀러가 사회적으로 파장을 불러 일으킨 『젠더 트러블』을 발표했다. 버틀러의 책은 복잡하기로 악명 높다. 이 책은 후기구 조주의 철학자 미셸 푸코(Michel Foucault)가 제

참조 : ▪ 억압의 근원 114~117쪽 ▪ 후기구조주의 182~187쪽 ▪ 페미니즘과 퀴어이론 262~263쪽

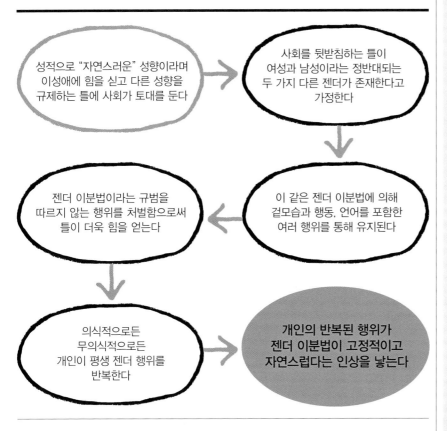

성적으로 "자연스러운" 성향이라며 이성애에 힘을 싣고 다른 성향을 규제하는 틀에 사회가 토대를 둔다

사회를 뒷받침하는 틀이 여성과 남성이라는 정반대되는 두 가지 다른 젠더가 존재한다고 가정한다

젠더 이분법이라는 규범을 따르지 않는 행위를 처벌함으로써 틀이 더욱 힘을 얻는다

이 같은 젠더 이분법에 의해 겉모습과 행동, 언어를 포함한 여러 행위를 통해 유지된다

의식적으로든 무의식적으로든 개인이 평생 젠더 행위를 반복한다

개인의 반복된 행위가 젠더 이분법이 고정적이고 자연스럽다는 인상을 낳는다

주디스 버틀러

1956년 미국 오하이오 주 클리블랜드에서 태어난 주디스 버틀러(Judith Butler)는 14세에 유대윤리 수업을 듣는 동안 철학에 흥미를 느꼈다. 버틀러는 베닝턴 칼리지와 예일대학교에서 공부한 뒤 1984년 철학 박사학위를 받았다. 「수행적 행위와 젠더 구조Performative Acts and Gender Constitution」라는 제목을 단 논문에서 수행성 이론을 처음 제시한 버틀러는 젠더이론의 권위자로 계속해서 성장했다. 이후 수행한 연구에서는 젠더라는 개념을 뛰어 넘어 폭력에 관한 철학적 이론을 논했다. 버틀러는 인간의 삶이 불안정하고 열악한 상태를 의미하는 "불안정성(precarity)"이라는 개념에 관해 글을 쓰기도 했다. 버틀러는 페미니즘과 성 소수자 문제, 이스라엘-팔레스타인 분쟁에 대해 거침없이 의견을 피력했다. 버틀러의 파트너인 웬디 브라운(Wendy Brown)은 정치 이론가다.

주요저서

1990년 『젠더 트러블』
1993년 『문제는 몸이다 : "성"이 받는 온갖 제약에 관해Bodies That Matter : On the Discursive Limits of "Sex"』
2004년 『젠더 허물기Undoing Gender』
2015년 『수행성 이론에 대한 단상Notes Toward a Performative Theory of Assembly』

시한 이론과 줄리아 크리스테바(Julia Kristeva) 같은 후기구조주의 페미니스트의 생각을 바탕으로 했다. 푸코나 다른 구조주의 철학자들은 사회적 현실이 사회적 현실을 묘사하기 위해 사용되는 언어를 통해 구성된다고 믿었다. 따라서 버틀러는 언어적 구조나 담론, 행위에 초점을 맞추는 경향이 있었다.

버틀러는 "행위"에 대해 이야기하면서 사회적 현실이 언어와 몸짓을 통해 형성되는 과정에 관해 말했다. 발화는 행위다. 하지만 사람의 몸짓언어나 표정, 행동 같은 비언어적 의사소통 방법도 행위다. 버틀러는 두 가지 모두 젠더 정체성을 형성하는 열쇠 역할을 한다고 생각했다. 버틀러는 사회적 맥락 속에 한 사람이 어느 수준까지 자유롭게 사회적 기대치와 다르게 "행동"하느냐에 대

한 규칙과 제약이 존재한다고 주장했다.

젠더는 수행적이다

버틀러는 행위를 꾸준하게 반복하는 과정 속에서 젠더가 생산되고 유지된다고 생각했다. 종합적으로 볼 때 이 같은 행위가 일관적이고 자연스러운 젠더 정체성으로 나타난다. 버틀러는 "수행성"이라는 특정한 맥락 안에서 반복되는 행위를 설명했다. 젠더가 수행적이라는 버틀러의 말은 젠더가 사람이 한 행동의 결과며 태어날 때부터 타고나는 성질이 아니라는 의미다. 버틀러는 특정한 방식에 맞춰 행동하도록 유도하는 젠더 정체성은 사람이 선천적으로 지니고 태어나는 요소가 아니라 걷고, 말하고, 자신을 표현하는 방식으로 인해 후천적으

> 젠더는 행위다.
> 하지만 그 행위보다 이전에
> 존재했다고 말할 수 있는
> 주체가 하는 행동은 아니다.
> 주디스 버틀러

로 획득하는 요소로 보인다고 말한다.

젠더 이분법

독자들은 종종 『젠더 트러블』에서 제시하는 생각을 잘못 해석했다. 버틀러는 독자의 오해에 이렇게 답했다. "예를 들어 다음과 같은 경우는 잘못된 해석입니다. 아침에 일어나서 옷장을 들여다보며 오늘 내가 되고 싶은 젠더를 결정할 수 있다." 하지만 사회적 기대가 모여 만든 체제인 젠더는 그보다 훨씬 더 깊이 자리 잡고 있다. 어떤 사람이 손바닥 뒤집듯 마음을 바꿔 하룻밤 사이에 젠더를 "다르게" 수행하기란 불가능하다. 버틀러는 젠더 수행성을 자유롭게 선택할 수 있는 요소로 보지 않았다. 버틀러는 수행성을 사람들이 반복하는 행동을 가두고 젠더에 관한 제한적이고 억압적인 기준을 강화하는 덫에 비유했다. 사회적으로 형성되는 젠더 기준은 "남성"과 "여성"을 중간지대가 없는 양 극단에 배치한다. 젠더 이형 혹은 "젠더 이분법(gender binary)"이라고 불리는 생각이다.

버틀러는 젠더가 흑과 백처럼 극단적인 두 가지 요소로만 구성됐다는 생각이 섹스(생물적 성)에도 적용되며 그 결과 두 가지 성을 모두 타고난 사람들이 자신의 몸을 "남성" 혹은 "여성"에 관한 의학적 정의에

더 가깝게 맞추기 위해 어린 시절 수술을 받는 경우가 종종 발생한다고 주장했다. 버틀러는 어떤 의미에서는 젠더와 마찬가지로 섹스도 사회적으로 구성된다고, 그 이유는 남자가 됐든 여자가 됐든 성기를 표현할 때 사용되는 언어가 젠더를 표현할 때 사용되는 언어와 같기 때문이라고 말했다. 그 결과 섹스에 관한 사람들의 인식은 이미 남자다움이나 여자다움을 나타내는 여러 관념 안에 갇혀 있다.

퀴어이론

버틀러의 책은 페미니즘뿐만 아니라 퀴어이론에도 중대한 영향을 미쳤다. 『젠더 트러블』에서 버틀러는 이성애를 자연적으로 상태로 가정했다는 이유로 자기보다 앞서 등장한 많은 페미니스트를 비판했다. 버틀러는 이들의 가정이 사실이 아니며 실제로 젠더 이분법은 대체로 양성애를 사회에 강요하기 위해 존재한다고 말했다. 대립적이면서 상호보완적인 젠더 이분법에 대한 믿음은 사람들이 (서로 반대되는 성을 향한 끌림인) 이성애가 자연의 섭리라고 믿도록 만들 때 반드시 필요하다. 버틀러는 섹스와 젠

> 이상적인 젠더규범이
> 특히 사회적 성과 생물적 성이 다르고
> 젠더 표현을 따르지 않는 사람에게
> 가하는 폭력에 맞서는 노력은
> 중요하다.
> 주디스 버틀러

1993년 3월 뉴욕 고딕풍 여장 극단 블랙 립스가 포즈를 취하고 있다. 가수 아노니가 결성한 블랙 립스는 1990년대 초 배역의 성별을 바꾸는 젠더 벤딩(gender-bending) 공연을 상연했다.

더, 섹슈얼리티가 서로 밀접하게 관련을 맺으며 형성된다고 적었다. 출생 당시 "남성"으로 규정된 사람은 남성으로 인정받아야 하며, 이성인 여성에게 성적 끌림을 느껴야 한다는 의미다. 버틀러는 섹슈얼리티와 섹스, 젠더가 손을 잡았을 때 생기는 "일관적인 정체성"이 너무나 많이 반복됐기 때문에 문화적 기준으로 자리 잡았다고 주장했다. 버틀러는 기준에서 벗어난 행동을 하면 처벌을 받을 것이라고 말한다. 예를 들어 동성애자나 생물적 성과 일치하지 않는 젠더 수행성을 보이는 사람들은 부끄러움을 느끼거나 사회적 기준에서 벗어난 일탈 행위를 처벌하기 위한 물리적 폭력에 시달릴 수 있다.

이성애자가 아닌 사람에 대한 처벌은 "패권적 이성애(hegemonic heterosexuality)"라고 불리는 흐름이 지니는 기능이다. "패권적"이라는 말은 사회적·정치적 맥락 속에서 정상적이고 자연스러우며 이상적이

> 무엇이 젠더고
> 무엇이 아닌지에 관한 전제가
> 모든 사람에게 존재했다
> 주디스 버틀러

라고 생각되는 가장 지배적인 힘을 의미한다. 버틀러 이후에 등장한 퀴어이론가들은 이러한 경향을 가리켜 "이성애 규범성 혹은 이성애 중심주의(heteronormativity)"라고 불렀다. 이성애 규범성이란 남성과 여성에 관한 전통적인 성 역할에 기반을 둔 이성애적 관계를 모든 상호 작용이나 관계를 인식하는 지배적인 생각으로 여기는 태도를 말한다. 이성애 규범성은 남성과 여성이 서로 반대되면서 상호 보완적인 두 젠더라는 믿음, 즉 버틀러가 젠더 이분법이라고 부른 생각에 의존한다.

페미니즘에 미친 영향

페미니즘이론을 통해 볼 때 버틀러가 제시한 생각에는 독특한 측면이 있다. 버틀러는 페미니스트가 여성이라는 말에 대해 새로운 해석을 내놓았다고 주장했다. 버틀러의 주장은 페미니스트가 젠더가 진짜라고, 한 집단으로서 여성이 어떤 공통적인 본질 혹은 문화적 현실을 공유한다고 가정한다

는 의미다. 이 대목에서 버틀러는 실제로는 "여성"이 존재하지 않는다는 줄리아 크리스테바의 주장을 인용해 여성을 단일집단으로 묶어야 함을 뜻하는, 모든 여성이 공유하는 단일 관점이나 공통적인 본질, 혹은 인생경험이란 존재하지 않는다고 주장했다. 버틀러는 페미니스트가 여성을 하나로 묶을 때 언급하는 여성의 공통성이 젠더가 여성인 사람이 겪는 경험과 여성의 신체를 지나치게 자주 결부한다고 생각했다.

그러나 결국 버틀러의 연구가 이해하기 어렵고, 복잡한 철학에 지나치게 초점을 맞췄으며, 부당하고 불평등한 현실을 해결할 실용적인 방안이 부족하다는 사실을 깨달은 사람들이 버틀러를 비난했다. 그렇지만 버틀러는 여전히 여성과 성 소수자 권리를 위해 적극적으로 나서고 있으며 오늘날 대중적인 페미니스트 사상에조차 버틀러가 제시한 이론이 필수적으로 포함된다.

젠더 이분법에 대한 믿음이 아직도 널리 퍼졌지만 『젠더 트러블』은 세대를 거듭해 페미니스트에게 젠더는 고정되지 않았다는 생각을, 즉 여성이 노력해서 무너뜨릴 수 있는 제한적인 사회규범이 존재함을 알렸다. 비록 『젠더 트러블』에 제시된 비판이 수행성이라는 덫을 깨뜨릴 방법을 알려주지는 못했으나 버틀러는 자신의 연구가 젠더를 고민하고 젠더를 "수행"하는 새로운 길을 열기를 희망했다. ∎

2017년 브라질 상파울루에서 열린 한 심포지엄 기간 동안 시위대가 버틀러의 인형을 불태우고 있다. 이 자리에서 다른 보수단체 시위대와 합세한 아티비스타스 인데펜덴데(Ativistas Independentes)는 젠더 이데올로기를 주입했다며 버틀러를 비난했다.

페미니즘과 퀴어이론은 한 나무에서 갈라진 가지다

페미니즘과 퀴어이론

페미니즘이론과 후기구조주의, 레즈비언과 게이 연구에서 탄생한 퀴어이론(queer theory)은 이성애자에게는 우월한 지위를 부여하고 동성애자에게는 오명을 씌우는 이데올로기를 향한 의문을 발전시켰다.

1976년 미셸 푸코가 『성의 역사*The History of Sexuality*』 1권을 발표했다. 학문적으로 퀴어 연구의 출발점이 된 책이었다. 푸코는 『성의 역사』에서 섹슈얼리티가 생물학적 사실이 되는 것이 아니라 사실상 사회가 섹슈얼리티를 구성한다고 주장했다. 푸코는 빅토리아 시대가 성적 억압이 존재하던 시

섹슈얼리티 연구는
젠더 연구와 함께 존재하지 못한다.
마찬가지로
반동성애 혐오에 관한 연구는
페미니즘 연구와 함께 존재하지 못한다.
이브 코소프스키 세지윅

대일 것이라는 대중의 추측에 이의를 제기했다. 빅토리아 시대에 존재한 성에 관한 금지규정은 오히려 성에 대한 강한 흥미를 의미했다. 푸코는 변태적인 성 행위에 이름을 부여하고, 성 도착증을 규제하거나 처벌하는 과정을 거치면서 국가를 대신해 성을 통제하거나 단속하기 위해 성을 연구하는 학문이 탄생했다고 적었다.

푸코의 이론은 미국에서 활동한 몇몇 페미니스트 이론가의, 특히 어떤 사회가 성(性)을 허용하고 허용하지 못하는지를 연구한 게일 루빈(Gayle Rubin)이나 강압적인 이성애에 관해 논문을 쓴 에이드리언 리치(Adrienne Rich)의 생각과 잘 맞았다. 퀴어이론가 이브 코소프스키 세지윅(Eve Kosofsky Sedgwick)은 이들의 이론을 바탕으로 『벽장에 관한 인식론*Epistemology of the Closet*』을 발표하고 이성애와 동성애라는 이분법적 생각에 이의를 제기하는 동시에 레즈비언과 게이 사이의 젠더 차이를 인식함이 얼마나 중요한지를 강조했다.

사회운동의 하나이자 철학적·정치적 명제의 집합인 페미니즘은 자신의 주장을 펼치기 위해 "여성"이라고 이름 붙인 집단에 의존한다. 이후 범위를 점점 넓히며 특수한 정체성을 지닌 사람들까지 아우르던 생각

참조 : ▪ 후기구조주의 182~187쪽 ▪ 강제적 이성애 194~195쪽 ▪ 섹스 긍정주의 234~237쪽 ▪ 젠더 수행성 258~261쪽 ▪ 양성애 269쪽 ▪ 트랜스 페미니즘 286~289쪽

> 퀴어이론은 시험대에 올라야 한다.
> 트랜스젠더가 일상생활에서 겪는
> 실질적인 문제에 대해 놀라울 정도로
> 몰이해한 모습을 보이기 때문이다.
> 비비안 K. 나마스테

에 뿌리를 둔 의문을 탐구한다.

이에 반해 퀴어이론은 성 소수자를 대신해 권리를 주장하기 위한 방법이라기보다는 정체성 정치학을 비판하기 위한 방법으로 발전했다. 퀴어이론가들은 고정된 정체성 분류법을 깨뜨릴 길을 모색했다. 고정된 분류법은 대개 제한적이기 때문이었다.

많은 학자가 퀴어이론을 비난했다. 캐

이브 코소프스키 세지윅

1950년 미국 오하이오 주 데이턴에 거주하는 유대인 가정에서 태어난 이브 코소프스키 세지윅은 퀴어이론의 발전에 초점을 맞춘 문학 연구자였다. 세지윅은 미국 내 여러 유명한 대학교에서 학생들을 가르치면서 문학비평을 이용해 젠더나 섹슈얼리티와 관련된 사회적 규범에 반기를 들었다. 세지윅의 태도는 1980년대와 1990년대 특히 논란을 일으켰다.

1960년대와 1970년대 전개된 진보적인 사회운동에 보수 기독교계가 반발해 일으킨 "문화전쟁"이 사회 전반을 지배하는 가

운데 미국이 HIV/AIDS 공포에 시달리던 시대였다. 세지윅은 2009년 58세 나이에 유방암으로 세상을 떠났다.

주요저서

1985년 『남성 간 유대 : 영미문학과 남성의 동성 사회적 욕망』
1990년 『벽장에 관한 인식론』
1999년 『사랑에 관한 대화』

나다 페미니즘 학자인 비비안 K. 나마스테 (Viviane K. Namaste)는 『보이지 않는 삶*Invisible Lives*』에서 퀴어이론가들이 폭력에 쉽게 노출되는 트랜스젠더가 처한 현실을 이론에서 중점적으로 다루지 않고 트랜스젠더를 보잘것없는 사례로 가정한다고 주장했다. 한편 트랜스젠더를 배제하는 급진적 페미니스트인 실라 제프리스(Sheila Jeffreys)는 『퀴어 정치학

파헤치기*Unpacking Queer Politics*』에서 퀴어이론이 레즈비언을 제물로 삼아 가며 게이 남성에 대한 흥미를 이어 나간다고 주장했다.

글로리아 안잘두아(Gloria Anzaldua) 같은 유색인종 페미니스트는 식민주의와 백인 우월주의, 계급차별, 여성 혐오, 동성애 혐오 때문에 사라질 위험에 처한 정체성을 존중함이 얼마나 중요한지에 대해 상세히 기술했다. 유색인종 퀴어이론가들은 여러 견해를 받아들여 백인에 기준을 두었다는 이유로 퀴어이론에 반기를 들고 유색인종 페미니스트가 제기한 사회 문제가 교차하는 방식에 퀴어 연구의 초점을 맞추는 길을 모색한다. 이와 마찬가지로 여전히 수많은 사람이 젠더나 섹슈얼리티로 인해 억압을 받거나 불평등을 겪거나 피해를 입는다는 사실을 고려해 많은 페미니스트가 정체성 정치학 포기를 주저한다. ∎

가수 콘치타(Conchita)가 전통적인 젠더 범주, 즉 퀴어이론의 핵심요소를 무너뜨리고 있다. "콘치타"는 오스트리아 가수 토마스 노이비르트(Thomas Neuwirth)가 여장한 모습이다.

아름다움에 관한 신화가 겉모습이 아닌 행동을 규정한다

아름다움에 관한 신화

맥락읽기

인용출처
나오미 울프(1990년)

핵심인물
나오미 울프

이전 관련 역사
1925년 : 미국 작가 도로시 파커(Dorothy Parker)가 유명한 말 "안경 낀 여자에게 수작 거는 남자는 거의 없다"를 남긴다.

1975년 : 영국 페미니스트이자 영화이론가 로라 멀비(Laura Mulvey)가 어떻게 영화가 "남성의 시선"에서 제작되고 자동적으로 여성이 물건 취급을 받는지에 관한 글을 쓴다.

이후 관련 역사
1999년 : 미국에서 여성 힙합 그룹 TLC가 여성이 받는 아름다워지라는 압력을 사회적으로 비판한 곡 "언프리티(Unpretty)"를 발표한다.

2004년 : 도브가 "리얼 뷰티" 캠페인에 일반인을 출연시켜 피부관리 제품을 광고한다.

페미니스트들은 적어도 1968년 뉴저지 주 애틀랜틱시티에서 열린 미스 아메리카 대회에서 급진적인 페미니스트들이 시위를 벌인 순간부터 여성의 아름다움을 논하는 가부장적 기준을 비판해 왔다. 페미니스트는 미인대회가 이야기하는 이상적인 아름다움에 관한 기준이 여성의 행동을 통제하는 방법으로 사용된다고 이야기한다. 페미니즘을 반대하는 사람들은 종종 "추녀"라며 페미니스트를 무시한다. 19세기 참정권을 얻기 위해 싸우던 여성들에게 남성들이 가하던 모욕과 비슷하다.

1990년 미국 페미니스트이자 저널리스트인 나오미 울프가 『무엇이 아름다움을

참조 : ▪ 성적 쾌락 126~127쪽 ▪ 여성해방운동의 대중화 132~133쪽 ▪ 가부장제의 사회 통제 144~145쪽 ▪ 남성적 시선 164~165쪽 ▪ 비만 긍정주의 174~175쪽 ▪ 반포르노그래피 페미니즘 196~199쪽

아름다움이 이룰 수 있는 목표라는
신화에 여성들이 사로잡힌다

여성들이 신화를 쫓기 위해
엄청난 에너지를 소모한다

여성들이 성취감을 느끼는
삶을 살 기회가 차단된다

**아름다움에 관한 신화가
겉모습이 아닌
행동을 규정한다**

강요하는가The Beauty Myth』를 발표하고 여성의 아름다움에 관해 주조를 이루는 생각이 사회적으로 형성됐다고 주장했다. 20세기 들어 더욱 평등해지고 더 큰 성공을 거뒀다는 면에서 여성들이 실질적인 목표를 달성했다고는 하나, 가부장적 사회가 강요하는 아름다움에 관한 기준이 여성으로 하여금 자신의 가치를 깎아내리도록 만들어 여성을 통제한다고 울프는 이야기했다. 울프의 설명에 따르면 아름다움에 관한 신화는 주도면밀하게 구성돼 결코 달성하지 못하는 이상적인 여성상과 일치하도록 열심히 노력해야 한다고 여성에게 말한다.

울프는 일과 문화, 종교와 섹스, 굶주림

*아름다움에 관한
신화로부터 자유로워진다면
신화는 여성에게 가장 필요한
통행권이 아닌 사람을 보는
새로운 방식이 된다.*
나오미 울프

과 폭력을 주제로 아름다움에 관한 신화가 여성을 억압하는 다양한 영역을 분석했다. 일터를 다룬 장에서 울프는 여성 뉴스앵커를 사례로 든다. 여성 앵커는 여성스럽게 보여야 하고 화장해야 하고 어리게 보여야 한다. 그러나 이 기준은 남성에게는 적용되지 않으며, 남성의 노화는 기품 있다고 생각되고 중후하고 지혜롭다는 느낌을 전달한다고 이야기한다.

울프는 주류 여성잡지가 남성이 제시한 아름다움을 결정짓는 여러 기준에서 벗어나는 여성을 평가절하한다고 적었다. 여성이 가정을 빠져나와 직장으로 영역을 확대하는 동안 주류 여성잡지가 관심사를 1950년대 가정 문제에서 1990년대 아름다움으로 돌리고 여성에게 남의 시선을 의식해 자신을 검열할 새로운 이유를 제시했다고 울프는 주장한다. 주류 여성잡지가 찾은 새로운 관심사가 아름다움에 관한 신화를 널리 퍼뜨리고 잡지에 광고를 게재하는 회사에게 이익을 안겼다.

아름다움과 자본주의
울프는 문화적 관점에서 바라볼 때 과거

종교가 주도하던, 성적으로 순결해야 한다는 여성을 짓누르던 압박이 바뀌었다고 말한다. 아름다움에 관한 신화를 추구하는 노력이 새로운 도덕적 원칙으로 자리 잡았다. 울프가 간파한 현실이 이후 비만을 연구하던 학자들의 입에서 다시 흘러나왔다. 그들은 오늘날 많은 현대 서구문화권에서 날씬하다는 말이 도덕적으로 우월하다는 말과 동일시된다며 이를 비난했다.

여성은 아름다워야 한다는 도덕적 원칙이 울프가 이야기한 "아름다움의 의식"이라는 결과를 낳았다. 여성은 아름다워지기 위한 일련의 의식을 충실히 따라야 하며 의식을 따르지 않는 경우 마치 "죄 지은" 것 같은 느낌을 받는다. 미국 페미니스트 학자 수전

모델이 무대를 따라 걷고 있다. 피부가 희고 극도로 날씬한 이 여성은 서구 패션산업계가 유행시킨 이상적인 아름다움을 상징한다. 전 세계 여성 대다수를 배제하는 아름다움이다.

아름다움에 관한 신화를 따르다

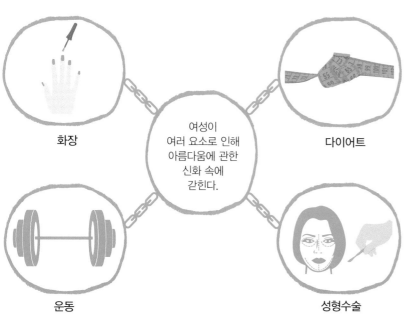

화장

다이어트

여성이
여러 요소로 인해
아름다움에 관한
신화 속에
갇힌다.

운동

성형수술

보르도(Susan Bordo)가 1993년 발표한 『참을 수 없는 몸의 무거움Unbearable Weight』은 1990년대 유행처럼 번진 신경성 식욕부진증(거식증) 현상에 깔린 문화적·젠더적 원인을 분석하며 몇 가지 이론을 설명했다. 예를 들어 미국에서 여성을 겨냥한 후식 산업은 "데블스 푸드 케이크(검은색을 띤 미국식 초콜릿 케이크)"나 "죄책감이 들 정도로 맛있는" 같은 종교적인 표현을 자주 사용했다.

울프는 이어 성적 대상화가 여성이 남성의 눈에 성적 매력이 넘치는 존재로 비치기 위해 지속적으로 노력하는 결과를 낳았다고 이야기했다. 울프는 어린 소녀들이 서로를 희구하는 방법 대신 욕망의 대상이 되는

방법을 배운다고 주장했다. 또한 이 같은 흐름이 여성을 복잡한 인간이 아닌 2차원적으로 희화한 대상으로 보도록 남성들을 가르치며, 남성과 여성을 이간질하는 분위기가 조성된다고 말했다. 일방적인 성적 대상화가 일어나는 상황에서는 남성과 여성 간 성적 즐거움이 감소한다.

굶주림에 대해 논한 장에서 울프는 아름다움에 관한 신화를 거식증이나 폭식증과 같은 섭식장애와 연결한다. 이러한 섭식장애를 겪는 여성은 자신을 감시하고 끊임없이 굶으라는(혹은 먹으라는) 지시에 굴복하는 방법을 배워 육체적으로든 정신적으로든 영양분을 공급하지 않는다고 말한다.

울프는 아름다움에 관한 신화가 어떻게 성형수술처럼 폭력적이지만 사회에서 정상적이라고 인정받는 해결책으로 연결됐는지를 설명하기도 했다. 사회는 여성이 느끼는 불행이나 자기혐오를 "해결"하는 대신 신경증을 불러일으키는 강한 두려움을 낳았다.

아름다움에 관한 신화는 여성 개인과 자본주의 사회 모두에 경제적으로 영향을 미치기도 했다. 울프는 역사적으로 볼 때 여성이 결혼을 통해 경제적 안정을 취할 가능성은 남성이 제시하는 이상적인 여성상을

나오미 울프

작가이자 저널리스트이며 미국 전 대통령 빌 클린턴(Bill Clinton)과 전 부통령 엘 고어(Al Gore)의 조언자였던 나오미 울프(Naomi Wolf)는 1962년 캘리포니아 주 샌프란시스코에서 태어났다. 울프는 예일대학교를 졸업한 뒤 영국 옥스퍼드대학교에서 로즈 장학생으로 공부했다.

1990년 울프가 발표한 『무엇이 아름다움을 강요하는가』가 국제적인 베스트셀러로 자리 잡고 주류 미용문화에 개입하도록 페미니스트에게 영향을 미쳤다. 〈뉴욕타임스〉는 울프의 책을 "20세기 가장 큰 영향력을 발휘한 70권 중 하나"라고 불렀다. 울프는 〈워싱턴포스트〉와 〈월스트리트저널〉 같은 신문에 글을 쓰는

동시에 뉴욕주립대학교 스토니브룩 캠퍼스에서는 객원교수로, 뉴욕 시 버나드 여성연구센터에서는 연구원으로 활동한다.

주요저서

1990년 『무엇이 아름다움을 강요하는가』
1998년 『혼음 : 여성의 욕망에 관한 비밀스러운 역사Promiscuities : A Secret History of Female Desire』
2007년 『미국의 종말 : 혼돈의 시대, 민주주의의 복원은 가능한가The End of America : Letter of Warning to a Young Patriot』

여성이 얼마나 충족시키느냐에 달려 있으며 이로 인해 여성이 상품으로 전락했다고 주장했다.

새로운 미래

울프가 아름다움에 관한 신화를 주제로 글 쓴 이유는 아름다움에 관한 신화가 우리 사회에 얼마나 깊이 파고들었는지를 파헤치고 신화를 뿌리 뽑기 위함이다. 울프는 남성이 내린 아름다움에 관한 정의가 아니라 여성 자신이 내린 정의로 여성의 가치가 판단되는, 페미니스트가 제시한 미래에 찬성한다. 울프는 여성이 자신의 섹슈얼리티를 마음껏 충족시키거나 립스틱을 바르지 못하게 막을 생각은 없으며 더는 여성이 자신을 부정적으로 바라보지 않기를 바란다고 적었다. 여성은 선택권을 가져야 하고, 다차원적인 인간임을 인정받아야 하며, 도덕적으로든 성적으로든 사회로부터 존중받아야 하고, 경제적으로 풍족하고 성취감을 느끼는 삶을 살아야 한다. 자신이 아름답다고 느끼는 한 여성의 외모는 문제되지 않는다.

• 1990년 울프가 『무엇이 아름다움을 강요하는가』를 쓴 이후 다른 페미니스트 학자들이 울프의 연구를 확장했고 사회 전반에서 많은 여성이 아름다움에 관한 신화를 뿌리 뽑을 길을 모색했다. 유색인종 페미니스트들이 백인을 위주로 하는 아름다움에 관한 기준이나 제도에 인종차별주의가 존재한다며 지속적으로 목소리를 높였고, 1990년대 패션업계가 유행시킨 영국 모

> 우리는 아름다움에 관한
> 신화를 해체하고
> 신화보다
> 오래 살아남을 수 있다.
> 나오미 울프

필리핀에서 여성들이 수은을 함유한 피부미백 제품에 반대하는 시위를 벌이고 있다. 피부미백 제품은 유럽인을 기준으로 한 이상적인 아름다움이 널리 퍼진 아시아 지역에서 흔히 사용된다.

델 케이트 모스(Kate Moss)로 대표되던 "헤로인 시크(heroin chic, 창백한 피부와 직선적인 몸매, 공허한 눈동자와 무심한 표정이 특징인 스타일)"에 사람들이 반기를 들었다. 플러스 사이즈 모델 산업이 해마다 성장했고 "지방 긍정주의(fat positivity)"나 "자기 몸 긍정주의(body positivity)" 같은 용어가 페미니스트 토론 주제로 인기를 끌었다. 일부 화장품 회사조차 울프의 항변에 주의를 기울였다. 도브가 솔선해서 2004년 '리얼 뷰티(Real Beauty)' 캠페인을 전개했다.

아직도 여성들이 가부장적이고 인종차별적인 사회 속에서 자존감을 높이기 위한 투쟁을 벌이는 중이지만 아름다움에 관한 신화가 남긴 피해를 파헤친 울프의 연구는 20세기 후반 페미니즘을 전환하는 역할을 했다. ■

정치학은 모두 재생산 정치학이다

재생산권

"재생산권(reproductive justice)"이라는 용어는 다양한 인종과 계급에 속한 여성이 행사할 수 있는 임신에 관한 권리를 논할 때 사용된다. 1990년대 로레타 로스(Loretta Ross) 같은 미국에서 활동한 흑인 페미니스트가 부유한 여성이 누리는 의료서비스를 거의 접하지 못하는 빈곤계층 여성(특히 유색인종 여성)이 처한 비참한 처지를 부각하기 시작하면서 재생산권에 대한 관심이 높아졌다.

로스는 "생명존중(낙태 합법화 반대)"이나 "선택존중(낙태 합법화 찬성)" 같은 용어는 빈곤계층 여성에게 허용된 제한된 선택 범

위를 반영하지 않는다고 주장했다. 역사적으로 미국에 거주하는 가난한 유색인종 여성은 충분한 보호를 받지 못했다.

로스는 1997년 자매의 노래를 공동 설립하고 사회·경제적으로 혜택을 누리지 못하는 미국 여성에게 더 나은 가족 의료서비스를 제공하기 위한 투쟁에 나섰다. 로스와 다른 회원들은 『근본적인 재생산권Radical Reproductive Justice』에서 제도적 탄압이 어떻게 여성의 출산 선택권에 영향을 미쳤는지 설명했다. 로스가 이름 붙인 "재생산권 말살" 과정에서 생식 억제 조치를 통해 소수 민족 공동체가 억압 받았다. 한 가지 사례가 2015년 제작된 영화 〈더는 아기가 없다No Más Bebés〉에서 밝힌 1960년대 후반과 1970년대 초반 로스앤젤레스에 사는 멕시코 이민자 출신 여성이 받은 강제 불임시술 역사다. 현재는 이러한 사례를 거의 볼 수 없지만, 아직도 엄청나게 많은 불평등이 존재한다. ■

낙태 합법화 문제에 관한 국민투표가 실시되기 한 달 전인 2018년 4월 더블린에서 열린 시위에서 낙태 합법화에 찬성하는 예술가 나탈리아 오플래허티가 공연하고 있다.

참조 : ▪ 산아제한 98〜103쪽 ▪ 피임약 136쪽 ▪ 합법적 낙태권 획득 156〜159쪽 ▪ 페미니즘 내의 인종 차별과 계층적 편견 202〜205쪽

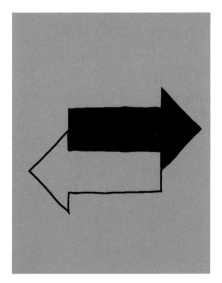

사회가
이분법을 즐긴다

양성애

맥락읽기

인용출처
라니 카아후마누와 로레인 허친스
(1991년)

핵심인물
로빈 옥스, 로레인 허친스, 라니 카아후마누, 수 조지

이전 관련 역사
1974년 : 미국 페미니스트 케이트 밀레트(Kate Millett)가 자서전 『플라잉Flying』에서 양성애자임을 밝힌다.

1977년 : 독일계 영국 의사 샬럿 울프가 『양성애』를 발표하고 양성애가 자연스러운 상태라고 주장한다.

이후 관련 역사
2005년 : 32개국에서 전달된 글로 『양성애자 되기 : 전 세계 양성애자의 목소리Getting Bi : Voices of Bisexuals Around the World』가 출간된다.

2016년 : 버락 오바마 미국 대통령이 백악관에서 다양한 양성애자 공동체 대표를 만난다.

제2세대 페미니즘이 전개될 당시 레즈비언은 중심 역할을 담당했지만 양성애자 여성은 소외되거나 보이지 않는 존재로 취급되거나 반감의 대상이 됐다. 주류 사회는 여전히 다른 여성과 성관계를 맺는 모든 여성을 강력하게 비난했으나 레즈비언 대다수는 양성애자 여성이 남성을 완전히 포기해야 한다고 생각했다.

1980년대 초반부터 여성이 주도적인 역할을 담당하는 혼성 집단과 양성애자 집단이 캐나다와 미국, 영국 등에 등장하면서 사고방식이 변하기 시작했다. 특히 미국 양성애자 운동가 로빈 옥스(Robyn Ochs)는 여성전용 집단을 탄생시키기도 했다.

1990년대 초 양성애에 관한 책이 쏟아지면서 집단에 속하지 않은 사람들이 힘을 얻었다. 1991년 로레인 허친스(Loraine Hutchins)와 라니 카아후마누(Lani Ka'ahumanu)가 편집한 『양성애 : 또 다른 이름Bi Any Other Name』은 최초이자 가장 큰 영향을 미친 책이었다. 영국에서 수 조지(Sue George)가 1993년 출간한 『여성과 양성애Women and Bisexuality』는 페미니스트가 느끼는 죄책감

전 세계에
양성애자 여성 스무 명이 있었다.
나는 혼자가 아니었다.
엄청나게 강렬한 느낌이었다.
로빈 옥스

이나 모성 같은 양성애자 여성이 겪은 경험을 살핀다. 양성애 관련 책 저자들은 양성애자 여성이 레즈비언과 페미니스트 운동에서 항상 중요한 역할을 맡았다고 주장한다.

이후 느리긴 하지만 양성애와 양성애자 공동체가 오늘날 존재하는 젠더에 관한 더욱 복잡한 관점을 아우르면서 점차 인정을 받게 됐다. ■

참조 : ▪ 정치적 레즈비어니즘 180~181쪽 ▪ 강제적 이성애 194~195쪽 ▪ 섹스 긍정주의 234~237쪽
▪ 페미니즘과 퀴어이론 262~263쪽

페미니즘에 대한 반격이 시작됐다

페미니즘에 대한 반격

맥락읽기

인용출처
수전 팔루디(1991년)

핵심인물
수전 팔루디

이전 관련 역사
1972년 : 1923년 처음 의회에 제출된 남녀평등 수정헌법안(ERA)이 미국 연방의회를 통과했으나 주 의회에서 비준받지 못한다.

1981년 : 로널드 레이건이 제40대 미국 대통령으로 취임하면서 미국 정치계가 보수적으로 바뀐다.

이후 관련 역사
2017년 : 성범죄에 맞선 소셜미디어 캠페인 미투(#MeToo) 운동이 새로운 페미니즘 운동의 출현을 알리는 구호로 자리 잡는다.

2018년 : 일리노이 주가 37번째로 ERA를 비준한다. 미국 수정헌법안 통과에 필요한 주 수인 38개에서 하나가 부족해진다.

19 86년 미국 저널리스트이자 페미니스트인 수전 팔루디가 대학 교육을 마친 30세 이상 미혼여성 중 20%만 결혼할 수 있다고 주장한, 시사주간지 〈뉴스위크〉에 실린 하버드-예일대학교 공동연구결과를 분석했다. 이 기사는 표본집단이 40세 이상 여성 1.3퍼센트를 대상으로 수집한 결과를 통계치로 발표했다. 팔루디는 이 연구결과가가 잘못됐음을 밝힌 팔루디는 이 사건을 계기로 페미니즘이 사회에 미친 영향을 호도하기 위해 대중 매체가 보도했던 다른 기사를 조사하기 시작했다. 그녀는 조사를 해나가면서 사회악이라며 페미니즘을

2016년 진행된 대통령 선거기간 동안 도널드 트럼프(Donald Trump)가 경쟁후보인 힐러리 클린턴(Hillary Clinton)에게 공격을 퍼붓는 모습이 미국에서 페미니즘 반발 세력을 자극했다.

참조 : ▪ 여성을 압박하는 제도 80쪽 ▪ 전 세계로 번진 여성 참정권운동 94~97쪽 ▪ 합법적 낙태권 획득 156~159쪽 ▪ 페미니즘의 온라인화 294~297쪽 ▪ 성적 학대에 대한 인식 322~327쪽

수전 팔루디

1959년 뉴욕 퀸스에서 태어난 수전 팔루디는 1981년 하버드대학교를 졸업했다. 저널리스트가 된 팔루디는 1980년대 페미니즘에 관한 글을 쓰는 한편 〈뉴욕타임스〉와 〈월스트리트저널〉에도 기고했다. 1991년 팔루디가 쓴 기사가 보도부문 퓰리처상을 수상했다.

팔루디는 메인 주 보든 칼리지의 젠더와 섹슈얼리티, 여성연구프로그램에서 연구원으로 재직한 경력을 포함해 학문적으로 권위 있는 직책을 여러 차례 맡았다.

홀로코스트 생존자인 팔루디의 아버지가 2004년 76세 나이로 트랜스젠더 여성이 됐다. 이 사건으로 팔루디는 2016년 성전환과 젠더 유동성을 다룬 『어두운 방에서*In the Darkroom*』

를 출간해 비소설부문에서 커커스상을 수상했다.

주요저서

1991년 『백래시 : 누가 페미니즘을 두려워하는가?*Backlash : The Undeclared War Against American Women?*』

1999년 『경색 : 미국 남성의 배신*Stiffed : The Betrayal of the American Man*』

2007년 『무시무시한 꿈 : 9/11 테러 이후 미국에 퍼진 두려움과 환상*The Terror Dream : Fear and Fantasy in Post-9/11 America*』

2016년 『어두운 방에서』

비난하는 페미니즘에 대한 반발 세력이 있음을 확인했다.

1991년 팔루디가 『백래시 : 누가 페미니즘을 두려워하는가』를 출간하고 가족중심주의로 무장한 채 페미니즘을 향한 반격을 이끄는 "뉴라이트" 세력이 있음을 확인했다. 팔루디는 이러한 현상이 페미니즘이 거둔 성공을 두려워했기 때문에 나타났다고 말했다. 이는 성별과 상관없이 미국 시민에게 동등한 권리를 보장하기 위해 제안된 수정헌법안으로 1972년 연방 의회에서 통과된 ERA에 정치적으로 반대하며, 여성의 합법적 낙태권을 공격하는 과정에서 모습을 드러냈다. 팔루디는 성별에 따른 임금격차가 벌어지는 현상과 직장인 엄마를 나쁜 엄마로 비난하면서 보육시설 개선법 통과를 반대하는, 자신의 아내는 직장에 다니는데도 전통적인 역할로 되돌아가라며 여성을 부추기는 위선적인 남성 상원의원을 비난하기도 했다.

팔루디는 페미니즘 반격세력에 힘을 싣는 대중매체의 역할을 강조했다. 팔루디는 언론이 불만스러운 모습을 직장여성을 연상시키는 이미지로 만들고 "남자 품귀 현상"과 "아기를 갖지 못하는 자궁"에 관한 신화를 퍼뜨렸다고 주장했다. 이에 반격하며 페미니스트를 브래지어를 불태우는 전사로 그린 언론의 도움으로 있지도 않은 불행한 사태를 물고 뜯으며 페미니즘을 비난했다.

팔루디는 페미니즘에 대한 반발 세력이 등장했음을 알리는 패션과 대중문화를 연구하고 어떻게 1970년대 직장여성 패션이 몸에 딱 달라붙으면서 주름 장식이 달린,

이 반격은
뻔뻔하게 진실을 뒤집고
여성의 지위를 끌어올린
바로 그 조치가 사실상 자신들을
몰락으로 이끌었다고 선언한다.
수전 팔루디

실용적이지 못하거나 활동을 제약하는 스타일로 바뀌었는가와 1987년 제작된 영화, 〈위험한 정사*Fatal Attraction*〉에서처럼 어떻게 할리우드가 미혼의 직장여성을 무례한, 심지어 사악하기까지 한 모습으로 그리는가에 주목했다. 팔루디는 여성이 더 젊게 보여야 한다는 압박감에 시달리면서 화장품 소비량과 성형수술이 증가하는 현상에도 주목하고 반페미니스트가 되라고 요구하는 대중 심리학과 자기계발서를 비난했다.

『백래시』가 1992년 비소설부문에서 전미 도서비평가협회상을 수상하고 베스트셀러로 자리 잡으면서 페미니스트 논쟁에 다시 불이 붙었다. 그렇지만 팔루디는 모순적인 모습과 편향된 데이터, 중산층의 백인 이성애자 집단에 치중하는 경향으로 인해 비판 받았다. 팔루디는 2006년 발행된 최신판에 1990년대 이후 여성이 이룬 경제적 지위나 정치적 성과를 반영했다. 그럼에도 불구하고 팔루디는 여성들이 느끼는 환멸이 시작이라고 믿는다. "실망은 패배와 같지 않다…우리는 아직 녹다운되지 않았다." ▪

실제로 젊은 여성이 세상을 바꿀 수 있다

라이엇 걸 운동

맥락읽기

인용출처
라이엇 걸 선언(1991년)

핵심인물
젠 스미스, 앨리슨 울프, 몰리 뉴먼, 캐슬린 한나, 토비 베일

이전 관련 역사
1970년대 후반 : 미국의 패티 스미스(Patti Smith)나 네오 보이즈(Neo Boys), 영국의 수지 수(Siouxsie Sioux)나 크리시 하인드(Chrissie Hynde) 같은 여성 펑크록 가수가 상업적으로 성공을 거두는 사례가 급증한다.

1988년 : 미국에서 얼터너티브록이나 인디록을 좋아하는 10대 소녀를 겨냥한 음악 잡지 〈새씨Sassy〉가 발간된다.

이후 관련 역사
2010년 : 새러 마커스(Sarah Marcus)가 라이엇 걸 운동을 다룬 첫 번째 공식 역사서, 『투쟁에 나선 젊은 여성들: 라이엇 걸 혁명에 관한 진짜 이야기』를 발표한다.

19 90년대 미국 태평양 연안 북서부에서 모습을 드러낸 페미니스트 펑크록운동 라이엇 걸은 여성 음악가에게 남성 음악가만큼 자유롭게 자신을 표현하라고 강력히 요구했다. 라이엇 걸 운동은 워싱턴 주에 폭넓게 자리 잡은 펑크록 환경에서 자란 브랫모바일(Bratmobile)이나 비키니 킬 같은 펑크록 밴드의 활동과 연관된다. 성적 학대와 동성애 혐오, 인종차별주의에 맞선 예술과 패션, 정치활동이 빠르고 강력하게 성장한 하위문화에 포함됐다. 스스로 해결

하는 DIY 문화를 받아들인 라이엇 걸 운동은 이익 창출보다는 정보 전달을 우선시하고 정치사상을 전파하기 위해 팬진(fanzine, 팬을 대상으로 한 소규모 자비 출판 잡지)을 이용하는, 음악을 제작하는 새롭고 비계층적인 방법을 모색했다. 라이엇 걸 선언은 이렇게 외친다. "우리 젊은 여성은 우리가 소속감을 느끼고 우리만의 방식으로 이해할 수 있다고 미국을 향해 이야기하는 음악과 책과 팬진을 열망한다." 라이엇 걸 운동은 개인의 정체성에 초점을 맞췄다는 이유로 흔히 제3세대 페미니즘 운동의 출발을 알리는 신호탄으로 거론된다.

행동으로 이끌다
1988년 음악 잡지 〈펑쳐Puncture〉가 「여성과 성, 그리고 로큰롤」이라는 제목으로 기사를 내보냈다. 라이엇 걸 운동 첫 번째 선언의 머리를 장식한 단어였다.

미국에서 일어난 몇 가지 정치적 사건이 1991년 라이엇 걸 운동을 낳은 분노에 불을

1994년 로스앤젤레스 할리우드 팔라디움에서 열린 비키니 킬 공연에서 캐슬린 한나가 노래를 부르고 있다. 한나는 비키니 킬 공연장에서 여성을 희롱한 남성에게 주먹을 휘두른 적이 있었다.

참조 : • 급진 페미니즘 137쪽 • 현대 페미니즘 서적 출판 142~143쪽 • 게릴라 시위 246~247쪽 • 페미니즘의 온라인화 294~297쪽

> 우리에게 소녀는 멍청하고 소녀는 형편없으며 소녀는 약하다고 이야기하는 사회에 분노를 느끼기 때문이다.
> **라이엇 걸 선언**

지폈다. 기독교연합이 임신중절에 반대해 펼친 생존권 운동이 낙태선택권을 위협했다. 5월 워싱턴 D.C.에서 경찰관이 쏜 총에 맞아 엘살바도르 출신 남성이 사망한 사건이 도화선으로 작용해 마운트 플레전트에서 인종폭동이 일어났다. 10월에는 성추행 혐의가 있는 클래런스 토머스 대법관 임명건이 미국 상원을 통과했다.

브랫모바일 소속 음악가이자 진 편집자 젠 스미스(Jen Smith)가 같은 밴드에서 활동하던 동료 앨리슨 울프(Allison Wolfe)에게 그 해 여름 "소녀 혁명" 운동을 제안하는 편지를 썼다. 울프와 몰리 뉴먼(Molly Neuman)이 〈라이엇 걸〉이라는 진을 창간했다. 유력한 팬진 〈직소*Jigsaw*〉가 반복해서 외친 구호, "이제는 혁명적인 걸 스타일이다"를 존경한다는 표시였다.

1991년 7월 『비키니 킬 진*Bikini Kill Zine*』 2호에 라이엇 걸 운동을 펼치는 이유 16가지를 담은 라이엇 걸 선언이 발표됐다. 그 다음 달인 8월 워싱턴 주 올림피아에서 열린 국제 언더그라운드 팝 대회는 첫날 밤 참석 예정자 명단을 전부 여성으로 채웠다. 명단에는 브랫모바일과 헤븐스 투 벳시(Heavens to Betsy), 세븐 이어 비치(7 Year Bitch), 로이스 마페오(Lois Maffeo), 비키니 킬 등이 포함됐다. 주요 음악가와 진 편집장이 한 자리에 모인 이 행사가 라이엇 걸 운동에 활력을 불어넣었다.

발전과 유산

라이엇 걸 운동의 정신과 목소리가 미국 전역으로, 이후 영국으로 퍼져 나갔다. 마침내 라이엇 걸 운동이 외치는 구호가 여성이 주도하는 다양한 활동에 영향을 미쳤다. 남성 음악가도, 특히 캘빈 존슨(Calvin Johnson)과 데이브 그롤(Dave Grohl), 커트 코베인(Kurt Cobain)이 라이엇 걸 운동에 영향을 받았다.

1992년 〈뉴스위크〉가 중산층과 백인에 지나치게 치중했다는 이유로 라이엇 걸 운동을 비판했다. 1994년 라이엇 걸 운동의 정신과 정치적 급진주의가 영국의 스파이스 걸스(Spice Girls) 같은 여성밴드가 내세운 "걸 파워" 때문에 희석됐다. 그러나 라이엇 걸 운동 창설자 대부분은 줄곧 정치와 음악 분야에서 왕성하게 활동을 펼치며 다른 여성밴드에 영향을 미치고 음악제작에 나서도록 여성을 격려하는 "록 캠프"를 운영했다. ■

> 우리는 반남성 연대가 아니라 친여성 연대다.
> **몰리 뉴먼**

캐슬린 한나

미국 펑크록 가수이자 페미니스트 운동가인 캐슬린 한나(Kathleen Hanna)는 1968년 오리건 주 포틀랜드에서 태어났다. 에버그린 스테이트 칼리지에서 사진을 공부하고 가정폭력과 강간피해자 쉼터에서 상담전문가로 일하는 동안 페미니즘에 흥미를 느끼게 된 한나는 이후 페미니즘을 주제로 한 구두 시 공연을 열었다. 페미니스트이자 펑크 시인 케이티 애커(Kathy Acker)가 한나에게 밴드를 시작하라고 권했다.

1990년 한나가 베이스 기타리스트 캐시 윌콕스(Kathi Wilcox)와 드러머 토비 베일, (유일한 남성인) 기타리스트 빌리 카렌(Billy Karren)과 밴드 비키니 킬을 결성했다. 비키니 킬은 공연장에서 여성은 앞으로 배치하고 남성은 뒤로 보내는 식으로 여성이 중심이 되는 환경을 만들고자 했다.

1998년 비키니 킬이 해체된 뒤 한나가 르 티그레(Le Tigre)를 결성했다. "펑크 페미니스트 일렉트로닉"이라고 설명한 밴드였다. 한나는 현재 5인조 밴드 더 줄리 루인(The Julie Ruin)에서 활동한다.

주요앨범

1991년 〈Revolution Girl Style Now!〉
1993년 〈Pussy Whipped〉
1996년 〈Reject All America〉

남성이 만든 여성상

고대 철학을 다시 쓰다

맥락읽기

인용출처
아드리아나 카바레로(1995년)

핵심인물
아드리아나 카바레로

이전 관련 역사
1958년 : 정치철학자 한나 아렌트(Hannah Arendt)가 『인간의 조건*The Human Condition*』에서 "탄생성(natality)"에 관한 이론을 제시한다. 모든 사람이 새롭게 시작하기 위한 능력을 갖고 태어난다는 개념이다. 젠더나 여성의 권리 문제에 침묵했음에도 아렌트의 책은 페미니스트들을 자극했다.

1971년 : 앨리슨 재거(Alison Jaggar)가 미국 최초로 오하이오 주 옥스퍼드에 있는 마이애미대학교에서 페미니즘 철학을 가르친다.

이후 관련 역사
1997년 : 미국 철학자 에일린 오닐(Eileen O'Neill)이 자신의 논문 「사라진 잉크 : 역사 속 근대 초기 여성 철학자와 이들의 운명」에서 철학에서 여성이 배제됐음을 비난한다.

철학은 오랫동안 남성의 시각에 지배됐던 학문 분야다. 페미니스트 철학자들은 남성 철학자가 자신의 이론이 모든 사람에게 적용되고 남성이 전체를 대신한다고 여긴다면 문제가 될 것이라고 주장했다. 페미니스트 철학자들은 여성에게 적용했을 때 남성 철학자의 이론이 얼마나 잘 들어맞는지 묻고 어째서 이론이 여성이 경험하는 세상을 설명하기에 불충분한지를 살폈다.

1995년 발표한 『플라톤이지만*In Spite of Plato*』에서 이탈리아 페미니스트 철학자 아드리아나 카바레로(Adriana Cavarero)가 페미니스트가 고대 철학을 재해석하는 방법을 고찰하기 위해 고대 그리스 철학자 플라톤을 분석했다. 그리스신화에 등장하는 페넬로페를 포함해 플라톤 작품 속 4인의 여성을 연구한 카바레로는 죽음을 중심으로 벌어지는 남성적이고 1차원적인 이야기 속에서 어떻게 모든 인물이 가부장제에 길들여진 가정적이고 열등한 역할에 묶여 있는지 비판하고 죽음이 아닌 탄생에 초점을 맞춘 여성적인 분석에 찬성하는 의견을 펼쳤다. 카바레로는 페미니스트 철학자에게 남

그리스 신화에서 페넬로페는 끊임없이 베틀을 돌리며 구혼자를 물리친다. 플라톤은 페넬로페의 행동이 영혼이 지닌 영원성을 나타내는 비유라고 주장하지만 페미니스트는 저항을 의미한다고 본다.

근 중심적이고 가부장적이라는 이유로 플라톤의 작품을 무시하지 말고 페미니즘적 세계관을 위해 여성으로서 지닌 통찰력을 발휘해 고대 철학을 되찾으라고 요구했다.

카바레로는 여성의 관점을 배제했다는 이유로 고대 철학이 품은 사회적 통념에 반기를 들고 페미니스트 철학자가 고대 철학을 자신의 것으로 만들 수 있음을, 그렇게 해야 함을 보였다. ■

참조 : ▪ 페미니즘 신학 124~125쪽 ▪ 의식 고양 134~135쪽 ▪ 여자들을 역사에 기록하기 154~155쪽 ▪ 후기구조주의 182~187쪽

신학이 쓰는 언어는 여전히 성차별적이고 배타적이다

해방 신학

맥락읽기

인용출처
엘리나 부올라(2002년)

핵심인물
글라디스 파렌텔리

이전 관련 역사

19세기 : 가톨릭 열강 포르투갈과 스페인에게 지배되던 라틴아메리카가 독립하면서 유럽 내 가톨릭교회와 연대가 느슨해지기 시작한다.

1962~1965년 : 교황 요한 23세(John XXIII)가 로마에서 소집한 제2차 바티칸 공의회에서 가톨릭 교리를 현대화한다.

1968년 : 페루 성직자 구스타보 구티에레즈(Gustavo Gutiérrez)가 해방 신학을 발전시킨다. 1971년 구티에레즈가 『해방 신학』을 쓴다.

이후 관련 역사

2013년 : 아르헨티나 추기경 출신으로 가톨릭교회 수장에 오른 프란치스코 교황(Pope Francis II)이 빈곤과 불평등 문제를 다룬다.

19 60년대 라틴아메리카에서 로마 가톨릭교회가 사회 변화를 일으키고 민족 차별과 경제적·정치적·사회적 억압으로부터 민중을 해방시킬 것이라고 기대하며 전개된 운동인 해방 신학(liberation theology)이 등장했다. 전통 신학이 마음 혹은 정신의 회복을 외치는 데 반해 해방 신학은 구체적이고 물리적인 행동을 요구했다.

해방 신학은 기본적으로 하느님과 『성경』이 부유한 사람보다는 억압 받는 가난한 사람을 우선시한다고 주장한다. 핀란드 학자 엘리나 부올라(Elina Vuola)는 21세기 들어 젠더에 관한 해방 신학의 해석을 발전시킬 필요가 있다고 강조한다. 라틴아메리카 지역에서 가장 가난한 사람은 대개 원주민 여성으로 기본적인 사회 장치에 접근하지 못하는 사람들이다. 페미니스트 해방 신학자는 불공평한 사회구조로부터 가난한 여성을 해방시키려면 새로운 세계 질서가 현재 질서를 대체해야 한다고 생각한다.

라틴아메리카 여성은 해방 신학을 지지하는 가장 큰 세력에 속한다. 우루과이에서 태어나 여성의 재생산권을 위해 싸워 온

글라디스 파렌텔리(Gladys Parentelli)는 여성에게 여성의 몸으로 해야 할 일을 이야기했다는 이유로 바티칸을 비난했다. 또한 여성과 자연을 지배했다는 이유로 가부장제를 비판했다. 파렌텔리는 여성이 새로운 생명을 창조하고 지구를 지키는 "생명의 수호자"라고 생각한다. 파렌텔리의 이론처럼 여성과 지구를 하나로 엮어 전 지구적 공동체를 탄생시키고 남성으로부터 성적·생태적으로 해방되자는 주장을 에코페미니즘(ecofeminism, 생태여성주의)이라 부른다. ■

나는 여성이
선천적으로 생명과 지구 자원의
수호자라고 확신한다.
글라디스 파렌텔리

참조 : ▪ 여성을 압박하는 제도 80쪽 ▪ 페미니즘 신학 124~125쪽 ▪ 에코페미니즘 200~201쪽 ▪ 탈식민주의 페미니즘 220~223쪽 ▪ 토착적 페미니즘 224~227쪽

여성성과 마찬가지로 장애도 열등하지 않다

장애 페미니즘

맥락읽기

인용출처
로즈메리 갈런드 톰슨(2006년)

핵심인물
로즈메리 갈런드 톰슨, 제니 모리스

이전 관련 역사
1981년 : UN이 세계 장애인의 해를 선포하면서 장애가 있는 사람이 받는 차별에 대한 인식이 높아진다.

1983년 : 영국 사회학자 마이크 올리버(Mike Oliver)가 "개인적 혹은 의학적" 장애 모형과 "사회적" 장애 모형을 구분한다. 전자는 장애를 개인적인 문제로 취급하는 반면 후자는 (의학적) 손상과 (차별적) 장애를 구분한다.

이후 관련 역사
2018년 : 영국에서 개최된 "여성 참정권운동 100주년" 기념행사에서 "장애인 서프러제트"로 알려진 로자 메이 빌링허스트(Rosa May Billinghurst)의 공로가 거의 인정받지 못한다.

장애 페미니즘(disability feminism)은 1970년대 제2세대 페미니즘을 규정한 "개인적인 것이 곧 정치적이다"라는 개념에 뿌리를 둔다. 장애 페미니즘은 1980년대 처음 등장했다.

장애 페미니즘은 장애인 인권에 관한 생각을 기초로 젠더와 마찬가지로 장애도 사회가 만든 상태라고 주장한다. 사회적 장애 모델이라고 불리는 장애 페미니즘 관점은 신체적 손상을 다루는 의학적 장애 모델과 반대되는 개념이다. 사회적 장애 모델

장애는
사회에 온전히 참여하지 못하도록
격리하고 배제하는 방식이
우리가 지닌 신체적 결함 위에
덧씌운 가면이다.
분리에 반대하는 신체장애인연합

을 지지하는 사람들은 접근하기 어려운 환경이나 고용 차별 같은 사회가 만든 장벽이 제거될 때 장애가 있는 사람이 다른 사람과 동등해질 수 있을 것이라고 생각한다.

미국의 장애 페미니스트인 로즈메리 갈런드 톰슨(Rosemarie Garland-Thomson)이 20세기 후반과 21세기 초반 장애 페미니즘에 관해 사회적으로 큰 반향을 일으킨 글에서 장애에 대해 사회가 내린 해석을 살피고 장애를 설명하기 위해 신체손상을 의미하는 단어를 사용하지는 말자고 강력히 요구했다. 갈런드 톰슨은 어떤 사람에게 신체가 손상됐다는 꼬리표를 붙이는 사례를 방지하기 위해 "장애가 있다고 확인된 사람"이나 "장애가 없다고 확인된 사람" 같은 문구를 사용하자는 의견에 찬성했다. 갈런드 톰슨은 "장애가 있는"이라는 단어가 어떻게 한 사람에게는 모자라다는(장애인이라는) 꼬리표를 붙이고 다른 사람에게는 우월하다는(비장애인이라는) 꼬리표를 붙이는지, 그리하여 장애가 있는 사람을 억압하는지를 설명했다.

그녀는 척추 손상에서부터 난독증에 이르는 다양한 장애와 젠더나 인종, 민족, 계급, 섹슈얼리티 같은 장애와 동일한 선상에 놓여 있을지도 모르는 사회적 혹은 문화적

참조 : ▪ 의식 고양 134〜135쪽 ▪ 합법적 낙태권 획득 156〜159쪽 ▪ 교차성 240〜245쪽 ▪ 재생산권 268쪽

2017년 1월 영국 런던에서 열린 여성 행진에서 장애인 여성들이 자신의 생각을 표현하고 있다. 사진 속 행사는 도널드 트럼프 미국 대통령의 취임에 반대해 일어난 연쇄 시위 중 하나였다.

분류 안에 차이가 있음을 인지함이 중요하다고 강조하기도 했다. 갈런드 톰슨은 이 모든 요소가 사회 안에서 교차한다고 말한다.

영국의 제니 모리스(Jenny Morris)는 장애가 있는 사람들이 어떤 식으로 편견을 경험하는지, 장애가 없는 사람들이 지배하는 세상에서 장애에 대한 고정관념이 어떻게 정의되는지를 탐구했다. 자신의 책 『편견에 맞선 오만Pride Against Prejudice』에서 처음 제시한 이론이었다. 모리스는 여성이자 장애인이라는 이유로 받는 불이익에 대해, 그리고 "이중 약점"을 지닌 부류에 속해 연구 대상이 되는 경험에 대해 논하면서 이 같은 연구가 장애인 여성을 물건 취급한다고 이야기했다. 모리스는 장애인 여성에 대한 연구가 개인적인 경험을 고려하지 않은 채 어느 쪽이 "더 나쁜가"를, 다시 말해 성차별과 장애 중 무엇이 여성이 살면서 얻는 기회에 더 심각한 영향을 미치는가를 평가하려 하기 때문이라고 말했다.

모리스는 페미니스트가 의학적 장애 모델을 배제하는 경향에 반기를 들기도 했다. "장애가 있는" 신체에서 특정한 결함을 제외시키는 방법으로는 사회가 산전검사와 낙태, 안락사에 관한 논쟁을 통해 신뢰할 수 있는 정책을 발전시키지 못한다. 모리스는 장애가 있는 사람들의 삶을 가두는 장벽에 초점을 맞춘다면 장애인 여성의 재생산권이나 신체적으로 결함이 있는 태아의 생명 같은 중요한 사회 문제와 신체가 겪는 경험을 무시하게 된다고 이야기한다. ▪

장애와 낙태에 관한 논쟁

낙태 선택권을 포함해 자신의 몸을 통제할 수 있는 여성의 권리가 제2세대 페미니즘을 지배한 중요한 신념이었다. 그러나 장애인 인권단체는 신체적 결함이 있다는 이유로 여성에게 낙태를 허용함은 장애 우생학을 지지하고 장애가 있는 사람은 살 가치가 없다는 주장을 뒷받침하는 처사라고 주장한다.

낙태에 관한 장애 평등을 논하는 글은 윤리적인 관점에서 생명의 존엄성을 이야기하는 낙태 반대 운동가들의 주장이 아니라 산전 선별 검사나 임신 초기에 신체적 결함이 있으니 태아를 낙태시키라고 임신부에게 권하는 의사의 조언에 초점을 맞춘다. 낙태가 합법인 거의 모든 국가에서 "결함이 있는" 태아는 "정상적인" 태아보다 더 늦은 단계에서도 낙태가 가능하다. 운동가들은 장애에 대한 고정관념을 더욱 강화하는 이 같은 차별은 평등권이라는 개념과 공존하지 못한다고 말한다.

여성 생존자가 가정과 국가를 하나로 묶는다

분쟁지역 여성

맥락읽기

인용출처
자이납 살비(2006년)

핵심인물
자이납 살비

이전 관련 역사
1944년 : 독일 침공 기간 동안 소비에트 연방 군인들이 독일에서 수많은 여성을 강간한다.

1992년 : 보스니아·헤르체고비나 공화국이 유고슬라비아로부터 독립을 선언한다. 보스니아전쟁이 발발하고 전쟁 기간 동안 여성들이 조직적으로 강간당한다.

이후 관련 역사
2008년 : UN이 강간이 전쟁무기임을 공식적으로 선포한다.

2014년 : 이슬람국가(Islamic State, IS)가 테러도구로 성폭력을 사용하고 이라크 내 소수 종파 집단인 야지디를 노예로 만들어 전 세계적으로 주목을 받는다.

역사를 통틀어 거의 모든 분쟁에서 남성지도자가 전쟁을 선포하고 남성들이 전쟁터에 나가 싸운 반면 여성은 대개 민간인으로 분류돼 (수많은 전쟁 후유증에는 영향을 받았으나) 전쟁의 영향을 거의 받지 않았다. 미국 페미니스트이자 저술가 수전 브라운밀러(Susan Brownmiller)는 1975년 발표한 책 『우리의 의지에 반하여 : 남성, 여성 그리고 강간의 역사Against Our Will : Men, Women and Rape』에서 전쟁이 남성에게 여

시리아 국경 근처에 설치된 난민캠프에서 야지디 여성과 어린이가 양털을 고르고 있다. 이라크 북부에 거주하는 소수 종파 집단인 야지디(Yazidi)는 2014년부터 Isis의 표적이 됐다.

성을 멸시하는 태도를 마음껏 발산할 수 있는 정신적인 무대를 제공한다고 주장했다.

전쟁이 여성에게 미치는 영향은 모든 분야를 망라한다. 여성은 가족을 잃고, 집을 잃고, 교육의 기회를 잃고, 일자리를 잃는다. 그러나 가장 치명적인 결과는 성폭행이

참조 : ▪ 평화를 위해 하나가 된 여성 92~93쪽 ▪ 강간이라는 권력남용 166~171쪽 ▪ 세계 소녀 교육 310~311쪽 ▪ 남자들이 여자들을 아프게 한다 316~317쪽

> 여성의 생명과 신체는
> 너무나 오랫동안 희생자로
> 인정받지 못했다.
> **앰네스티 인터내셔널**

다. 보스니아 전쟁(1992~1995년) 동안 강간과 성폭행이 곳곳에서 자행됐다. 민족을 가리지 않고 남성과 여성 모두가 당했으나 대부분 세르비아 군대와 불법 무장단체가 여성을, 주로 보스니아 무슬림 여성을 목표로 삼아 일어난 사건이었다. 이 기간 동안 여성 강간 피해자 수는 (UN 추산) 12,000명에서 (보스니아 내무부 추산) 5만 명에 달했다. 주로 보스니아 무슬림 여성과 크로아티아 여성 및 어린이가 감금되고, 고문을 받고, 주기적으로 강간당하던 "강간캠프"와 수용소가 세르비아 군 점령지역 전역에 설치됐다.

보스니아전쟁을 다룬 거의 모든 연구 자료가 강간이 전쟁에서 흔히 일어난 부차적인 결과가 아니라 여성에게 세르비아 민족의 자손을 임신시켜 다른 민족을 말살하겠다는 전략적 도구이자 피해자들을 영구히 추방하기 위한 집단학살 전술로 사용된, 군사활동의 핵심요소였다고 주장한다.

인권운동가 자이납 살비는 미국에 거주하던 시절 강간캠프에 대해 알게 됐다. 강간캠프에 관한 보고서를 읽은 살비는 분쟁 지역에서 일어나는 성범죄를 대중에게 알리고 여성 생존자를 지원하는 인도주

의 단체, 여성을 위한 여성 동맹(Women for Women International, WfWI)을 설립했다. 살비는 어린 시절 이란·이라크 전쟁 당시 겪었던 경험에 영향을 받았다.

WfWI는 1993년 설립 이래 여덟 군데 분쟁지역에 거주하는 50만 명에 가까운 여성에게 1억 2,000만 달러를 지원했다. 2006년 살비가 옛 유고슬라비아 지역 및 WfWI가 활동하는 다른 분쟁지역 다섯 군데(아프가니스탄, 콜롬비아, 콩고 민주 공화국, 르완다, 수단)에 사는 여성 생존자들이 1인칭 시점에서 쓴 편지를 모아『우리가 희망입니다 : 전쟁에서 살아남은 여성들의 아름다운 약속 The Other Side of War』를 출간했다. 두 번째 책인『당신이 나를 안다면 관심이 생길 것입니다 If You Knew Me, You Would Care』는 생존과 평화, 미래에 대한 희망을 주제로 분쟁지역 출신 여성과 한 인터뷰를 실어 희생자에 대한 사람들의 생각을 뒤집으려 한다. 두 책 모두 분쟁지역 여성들을 돕고 싶다면 물질적 지원을 넘어 진정한 변화를 가져올 평화 협상 과정에서 여성의 역할을 지지하고 장려해야 한다고 주장한다. ■

> 전후 질서수립 계획에 관한
> 의사결정 과정에
> 여성을 포함시키려는 노력보다
> 여성보호에 관해 논의함이
> 더 쉬워 보인다.
> **자이납 살비**

전쟁도구인 강간

어떤 전쟁에서든 강간은 항상 존재했다. 대부분 남성이 가해자였고 여성이 피해자였다. 강간을 가능하게 만드는 상황으로 전쟁 기간 동안 법질서 와해와 극도로 남성적인 군대 문화를 들 수 있다. 전쟁 기간 중 군대에서는 집단 강간이 "연대감을 높이는" 행동이 된다. 강간은 모멸감과 두려움, 외상성 신경증(트라우마)과 질병 확산, 임신으로 이어진다. 또한 많은 문화권에서 강간 피해자를 외면해 공동체가 와해되는 결과에 이른다.

고대에 일어난 전쟁에서부터 제2차 세계대전 당시 강제로 시행된 대규모 매춘까지 역사적으로 여성들은 "전리품"이 돼 강간당했다. 최근에 일어난 몇 차례 전쟁에서도 강간이 집단학살이나 인종청소 도구로 사용됐다. 르완다 대학살(1994년)과 콩고에서 두 차례 일어난 내전(1990년대) 기간 동안 수백만 명이 강간당했다. 이와 비슷한 시기에 옛 유고슬라비아 영토에서 일어난 전쟁은 강간을 전쟁범죄로 인정해 가해자가 처음으로 유죄 판결을 받는 결과를 낳았다. 21세기 들어 UN 평화유지군마저 강간 혐의로 고발당하는 사건이 있었다.

2017년 11월 보스니아전쟁(1992~1995년) 당시 자행된 범죄의 책임을 물어 세르비아 군 사령관 라트코 믈라디치(Ratko Mladic)가 유죄 판결을 받는 장면을 보스니아 무슬림 여성이 시청하고 있다.

젠더 권력이 문제를 지배한다

여성 성기 절제에 반대하는 운동

맥락읽기

인용출처
에푸아 도케누(2013년)

핵심인물
프랜 호스켄, 에푸아 도케누

이전 관련 역사
1929년 : 케냐에 파견된 선교사들이 여성 성기 절제를 "성기 훼손"이라고 설명한다. 당시에는 남성 할례와 비슷하다는 의미로 "여성 할례"라는 용어가 더 많이 사용됐다.

이후 관련 역사
2014년 : UN 총회가 2030년까지 여성 성기 절제를 뿌리 뽑겠다는 결의안을 통과시킨다.

2017년 : 〈BMJ 글로벌 헬스〉가 30년 동안 성기 절제 시술을 받은 여성의 비율이 줄었으나 차드와 말리, 시에라리온에서는 2~8% 증가했다고 보도한다.

여성의 외부 생식기 일부 혹은 전체를 제거하고 음부를 봉합하는 여성 성기 절제(FGC) 의식이 수십 년 동안 사람들의 우려를 샀다. 인류학자 로즈 올드필드 헤이즈(Rose Oldfield Hayes)가 1975년 발표한 논문에서 "견딜 수 없을 만큼 고통스러운" 의식의 본질을 기술했다. 1977년 이집트의 내과의사이자 사회운동가 나왈 엘 사다위가 여전히 진행 중인 여성 성기 절제 의식과 관련해 자신의 경험을 서술한 『이브의 감춰진 얼굴Hidden Faces of Eve』을 출간했다.

저술가이자 페미니스트인 프랜 호스켄(Fran Hosken)이 1979년 「호스켄 보고서 : 여성 성기와 거세」를 써 움직임에 동참했고 얼마 후 여성 성기 절제 의식을 근절하기 위해 영국 사회운동가 에푸아 도케누가 끈질기게 전개하던 운동이 여러 비영리 단체와 UN, 세계 보건 기구를 자극해 지원을 얻어 냈다. 당

우간다 북동부에 사는 세베이 부족민들이 FGC를 할 때 같이 하는 의식인 진흙 바르기를 보여 주고 있다. 우간다에서는 FGC가 불법이지만 몇몇 부족은 여전히 의식을 거행한다.

참조 : ▪ 반식민주의 218~219쪽 ▪ 탈식민주의 페미니즘 220~223쪽 ▪ 강제 결혼 232~233쪽

시에는 "훼손"이라는 단어가 (그래서 FGM이라는 약어가) 널리 사용됐으나 현재는 대개 더 중립적인 "절제"라는 단어를 선호한다.

끈질기게 계속된 전통

(주로 아프리카 지역과 인도네시아와 중동 지역에도 분포한) 30개국 2억 명이나 되는 여성이 FGC 시술을 받았다. FGC는 최소한 2,500년 이상 거슬러 올라가는, 기독교나 이슬람교보다 더 오래된 관습으로 특정 종교나 민족공동체에 국한된 의식이 아니며 순결과 절개를 강조하는, 즉 여성의 성적 욕망을 억제하고 여성은 결혼 전까지는 순결한 처녀였다가 결혼 후에는 정조를 지켜야 한다는 전통과 맞물려 있다. 최소한 15개국에서 거의 모든 소녀가 5세 이전에 FGC 시술을 받으며 나머지 소녀도 사춘기에 시술을 받는다.

남자에게 거부당해 결혼하지 못한다는, 심지어 공동체에서 추방된다는 공포 때문에 소녀들은 어쩔 수 없이 FGC 전통에 굴복한다. 많은 대상자가 가난 때문에 선택지가 거의 없다. 흔히 마을에서 존경 받는 여성 연장자가 FGC를 실시해 생계를 유지한다. 가족이 다른 나라로 이주하더라도 FGC는 대개 끈질기게 따라붙는다. 영국과 미국, 영연방 국가 같은 현재 FGC가 불법인 국가에 살더라도 일부 부모는 방법을 찾아 전통을 이어 나간다.

서구화한 국가에서 성장했더라도 여전히 일부 여성은 성인이 된 시점에 FGC 시술을 선택한다. 이들은 FGC에 대한 비난이 자기 민족 중심주의적 시각이라고 주장한다. 1997년 연구와 개발을 위한 아프리카여성연합이 FGC 문제에 서구 페미니스트의 개입에 반대했다. FGC를 뿌리 뽑아야 한다는 간절한 요구는 아직도 문화제국주의라는 비난을 유발한다.

FGC 근절을 옹호할 때 제기되는 두 가지 근거가 반복되는 감염과 불임가능성, 출산합병증에서부터 치명적인 과다 출혈까지 FGC 때문에 피시술자가 여러 위험에 처한다는 사실과 대부분 선택할 여지가 없으므로 인권침해 소지가 있다는 주장이다. 1990년대 이후 피해자들이 반대운동을 펼치고 생존자의 경험담을 출간하며 FGC 시술에 반대하는 목소리를 높이기 시작했다. 소말리아 출신 모델 와리스 디리(Waris Dirie)는 1998년 발표한 자서전 『사막의 꽃*Desert Flower*』에 자신이 겪은 FGC 경험을 기록했다.

성공에 이르는 길

1993년 UN이 개최한 비엔나 세계인권회의에서 FGC가 여성을 대상으로 한 폭력의 한 형태임이 선포됐다. 2013년까지 FGC가 성행하던 아프리카 27개국 중 24개국이 법적으로 FGC를 금지했다. 진전 속도는 더디지만 현재 많은 사람이 서아프리카 지역에서 활동하는 비영리 단체 토스탄(Tostan)이 추진하는 프로젝트 같은 공동체 기반 프로젝트를 효과적으로 성공에 이르는 길이라 이야기한다. ▪

여성 간 연대가
변화를 일으키는
강력한 힘이 될 수 있다.
나왈 엘 사다위

에푸아 도케누

1949년 가나에서 태어난 에푸아 도케누(Efua Dorkenoo)는 1970년대 영국에서 간호사 교육을 받았다. FGC 시술을 받은 여성이 출산 과정에서 참을 수 없는 고통에 시달리는 모습을 본 도케누는 의료계가 FGC 시술을 비판하지 않는다는 사실에 분노했다. 소수자인권연대(Minority Rights Group)에서 일하는 동안 FGC 반대 운동을 펼치기 시작한 도케누는 영국에서 FGC를 다룬 최초의 보고서를 출간하는 한편 1983년 여성보건연구발전기금(Foundation for Women's Health, Research and Development, FORWARD)을 설립해 FGC 근절에 나섰다. 그 결과 1985년 영국에서 FGC가 금지됐다. 도케누는 FORWARD와 함께한 노력을 인정받아 1994년 대영제국훈장(OBE)을 받았다. 이후 WHO에서 일하다 이쿼티 나우(Equity Now)로 자리를 옮긴 도케누는 아프리카 국가 주도로 FGC 반대 운동이 전개되는 희망적인 현실을 본 직후인 2014년 런던에서 암으로 세상을 떠났다.

주요저서

1992년 『전통! 전통 : 여성 성기 훼손에 관한 상징적인 이야기*Tradition! Tradition : A Symbolic Story on Female Genital Mutilation*』
1994년 『장미 자르기 : 여성 성기 훼손*Cutting the Rose : Female Genital Mutilation*』

외설문화는 진보가 아니다

외설문화

맥락읽기

인용출처
아리엘 레비(2005년)

핵심인물
아리엘 레비

이전 관련 역사
1960년 : 미국 일리노이 주 시카고에 있는 한 클럽에서 〈플레이보이〉의 상징인 바니 걸이 처음 데뷔한다.

1980년대 : "섹스 논쟁"이 벌어져 페미니스트가 여성의 성적 대상화를 우려한 측과 "친섹스(pro-sex)"라는 꼬리표를 받아들인 측으로 나뉘어 서로에게 상처를 입힌다.

이후 관련 역사
2006년 : 공식 명칭이 굿 포 허 페미니스트 폰 어워즈(Good For Her Feminist Porn Awards)인 페미니스트 폰 어워즈(Feminist Porn Awards)가 캐나다 토론토에서 조직된다.

2013년 : 미국 성인물 비디오 제작업체 걸즈 곤 와일드가 상당히 큰 빚을 진 뒤 파산을 신청한다.

많은 서구권 국가에서 1960년대는 성 혁명이 일어난 시기였다. 이때는 남성과 여성 모두 질식할 것 같았던 젠더규범에서 벗어나고 여성이 부끄러움 없이 자신의 섹슈얼리티를 탐구할 수 있었다. 페미니스트는 대부분 성 혁명과 관련된 주장에 회의적인 반응을 보이다 1980년대 들어 "섹스 논쟁"이라고 불린, 페미니스트가 성을 행사할 때 가장 좋은 방법이 무엇인가에 관해 진영 내부에서 일어난 논쟁에 휘말렸다.

성매매 산업과 포르노그래피, 삽입 성 행위와 변태적 성 행위, 그리고 성과 관련된 수많은 다른 주제를 두고 논쟁을 벌이던 여성들이 앞서 거론한 사례를 여성을 성적으로 착취하는 행위로 볼 수 있는가 아닌가, 혹은 어느 범위까지 여성을 착취하는 행동으로 봐야 하는가라는 문제로 갈라졌다. 명확한 최종 결론에 도달하지 못한 채 새 천 년이 시작되면서 외설문화 발전으로 인해 논쟁이 더욱 복잡한 양상을 띠었다.

외설문화의 성장과 페미니즘

미국 페미니스트이자 저널리스트인 아리엘 레비가 2005년 발표한 책『열렬한 여성 우월주의자들 : 여성 그리고 외설문화의 등장』이 외설문화 논쟁에 불을 지폈다. 레비는 외설문화가 젊은 여성이 자신은 물론 다른 여성까지 성적으로 대상화하는 행위에 참여하는 다양한 행동 양식을 가리킨다고 이야기했다. 외설문화는 젊은 여성이 휴가지에서 벌거벗은 가슴이나 성기를 잠깐씩 시청자에게 보이며 추파를 던지는 모습

1953년 남성잡지를 발행하기 시작한 플레이보이가 이후 여성용 상품을 판매하기 위해 자신을 상징하는 토끼 로고를 사용하면서 여성의 성적 대상화가 더욱 심해졌다.

참조 : • 성적 쾌락 126~127쪽 • 피임약 136쪽 • 남성적 시선 164~165쪽 • 반포르노그래피 페미니즘 196~199쪽 • 섹스 긍정주의 234~237쪽

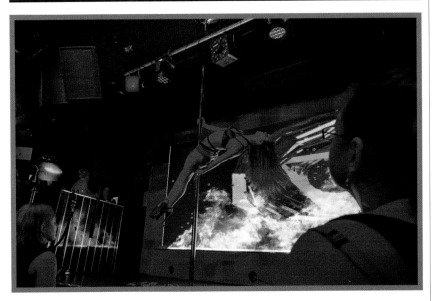

을 촬영한 성인물 시리즈 〈걸즈 곤 와일드 *Girls Gone Wild*〉가 미국에서 인기를 끌었음은 물론 미국에서 발행되는 〈맥심*Maxim*〉과 〈스터프*Stuff*〉, 영국에서 발행되는 〈로디드*Loaded*〉 같은 "남성" 잡지가 성공을 거두는 등 2000년 이후 성에 과도하게 집착하는 대중 매체가 지속적으로 증가한 결과에 힘입은 현상이었다.

레비는 젊은 여성들이 갈수록 자신의 욕망이 아닌 남성의 시선을 끌고자 하는 목적에서 "외설적으로" 행동하는 데 집중한다고 이야기했다. 섹시하고 자유롭게 보이고 싶다면 외설문화를 지지해야 했다. 외설문화에 반대하는 여성은 고지식하고 시대에 역행하는 사람으로 보였다. 또한 외설문화가 등장한 결과 여성의 섹슈얼리티가 우스꽝스럽게 변질됐으며 외설문화 이데올로기에 따라 희화한 묘사를 부정함은 대체로 섹슈얼리티 자체를 부정하는 행동이 됐다고 주장했다. 레비는 외설문화가 궁극적으로 이전 세대 페미니스트가 진지하고 공격적인 태도로 일군 성과를 누리며 자란 젊은

이스트런던 스트리퍼공동체(East London Strippers Collective)는 영국에서 스트리퍼와 랩 댄서의 지위를 향상시키고 공연에게 힘을 부여해 성 산업 내 근무 환경을 개선한다.

은 여성이 여성의 성적 대상화를 향한 페미니스트의 비난을 무시할 수 있게 된 포스트 페미니즘 시대가 낳은 현상이라고 결론지었다. 젊은 여성들은 페미니스트가 가리키는 길을 따르는 대신 결과적으로 여성 혐오 문화에 대한 관심을 부추기는 성적 "자유"를 향한 그릇되고 해로운 시도에 나선다.

일부 제3세대 혹은 제4세대 페미니스트가 외설문화에 관한 레비의 생각을 비판했다. 페미니스트들은 일반적으로 성매매 산업과 포르노 산업 내부에서 나타나는 불평등보다는 성매매 산업 종사자와 포르노 스타에 초점을 맞춘 레비의 관점에 의문을 제기했다. 퀴어 페미니스트의 성적 행동이 "남성의 시선"이 여성의 섹슈얼리티를 결정하는 과정과 외설문화에 초점을 맞춘 레비를 비난하는 원인으로 작용했다. ■

클럽 벌레스크 브루털

2010년 벌레스크 공연자 카트리나 다슈너(Katrina Daschner)가 오스트리아 빈에서 퀴어 여성(여성성을 지닌 성 소수자) 벌레스크 극단, 클럽 벌레스크 브루털(Club Burlesque Brutal)을 설립했다. 다슈너는 여성스럽다는 말이 소극적인 성적 대상화와 같은 말이라는 가정은 물론 벌레스크가 이성애자 남성의 성적 욕망을 충족시키기 위한 공연이라는 가정에 도전장을 던지고자 했다.

클럽 벌레스크 브루털에 속한 공연자는 대부분 퀴어 여성이고 공연단은 공연을 통해 다양한 여성성을 묘사하려 한다. 다슈너는 라 로즈 교수(Professor La Rose)라 불리는 등장인물을 연기한다. 공연은 무대 위에서 레즈비언과 퀴어가 공공연하게 드러내는 욕망을 표현하며 여성의 성 권력을 개척하고 퀴어 에로티시즘을 주장한다.

2017년 제작된 〈팜므 브루털*Femme Brutal*〉은 클럽 벌레스크 브루털 공연단에 관한 다큐멘터리 영화다. 〈팜므 브루털〉은 성 권력과 육체, 여성의 정체성, 남성의 시선 전환에 관한 의문은 물론 공연자의 삶을 탐구한다.

오늘날 젊은 여성들이
선조 페미니스트에게 구역질을 유발할
가능성이 높은 우리 문화의
외설적인 측면을 받아들이고 있다.
아리엘 레비

평등과 정의는 필수며 성취 가능하다

현대 이슬람 페미니즘

현대 무슬림 사회 내부에서 서구 사상을, 특히 이슬람교가 무슬림 여성을 희생자로 삼았다는 서구 페미니스트의 관점을 받아들이는 경향에 대한 불만이 커지고 있었다. 2년에 걸친 논의 끝에 2009년 전 세계 각국에서 무슬림 여성운동가 250명이 모여 여성의 주도로 이슬람 내부에서 평등과 공정을 고취하려는 단체 '무사와(Musawah)'를 결성했다. 무사와는 남성과 여성은 근본적으로 평등하며, 『쿠란』은 본질적으로 여성에게 호의적이지만 서기 610년 예언자 무함마드가 알라로부터 계시를 받은 이후 수세기에 걸쳐 가부장제가 지닌 여성 혐오적

2010년 말레이시아 전철에 여성 전용칸이 도입됐다. 정부의 조치에 대해 페미니스트의 의견이 둘로 나뉘었다. 일부는 안전한 공간이 확보됐다며 환영했으나 다른 일부는 여성의 공간이 제한됐다고 생각했다.

인 관점에서 해석됐다고 생각했다. 무사와라는 이름은 아랍어로 "평등"을 의미한다. 무사와는 가정에서, 더 나아가 사회 내부에서 평등과 공정을 장려하는 전 세계적인 움직임이었다. 무사와 본부는 말레이시아에 있으나 의장국은 여러 나라가 돌아가며 맡는다. 무사와는 가정 내부에서 평등과 공정에 관한 지식을 나누고 발전시키고, 유사한

참조 : ▪ 이슬람 여성 교육 38~39쪽 ▪ 초기 아랍 세계 페미니즘 104~105쪽 ▪ 페미니즘 신학 124~125쪽 ▪ 반식민주의 218~219쪽 ▪ 탈식민주의 페미니즘 220~223쪽 ▪ 토착적 페미니즘 224~227쪽

프랑스에서 벌어진 니캅 논쟁

프랑스 정부가 잇달아 베일을 착용한 무슬림 여성을 향해 세속적이고 확고부동한 태도를 취했다. 2011년 프랑스가 공공장소에서 여성의 니캅(niqab, 얼굴 베일) 착용을 금지했다. 착용자의 신원 확인을 방해한다는 이유에서였다. 2016년 프랑스에 있는 몇몇 리조트에서 "부르키니(burkini, 머리부터 발목까지 감싸는 전신 수영복)" 착용을 금지했다.

이 같은 조치가 비판과 저항을 불렀다. 실명을 밝히지 않은 프랑스 그래피티 예술가 프린세스 히잡(Princess Hijab)이 공공장소에 전시된 모델과 래퍼 사진에 히잡을 덧그리며 금지 조치에 계속해서 반기를 들었다. 그러나 자유주의 페미니스트 엘리자베트 바댕테르(Elisabeth Badinter)는 무슬림 여성에게 베일 착용 선택권이 있는지 의문을 제기하고 히잡을 예속 상태를 나타내는 상징물로 보았다.

프랑스 작가이자 영화제작자인 로카야 디알로(Rokhaya Diallo)는 베일 착용 선택을 지지하는 주장을 펼쳤다. 2018년 카타르에 본부를 둔 방송국 알자지라와 한 인터뷰에서 디알로는 베일 착용 반대를 자기 민족 중심주의와 포스트식민주의를 따르는 거만한 태도라고 이야기했다.

프랑스에서 베일 착용 권리가 당면 과제로 떠올랐다. 니캅을 착용한 여성이 프랑스 거리를 점령하고 시위에 나섰다.

조직을 설립하는 움직임에 힘을 보태고, 자신과 목표를 공유하는 인권단체를 뒷받침함을 3대 목표로 삼는다. 무사와는 1988년 무슬림 페미니스트 자이나 안와르(Zainah Anwar)와 다른 여성 6명이 말레이시아를 근거지로 삼아 설립했으며 무슬림 여성에게 공정한 기회를 안기러 노력하는 또 다른 무슬림 운동단체 '이슬람 자매(Sisters in Islam, SIS)'를 본보기로 삼아 운동을 전개한다. SIS의 핵심 회원 중 한 명이 말레이시아 총리의 딸인 마리나 마하티르(Marina Mahathir)다. 마하티르는 무슬림 학자들의 지원을 발판 삼아 HIV에 대한 각성을 촉구하고, 아내에게 자신을 감염시킬지도 모르는 남편과 성 관계를 거부할 수 있는 권리가 있음을 널리 알렸다.

선택의 문제

미국 인류학자 릴라 아부루고드(Lila Abu-Lughod)는 자신의 책 『이슬람 여성에게 정말 구원이 필요한가?Do Muslim Women Really Need Saving?』에서 빈곤과 권위주의가 무슬림 사회에서 여성의 자유가 사라진 주요원인이라고 주장했다. 또한 서구 페미니즘은 흔히 본질적으로 반여성적인 종교라며 이슬람교를 외면한다고 말했다. 아부루고드는 이슬람교를 외면하는 관점이 2001년 뉴욕 쌍둥이 빌딩에서 비행기 테러가 발생한 뒤 미국과 동맹국들이 "테러와의 전쟁"을 수행하는 데 필요한 지지를 얻으러 애쓸 때 조지 W. 부시(George W. Bush) 미국 대통령 같은, 심지어 영부인 로라 같은 정치가에게 이용됐다고 설명한다. 9/11 테러의 결과로 촉발된 아프가니스탄 침공은 "해방"이라는 단어

무슬림 세계는 여성에 대한 생각과 태도에 관한 인식을 전환할 필요가 있다.
자이나 안와르

로, 특히 강압적으로 히잡(hijab, 무슬림 여성 다수가 착용하는 베일이나 다른 형태의 머리쓰개)을 써야 하는 상황에서 아프간 여성을 해방시킨다는 문구로 포장됐다. 그러나 정치적 미사여구는 많은 무슬림 여성이 스스로 선택해서 히잡을 쓰며 이슬람교를 기본 인권을 보호하는 종교로 생각한다는 무사와나 다른 이슬람 운동단체의 관점을 묵살한다.

서구적인 운동?

무사와는 무슬림 공동체 내부에서 쏟아진 비판에 직면했다. 일부는 다원성과 포괄성을 소중히 여긴다는 단체의 주장과는 달리 수니파와 반대되는 종파인 시아파를 대표하는 인물이 조직 내부에 전혀 존재하지 않음을 지적한다. 다른 사람들은, 특히 전통주의자들은 인권에 관한 국제적인 틀 안에서 『쿠란』을 "진보적으로" 해석하자는 무사와의 주장이 변명에 지나지 않으며 무슬림 국가를 향한 세속적인 서구 세계의 압박을 나타낸다고 주장한다. 이 같은 비난으로 인해 무사와가 내부적으로는 이슬람 운동이 아닌 서구 운동으로 비친다. ∎

새로운 페미니즘

트랜스 페미니즘

맥락읽기

인용출처
줄리아 세라노(2007년)

핵심인물
고야마 에미, 줄리아 세라노

이전 관련 역사
1959년 : 경찰의 괴롭힘으로 시작된 한 사건에서 트랜스젠더 여성이 다른 성소수자와 힘을 합쳐 로스앤젤레스에 있는 쿠퍼스 도넛 가게 앞에서 폭동을 일으킨다.

1966년 : 샌프란시스코에서 일어난 콤튼스 카페테리아 항쟁이 샌프란시스코에서 전개된 트랜스젠더 운동의 시작을 알린다.

이후 관련 역사
2008년 : 10대 트랜스젠더 여성 앤지 자파타를 살해한 범인이 미국 최초로 트랜스젠더 대상 증오 범죄를 저질렀다는 이유로 유죄를 선고 받는다.

2014년 : 여배우이자 사회운동가 라번 콕스가 트랜스젠더 여성 최초로 〈타임〉의 표지를 장식한다.

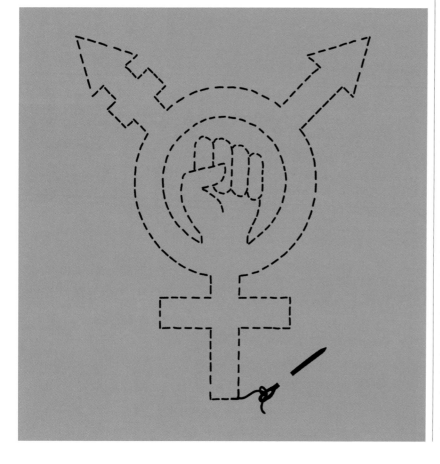

트랜스젠더 페미니스트는 젠더와 이름, 존중하는 의미를 담은 대명사를 얻기 위해서뿐만 아니라 자신을 향해 공공연하게 적개심을 드러내고 폭력을 휘두르는 사회 내부에서 안전을 확보하기 위해서도 싸운다. 트랜스 페미니스트는 기존의 목적 외에도 트랜스젠더 여성으로서 얻은 통찰로 페미니즘을 더욱 깊고 가치 있게 발전시키기 위한, 그리고 젠더와 섹슈얼리티 문제에 관해 페미니스트로서 얻은 통찰을 발휘하고 다른 트랜스젠더에게 힘을 안기기 위한 길을 모색한다.

트랜스 페미니즘(trans feminism)은 페미니즘이론과 트랜스젠더이론에 대한 이해

참조 : ▪ 트랜스 배제적 급진 페미니즘 172~173쪽 ▪ 교차성 240~245쪽 ▪ 젠더 수행성 258~261쪽 ▪ 페미니즘과 퀴어이론 262~263쪽

줄리아 세라노는 분열 대신 페미니스트와 트랜스젠더 운동가가 연합해
성전환 혐오와 여성 혐오 모두에 맞서 싸우는 쪽을 지지한다.

분열

트랜스젠더 여성이
성전환 혐오와
여성 혐오 공격에
시달린다

연합

시스젠더 페미니스트와
트랜스젠더 여성이
공격에 맞서는 과정에서
서로를 도울 수 있다

시스젠더 페미니스트가
트랜스젠더 여성은
여성의 삶이 무엇인지
알지 못한다며
이들을 배제한다

시스젠더 남성과
여성이 종종
트랜스젠더
여성의 여성성을
조롱한다

모든 여성은
다르지만 여성이
겪는 경험은
중복된다

여성성과 남성성은
동등하다
여성과 남성이
동등하듯이

를 바탕으로 "여성"과 "남성"의 의미에 관한 가정에 한층 더 깊이 의문을 제기하는 데서 시작된다.

1970년대로 거슬러 올라가기만 해도 시스젠더 페미니스트가 트랜스 페미니스트를 차별했다. 초기 사례가 1974년부터 1978년까지 여성 음반회사 올리비아 레코드(Olivia Records)에서 일한 사운드 엔지니어 샌디 스톤(Sandy Stone)에게 일어난 사건이다. 급진적 레즈비언 페미니스트 재니스 레이몬드(Janice Raymond)가 스톤이 트랜스젠더임을 알고 1976년 스톤의 정체를 "폭로"하려 했다. 그러나 올리비아 레코드는 이미 알고 있었기 때문에 스톤을 도왔다. 레이몬드는 굴하지 않고 공격을 계속해 1979년 "트랜스섹슈얼 제국 : 성 전환자 만들기(The Transsexual Empire: The Making of the She-Male)"라는 제

목으로 스톤을 공격하는 성명을 발표했다. 책에서 레이몬드는 "남성 에너지"를 동원해 여성의 공간을 "침입"했다며 스톤을 공격했다.

레이몬드의 공격에 맞서 스톤이 1991년 발표한 에세이 『제국의 역습The Empire Strikes Back』은 무엇이 트랜스 페미니즘이라 불리게 됐는가에 대한 대답을, 즉 트랜스 페미니스트가 자신을 위해 쌓은 학문적 성과와 펼친 사회운동이자 젠더와 상관없이 모든 사람이 가장 가치 있는 진정한 자아로 살 수 있을 미래에 대한 가능성을 높이기 위한 노력을 제시했다.

트랜스 페미니즘의 발전

케이트 본스타인(Kate Bornstein)은 초기 트랜스 페미니즘이론 탄생 과정에서 중

THE FIRST MAN

TO BECOME A WOMAN

크리스틴 요르겐센은 1950년대 초 미국 최초로 성전환 수술을 받은 사람이었다. 수술 이후 요르겐센은 젠더 문제에 관해 수없이 발언했다. 위 사진은 1970년 자신의 삶을 다룬 영화 개봉을 앞두고 언론 시사회에 참석한 요르겐센을 촬영했다.

> 트랜스 페미니즘은
> 서로 다른 환경에서 성장한
> 여성들이 서로를 지지하는
> 페미니즘 정치연합을 상징한다.
> 고야마 에미

논 바이너리 젠더

점점 많은 사람이 남성 아니면 여성이라는 범주에서 벗어나 자신의 젠더를 분명하게 표현하기 시작하면서 논 바이너리 젠더(non-binary gender, 자신을 남성 또는 여성으로 정의하지 않는 사람, 젠더 퀴어라고도 부름)라는 개념이 트랜스젠더와 성 소수자 옹호자에게 중요한 요소로 자리 잡았다. 논 바이너리 젠더에 속한 사람은 일반적으로 '이들(they)' 같은 중성 대명사를 사용한다. 다른 사람과 마찬가지로 논 바이너리도 자신을 남성이나 여성, 양성, 혹은 무성으로 표현할 수 있다. 논 바이너리는 어느 누구도 타인을 지칭할 때 어떤 대명사를 쓰는지 안다고 가정해서는 안 된다고 주장한다. 논 바이너리 젠더는 캐나다 원주민 공동체처럼 지역과 상관없이 항상 존재했다. 그러나 유럽에서 온 식민지 개척자가 젠더에 대한 원주민의 인식을 적극적으로 억눌렀다.

중요한 논 바이너리 트랜스젠더 페미니스트로 캐나다 음악가이자 저술가 라에 스푼(Rae Spoon), 미국 작가이자 사회운동가 마틸다 번스타인 시카모어(Mattilda Bernstein Sycamore), 인도계 미국인 구두 시 예술가 알록 바이드메논(Alok Vaid-Menon)이 있다.

추적인 역할을 한 인물이었다. 사회적으로 파장을 일으킨 책 『젠더 무법자Gender Outlaw』에서 본스타인은 자신이 겪은 경험과 남자아이로 성장하는 과정에서, 그리고 남자답다는 기준을 따르지 않는다는 이유로 처벌과 감시를 받는 과정에서 얻은 통찰을 토대로 남성과 여성을 둘러싼 젠더에 관한 사회규범을 탐구하고 이에 대해 의문을 던졌다. 본스타인의 글은 논 바이너리 젠더에 관한 이론을 수립하는 열쇠가 됐고 본스타인이 선보인 연기와 리얼리티 쇼 공연은 본스타인의 생각을 주류로 편입시켰다.

다큐멘터리 제작자인 수전 스트라이커(Susan Stryker)는 트랜스 페미니즘에서 중요한 역할을 한 또 다른 인물이다. 스트라이커는 트랜스 페미니즘의 토대를 닦은 수많은 글을 썼으며 2006년 『트랜스젠더 연구 읽기The Transgender Studies Reader』를 공동 편집해 한 해 최고의 성 소수자 작품에 수여하는 람다 문학상을 수상했다. 스트라이커는 2008년 150년에 걸친 미국 내 트랜스젠더 역사를 다룬 『트랜스젠더의 역사Transgender History』를 출간했다.

누가 특권을 누리는가?

2001년 여권 운동가 고야마 에미(Emi Koyama)가 『트랜스 페미니스트 선언The Transfeminist Manifesto』을 발표했다. 에미가 쓴 에세이는 "트랜스 페미니즘"이라는 용어를 널리 알리는 결정적인 역할을 했다. 트랜스젠더 여성은 남성의 특권을 누리며 성장했고 따라서 여성이 살면서 얼마나 고단한 싸움을 벌이는지 속속들이 알지 못한다는 페미니스트의 비난에 대한 대답으로 쓴 글에서 고야마는 페미니스트의 주장을 특권과 억압에 관한 더 큰 맥락에서 바라보았다. 고야마는 특권과 억압에는 여러 형태가 있으며 모든 페미니스트는 억압 받은 경험을 이야기하며 정당하다는 느낌을 받는 동

1994년 뉴욕에 거주하는 성 소수자 공동체가, 특히 유색인종이 직면한 문제에 대한 사회적 인식을 높이기 위해 오드리 로드 프로젝트(Audre Lorde Project)가 설립됐다. 사진에 촬영된 2016년 시위에서 오드리 로드 프로젝트가 트랜스젠더를 위한 정의에 특히 초점을 맞췄다.

> 내가 누구인지 밝히고
> 행복하게 잘 사는 일은
> 정치적 행위다.
> 라번 콕스

안 자신이 누리는 여러 가지 특권을 책임져야 한다고 주장했다. 고야마는 독자들에게 백인 시스젠더 여성이 특권을 누림을 일깨웠다. 고야마는 일부 트랜스젠더 여성이 남성으로서 특권을 누렸음을 감안했으나 트랜스젠더 여성이, 특히 빈곤계층과 노동자계급에 속한 유색인종 트랜스젠더 여성이 사회에서 직면한 여러 가지 억압에 초점을 맞추기도 했다.

고야마의 선언은 페미니스트가 신체 이미지를 두고 트랜스젠더 여성이 벌이는 싸움과 이들이 느끼는 성별 위화감(gender dysphoria, 출생 시 부여된 성별 때문에 느끼는 고통)을 페미니즘 문제로 인정해야 하며 트랜스젠더 여성을 향한 남성의 폭력과 시스젠더 여성을 향한 폭력을 동일시해야 한다고 지적했다. 고야마는 시스젠더 페미니스트가 재생산권을 얻기 위해 벌이는 투쟁과 트랜스젠더 여성이 의료서비스에서 신체 자율권을 얻기 위해 벌이는 운동에 유사점이 있음을 부각하기도 했다.

트랜스 페미니스트이자 미국 법학자인 스페이드는 실비아리베라 법률프로젝트(Sylvia Rivera Law Project, SRLP)를 설립했다. SRLP는 소득이나 인종과 상관없이 트랜스

젠더와 인터섹스(intersex, 남성과 여성을 구분하는 성적 특징을 모두 갖춘 사람), 성에 관한 규범을 따르지 않는 사람에게 무료 법률서비스를 제공하고 성차별과 맞서 싸울 때 경제적 정의가 필수라고 주장한다. 스페이드는 사회적으로 가장 소외된 계층인 트랜스젠더가 사는 불안정한 삶과 미국에서 가난한 흑인 트랜스젠더 여성이 얼마나 불균형한 비율로 학대나 살인을 경험하는지를 보이는 암울한 통계 자료에 관해 광범위하게 글을 썼다.

여배우 라번 콕스(Laverne Cox)나 세세 맥도널드(CeCe McDonald), 재닛 목(Janet Mock) 같은 미국에서 활동하는 유색인종 트랜스 페미니스트가 유색인종 트랜스젠더 여성이 겪는 폭력 문제를 다뤄야 한다고 목소리를 높였다. 유명인사라는 자신의 지위를 활용해 미국 사법제도의 악습에 반대하는 운동을 지지한 콕스는 2011년 자기방어 과정에서 자신을 공격한 남성을 칼로 찔러 중상을 입힌 뒤 19개월 간 복역한 양성애자 흑인 트랜스젠더 여성 맥도널드와 나눈 공개 대화에 참여했다. 2014년 맥도널드가 차별에 맞서 싸운 공로로 하비 밀크 성 소수자 민주 클럽이 수여하는 배야드 러스틴 인권상을 수상했다. ■

> 우리는 사람이
> 모두 똑같지 않을 것이라고
> 예상하는 법을 배워야 한다.
> 줄리아 세라노

줄리아 세라노

1967년 태어난 줄리아 세라노(Julia Serano)는 캘리포니아 주 오클랜드에 거주하는 페미니스트 작가이자 생물학자며 성 소수자 운동가다. 세라노는 생화학과 분자생물학에서 박사학위를 취득한 뒤 17년 동안 캘리포니아주립대학교 버클리 캠퍼스에서 근무하며 유전학과 진화, 발생생물학을 연구했다.

세라노가 2007년 발표한 『매 맞는 소녀Whipping Girl』는 페미니스트와 퀴어 무리 속에서 트랜스젠더 여성이자 레즈비언 여성으로서 자신이 겪은 긍정적이면서 부정적인 경험에 기반을 둔 책으로 21세기 트랜스 페미니즘 분야에서 중요한 역할을 했다. 〈미즈〉는 '역사상 최고의 비소설 서적 100권'에서 『매 맞는 소녀』를 16위로 꼽았다. 이해하기 쉬운 글과 젠더이론에 관한 과학적 통찰 덕분에 세라노가 젠더 연구 안팎에서 인기를 끌었다.

주요저서

2007년 『매 맞는 소녀』
2013년 『배제Excluded』
2016년 『거침없이 말하다 : 트랜스젠더 운동과 트랜스 페미니즘 10년 역사Outspoken : A Decade of Transgender Activism and Trans Feminism』

FIGHTING IN THE MO
2010 ONWARDS

SEXISM DERN DAY

현대의 성차별
반대 투쟁
2010년 이후

캐나다 학생들이
슬럿워크(여자들이 피해자 탓하기에
항의하려고 야한 옷차림으로 걷는
가두행진)를 시작한다.

영국의 페미니스트 로라 베이츠가
'일상 성차별 프로젝트(여자들이
자신의 성희롱 경험을 알리는
온라인 포럼)'를 시작한다.

『이슬람 여성들은 구원이 정말 필요한가?』에서
인류학자 라일라 아부루고드가
이슬람은 본래 반여성적이라는 생각에
이의를 제기한다.

2011년   **2012년**   **2013년**

━━━

2011년   **2012년**   **2013년**

영국의 저널리스트 로리 페니가
『식육 시장 : 자본주의 체제하의 여성
고기』에서 커리어 페미니즘은 여성해방에
이르는 길이 아니라고 비난한다.

런던의 한 온라인 강연에서
나이지리아의 소설가 치마만다 응고지
아디치에가 "우리는 모두 페미니스트가
되어야 합니다"라고 권고한다.

페이스북 최고운영책임자 셰릴
샌드버그가 『린인』에서 여자들에게
직장생활에서 주도권을
잡으라고 촉구한다.

페미니즘은 2010년대에 활기를 되찾았다. 성적 학대에 대한 격렬한 항의, 성별 임금격차를 둘러싼 논쟁, 2016년 도널드 트럼프의 미 대통령 당선에 뒤따른 가두시위는 페미니즘이 아직 건재함을 보여주었다. 상당수가 밀레니얼 세대인 여자들은 홍보와 관계망 형성을 위해 소셜미디어를 십분 활용하며 한 번 더 투쟁에 뛰어들었다.

제4세대

2012년경에는 제4세대 페미니즘 운동이 진행 중이었다. 그 운동을 추진한 젊은 여자들은 페미니즘의 언어가 이미 잘 확립된 사회에서 살고 있었지만, 자신이 기대한 양성평등이 자신의 경험과 부합하지 않았기에, 소셜미디어와 블로그를 이용해 그런 문제를 이야기했다. 페미니즘 웹사이트와 블로그가 급증한 덕분에 갖가지 생각이 급속도로 퍼져 나갈 수 있게 되었다. 2012년에 영국의 페미니스트 로라 베이츠는 '일상 성차별 프로젝트'를 시작했는데, 이는 여자들이 일상 속의 성차별 경험을 공유할 수 있는 온라인 포럼이다. 페미니스트들은 해시태그 운동에도 관심을 기울여, 페이스북, 트위터 등의 소셜미디어 사이트를 통해 정보를 퍼트리는 한편, 나이지리아 북부의 보코하람에 납치된 여학생들의 귀환을 요구하는 '#BringBackOurGirls' 같은 운동에 대한 인식을 높이기도 했다. 2017년과 2018년에 미투운동과 타임즈업 운동에서는 영화계, 문화계, 산업계 등 여러 분야의 성학대 가해자들을 거명하며 망신시켰다.

젊은 페미니스트들은 소셜미디어에서 성차별·성학대 사례를 폭로하는 데 주력했지만, 비교적 나이 많은 여자들 중 일부는 페미니즘의 바람직한 현대적 의미가 무엇일지 묻기 시작했다. 영국의 방송인 케이틀린 모런과 나이지리아의 작가 치마만다 응고지 아디치에는 21세기에 페미니즘은 그야말로 상식이라고 주장했다. 그들은 모든 여자와 모든 남자가 페미니스트가 되어야 한다고 말했다.

오래된 문제와 불평등

일부 여자들은 양성 간의 협력을 장려하는 새로운 종류의 페미니즘을 제안했지만, 이중 잣대와 피해자 비난이라는 오래된 문제가 여전히 만연해 있음은 명백했다. 2011년에 캐나다에서 한 경찰관이 여학생들에게 강간당하고 싶지 않으면 '잡년(slut)'처럼 입고 다니지 말아야 한다고 충고하자, 캐나다의 페

페미니스트 로즈마리 갈런드 톰슨이
『장애를 포용하는 세상 만들기』라는
글에서 여성 장애인들이 당하는
이중 차별을 지적한다.

2015년

저술가이자 운동가 제사 크리스핀이
『그래서 나는 페미니스트가 아니다 :
색다르고 과감한 페미니스트 선언』이라는
제4세대 페미니즘 비평서를 출간한다.

2017년

사우디아라비아 여성들이 자동차를
운전할 권리를 얻는다.
사우디아라비아는 세계에서 가장
늦게 여성 운전권을 허가한 나라다.

2018년

2014년

나이지리아 북부의 테러조직 보코하람에
납치된 여학생들의 귀환을 요구하는
'#BringBackOurGirls(우리딸들을돌려달라)'
운동이 시작된다.

2017년

미국 배우 알리사 밀라노가 트위터에서
여자들에게 각자의 성학대·성희롱
경험에 대한 글을 올리라고 권하며
'미투운동'(#MeToo)을 제안한다.

미니스트들은 야한 옷차림으로 '슬럿워크'라는 가두행진을 처음 벌여, 법정과 경찰 등이 강간을 피해자의 외모나 행동 탓으로 돌리는 잠재적 움직임에 항의했다. 세계 곳곳에서 그와 비슷한 슬럿워크가 벌어졌다.

라틴아메리카와 캐나다의 페미니스트들은 원주민 여성 살해에 반대하는 운동을 벌이며, 남자가 여자를 죽이는 그런 살인을 지칭하기 위해 '여성 살해(femicide)'라는 용어를 도입했다. 그들은 여성 살해는 기존 통념과 달리 개별적 사건이 아니라 가부장적 공격성이 표출된 것이라고 주장했다.

양성평등을 위한 투쟁도 계속되었다. 많은 여자들이 평등권 운동을 위해 아직도 직면하는 위험이 부각된 것은 2012년에 당시 15살이던 파키스탄의 운동가 말랄라 유사프자이가 탈레반에 반대하는 글을 블로그에 쓴 후 스쿨버스에서 탈레반 무장괴한의 공격으로 머리에 총을 맞았을 때였다. 유사프자이는 그런 총격을 받고도 살아남아 세계 여성 교육을 위해 싸우기 시작했다.

2018년에 사우디아라비아(여성의 자동차 운전이 아직 금지되어 있던 유일한 나라였다)의 여자들은 30년 가까이 자신들의 주장을 제기한 끝에 운전권을 얻었다. 한편 서양의 페미니스트들은 지속적 성별 임금격차에 대해 재개된 항의에 참여하며, 여자들이 이미 동일노동 동일임금을 달성했다는 통념에 이의를 제기했다. 페미니스트들은 남녀 간의 임금 불평등뿐 아니라 백인여성과 유색인 여성 간의 임금 불평등도 부각시켰다. 그런가 하면 페이스북 최고운영책임자 셰릴 샌드버그 같은 여자들은 직장여성들에게 정상에 오르고 싶으면 '적극적으로 달려들어' 주도권을 잡으라고 촉구했다.

새로운 목소리

페미니즘의 포용성도 주목을 받았다. 1980년대 말에 처음 제시되었던 생각들을 기반으로 미국의 저술가 로즈마리 갈런드 톰슨은 장애인 여성들이 페미니즘 담론에서 배제되어왔다고 주장했다. 한편 계속 진행 중인 트랜스 여권 투쟁에서 미국의 운동가 줄리아 세라노 같은 트랜스 포용적 페미니스트들은 트랜스 여성들이 여성운동의 필수 요소가 되게 하려고 힘썼다. 다양한 사회 집단의 그런 운동들은 다음 세대 페미니즘의 주제 범위를 넓혀 훨씬 폭넓은 사회 변화를 추구하는 운동이 일어나게 할 잠재력을 품고 있다. ■

어쩌면 제4세대는 온라인일지도 모른다

페미니즘의 온라인화

맥락읽기

인용출처
제시카 발렌티(2009년)

핵심인물
제시카 발렌티

이전 관련 역사
1750년대 : 영국에서 블루스타킹라는 여성단체가 지적인 논의를 위해 서로의 집에 모인다.

1849~1858년 : 미국 최초의 페미니즘 잡지 〈릴리〉가 뉴욕주 세니커폴스에서 아멜리아 블루머의 편집으로 8쪽짜리 월간지로 발행된다.

1967년 : 뉴욕 곳곳에서 의식 고양 모임이 생겨나, 여자들이 소규모로 모여 각자의 경험에 대해 이야기한다.

이후 관련 역사
2018년 : 미투운동이 확산된다. 미국에서 학교 성범죄 반대 단체가 미투케이트웰브 운동을 일으킨다.

1990년대의 인터넷 발달은 대다수 사회운동의 성장, 가시성, 체계, 전략에 지대한 영향을 미쳤는데, 페미니즘 또한 그런 운동 중 하나였다. 2010년대 초에는 새로운 제4세대 페미니즘이 전개되고 있다는 이야기가 나도는 가운데, 페미니즘 블로고스피어(블로그를 통해 커뮤니티나 소셜네트워크처럼 서로 연결되어 있는 모든 블로그들의 집합)가 미묘하고 기민한 신세대 페미니즘 담론·운동의 토대를 마련했다.

새로운 요구

제4세대 페미니스트들은 제3세대의 교차성 통찰과 성 긍정주의에 기반하며 이들

제시카 발렌티

유명한 페미니즘 웹사이트 페미니스팅의 공동 창립자이자 여러 책의 저자인 제시카 발렌티는 1978년 뉴욕의 한 이탈리아계 미국인 가정에서 태어났다. 그녀는 뉴욕주립대학 퍼처스 칼리지에서 저널리즘 학사학위를 받고 러트거스대학에서 여성학·젠더학 석사학위를 받았다.

러트거스대학을 졸업하고 2년 후에 발렌티는 전미여성기구 법적 대응 자금관리부에서 일하면서 여동생과 함께 획기적인 웹사이트 '페미니스팅(Feministing.com)'을 만들었다.

2014년부터 〈가디언〉의 칼럼니스트로도 활동해온 발렌티는 뉴욕 브루클린에서 남편과 딸과 함께 살고 있다. 2016년에 그녀의 책

『성적 대상Sex Object』은 뉴욕타임스 베스트셀러이자 NPR 베스트북이었다.

주요저서

2007년 『처음 만나는 페미니즘Full Frontal Feminism』

2008년 『예스는 예스라는 뜻Yes Means Yes!』

2009년 『순결 신화 : 처녀성에 대한 미국의 강박 관념이 어떻게 젊은 여자들에게 상처를 주고 있나The Purity Myth : How America's Obsession with Virginity is Hurting Young Women』

을 자기네 정치 철학·행동의 핵심 원리로 삼았다. 주로 밀레니얼 세대(2000년경에 성년이 된 세대)와 'Z세대'(1990년대 중반~2000년대 중반에 태어난 세대)로 구성된 제4세대 페미니스트들은 보통 제2, 3세대 페미니즘의 수혜자들이 양성평등을 가르쳐주는 문화와 가정에서 자라났다. 양성 간 관계가 불평등하다는 사실을 깨달으면 제4세대 페미니스트들은 자기들이 아직도 정의를 위해 싸워야 한다는 데 충격을 받는다. 그에 대응해

요즘 트위터와 텀블러를 이용하며 자라는 십 대 소녀들 중 일부는 페미니즘의 언어와 개념들을 완벽하게 이해하고 있다.

키라 코크런

온라인 페미니즘 기사와 트위터로 무장한 그들은 자신이 페이스북에서 참여한 항의 운동에 대해 실시간 트윗과 실시간 인터넷 방송으로 사람들에게 알린다.

페미니즘이 온라인 입소문을 타다

2004년에 미국의 페미니스트 제시카 발렌티와 여동생 버네사 발렌티는 페미니즘과 여성의 다양한 목소리를 이어주기 위해 페미니즘 웹사이트 '페미니스팅'을 만들었다. 발렌티의 비전에 따라, 성장 중인 블로고스피어의 온갖 새로운 수단을 도입한 그 사이트에는 시사문제 연구와 심층분석을 전문으로 하는 블로그, 각 기사의 댓글난, 회원들이 관심 주제를 탐구할 수 있는 토론 포럼이 포함되었다.

페미니스팅은 페미니스트 문제를 가시화하는 데 도움을 주었다. 인터넷은 접근성을 높이며, 배경이 서로 다른 세계 각지의 이용자들을 한데 모았다. 페미니즘이 젊은 여자들에게도 여전히 중요하며 필요하다는 것을 페미니스팅은 두말없이 인정했고, 이는 그 웹사이트에서 모든 콘텐츠의 밑거

름이 되었다. 영국 신문 〈가디언〉의 위대한 여성 100인 목록에 이름을 올린 제시카 발렌티의 프로필에 따르면, 발렌티는 페미니즘의 온라인화에 기여했다.

페미니스팅이 문을 연 이후 셀 수 없이 많은 페미니즘 운동 사례가 인터넷을 통해 구체화되어왔다. 2005년에 뉴욕에서 창립된 노상 성희롱 반대 플랫폼 '홀라백!'은 성희롱당한 여자들이 자신의 이야기와 가해

페미니스팅닷컴의 로고에서는 매력적인 젊은 여성의 정형화된 이미지를 뒤엎는다. 로고 속의 여성은 관습대로라면 자신이 상징해야 할 성차별적 미의 기준을 도리어 손짓으로 가리키고 있다.

> 페미니즘이 강력하지 않다면,
> 페미니즘의 영향력이 크지 않다면,
> 사람들이 페미니즘을 깔아뭉개는 데
> 시간을 그렇게나 많이 쏟진 않을 것이다.
> **제시카 발렌티**

자 사진을 올려 해당 사건을 폭로할 수 있게 해왔다.

2011년에 미국의 흑인 퀴어 페미니스트 소냐 러네이 테일러는 페이스북에 어떤 게시물을 올렸는데, 104kg의 테일러가 검은색 코르셋을 입고 자신의 활력과 성적 매력을 확실히 보여주는 그 게시물은 큰 호응을 얻었다. 그 후 테일러는 '몸은 사괏거리가 아니다(The Body Is Not An Apology)'라는 온라인 운동을 일으켰다. 그것은 소외된 사람들에 대한 '몸 테러리즘'에 맞서 역량 증진과 자기애를 추구하는 운동이었다. 그 운동의 핵심 요소 중 하나는 동명의 온라인 페미니즘 잡지인데, 그 잡지에는 전 세계 저술가들이 쓴 글이 실린다. 2018년에 테일러는 『몸은 사괏거리가 아니다 : 급진적 자기애의 힘』이라는 책도 펴냈다.

2015년에 잡지 〈틴 보그〉는 주안점을 바꿔 젊은 여자들과 소외된 젠더의 사람들을 위해 명백히 페미니즘적으로 사회 정의를 지향하는 곳이 되겠다고 발표하면서 화제가 되었다. 그 잡지는 시사·정치면을 추가했는데, 그 면은 2017년경에 연예면보다 조회 수가 많았다. 독자들은 열띤 반응을 보여왔다. 그 웹사이트는 2015년과 2017년 사이에 온라인 트래픽이 226퍼센트 증가했다.

해시태그 운동

제4세대 페미니즘의 배경은 2008년 금융 붕괴 후 정치·사회 환경이 급변하고, 정부의 긴축 정책이 소외계층에 영향을 미치고, 소셜미디어가 부상하는 가운데 2010년 '아랍의 봄'에서 2011년 미국의 월가 시위에 이르기까지 다양한 사회운동이 일어난 상황이었다. '해시태그 운동'(2011년 〈가디언〉지의 한 기사에서 만들어진 용어)의 발흥은 확고하게 제4세대 페미니즘의 일부가 되었다. 해시태그 운동에서는 온라인 참여를 유도하는 인식가능한 문구를 해시태그로 만들어 사용한다. 그렇게 하면, 해당 운동단체의 지지자들은 해당문구가 쓰인 모든 게시물이 종합된 트위터 업데이트를 시시각각 확인할 수 있다. 이 단체들은 해시태그를 이용해 정보를 퍼트리기도 하고, 시위 사진을 공유하기도 하고, 부당행위를 '실시간'으로 생중계하며 지지자들에게 그 영상을 공유하라고 권하기도 한다. 지금까지 그런 전략은 사회정의 문제를 널리 알리는 데 효과적이었는데, 이는 인터넷상의 트윗, 동영상, 사진이 수천 번에서 수백만 번까지도 조회되고 공유되기 때문이다.

해시태그 운동의 예는 아주 많다. 2009년 이란 대선 때 네다 아가솔탄이 반정부 시위 후 총에 맞아 죽은 뒤에는 해시태그 '#Neda'가 "가장 많이 조회된" 해시태그로 유행하기 시작했다. 나이지리아에서는 2014년에 여학생 276명이 테러조직 보코하람에 납치됐을 때 페미니스트들이 그 사건을 널리 알리려고 '#BringBackOurGirls(우리딸들을돌려달라)'를 사용했다. 미국에서는 '#BlackLivesMatter(흑인의목숨도중요하다)'가 경찰의 인종차별 만행에 직면한 흑인들의 곤경에 대한 관심을 불러일으키고 있다. 해시태그 '#BlackTransLivesMatter(흑인트랜스젠더의목숨도중요하다)'는 '흑인의 목숨도 중요하다' 운동의 지지자들이 흑인 트랜스젠더(특히 저소득 흑인 트랜스 여성)들의 살해에 대한 인식을 높이기 위해 사용해왔고,

성희롱 의혹을 받고 있던 트럼프의 2017년 대통령 취임에 미국 여성들이 항의하고 있다. 이 가두행진은 전 세계적인 항의운동의 일환이 되었다.

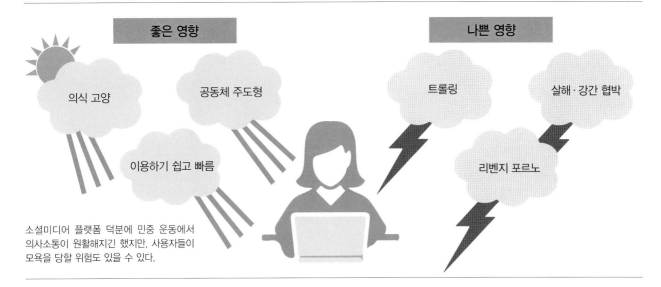

소셜미디어 플랫폼 덕분에 민중 운동에서 의사소통이 원활해지긴 했지만, 사용자들이 모욕을 당할 위험도 있을 수 있다.

'#SayHerName(그녀의이름을말하라)'은 경찰과 접촉 중에 사망한 흑인여성들에게 초점을 맞춘다.

미투

미투운동은 제4세대 페미니즘에서 해시태그 운동을 이용한 또 다른 유명 사례다. 원래 2006년에 미국에서 흑인 페미니스트 타라나 버크가 소외된 성범죄 생존자들을 위해 시작했던 그 운동은 트위터에서 '#MeToo' 해시태그 운동으로 전개되며 성범죄의 정도에 대한 대중의 인식을 높이고 성폭력 가해자들에 대한 책임 추궁을 요구했다. 2017년부터 미투운동은 전 세계로 퍼져 나갔고, 그 문구는 여러 언어로 번역되었다.

미투운동이 대중문화에 워낙 큰 영향을 미치게 되다 보니 〈타임〉지는 2017년 '올해의 인물'로 '침묵을 깬 사람들 : 한 운동을 일으킨 목소리들'을 꼽았다. 그 기사는 여러 여성의 이야기를 부각했는데, 그중에는 버크와 미국 배우 로즈 맥고언, 알리사 밀라노 같은 유명하고 강경한 지지자들도 있었고 성추행과 성폭력에 맞서 싸우는 '일반인' 여자들도 있었다.

그렇게 가시성이 높아진 결과로, 성폭력을 당했다는 주장이 사회에서 좀더 진지하게 받아들여지고 있다. 유죄 판결이나 혐의를 받은 예술·미디어·스포츠·정치계의 가해자들은 자신의 행동에 뒤따른 심각한 대가에 직면해야 했다.

사이버 폭력

미투 시대는 부정적인 면도 있다. 인터넷상에서 여자들, 특히 유색인 여성처럼 소외된 여자들은 트롤링(증오심을 불러일으키려고 도발적 메시지를 올리는 짓), 강간·살해 협박,

남자를 부를 때 쓸 수 있는 가장 나쁜 표현은 계집애(girl)다. 여자라고 하는 것이 최악의 모욕인 셈이다.
제시카 발렌티

신상털기를 당할 수 있다.

해커가 특정 여성의 누드 사진이나 동영상을 입수한 후 당사자 몰래 혹은 허락 없이 인터넷에 올려 여러 사람이 보게 하는 리벤지 포르노 또한 사이버 폭력 전술 중하나다. 그런 방법은 폭력적인 남자들이 전 여자친구를 이용하고 망신시킬 목적으로 사용하기도 하고, 여성을 혐오하는 남자들이 페미니스트인 유명인에게 복수하기 위해 사용하기도 한다(2017년에 영국 배우 에마 왓슨도 그런 일을 당한 바 있다).

덴마크계 스웨덴인 강사이자 잡지 편집자인 엠마 홀텐은 2011년에 누드 사진이 유출되어 인터넷에 올라간 후 리벤지 포르노 반대 운동가가 되었다. 그 사건에 대응해 그녀는 '승낙'이라는 프로젝트에서 일련의 자기 누드 사진을 직접 발표했다. 홀텐은 그 후 리벤지 포르노 및 온라인 권리와 관련하여 다른 운동 프로젝트를 창안하며 강연도 해왔다.

각국 정부는 리벤지 포르노가 사람들의 삶에 미치는 영향을 서서히 깨닫고 있다. 미국의 대다수 주와 영국, 캐나다, 뉴질랜드, 일본 등의 몇몇 나라들은 근래에 리벤지 포르노를 불법화하는 법을 도입했다. ∎

페미니즘은 성 노동자들이 필요하고 성 노동자들은 페미니즘이 필요하다

성 노동자 지지하기

맥락읽기

인용출처
feministfightback.org.uk

핵심인물
캐럴 리

이전 관련 역사
1915년 : 캐나다에서 전 매춘부 마이미 핀저가 성 노동자들이 모여 어울릴 수 있는 아파트 '친구 없는 여자들을 위한 몬트리올 미션'을 개설한다.

1972년 : 프랑스 리옹의 성 노동자들이 유럽 성 노동자 권리 운동을 시작한다.

2001년 : 성 노동자 권리 운동에서 빨간 우산을 성 노동자 권리의 세계적 상징으로 도입한다.

이후 관련 역사
2016년 : 국제사면위원회가 성 노동자 권리의 보호에 대한 연구결과를 발표하며 합의하의 성 노동은 해금하도록 권고한다.

1970년대에 한 회의에서 '성(性) 노동'이란 용어를 처음 쓴 캐럴 리는 그 말이 매춘부라는 말보다 성 노동자들의 품위를 좀더 높여주며, 그것이 그들을 위한 움직임의 발단이 되길 바랐다. 미국의 한 성 노동자 권리 운동가는 성 노동자의 역할을 상거래 중개자로 규정하고자 했다.

캐럴 리 덕분에 어느 정도는 성 노동이 노동자에게 경제적 기회와 재정적 자립성을 제공하는 정당한 형태의 노동이라는 개념이 주류 사회에서 받아들여지고 있다. 하지만 성 노동에 자발적으로 종사하는 사람들은 아직도 부정적 인식에 직면하며, 다른 분야의 노동자들과 같은 자격(안전한 근로환경에서 일할 자격 등)을 얻는 데 애를 먹고 있다. 일단의 페미니즘 운동가들은 헤퍼 보이는 여자를 비난하고 피해자를 탓하는 문화가 사라지길 바라며, 육체적 자율성을 되찾고 자신에게 적합한 선택을 하는 해방된 개인이라는 개념을 널리 확산시키고 있다.

제3, 4세대 성 긍정주의 페미니스트들은 대체로 성 노동자의 권리를 지지하고 옹호하지만, 급진 페미니스트들 중 일부는 페미니즘과 성 노동이 상호 배타적이라고 믿는다. 미국의 캐슬린 배리와 영국의 줄리 빈델 같은 폐지론자들은 성 노동을 '유료 강간'에 해당하는 학대로 규정하며, 그런 일을 종식시키기 위해 운동을 벌이고 있다. 반면에 미국의 마고 세인트 제임스와 노마 진 알모도바르 같은 성 노동자 포용적 페미니스트들은 성 노동을 완전히 없애버리지 말고 성 노동자들에게 힘을 실어주고 노동 시장에서 정당한 지위를 부여하자는 운동을 하고 있다. ■

성 노동은 우리의 지위로 우리를 규정하는 표현이 아니라 우리가 하는 일을 인정해주는 표현이다.
캐럴 리

참조 : • 성별에 따른 이중 잣대 78~79쪽 • 강간이라는 권력남용 166~171쪽 • 반포르노그래피 페미니즘 196~199쪽 • 섹스 긍정주의 234~237쪽

내 옷차림은 내가 승낙한다는 표시가 아니다

피해자 비난 종식시키기

맥락읽기

인용출처
슬럿워크 토론토(2011년)

핵심인물
슬럿워크

이전 관련 역사
1971년 : 미국의 심리학자 윌리엄 라이언이 아프리카계 미국인들이 인종차별을 당하면서 도리어 그 책임을 뒤집어쓰는 현상을 가리키기 위해 '피해자 비난하기'라는 용어를 만든다.

1982년 : 캐나다에서 강간피해자보호법안이 통과되어, 성범죄 사건에서 피고가 피해자의 불확실한 성적 과거사를 증거로 사용할 수 없게 된다.

이후 관련 역사
2012년 : 델리에서 버스에 타고 있던 23세의 여성이 윤간과 학대를 당해 죽자 인도와 세계 곳곳에서 항의 시위가 일어난다.

페미니스트들은 여자들이 성폭력을 당하고 도리어 그 책임을 뒤집어쓰는 현상을 오래전부터 비판해왔다. 미국의 저널리스트 레오라 태넌바움은 1999년 작 『슬럿! : 오명을 뒤집어쓰고 성장하는 여성』에서 여성 성폭력 생존자들이 '착한 피해자'와 '못된 피해자' 둘 중 하나로 분류되는 방식을 상세히 설명한다. '못된 피해자'로 간주되는 생존자들은 옷차림이 '난잡'하다거나, '충분히' 저항하지 않았다거나, 성욕이 워낙 왕성해서 '절대 강간 피해자가 아니'라는 평가를 받는 사람들이다.

슬럿워크

2011년에 캐나다에서 소냐 바넷, 헤더 자비스 등이 창시한 슬럿워크는 성폭력 피해자 비난에 항의하는 가두행진이다. 그 행진에서는 '슬럿(slut: 잡년)'이라는 말을 재활용해, 여자들이 심판받지 않고 성적 자유를 누릴 권리를 선언한다. 시위자들은 성 긍정주의 피켓을 들고, 워크숍을 열고, 생존자의 입장에 대해 공개적으로 말한다. 하지만 일부 페미니스트들은 슬럿워크에서 '슬럿'이

2011년에 스코틀랜드 글래스고에서 시위자들이 슬럿워크 가두행진에 참여하고 있다. 여성의 옷차림은 강간의 구실이 될 수 없다고 주장하는 슬럿워크는 이제 세계적인 운동이다.

란 말을 재활용하는 것과 시위자들이 노출심한 옷을 입는 것을 비판한다. 예를 들면, 아프리카계 미국인 페미니스트들은 자신들이 노예제도하에서 성적 대상화를 당했던 역사와, 결과적으로 자신들이 '슬럿'이라는 말에 대해 느끼는 거북함이 그 운동에서 고려되지 않고 있다고 불평한다. 자주 경찰 폭력의 표적이 되는 여자들(흑인여성, 이민 여성, 트랜스 여성, 성 노동자 등)도 경찰과의 긍정적 관계를 회복하려는 운동에 내재하는 백인 특권에 대해 회의적이다. ■

참조 : • 성별에 따른 이중 잣대 78~79쪽 • 강간이라는 권력남용 166~171쪽 • 흑인 페미니즘과 우머니즘 208~215쪽 • 캠퍼스 성폭력 반대 투쟁 320쪽

여성성은 하나의 브랜드가 되었다

반자본주의 페미니즘

맥락읽기

인용출처
로리 페니(2011년)

핵심인물
로리 페니, 캐시 위크스, 제사 크리스핀

이전 관련 역사
1867년 : 카를 마르크스가 『자본론』 제1권을 출간한다. 그 책에서 그는 자본주의가 결국은 누구에게도 득이 되지 않고 붕괴할 것이라고 주장한다.

이후 관련 역사
2013년 : 페이스북 중역 셰릴 샌드버그가 『린인』에서 여자들에게 직장에서 성공하는 법에 대해 조언한다.

2017년 : 여성의 기업 리더십을 기리기 위해 뉴욕 월가에 '두려움 없는 소녀' 동상이 세워진다. 그 일은 반자본주의 페미니스트들의 비판을 받는다.

자유주의 페미니스트들은 대체로 경제 발전을 통한 여성 역량 증진을 꾀하지만('커리어 페미니즘'), 반자본주의 페미니스트들은 자본주의가 엄청난 소득 격차를 낳으며 여성의 종속적 지위를 굳히는 실패한 경제 체제라고 주장한다.

2011년 작 『식육시장 : 자본주의 체제하의 여성 고기』에서 영국의 저널리스트 로리 페니는 자유주의 페미니즘, 커리어 페미니즘, 소비지상주의가 결코 여성해방에 이

한 여성 자영업자가 가죽상품을 만들고 있다. '커리어 페미니스트'들은 가부장제의 간섭에서 벗어난 이런 자율성이 양성평등에 이르는 길이라고 본다.

르는 길이 아니라고 맹비난한다. 마르크스주의론, 외설문화에 대한 아리엘 레비의 비평, 슐라미스 파이어스톤과 줄리아 세라노 같은 페미니스트들의 분석을 바탕으로 페니는 자본주의가 어떻게 여자들의 몸을 (특

참조 : ▪ 마르크스주의 페미니즘 52~55쪽 ▪ 여성 노동조합 결성 160~161쪽 ▪ 핑크칼라 페미니즘 228~229쪽 ▪ 적극적으로 달려들기 312~313쪽 ▪ 임금격차 318~319쪽

> 여자들은 자신의 육체에서
> 멀어지는 가운데 자기 젠더의 기본을
> 구매하라는 요구를 받고 있다.
> 로리 페니

히 성 고정관념의 강화를 통해) 상품으로 바뀌 놓으며 남녀 간의 불공평한 분업 방식이 존속하는 가정 영역에 영향을 미치는지 강조한다. 자본주의의 여성성 상품화를 보여주는 일례는 '핑크 택스'다. 그 부가 요금 때문에 여자들에게 꼭 필요한 상품이 남자용 필수품보다 비싼 것인데, 이런 불균형은 여자들이 남자들보다 쓸 돈이 적게 하는 성별 임금격차 때문에 악화된다.

새로운 접근법

미국의 학자 캐시 위크스는 2011년 작 『우리는 왜 이렇게 오래, 열심히 일하는가?』에서 페니보다 더 멀리 나아갔다. 그녀는 마르크스주의와 페미니즘운동이 유급 노동을 주된 소득분배 방법으로 받아들이는 과오를 범해왔다고 주장한다. 그 대신 그녀는 대담하게 '탈노동' 사회를 요구한다. 그것은 국가의 지원을 받는 남자와 여자들이 자신을 위해 생산·창작 활동을 함으로써 문화를 더 풍요롭게 만드는 사회다. 위크스에 따르면 노동은 그 존재 자체가 문제시될 수 있고 또 그래야 마땅한 제도다.

같은 미국 저술가인 제사 크리스핀은

2017년 작 『그래서 나는 페미니스트가 아니다 : 색다르고 과감한 페미니스트 선언』에서 '라이프스타일 페미니즘', 즉 급진적 집단투쟁보다 개개인의 선택에 치중하는 페미니즘을 비판한다. 자유주의 페미니즘과 반자본주의 간의 그런 갈등은 2016년 미국 대선 민주당 후보 경선 기간에 분명히 드러났다. 힐러리 클린턴의 자유주의 페미니즘 의제는 버니 샌더스의 이른바 고무적인 사회주의를 겨냥한 것이었다.

그런가 하면 일부 페미니스트들은 대안적인 비기업 조직을 만들기 위해 노력함으로써 자본주의를 거부한다. 미국에서 시카고의 비영리 단체 '우먼 메이드 갤러리'는 남자들이 계속 지배하는 분야의 여성 예술가들을 지원한다. 뉴욕주 세니커폴스의 '우먼메이드 프로덕츠'는 여자들이 만든 상품의 판매를 전문적으로 하며, 이윤으로 사회적 책임감이 있는 단체들의 재정을 지원한다.

새로워진 운동

2008년 세계적 금융위기가 발생하고 그 다음에 정부가 긴축 정책을 실시한 이후 반자본주의 페미니즘은 활기를 되찾았다. 반자본주의자들이 뉴욕 금융지구에 진을 친 2011년 월가 시위 때, 자본주의 해체를 요구하는 여성 워킹그룹들이 미국 전역의 여러 도시에서 생겨났다. 1년이 채 지나지 않아 그런 생각이 전 세계로 퍼지면서 80여 개 국에서 그런 점거운동이 일어나게 되었다. 하지만 점거운동을 남자들이 제멋대로 이용해왔으며 그 시위 캠프가 여자들에게 안전하지 않다는 불평도 있었다. ■

핑크 택스

똑같은 상품이라도 '여성'용은 남성용보다 비싼 경향이 있다. 이는 핑크 택스 혹은 핑크 프리미엄이라고 불린다. 뉴욕시 소비자보호위원회(DCA)의 2015년 보고서 「요람에서 지팡이까지 : 여성 소비자로서 치르는 대가」에 따르면, 비슷한 상품이라도 여성용은 남성용보다 평균적으로 7퍼센트 더 비쌌다. 구체적으로 보면, 여성용 장난감은 7퍼센트, 의류는 8퍼센트, 개인 미용·위생용품은 13퍼센트, 고령자 건강관리용품은 8퍼센트 더 비쌌다.

오스트레일리아, 영국, 캐나다, 미국의 여성들은 이른바 '탐폰세'에 반대하는 운동을 해왔다. 그것은 필수 건강용품인 탐폰을 사치품으로 간주해 부과한 세금이다. 지금까지는 캐나다만 (2015년에) 그 세금을 없앴다.

면도기에서 스쿠터에 이르기까지 여성을 겨냥한 핑크색 상품들은 대체로 남성용으로 디자인된 어두운 색의 똑같은 상품보다 비싸다.

우리는 모두 페미니스트가 되어야 합니다

보편적 페미니즘

맥락읽기

인용출처
치마만다 응고지 아디치에(2012년)

핵심인물
케이틀린 모런, 치마만다 응고지 아디치에, 제사 크리스핀

이전 관련 역사
2000년 : 미국의 페미니스트 우상 벨 훅스가 『모두를 위한 페미니즘』에서 페미니즘은 여자와 남자 모두에게 이롭다고 주장한다.

2004년 : 미국에서 제시카 발렌티가 젊은 페미니스트들이 젊은 페미니스트들을 위해 만들어가는 웹사이트 페미니스팅닷컴을 창설한다.

이후 관련 역사
2016년 : 미국의 연예잡지 〈빌보드〉가 비욘세의 앨범 〈레모네이드〉를 '획기적인 흑인 페미니즘 작품'이라고 평한다.

2017년 : 성 고정관념에 이의를 제기하는 이야기들을 실은 『굿 나이트 스토리즈 포 레벨 걸스』가 미국에서 출간된다.

'페미니즘'이란 말을 되찾아야 한다.
우리는 '페미니즘'이란 말이
또다시 절실히 필요하다.
케이틀린 모런

페미니스트의 자격은 무엇일까?

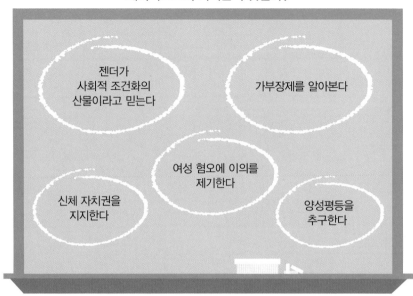

- 젠더가 사회적 조건화의 산물이라고 믿는다
- 가부장제를 알아본다
- 여성 혐오에 이의를 제기한다
- 신체 자치권을 지지한다
- 양성평등을 추구한다

20００년대 말에 인터넷, 특히 페미니즘 블로고스피어의 페미니즘 담론에서는 아주 큰 동요가 일어났다. 어떤 여자들은 '포스트 페미니즘적' 관점을 취해, 여성 해방 투쟁이 여성의 승리로 끝나서 이제 여자들이 자신의 운명을 선택할 수 있다고 보았다. 그들은 페미니즘이 남자들에게 너무 적대적이며 대다수 여성의 삶과 무관하다고 주장했다. 다른 페미니스트들은 그런 관점이 아직 힘겹게 살고 있는 여자들의 요구를 무시하는 이기적인 시각이라고 맹렬히 비난했다. 그들은 여자들에게 제2세대 페미니스트들의 급진주의를 기억하라고, 힘을 합쳐 전 세계 여성 억압의 원인인 가부장제를 해체하라고 촉구했다. 한편 강경한 페미니즘 비판자들은 지난 수십 년간 그래왔듯이 페미니즘이란 여자들이 남자들을 지배하려는 시도에 불과하다는 견해를 표명했다.

인터넷상에서 그런 동요가 한창 일고 있을 때 유명한 몇몇 여성들은 페미니즘을 하나의 상식으로서 널리 알리기 시작했다. 페미니즘에 대한 자신의 생각을 정제해 양성 평등이라는 기본적인 자유주의 모토에 담아낸 그들은 이런 질문을 던졌다. "누가 페미니스트가 되지 않으려 하겠는가?" 그들은 자신이 페미니스트라고, 다른 사람들도 모두 페미니스트가 되어야 마땅하다고 선언했다. 이런 종류의 페미니즘을 지지하는 사람으로는 영국의 저술가이자 문화 비평가인 케이틀린 모런과 배우 에마 왓슨, 미국의 전 영부인 미셸 오바마, 나이지리아의 작가 치마만다 응고지 아디치에 등이 있었다.

하나의 상식

케이틀린은 2011년에 펴낸 회고록 『진짜 여자가 되는 법』에서 유머를 사용해 페미니즘이 기본상식이라는 생각을 제시한다. 학자들이 쓴 여러 책들은 이론적이고 난해한 부분이 많을 수 있지만, 모런은 그 책에서 페미니즘 사상을 이해하고 공감하기 쉽게 만들고자 했다. 그녀는 자기 식구들이 몸의 특정 부위를 뭐라고 불렀는지, 자신이 10대 때 체모를 제거하고 하이힐을 신느라 얼마나 스트레스를 받았는지부터

'여성해방'의 어떤 부분이
당신과 맞지 않는가?
케이틀린 모런

성인으로서 임신중절 수술을 어떻게 받았는지에 이르기까지 자기가 살면서 직접 경험한 바를 이야기해준다.

모런은 21세기 여성들의 삶이 페미니즘의 역사적 진보와 불가분의 관계에 있다고 주장한다. 모런은 페미니즘이 오로지 일부 여성만을 위한 것이라는 생각을 반박하며, 전통적으로 페미니즘적이라 여겨지지 않는 방식으로 살아가는 여자들도 페미니스트일 수 있다고 주장한다.

영국 배우 에마 왓슨 같은 유명인들도 상식 페미니즘을 지지해왔다. 2014년에 왓슨은 국제연합 여성기구 친선대사로서 하는 일의 일환으로 '히포시(HeForShe)' 운동을 시작했다. 그 운동에서는 대여성 폭력 예방에 대한 남자들의 적극적 지지를 모으고자 한다. 여성과 남성의 권리가 평등해야 함을 강조한 후 왓슨은 페미니즘을 남성 혐오로 보는 인식이 사라져야 한다고 덧붙이고는, 1995년에 힐러리 클린턴이 한 연설에서 표명했던 바와 같이 페미니즘은 여성문

페미니즘에 대한 새로운 접근법의 선도적 지지자인 케이틀린 모런은 블로그와 신문 칼럼을 이용해 여성과 사회에 관한 자신의 대체로 특이한 견해를 나눈다.

제가 아니라 남자들의 이해관계도 걸린 인권문제라고, 남자들도 성 고정관념에서 벗어날 만한 자격이 있다고 힘주어 말했다.

미국의 전 영부인 미셸 오바마는 의미 있는 변화를 가져올 상식 페미니즘의 실행방안에 중점을 둔다. 그녀는 세계 소녀 교육의 적극적 지지자로서, 2014년 나이지리아 북부의 테러조직 보코하람에 납치된 여학생들을 옹호하는 '우리 딸들을 돌려달라' 운동에 헌신하겠다고 맹세했다. 또 여성의 리더십도 강조하는 오바마 대통령 재직시절 여성 문제들을 다루는 일 또한 영부인 역할의 일부로 보고 끌어안으려 노력한 결과로 여자들, 특히 어린 흑인소녀들의 역할 모델이라는 이미지도 얻게 되었다.

페미니스트들이 단결하다

서양의 페미니스트들만 페미니즘이 남녀 모두를 위한 것이라는 생각을 옹호하는 것은 아니다. 나이지리아의 작가 치마만다

우리가 여자로서
성취할 수 있는 일에는
한계가 없다.
미셸 오바마

응고지 아디치에(나이지리아의 한 폭력적·가부장적 가정에서 자라는 소녀의 이야기인 그녀의 첫 소설 『보랏빛 히비스커스』는 2003년에 출판되었다)는 '우리는 모두 페미니스트가 되어야 합니다'라는 2012년 TED 강연('널리 알릴 만한 가치가 있는 생각'을 위한 온라인 강연)에서 좀더 협력적인 형태의 페미니즘에 대한 옹호론을 매우 설득력 있게 폈다. 아디치에가 그 강연에 대한 아이디어를 얻은 것은 한 남성 친구가 마치 어떤 사람을 테러리스트라고 부를 때 쓸 법한 어조로 그녀를 페미니스트라고 불렀을 때였다고 한다. 그 강연은 나이지리아의 페미니즘을 위한 강령이나 나이지리아 남자들에 대한 비난이 아니라, 나이지리아 사회와 더 넓은 세계의 변화를 바라는 간청이었다.

아디치에는 나이지리아에서 사회적으로 용인되는 행동에 대한 기준이 성별에 따라 다르다는 점을 규탄했다. 나이지리아 사회에서 여자들은 관습을 따르자면 집안일을 하고, 남자들의 자존심이 상하지 않도록 남자들을 우선시해주고, 자신의 성생활을 스스로 단속해야 했다. 미혼여성들은 단순히 남편이 없다는 이유만으로 '실패자'로 간주되었다.

> **우리는 소녀들에게 알아서
> 움츠러들어야 한다고 가르친다.**
> 치마만다 응고지 아디치에

반면에 남자들은 줄곧 '표준적인' 인간으로 여겨졌다. 아디치에는 남자들이 이런 점을 알아차리지 못하고 있다는 사실 또한 문제의 일부라고 주장했다. 그녀는 남자들도 페미니스트가 될 수 있고 또 그래야 마땅하

2014년 '우리 딸들을 돌려달라' 운동에서는 나이지리아 북동부의 이슬람 테러조직에 납치된 여학생 기백 명의 귀환을 촉구했다. 그 운동은 전 세계 여성을 결속시켰다.

다고, 모든 사람이 자신의 잠재력을 실현하려면 남녀 모두 성 고정관념을 버려야 한다고 강조했다. 아디치에의 주장에 따르면, 그런 일의 일환은 다음 세대가 젠더에 대해 좀더 공평하게 생각할 수 있도록 아이들을 다른 방식으로 키우는 것인데, 이런 생각은 그녀의 2017년 작 『엄마는 페미니스트: 아이를 페미니스트로 키우는 열다섯 가지 방법』에 부연되어 있다. 그 책은 나이지리아와 (아디치에가 속하는) 이보족의 문화에 뿌리를 둔 성 중립적 방식으로 딸을 키우는 법에 대한 15가지 아이디어를 담고 있다.

아디치에가 일부 비판자들에게서 '아프리카 문화와 맞지 않는다'는 비난을 받긴 했지만, "우리는 모두 페미니스트가 되어야 합니다" 강연은 나이지리아에서뿐 아니라 세계 곳곳에서 공감을 불러일으킨 듯하다. 2013년에 미국의 가수이자 페미니스트인 비욘세는 그 연설을 샘플링 해 〈비욘세〉 앨범에 "Flawless"라는 곡에 넣었고, 디오르는 '우리는 모두 페미니스트가 되어야 합니다'라는 슬로건을 티셔츠에 인쇄했다. 아디치

> **우리 모두가
> 한 가지 페미니즘을
> 믿을 필요는 없다.**
> 록산 게이

에의 강연 내용이 2014년에 책으로 나왔을 때 스웨덴에서는 그 책을 16살 아이들 모두에게 나눠 주었는데, 이는 그 책을 계기로 학교에서 토론이 일어나고 남학생들도 양성평등에 대해 생각해볼 수 있게 하기 위해서였다.

비평

페미니즘을 간추려 양성평등이라는 핵심 메시지로 압축하면, 페미니즘을 이해하기가

치마만다 응고지 아디치에

1977년에 나이지리아 에누구에서 태어난 치마만다 응고지 아디치에는 엔수카의 대학가에서 유복한 어린 시절을 보냈다. 의학과 약학을 공부한 후 커뮤니케이션학을 공부하러 미국으로 간 그녀는 이스턴코네티컷주립대학에서 커뮤니케이션학 및 정치학을 전공했다.

아디치에가 첫 소설 『보랏빛 히비스커스』를 쓰기 시작한 것은 코네티컷 주에서 공부하고 있을 때였다. 그 책은 2004년에 오렌지 소설상 최종 후보작이 되었고, 2005년에 영연방작가상 수상작이 되었다. 아디치에는 미국의 몇몇 대학에서 여러 직위를 역임했으며, 현재 미국과 나이지리아를 오가며 살고 있다.

주요저서

2003년 『보랏빛 히비스커스*Purple Hibiscus*』
2006년 『태양은 노랗게 타오른다*Half of a Yellow Sun*』
2009년 『숨통*The Thing Around Your Neck*』
2013년 『아메리카나*Americanah*』
2014년 『우리는 모두 페미니스트가 되어야 합니다*We Should All Be Feminists*』
2017년 『엄마는 페미니스트 : 아이를 페미니스트로 키우는 열다섯 가지 방법*Dear Ijeawele, or A Feminist Manifesto in Fifteen Suggestions*』

쉬워진다는 이점이 생긴다. 따라서 그런 방법을 쓰면, 많은 사람들에게 메시지를 전달해, 저마다 관점이 다른 다양한 사람들이 모두 자신을 페미니스트로 보도록 권장할 수 있다. 하지만 이런 보편적 접근법을 모든 페미니스트가 납득하는 것은 아니다. 예컨대 모런이 주장하는 유형의 페미니즘은 고소득 저술가·방송인으로서 그녀가 누리는 특권이 없는 사람들이 직면하는 문제를 고려하지 않는다는 비판을 받아오기도 했다.

무엇보다도 상식 페미니즘은 충분히 급진적이지 않으며 페미니즘의 혁명적 뿌리를 뒤로했다는 비판을 많이 받는다. 비판자들은 단순히 양성평등을 바라고 그런 문구가 인쇄된 티셔츠를 입기만 해서는 기존의 남성 중심적 권력 구조에 제대로 이의를 제기할 수 없다고 주장한다.

2017년 작 『그래서 나는 페미니스트가 아니다 : 색다르고 과감한 페미니스트 선언』에서 미국의 페미니스트 제사 크리스핀은 자신이 페미니스트를 자칭하지 않는 이유는 그 말이 진부해지고 '무력해'졌기 때문이라고 설명한다. 이제 페미니즘은 누구나 세상의 근본적 불균형을 무시하면서도 지지할 수 있는 이념이 되어버렸다는 것이다.

그 책에서 (산아제한단체 미국가족계획연맹의 낙태상담 전문가로 사회생활을 시작했던) 크리스핀은 가부장적 기업문화가 만들어낸, 종종 슬로건으로 전락하는 '라이프스타일 페미니즘'을 비판한다. 그녀는 가부장제가 그대로 유지되면 힘 있는 여성이 많아져봐야 아무 의미가 없다고 주장하며, 페이스북의 셰릴 샌드버그가 권장하는 개인주의적 '적극적 투신'형 페미니즘도 비판한다. 샌드버그는 여자들에게 정상에 오르고 싶으면 더 열심히 일하며 남자들의 전략을 받아들여 쓰라고 조언한다. 그 대신 크리스핀은 사회를 근본적으로 변화시키기 위해 자본주의 경제 체제에 맞서 꾸준히 투쟁하라고 요청

나는 페미니스트다.
내가 내 편을 들지 않는다면
바보 아니겠는가.
마야 안젤루

한다. 그녀는 현재 상태를 조금씩 수정하기만 해서는 전 세계에서 빈곤에 시달리며 억압받는 수많은 여성들을 전혀 도와줄 수 없다고 단언한다.

문제 해결에 나서기

어떻게 보면 페미니즘의 영향력이 지금처럼 컸던 적은 한 번도 없었을 것이다. 지금은 세계 곳곳에서 다양한 소외계층의 여성들이 인터넷을 이용해 자기네 행복과 안전에 대한 정치적·경제적 위협에 맞서고 있다. 소셜미디어를 통해 퍼져 나간 페미니즘 사상은 아프리카 외딴곳의 10대 소녀들에서 할리우드의 유명인들에 이르기까지 모든 곳의 여자들에게 영향을 미쳐왔다.

여자들 중 상당수는 그런 영향력을 활용해 사회를 변화시키고자 할 때, 자신이 남자들을 싫어하지 않는다고 강조하는 성공한 여성 역할 모델들이 있으면 큰 도움이 된다고 주장한다. 하지만 '슈퍼스타 페미니스트들' 중 일부가 영감과 자극을 주더라도 그들이 자신의 구호를 직접 행동으로 뒷받침하며 사회의 지배적 권력 구조에 정면으로 도전하지 않으면 그들의 영향력은 그다지 크지 못할 수도 있다. ∎

남자 대 여자의 문제가 아니다

성차별은 어디에서나 일어난다

맥락읽기

인용출처
로라 베이츠(2015년)

핵심인물
로라 베이츠

이전 관련 역사
1969년 : 뉴욕래디컬위민의 캐럴 해니시가 「개인적인 것이 곧 정치적인 것이다」라는 글에서 의식 고양을 하나의 운동으로 보며 지지한다.

1970년 : 하버드대학 교수 체스터 M. 피어스가 아프리카계 미국인들이 당하는 자잘한 모욕을 지칭하려고 '미세공격(microaggression)'이란 용어를 만든다.

이후 관련 역사
2017년 : 영화제작자 하비 와인스타인의 성폭력 혐의가 제기된 일을 계기로 미투운동이 온라인을 중심으로 전개되기 시작한다.

2018년 : 연예계 여성들이 모든 일터에서 성희롱이 일어나지 않게 하기 위해 타임즈업 운동을 일으킨다.

영국의 페미니스트 로라 베이츠는 연기 활동을 시작했을 때 자신이 오디션 중에 성적 대상화를 거듭 경험하게 되리라고는 예상하지 못했다. 알고 보니 '섹시'한 인상이 재능보다 중요했다. 그래서 그녀는 자신이 삶의 다른 영역에서 겪는 성차별과 성희롱에 대해 곰곰이 생각해보고, 다른 여자들에게도 그런 경험에 대해 물어보았다. 그리고 어떤 형태의 성차별은 대다수 여자들에게 일상적인 일이라는 사실을 깨달았다.

"성차별주의가 소비자들에게 먹힌다고? 우리한테는 어림도 없지!" 광고에서 성차별주의를 교활하게 이용하는 일에 반대하는 2013년 베를린의 한 시위에서 독일 페미니즘 단체 '여자들의 지구' 회원이 들고 있는 피켓에 적힌 문구다.

2012년에 베이츠는 '일상 성차별 프로젝트'를 시작하며 여자들에게 각자의 성차별 경험담을 공유해달라고 청한 다음 그런 이야기들을 인터넷에 올렸다. 그녀는 트위터에서도 그와 같은 공유 요청을 했고, 결과적

참조 : ▪ 성별에 따른 이중 잣대 78~79쪽 ▪ 의식 고양 134~135쪽 ▪ 교차성 240~245쪽 ▪ 페미니즘의 온라인화 294~297쪽

> 페미니스트가 된다는 것은 곧 너무 예민하게 굴고 히스테리를 부리며 엄살을 떤다고 비난받게 된다는 것이다.
>
> 로라 베이츠

으로 여자들은 '#EverydaySexism(일상속의성차별)'이란 해시태그로 글을 올리게 되었다.

반응은 즉각적이고 엄청났다. 나이와 계층과 인종을 막론하고 수많은 여자들이 반응을 보였다. 그들은 강간과 성추행, 교육 장소에서의 성애화된 발언, 직장에서의 성희롱에 대해 썼다. 소녀들은 자신의 성별 때문에 식구들에게 폄하당한다는 이야기도 했다. 좀더 구체적인 예로는 여성의 외모나 연인 관계에 대해 거듭 이야기하는 남성 직장동료들, 여성의 몸을 자기 마음대로 더듬으면서 그런 관심에 대해 여자들이 고마워해야 한다고 말하는 변태들, 소셜미디어에 올린 의견 때문에 물리적 위협을 받는 여자들 등이 있었다.

여성 혐오를 반영하다

그런 반응들이 쌓이고 쌓인 결과로 여자들의 불만감이 입증되었다. 옛날에 여자들은 유머감각이 부족하다거나, 칭찬을 받아들일 줄 모른다거나, 무엇이든 너무 심각하게 받아들인다는 말을 자주 들었다. 또 그 프로젝트의 결과로 성차별이 아주 흔하다는 사실도 입증되었고, 너무 사소해 보여 좀처럼 언급되지도 않는 비교적 가벼운 형태의 성차별이 정상적인 일로 간주되다 보

면 매우 심각한 학대와 억압의 기저를 이루는 여성 혐오가 만연하게 된다는 사실도 입증되었다. 베이츠의 말에 따르면, 오늘날의 성차별 투쟁은 '남자들과 여자들 간의 싸움이 아니라 사람들과 편견 간의 싸움'이다.

'일상 성차별 프로젝트' 웹페이지에는 계속 여러 나라 사람들의 글이 올라오고 있다. 하지만 일찍 성공을 거둔 결과로 베이츠는 강간·살해 협박을 포함한 갖가지 온라인 트롤링을 당하기 쉬워졌고, 끊임없이 가혹한 비판을 직접 받았는데, 나중에 그녀는 자신에게 쏟아진 엄청난 수준의 증오에 대해 글을 쓰기도 했다.

2016년 미국 대선은 성차별주의가 최고위 집권층에도 존재한다는 사실을 보여주었다. 도널드 트럼프는 여성 비하 발언을 종종 하는 것으로 수십 년간 알려져 있었는데, 그의 여성 추행 경험담이 녹음된 테이프가 공개되었다. 하지만 미국 여성의 41퍼센트(백인여성의 52퍼센트)가 그에게 투표했다. 남성 권력자들 중 상당수는 극심한 성차별주의자이지만, 그럼에도 불구하고 여자들(과 나머지 사람들)은 아직도 그들을 계속 지지한다. ∎

> 만약 당신의 칭찬 때문에 여자들이 불편해하거나 겁먹거나 불안해하거나 짜증스러워하거나 고달파한다면, 당신은 아마 칭찬을 제대로 하지 못하고 있는 것이리라.
>
> 로라 베이츠

로라 베이츠

1986년에 영국 옥스퍼드에서 태어난 베이츠는 런던과 서머싯에서 자랐다. 케임브리지대학 세인트 존스 칼리지에서 영문학 학위를 받은 후 베이츠는 보모 일을 하면서 심리학자 수전 퀼리엄의 연구원으로도 일했는데, 당시 퀼리엄은 1970년대의 고전적인 성관계 가이드 『섹스의 즐거움』의 개정판을 쓰고 있었다.

2012년에 베이츠는 자신의 성희롱 경험을 계기로 삼아, '일상 성차별 프로젝트'를 시작하며 다른 여자들에게 각자의 성차별 경험담을 공유해달라고 청했다. 2014년에 그녀는 그 조사 결과와 관련하여 응답자들의 경험을 법적·사회적 불평등이란 맥락 속에 두고 살펴보는 책을 발표했다. 베이츠의 연구 결과는 국회 의원들에게 로비하는 데도 쓰이고, 영국 경찰관들의 교육에도 도움이 되고 있다. 베이츠는 초중고교와 대학교에서 강연도 하고, 뉴욕의 '포위당한 여성들'이라는 단체의 기부자로서 전쟁 중의 성폭력에 반대하는 운동에도 참여하고 있다.

주요저서

2014년 『일상 속의 성차별*Everyday Sexism*』
2016년 『걸 업*Girl Up*』
2018년 『여성혐오국가*Misogynation*』

우리 중 절반이 저지당하고 있는 상황에서 우리 모두가 성공할 수는 없습니다

세계 소녀 교육

맥락읽기

인용출처
말랄라 유사프자이(2013년)

핵심인물
말랄라 유사프자이

이전 관련 역사

1981년 : 라틴아메리카 여성의 교육 향상을 위해 '여성보통교육 네트워크(REPEM)'가 창설된다.

1993년 : 세계인권회의가 여자들도 '모든 수준의 교육의 기회를 균등하게 얻을' 권리가 있다고 단언한다.

이후 관련 역사

2030년 : 2016년에 세계 지도자들은 2030년까지 모든 소녀(와 소년)들이 초중등교육을 무료로 받고 3차 교육이나 직업훈련을 적당한 비용으로 받을 수 있게 하겠다고 서약했다.

2100년 : 2016년에 유네스코가 언급한 경제 동향에 따르면, 이 무렵에는 저소득 국가의 어린이들이 모두 초등 교육을 의무적으로 이수하게 될 것이다.

국제연합 새천년개발목표 목록의 셋째 항목은 양성평등 촉진과 여권 신장이었다. 그 항목의 한 가지 구체적 목표는 2005년까지 초중등 교육을 받는 여학생의 수가 남학생만큼 많아지게 하겠다는 것이었다. 2006년경에 그 일은 진전을 보였다. 모든 개발도상국에서 초등학교를 다니는 여학생이 남학생보다 많아진 것이다. 하지만 2013년경에는 3,100만 명의 소녀들이 아직 초등 교육의 기회를 얻지 못하고 있었다. 양성평등을 위해 일하는 국제연합 여성기구의 보고에 따르면, 전 세계 문맹자 7억 9,600만 명 가운데 3분의 2가 여성이라고 한다.

페미니즘 압력단체들은 국제연합의 목표를 지지하지만, 그런 목표가 학습의 경제적 이점에 지나치게 치중하고 있다고 생각한다. 그들은 교육이란 미래의 여자들을 형성하고 여자들의 자신감을 키우며 여자들의 열망을 충족할 권리이자 수단이라고 강조한다. 그들은 여학생들을 어떻게 가르치는가,

스와질란드에서 두 자매가 학교에 걸어가고 있다. 스와질란드 정부는 2009년에 무상 초등 교육 제도를 도입했으나, 교장들 중 상당수는 학부모들에게 추가 수업료를 요구하고 있다.

참조 : • 이슬람 여성 교육 38∼39쪽 • 지적 자유 106∼107쪽 • 캠퍼스 성폭력 반대 투쟁 320쪽

> 책과 펜을 집어 듭시다.
> 책과 펜은
> 가장 강력한 무기입니다.
> 말랄라 유사프자이

교과과정이 더 포용적이어야 하지는 않는가, 지역민의 요구를 충족하기 위해 어떤 형태의 성인교육이 제공되고 있는가 같은 다른 주제도 문제로 삼아야 한다고 말한다.

현지의 운동가들

여러 나라에서 여성단체들이 여성교육을 위해 지역적·전국적으로 (어떤 경우에는 곤란을 무릅쓰고서) 힘쓰고 있다. 1977년에 창립된 '아프가니스탄 여성혁명연합(RAWA)'은 소녀 교육이 금지되었던 탈레반 점령기(1996∼2001년)에 여자아이들과 남자아이들을 위해 비밀리에 곳곳에서 학교를 운영했다. 2009년에 탈레반이 점령한 파키스탄 스와트 계곡에서도 그런 금지령에 대한 저항이 일어났는데, 그 주인공, 당시 어린 학생이던 말랄라 유사프자이다.

지역의 여성단체들은 성인교육도 지지한다. 예를 들어 멕시코와 중앙아메리카에서는 그런 단체들이 국제압력단체 위민딜리버와 협력해 '자기계발 및 커리어 향상(PACE)' 프로그램을 지역사회에서 시행하고 있다. '아프리카 여성 교육자 포럼(FAWE)'은 사하라사막 이남에서 아동·성인여성 교육을 활성화를 목표로 한다. 1992년에 여성 교육부장관 5명이 창립한 FAWE는 지금 여러 나라에 35개 지부를 두고 있다. 그 단체는 여학생과 남학생을 공평하게 대우하는 정책을 수립하고 성인여자들이 다시 교육을 받는 데 도움이 되는 프로그램을 만들기 위해 활동하고 있다. 잠비아, 감비아, 라이베리아, 말라위의 어머니회로 구성된 FAWE 네트워크는 성인 글 읽기 수업과 수입 창출 활동을 제공한다. 그 어머니들은 결과적으로 소녀 교육의 이점에 대한 인식도 높이고 있다.

세계적인 문제

교육 기회의 남녀 간 불균형이 개발도상국에만 존재하는 것은 아니다. 미국에서는 2016년까지 8년 연속으로 여자들이 남자들보다 박사학위를 많이 취득했지만, 아프리카계 미국인 여학생들과 히스패닉 여학생들이 백인 여학생들보다 교육적 성과가 부진하다는 것은 아직 명백하다(그 격차가 좁아지고 있긴 하지만). 이를테면 그들은 정학을 당할 가능성이 다섯 배로 더 높다. 그런 인종 간 교육 격차가 선진국에서 난제로 남아 있긴 하지만, 전 세계의 교육과 평생 학습에서 양성평등을 이루기로 한 목표일까지는 아직 시간이 많이 남아 있다. ∎

> 소녀들이 교육을 받으면,
> 그들의 나라는 더 강해지고
> 더 번영하게 됩니다.
> 미셸 오바마

말랄라 유사프자이

유사프자이는 1997년에 파키스탄의 스와트 계곡에서 태어났다. 그녀는 그곳이 탈레반의 점령하에 있는 상황에서 자랐는데, 탈레반은 소녀들의 교육을 금지했다. 유사프자이는 그 금지령을 무시하고 학교에 다니며, 소녀 교육의 중요성을 알리는 반탈레반 블로그를 썼다. 2012년에 그녀는 시험을 본 후 버스를 타고 집으로 돌아가다 머리에 총을 맞았다. 그녀 옆에 있던 소녀 두 명도 부상을 입었다. 영국으로 이송되어 수술을 받고 살아난 유사프자이는 그때부터 소녀 교육권을 위해 부단히 운동하며 탈레반 극단주의 반대 운동도 벌여왔다. 2014년에 그녀는 노벨평화상을 받으며 최연소 노벨상 수상자가 되었다. 그녀는 전쟁으로 피폐해진 지역의 여러 학교에 자금을 지원하는 말랄라 재단을 설립했다. 지금 그녀는 옥스퍼드대학에서 공부하며 계속 교육을 옹호하고 있다.

주요저서

2013년 『나는 말랄라 : 교육받을 권리를 위해 당당히 일어섰던 소녀*I Am Malala : The Story of the Girl Who Stood Up for Education and was Shot by the Taliban*』(크리스티나 램과 공저)

여성 리더들은 없을 것이다, 그냥 리더들이 있을 뿐

적극적으로 달려들기

맥락읽기

인용출처
셰릴 샌드버그(2013년)

핵심인물
셰릴 샌드버그

이전 관련 역사
1963년 : 베티 프리던이 『여성성의 신화』를 쓰며 미국 주부들의 권태감을 상술한다.

1983년 : 미국 페미니스트 글로리아 스타이넘의 에세이집 『남자가 월경을 한다면』에 「노동의 중요성」이라는 에세이가 실린다.

이후 관련 역사
2016년 : 미국의 저널리스트 제시카 베넷이, 여자들에게 직장에서 서로 도울 것을 촉구하는 「페미니스트 파이트 클럽」을 발표하고 열광적인 반응을 얻는다.

2017년 : 셰릴 샌드버그가 남편과 갑작스럽게 사별한 후 『옵션B』를 쓴다. 이 책에서 그녀는 일터가 좀더 인정 많은 곳이 되길 바란다.

세계적 베스트셀러가 된 2013년 작『린인』에서 페이스북 최고운영책임자 셰릴 샌드버그는 여자들에게 어떤 조직에서든 최고 지위에 이르기 위해 노력하라고 강력히 권고한다. 페미니스트들 중 상당수는 '유리천장', 즉 여성의 고위직 진출을 가로막는 조직적 장벽에 중점을 두었지만, 샌드버그는 성공을 거둔 여자들에게 낮은 계층의 여자들을 위해 더 많은 것을 요구하라고 말한다. 예를 들면, 샌드버그는 만삭의

몸으로 구글에서 일할 때 전용주차공간을 요구했는데, 그 정책은 그녀가 퇴사한 후에도 임신부들을 위해 유지되었다. 고위 간부로서 그녀는 다른 여성들에게 유익한 정책을 시행시킬 권한이 있었다.

트리클다운 페미니즘

비판자들은 샌드버그가 옹호하는 트리클다운(하향식 재분배) 페미니즘이 과연 효과가 있을지 의심했다. 또 그들은 여자들의 자신감을 키울 책임은 당연히 여자들에게 있다는 샌드버그의 주장에도 동의하지 않으며, 유색인 여자들이 경험하는 성차별 같은 교차적 차별을 샌드버그가 무시하고 있다고 질책했다.

어떤 비판자들은 샌드버그가 한 말 가운데 이전 세대 여자들이 전에 못 들어본 얘기는 거의 없다고 지적했지만, 샌드버그는 중요한 문제들을 제기한 공로를, 예컨대 여자들에게 급여 협상을 하고 단호한 몸짓을 써서 자신감을 좀더 느끼고 '으스대는

한 어머니가 출근길에 아이를 유모차에 태워 놀이방으로 데려가고 있다. 자녀를 돌보는 일은 아직도 대체로 여자의 책임이라고 여겨진다. 심지어 여자도 고된 직장 생활을 하는 경우에도 그러하다.

(bossy)' 같은 말에 함축된 부정적·성별적 의미에 주의하라고 권고한 공로를 인정받았다. 샌드버그의 매력은 그녀가 기업의 계층적 서열에서 정상에 있는 부유한 백인여성, 미국 경제계가 동경하는 사람이라는 점에도 있었다.

체제에 적응하라

샌드버그는 미국에 유급 출산휴가제도가 없다는 점, 그리고 여자들이 직장생활과 가정생활의 균형을 유지하려다 보면 성차별을 끊임없이 겪게 된다는 점을 애석하게 생각하지만, 그녀의 해결책은 체제에 적응하며 열악한 근로환경을 건뎌내는 것이다. 또 그녀는 여자들이 임신 전과 후에 직장에서 생존할 전략을 세워야 한다고도 주장하며 이렇게 말한다. "자녀를 낳기까지의 몇 달, 몇 년은 느긋하게 있을 시간이 아니라 적극적으로 달려들어야 할 매우 중요한 시기다." 샌드버그는 한 여성 투자은행 간부의 사례를 들며, 몇 년간 바쁘게 아이를 키우며 일에 헌신한 그녀의 생활은 나중에 결실을 맺었다고 말한다.

샌드버그는 모든 사람이 정상에 도달하고 싶어 하지는 않는다는 사실을 인정한다. 그리고 어머니에게 정서적으로 필요한 것들을 의식하지 못하는 것도 아니다. 2013년에 기업의 계층적 서열의 정상에서 직접 경험한 바를 예로 들며 그녀는 자신이 저녁에 아이들과 시간을 보낸 후 다시 노트북 컴퓨터로 '달려간' 일과, 공용 화장실에 숨어 젖을 짜며 전화 회의를 했던 일을 이야기한다. 샌드버그는 자신이 공휴일이나 주말에 일을 쉴 수 있던 시절은 '오래전에 다 지나갔다'고 말하며, 길어진 근무 시간이 '우리 중 상당수에게는 새로운 일상'이라고 말한다.

『린인』을 혹평하는 사람들

『린인』을 열렬히 지지한 유명인 중에는 첼시 클린턴과 오프라 윈프리도 있었지만, 페미니스트들 가운데 상당수는 그 책을 혹평했다. 책이 출간된 직후에 미국의 페미니스트이자 학자인 벨 훅스는 샌드버그의 전략을 묵살하며, 그런 전략으로는 여성을 해방시킬 수 없다고 말했다. 오히려 훅스는 샌드버그를 '어쨌든 오빠의 팀에서 뛰고 싶어 하는 사랑스러운 여동생'이라고 부르며, '적극적으로 달려들기'는 백인 중산층 남자들의 가부장적 권력구조의 이익에 도움이 될 뿐이라고 주장했다. ∎

〈포춘〉지가 사업계에서 가장 영향력 큰 여성 5명 중 한 명으로 꼽은 셰릴 샌드버그가 독일에서 『린인』을 홍보하고 있다. 이 책은 세계적인 베스트셀러가 되었다.

여자들은 어디에서나 지도자다. 우리나라는 강인한 여자들이 세웠고, 우리는 계속 벽을 허물어 나갈 것이다.
낸시 펠로시

여성 CEO

2013년에 출간된 『린인』에서 샌드버그는 주식이 미국 증권거래소에 상장된 500대 기업의 CEO 중 고작 5퍼센트가 여자이고, 부사장직 중 25퍼센트, 이사직 중 19퍼센트만 여자가 차지하고 있다고 썼다. 샌드버그가 말했듯이, 그런 수치는 10년 동안 거의 변하지 않은 상태였다.

『린인』이 출간되고 5년이 지난 2018년에 〈이코노미스트〉지가 영국에서 발표한 유리천장 지수에 따르면 미국 여성 CEO의 수치는 여전히 5퍼센트였다.

여러 연구결과에 따르면, 이사회에 여성을 더 많이 두고 이사진을 전체적으로 좀 더 다양하게 구성하면 의사결정을 더 잘 내리고 문제를 더 창의적으로 해결하고 이윤을 늘리며 해로운 위험부담을 줄일 수 있다. 2018년에 주요 연기금 관리회사들을 포함한 27개의 세계적인 투자회사가 '30% 클럽'에 동참했다. 30% 클럽은 우수 기업들의 이사진에서 여성의 비율을 늘리기 위해 2010년에 영국에서 시작된 운동이다. 그 운동의 목표는 2020년까지 여성이 그런 고위 임원직의 30퍼센트를 차지하게 하는 것이다.

문제를 들춰내면
문제를 일으키게 된다

페미니스트 킬조이

맥락읽기

인용출처
사라 아메드(2014년)

핵심인물
사라 아메드

이전 관련 역사
1981년 : 미국 코네티컷주 스토스에서 열린 전미여성학협회(NWSA) 연례회의에서 오드리 로드가 "분노 사용법 : 성차별에 대응하는 여자들"이라는 기조연설을 한다.

1992년 : 미국의 우익 정치평론가이자 라디오 토크쇼 진행자인 러시 림보가 '페미나치'라는 말을 대중화하며 페미니스트들을 통제 불능의 사악한 극단주의자로 묘사한다.

이후 관련 역사
2016년 : 미국의 두 페미니스트가 영국 페미니스트 사라 아메드의 연구물에서 영감을 받아 '페미니스트 킬조이 박사들(Feminist Killjoys, PhD)'이라는 팟캐스트를 만든다.

오래전부터 페미니스트들은 유머감각도 없이 이성을 잃고 화를 내는 사람들, 피해의식에 사로잡힌 사람들로 묘사되어왔다. 유색인 여성의 경우에는 성차별주의와 인종차별주의가 결합되어 '화난 흑인 여성', '매서운 라틴계 여자', '사나운 동양여자' 같은 모욕적인 고정관념을 낳았다. 이에 대응해 페미니스트들은 그런 묘사가 차별, 폭력 등의 학대에 대한 여자들의 분노를 꺾기 위해 쓰이는 고의적 전략이라는 점을 지적한다.

페미니스트들의 분노의 근원을 무시하면서 페미니스트들 자체를 문제로 묘사하는 것은 새로운 일이 아니다. 초기의 여성 참정권운동가들을 욕하던 사람들은 그들이 추악하고 '남자 같다'고 비난했고, 1970년대와 1980년대에 페미니스트들을 적대시하던 사람들은 그들이 남자를 증오하는 호전적인 레즈비언이라고 질책했다. 비교적 최근까지 미국의 우익 시사해설자들은 젊은 페미니스트들을 한 가지만 지나치게 생각하는 '특별한 눈송이'로 묘사해왔는데, 이는 자신이 아름답고 독특하다고 생각하도록 키워졌으나 생존력이 약하고(그래서 눈송이다) 자기가 특별대우를 받을 자격이 있다고 느끼는 밀레니엄 세대를 일컫는 말이다.

킬조이 되기

2010년에 사라 아메드는 「페미니스트 킬조이들(과 그 밖의 고집 센 사람들)」이라는 에세이를 발표했다. 그 글에서 그녀는 페미니즘과 감정, 특히 페미니스트들이 여성 억압에 직면해 불만감을 품는 일이 사회규범에 위배되는 방식을 살펴본다. 그녀는 탁자를, 페미니스트들이 경험하는 정서적 억압의 단순한 메타포로 사용한다. 한 가족이 탁자에 모여 무난한 대화를 나누는 중에 가족구성원이 또 다른 구성원에게 모욕적인 언사를 하면, 그 말을 들은 상대방은 기분이 상해 '약이 오르기' 시작할 수 있다. 하지만 그런 말에 이의를 제기하면 그녀는 분

> 페미니즘은
> 입에 담아서는
> 안 될 말이 아니다.
> **케이트 내시**

참조 : ▪ 정치적 레즈비어니즘 180~181쪽 ▪ 운동가의 도구로서의 분노 216쪽 ▪ 페미니즘에 대한 반격 270~271쪽 ▪ 페미니즘의 온라인화 294~297쪽

위기를 망친 '킬조이(killjoy: 흥을 깨는 사람)'로 몰릴 위험을 무릅쓰게 된다. 개인은 어떤 것을 문제로 제기함으로써 또 다른 문제를 일으키고, 자신이 일으킨 그 문제 자체가 되어버린다.

아메드에 따르면, 성차별 논의 중에 백인들의 성차별적 태도에 대응하는 유색인은 종종 거기 모인 사람들의 흥을 깨는 사람으로 묘사되며, 사실상 성차별을 정당하게 지적한 사람으로 인정받기는커녕 모임(혹은 사회)에서 긴장감을 조성하는 원인으로 여겨진다.

당당하게 분노하라

'페미니스트 킬조이'라는 인물 유형에 대한 아메드의 이야기는 여러 페미니스트들에게 공감을 불러일으켰다. 그래서 2013년에 아메드는 학계 밖의 부담 없는 포럼에서 그런 문제에 관심 있는 독자들과 교류하기 위해 '페미니스트 킬조이들'이라는 블로그를 운영하기 시작했다. 그 블로그의 모토는 '새로운 세상을 만들기 위해 흥을 깬다'는

페미니스트 킬조이를 자칭하는 한 사람이 로스앤젤레스에서 열린 2017년 앰버 로즈 슬럿워크에 참여하고 있다. 그 행사에서는 양성평등을 장려하며 성폭력과 몸매 비판에 저항한다.

것이었다.

'페미니스트 킬조이'에 대한 학문적 활동과 온라인 활동을 통해 아메드는 페미니스트와 그 밖의 비방받는 소외계층 사람들이 자신의 분노를 억눌러야 한다는 생각을 반박한다. 아메드는 여자들에게 지배적 권력 구조를 향해 '적극적으로 달려들'거나 그런 구조 안에서 일하라고 요청하지 않고, 예로부터 사회를 변화시키는 데는 소외된 사람들의 고집과 분노가 꼭 필요했다는 점을 상기시킨다. 억압에 눈을 뜨는 것은 곧 '피상적인 행복감과 안전감을 떨쳐버리는 일이다. 그렇게 하려면 결국 권력의 불편한 현실에 대해 깊이 고심하며 정의 구현에 헌신하는 사람들이 필요하다.

아메드의 주장에 따르면, 페미니스트 킬조이로서 고집을 키워야 한다는 것은 페미니즘 내부의 억압적 성향에 이의를 제기해

야 한다는 뜻이기도 하다. 아메드는 일례로, 백인 페미니스트들의 성차별적 태도에 관한 불편하지만 솔직한 진실을 전달하기 위해 멋진 페미니즘적 '자매애'라는 거짓된 관념을 거부하는 유색인 페미니스트들의 저작을 언급한다. 자기 나름의 분석을 통해 아메드는 페미니스트들이 킬조이가 되길 주저하지 말고 지원 네트워크를 구축해 성차별과 인종차별에 감연히 맞서야 한다고 강조한다. 좀더 구체적으로 말하자면, 억압을 받아들이고 해체하는 과정의 일환으로 다른 사람들에 대한 부정적 감정을 공개적으로 말하고 그에 대한 문제를 제기해야 하는 경우가 많을 것이라고 아메드는 이야기한다. 페미니스트 킬조이라는 개념으로 아메드는 여자들에게 무엇이 즐거움으로 여겨지는지, 그런 즐거움이 누구의 고통을 기반으로 하는지 다시 생각해보라고 요청한다. 아메드가 말했듯이, 흥을 깨는 일에서 얻는 즐거움도 있을 수 있다. ∎

사라 아메드

1969년에 영국 솔퍼드에서 태어난 사라 아메드는 1970년대 초에 파키스탄인 아버지, 영국인 어머니와 함께 오스트레일리아 애들레이드로 이주했다. 1994년에 웨일스의 카디프대학에서 박사학위를 딴 후 아메드는 오스트레일리아, 영국, 미국에서 교수직을 맡아왔다. 그녀는 2016년에 골드스미스 런던대학교 페미니즘 연구소의 소장직에서 물러났는데, 이는 대학 측이 성희롱 문제에 제대로 대응하지 않는 것에 대한 항의였다. 아메드는 사회학자인 동반자 세라 프랭클린과 함께 살며, 페미니즘, 성소

수자, 인종 문제에 대해 계속 글 쓰고 연구하고 강의하고 있다.

주요저서

2004년 『감정의 문화 정치학 *The Cultural Politics of Emotion*』

2010년 『행복의 약속』

2010년 「페미니스트 킬조이들(과 그 밖의 고집 센 사람들)*Feminist Killjoys(and Other Willful Subjects)*」

2017년 『페미니스트로 살아가기 *Living a Feminist Life*』

여자들은
하나의 공동체인데
우리 공동체는 안전하지 않다
남자들이 여자들을 아프게 한다

맥락읽기

인용출처
캐런 인갈라 스미스(2014년)

핵심단체
#니우나메노스, #니우나마스

이전 관련 역사
1976년 : 남아프리카 공화국의 여성학자 다이애나 러셀이 자신이 벨기에 브뤼셀에 공동으로 창설한 여성대상범죄 국제재판소에서 '페미사이드(femicide: 여성 살해)'라는 말을 사용한다.

1989년 : 캐나다인 마르크 르팽이 페미니스트들에 대한 증오심 때문에 몬트리올의 에콜 폴리테크니크에서 총을 난사해 여자 14명을 죽이고 다른 14명에게 부상을 입힌다.

이후 관련 역사
2017년 : 미국의 소셜뉴스웹사이트 레딧이 회원 수가 4만 명에 달하는 '비자발적 독신주의자(incel)' 커뮤니티의 게시판을 차단하는데, 이는 그 회원들이 대여성 폭력을 부추긴다는 이유에서다.

페미니스트들은 여성에 대한 폭력이 단순히 남자 개개인이 여자 개개인을 학대하는 문제가 아니라고 주장한다. 오히려 그런 폭력은 더 큰 권력 구조들이 여성에 대한 남성의 경멸을 평범화하고 있다는 징후다. 그것의 가장 극단적인 형태에서는 남자가 여자를 죽인다.

페미사이드에 맞서 싸우기

1801년에 처음 만들어졌으나 1970년대에야 페미니즘에서 정치적 문제로 다뤄진 '페미사이드'라는 말은 남자가 여자를 성별 때문에 죽이는 일을 가리킨다. 사회에서 가장 소외된 여자들이 페미사이드를 당할 위험이 가장 높다. 페미사이드 발생률이 유난히 높은 지역 중 몇 곳은 라틴아메리카에 있는데, 학자들은 이것이 식민지화, 원주민 학살, 여성 혐오적 종교 해석, 엄격한 성별 역

지난 4년간 여성이 600명 가까이 살해된 멕시코의 에카테펙이란 도시에서 2016년에 벌어진 한 항의운동에 피해자 중 한 명의 하이힐 한 켤레도 참여하고 있다.

참조 : ▪ 가정폭력 피해자 보호 162~163쪽 ▪ 강간이라는 권력남용 166~171쪽

창녀도 아니고 순종녀도 아니다

2002년에 창설된 '창녀도 아니고 순종녀도 아니다(Ni Putes Ni Soumises, NPNS)'는 대여성 폭력에 맞서 싸우는 프랑스 페미니즘 단체다. 그 단체는 사미라 벨릴, 파델라 아마라 등이 이민자들이 많이 사는 프랑스 교외의 공영주택 단지에서 산발하는 여성 혐오적 폭력에 대응해 만들었다.

NPNS는 그중에서도 계획적 윤간(tournantes)을 강력히 규탄한다. 그들은 교외 지역에서 증가하는 이슬람 극단주의와 그곳의 이슬람 여성에 대한 대우방식에도 항의하는데, 특히 여자들에게 얼굴을 가릴 구별, 경제문제의 복잡한 역사적 상호작용 때문이라고 본다. 예를 들면 엘살바도르는 세계에서 페미사이드 발생률이 가장 높다고 한다. 2017년의 사망자 수는 468명으로 10만 명 당 12명꼴이었다. 아르헨티나의 '#니우나메노스(#NiUnaMenos: 생존자가 더 이상 줄어들게 하지 않겠다)'와 멕시코의 '#니우나마스(#NiUnaMas: 사망자가 더 이상 늘어나게 하지 않겠다)' 같은 운동에서는 정기적으로 집회를 열어 페미사이드와 그에 대한 경찰의 무대책에 항의한다. 2015년에 시작된 #니우나메노스는 라틴아메리카의 다른 나라들과 유럽으로 확산되어왔는데, 이는 국가와 문화권의 경계를 초월해 중요성을 띤다는 사실을 보여준다.

남성의 특권 의식

미국에서는 '인셀(incel : 1993년에 인터넷에서 처음 쓰인 '비자발적 독신주의자'라는 용어의 줄임말)' 운동이 온라인에서 일어나 시사 해설자들을 놀라게 했다. (대다수가 백인 이성애자 남성인) 그 운동의 지지자들은 자신이 섹스파트너를 찾지 못한 것을 한탄하며, 그

리고 학교를 그만두고 어린 나이에 결혼하도록 강요하는 관습에 단호히 반대한다. 또 NPNS는 좀더 폭넓게 빈곤 퇴치에도 힘쓴다.

NPNS를 비판하는 사람들은 그 단체가 이슬람 이민자 문화의 여성 혐오에 중점을 둠으로써 프랑스 사회 전반의 여성 혐오를 호도하며 프랑스 우익 단체들의 이슬람 혐오증 또한 부추기게 될 수도 있다고 주장한다.

책임을 여자들, 특히 페미니스트들에게 뒤집어씌운다. 인셀 온라인 커뮤니티에 글을 올리는 사람들은 섹스 기회를 얻는 방법 중 하나로 강간을 권해왔다.

그런 선동은 단순히 겁만 주기 위한 것이 아니다. 인셀을 자처한 엘리엇 로저는 여성에 대한 증오심과 다른 사람들의 성적 관계에 대한 질투심에 사로잡혔다. 그는 2014년에 캘리포니아주 이슬라비스타에서 6명을 죽이고 14명을 다치게 했는데, 지금

남자들은 여자들에게
비웃음을 당할까 봐 걱정한다.
여자들은 남자들에게
죽임을 당할까 봐 걱정한다.
마거릿 애트우드

'창녀도 아니고 순종녀도 아니다' 운동단체의 지지자들이 2005년에 파리 거리에서 시위하고 있다.

여러 인셀들에게 영웅으로 여겨지고 있다. 2015년 오리건 주 로즈버그의 엄프콰 커뮤니티 칼리지에서 일어난 총기난사사건의 범인도 로저의 그 살인 잔치를 언급했다고 한다. 또 2017년에 플로리다주 파클랜드에서 한 남자는 인터넷에 "엘리엇 로저는 결코 잊히지 않을 것이다"라는 글을 올린 후 자기가 다니던 고등학교에서 17명을 죽이고 여러 사람을 다치게 했다. 2018년 4월에 캐나다 토론토에서 10명을 죽이고 14명을 다치게 한 혐의를 받은 한 남자 역시 온라인에서 로저를 찬양한 것으로 밝혀졌다.

이런 위기에 대응해 학자들 중 상당수는 미국의 사회학자 마이클 키멜의 연구물을 주목했다. 2013년 작 『화난 백인 남자들: 한 시대의 끝에 선 미국 남성성』에서 키멜은 그런 폭력을 남성의 특권이 줄어든 결과로 본다. 키멜에 따르면, 그 해결책은 분명 경시되는 집단, 즉 여성, 유색인, 성소수자(LGBTQ+)들에 대한 폭력과 계층적 '타자화'를 거부하는 남성성을 만드는 일일 것이다. ▪

동일임금은 아직 동일하지 않습니다

임금격차

맥락읽기

인용출처
힐러리 클린턴(2016년)

핵심인물
미국대학여성협회, 포셋 소사이어티

이전 관련 역사
1963년 : 미국에서 공정노동기준법을 개정되어 동일임금법이 승인된다.

1970년 : 영국이 동일임금법으로 임금과 고용조건에서 남자를 여자보다 우대하는 행위를 금지한다.

2002년 : 미국에서 동일임금의 날을 매년 4월의 한 화요일로 옮긴다. 이는 여자들이 남자들의 지난해 소득만큼 벌려면 얼마나 더 오랫동안 일해야 하는지 보여주기 위해서다.

2014년 : 영국의 평등법에 따라 감사원이 동일임금 회계감사를 지시할 수 있게 된다.

이후 관련 역사
2018년 : 직원이 250명 이상인 영국 기업은 법에 따라 임금격차를 공개해야 하게 된다.

'성별 임금격차'는 남자들과 여자들이 받는 임금의 차이를 일컫는 말로, 여자들이 남자들보다 적게 버는 정도를 암시한다. 기업과 정부의 통계 전문가들이 종합한 그 데이터는 '보정'값(직종, 근무시간, 교육수준, 나이, 혼인여부, 자녀유무의 차이를 고려해 조정한 값)이거나 '비보정'값이거나 둘 중 하나인데, 비보정값에서는 고임금을 받

백인 남자가 1달러 벌 때마다

백인 여자는 80센트를 벌고

유색인 여자는 64센트를 번다

동일임금은 아직 동일하지 않다

는 CEO들(대부분 남자) 때문에 수치가 한쪽으로 치우쳐 격차가 더 크게 벌어진다. 두 값 중 어느 쪽이든 성별 임금격차는 1960년대와 1990년대 사이에 여러 나라의 여권 신장, 노동조합 결성, 고용권 향상 덕분에 좁아졌지만 그 이후 진전이 더뎌졌다.

2018년의 데이터에 따르면, 미국 여자들은 평균적으로 남자들 임금의 80퍼센트 정도를 받는다. 유럽연합은 평균 성별 임금격차가 약 16퍼센트다.

근거 없는 통념들과 워킹맘

임금격차의 원인은 크게 두 범주로 나뉜다. 자발적 원인(파트타임 근무 등)과 비자발적 원인(사회적으로 강요되는 차별 등). 성별 임금격차를 설명하거나 정당화하려고 시도하는 근거 없는 통념이 여러 가지 있는데, 그중 가장 널리 퍼져 있는 생각은 그런 격차가 직업선택의 문제라는 것이다. 여자들은 경영자 역할을 맡고 싶어 하지 않는다. 그리고 남자들은 건설업처럼 비교적 임금이 높은 업종을 선택할 가능성이 더 많은데 반해, 여자들은 상대적으로 박봉인 서비스직을 선택할 가능성이 더 많다. 하지만 거의 모든 데이터에 따르면 성별 임금격차의 실질적 원인은 선택이 아니라 차별이다.

참조 : ▪ 결혼과 직장 70~71쪽 ▪ 보육 기관의 사회화 81쪽 ▪ 핑크칼라 페미니즘 228~229쪽 ▪ 특권 239쪽 ▪ 적극적으로 달려들기 312~313쪽

동일임금과 유급 가족간호 휴가를
위한 투쟁에서 젠더문제를
전술로 사용하고 있다면,
저도 끼워주세요!

힐러리 클린턴

증권업이 전산화되기 전인 1989년에 타이 증권 거래소에서 여자들이 주식을 거래하고 있다. 금융 부문은 여전히 임금격차가 아주 큰 분야 중 하나인데, 특히 보너스의 경우에는 더욱더 그러하다.

고용차별론에서는 여자들이 남자들보다 덜 유능하게 여겨진다고 주장한다. 어쩌면 사회에 깊이 배어든 편견이 여성 상사는 리더십이 부족할 것이라는 선입관을 낳는지도 모른다. 경우에 따라 남자들은 그냥 가장이라고, 그러므로 임금을 더 많이 받아야 한다고 간주되기도 한다.

여자들의 임금은 어린 자녀의 유무의 영향도 받는다. 왜냐하면 어린 자녀가 있는 여자들은 생산성과 헌신도가 낮을 것이라 인식되기 때문이다. 미국에 유급 출산휴가제도가 없다는 사실이 가장 큰 문제점이라고 이야기하는 사람도 많다. 하지만 덴마크에서는 그런 제도가 법제화되었음에도 불구하고 비슷한 임금격차가 지속되고 있으며, 어머니들과 가임 연령의 여자들을 안 좋게 보는 고용 편견을 비롯한 '엄마 벌점(motherhood penalty)' 또한 명백히 존재한다.

또 다른 근거 없는 통념 중 하나는 여자들의 임금협상능력이 떨어진다는 것이다. 몇몇 연구에서 밝혀진 바에 따르면, 여자들은 협상을 제대로 시도한 경우에도 성공을 거두지 못하거나 도리어 벌을 받았다. 교육도 영향을 미치는데, 무엇보다도 이는 대체

로 고소득 직종으로 이어지는 과학, 기술, 수학을 공부하는 여자들이 비교적 적기 때문이다. 하지만 브라질의 여자들은 대체로 남자들보다 교육수준도 높고 근무시간도 많지만 24퍼센트 적게 벌고 있다.

임금 평등을 위한 투쟁

2000년부터는 성별 임금격차가 좁아지는 속도가 계속 더뎌졌는데, 이런 식으로 가다가는 2119년이나 되어야 양성 간 임금 평등이 이루어질 테지만, 임금격차에 맞선 투쟁은 최근에 격화되었다. 미국의 미국대학여성협회와 영국의 포셋 소사이어티 같은 단체들이 변화를 일으키기 위해 운동을 벌이는 가운데, 소셜미디어에서도 여러 운동이 일어나고 논란의 여지가 있는 임금격차 데이터가 공개되면서 대중의 관심이 그 문제에 모이고 있다. ■

인종 간 임금격차

선진국 중에는 성별 임금격차뿐 아니라 인종 간 임금격차도 상당히 큰 나라가 많다. 예컨대 미국의 경우 흑인여성들은 80퍼센트가 가장 역할을 한다는 사실에도 불구하고 대체로 백인 남자들 임금의 64퍼센트 정도를 번다. 원주민계 미국인 여자들은 약 57퍼센트를 벌고, 라틴계 여자들은 그 비율이 54퍼센트로 가장 낮은데 주급 중앙값도 최저 수준이다. 아시아계 미국인 여자들은 평균 임금이 남자들의 임금과 가장 비슷하지만, 같은 아시아계라도 민족에 따라 차이가 상당히 크다.

아시아계 남자들을 제외한 모든 인종 집단과 모든 여자들이 미국 백인 남자들보다 적게 번다. 흑인남자들과 라틴계 남자들은 각각 73퍼센트와 69퍼센트 정도를 번다. 유색인 여자들은 대체로 백인 여자들보다 적게 버는데, 심지어 교육 수준이 비슷한 경우에도 그러하다.

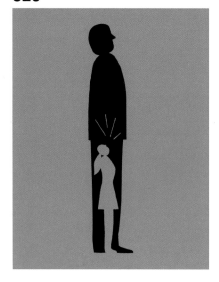

생존자들은 무죄로 입증될 때까지 유죄로 추정받습니다

캠퍼스 성폭력 반대 투쟁

맥락읽기

인용출처
에마 설코위츠(2014년)

핵심인물
애니 E. 클라크, 앤드리아 피노

이전 관련 역사
1972년 : 정부지원 교육과정 내 성차별을 금지하는 '타이틀 IX'연방법이 시행된다.

1987년 : 미국의 한 설문조사에 따르면 캠퍼스에서 여학생의 4분의 1이 성폭력 피해자가 된다고 한다.

이후 관련 역사
2017년 : 교육부장관 베치 디보스가 미국 정부가 성폭력 고소인의 권리뿐 아니라 피고인의 권리도 고려할 것이라고 말한다.

2017년 : 뉴욕 컬럼비아대학의 '변화를 촉진하기 위한 성 건강 운동(SHIFT)'이라는 연구 프로젝트에서 학부생들의 성폭력과 성 건강에 대한 획기적인 연구 결과를 발표한다.

젊은 여자들 중 상당수는 성폭력도 경험한다. 여러 설문조사결과에 따르면, 미국 곳곳의 캠퍼스에서는 무려 여학생의 4분의 1이 대학생활 중에 성폭력을 당한다.

학생들의 캠퍼스 성폭력 반대 운동이 가속화된 것은 2010년에 몇몇 생존자들이 좀 더 직접적인 변화를 요구하면서부터였다. 그런 새로운 운동은 2015년에 개봉한 다큐멘터리 영화 〈더 헌팅 그라운드*The Hunting Ground*〉에 잘 표현되어있다. 그 영화는 캠퍼스 성폭력을 신고하려 한 여자들(과 그 밖의 다른 젠더의 사람들)의 경험이 기록되어 있다. 그들이 성폭력을 신고하려 했을 때 대학 당국과 경찰이 보인 반응은 피해자 비난과 불신, 가해자의 미래를 생각해달라는 간청이었다.

그 영화는 두 성폭력 생존자 애니 E. 클라크와 앤드리아 피노의 사례에 특히 중점을 두었다. 2013년에 '캠퍼스 강간 퇴치'라는 운동단체를 창설한 두 사람은 미국 곳곳의 대학교를 방문해 강연도 하고 다른 생존자들과 만나기도 한다. 그들이 벌인 운동의 결과 중 하나로 미국의 여러 대학이 '타이틀 IX'연방법에서 정한 인권침해 혐의로 조사를 받았다.

2014년에 화제가 된 한 항의운동에서는 뉴욕 컬럼비아대 학생 에마 설코위츠가 〈매트리스 퍼포먼스(그 무거운 짐을 지다)〉라는 행위예술작품을 만들었다. 그 퍼포먼스에서 설코위츠는 그녀를 강간한 혐의를 받은 남학생을 대학 측이 퇴학시킬 때까지 어디를 가든 매트리스를 들고 다니기로 했다. 대학 측은 그 남학생에게 '책임이 없다'고 판결했다. ■

> 학생들은 모두 시민으로서 교육을 받을 권리가 있다. 강간이 우리에게 걸림돌이 되어서는 안 된다.
> **앤드리아 피노**

참조 : ▪ 강간이라는 권력남용 166∼171쪽 **▪** 희생자가 아니라 생존자 238쪽 **▪** 피해자 비난 종식시키기 299쪽 **▪** 성적 학대에 대한 인식 322∼327쪽

여성 운전

자동차 운전권

이슬람권 도처에서 여자들이 자동차를 몰고 다닌다. 2018년까지 사우디아라비아는 여성의 운전권을 허가하지 않은 유일한 이슬람 국가였다. 사우디아라비아의 법에 따르면, 자동차를 운전하다 적발된 여성은 체포되고 벌금을 물고 심지어 공개적으로 매질을 당할 수도 있었다.

전진과 후진

사우디아라비아의 여권운동가 마날 알샤리프는 2011년에 자신이 자동차를 모는 모습을 담은 영상을 유튜브에 올리며 여성 운전권을 위한 운동을 이끌었다. 그녀는 체포되어 3개월간 수감되었다. 2017년에 알샤리프는 자신의 경험을 『감히 운전하다』라는 책으로 썼다. 그해에 사우디아라비아의 왕세자 무함마드 빈 살만 알사우드는 현대화 계획의 일환으로 2018년 6월까지 여자들의 자동차 운전을 합법화하겠다고 공표했다. 페미니즘 운동가 7명이 곧바로 자동차를 몰았으나 체포되었다. 그중 한 운동가 루제인 알하슬롤은 전에 사우디 군주정에 반대하는 의견을 공개적으로 밝혔다가

2018년 6월 24일에 사우디아라비아의 한 여성이 처음으로 합법적으로 자동차를 운전하고 있다. 최근에 또 다른 법률 개혁으로 사우디아라비아 여자들은 군에 입대할 수도 있게 되었고 경기장과 극장에 갈 수도 있게 되었다.

체포된 적이 있었던 터라, 운전금지법이 해제되었을 때에도 옥중에 있었다.

여자들이 새로운 운전권을 얻긴 했지만, 여전히 극히 보수적인 사우디 군주정이 다른 개혁을 지연시킬까 봐 걱정한다. 무엇보다도 그들은 여자들이 남성의 허락 없이는 결혼이나 여행 같은 갖가지 활동을 못 하게 막는 남성후견인제도를 없애고 싶어 한다. ∎

참조 : ▪ 남성 주도적 세계의 여성 자치권 40〜41쪽 ▪ 초기 아랍 세계 페미니즘 104〜105쪽 ▪ 현대 이슬람 페미니즘 284〜285쪽

미투운동

성적 학대에 대한 인식

맥락읽기

인용출처
타라나 버크(2006년)

핵심인물
타라나 버크 , 애슐리 저드, 알리사 밀라노

이전 관련 역사
1977년 : 영화감독 로만 폴란스키가 13세 소녀에게 약을 먹이고 그녀를 강간한 혐의로 기소된 후 캘리포니아 주를 떠나 도피한다.

1991년 : 변호사 애니타 힐이 자신의 상사였던 대법관 후보 클래런스 토머스에게 불리한 증언을 하며 그에게 성추행죄를 묻지만, 토머스는 그 혐의사실을 부인한다.

이후 관련 역사
2018년 : 할리우드의 타임즈업 운동가들이 성범죄에 대응하는 여성들의 법률 지원을 위해 1,300만 달러 규모의 기금을 발족한다.

2018년 : 국제노동기구 회의에서 직장 내 성폭력과 성추행을 없애기 위한 조약의 제정에 대해 논의한다.

어떤 사건들은 발생 당시에 모든 것이 달라지기 직전의 임계점으로 여겨진다. 일부 사람들은 성폭력과 성희롱에 맞선 2017년의 미투(#MeToo) 운동이 그 일례로, 전에 아주 흔했지만 좀처럼 드러나지 않던 관습에 대한 대중의 인식이 세계적으로 변화할 전조에 해당한다고 믿는다.

'미 투(Me Too)'라는 용어는 새로운 것이 아니다. 그 말은 2006년에 타라나 버크가 성범죄 생존자들의 결속을 촉진하기 위해 처음 사용했다. 버크는 앨라배마주의 청소년 단체 '저스트 비(Just Be Inc.)'에서 일하며, 젊은 성폭력 생존자들을 위한 워크숍을 운영했다. 그들은 만약 도움이 필요한데 직접 도움을 청하지 못할 것 같으면 워크숍 용지에 '나도 그렇다(Me too)'라고 써달라는 요청을 받았다. 거기 참석한 소녀 30명 중 20명 정도가(버크가 예상했던 것보다 훨씬 많았다) '나도 그렇다'라고만 썼다. 이것이 미투운동의 시작이었다. 그 운동단체는 원래 결속과 지지를 찾아 모인 젊은 유색인 여성들로 구

성되었다. 그들을 위한 메시지는 혼자가 아니라는 것이었다.

2006년부터 성범죄에 대한 인식과 반대 운동은 계속 성장을 거듭해왔다. 2015년에 〈뉴욕〉지의 한 표지에는 유명 코미디언 빌 코즈비를 성폭행으로 고소한 여성 35명의 사진이 실렸는데, 코즈비는 2018년 4월에 세 개의 혐의에 대해 유죄판결을 받았다. 2016년 미 대선 기간 중 트럼프 후보가 상대의 승낙없이 여성의 신체를 더듬었다는 2005년 당시의 상황이 담긴 녹음테이프가 공개되었다. 2017년 여성행진에 참가한 사람들 중 상당수는 그 신임 대통령의 발언에 대한 혐오

"
차별이나 희롱, 학대,
불평등은 못 봐준다.
질릴 대로 질렸다.
알리사 밀라노
"

2017년 11월 캘리포니아주 베벌리힐스 미국제작자협회 앞에서 열린 일터정상화·미투 가두행진·집회 중에 타라나 버크가 공개 발언을 하고 있다.

"
우리는 할리우드 힐스에서부터
웨스트민스터의 복도와
다카의 공장 작업장에 이르기까지
전 세계 일터의 문화를 바꿔야 한다.
헬렌 팽크허스트
"

참조 : ▪ 희생자가 아니라 생존자 238쪽 ▪ 페미니즘에 대한 반격 270~271쪽 ▪ 페미니즘의 온라인화 294~297쪽 ▪ 성차별은 어디에서나 일어난다 308~309쪽

2017년에 '미투'라는 문구가 큰 화제가 된 까닭은 세계 곳곳의 수많은 여성들이 트위터의 미투 해시태그에 반응해 자신의 성희롱·성학대 경험을 알렸기 때문이다.

2006년
민권운동가 타라나 버크가 성학대와 성폭력에 대한 인식을 높이기 위해 '미투'라는 문구를 사용한다.

2017년
〈뉴욕타임스〉가 영화제작자 하비 와인스타인의 성폭력 혐의를 제기한다.

2017년
배우 알리사 밀라노가 트위터 팔로어들에게 성학대나 성희롱을 당한 적이 있으면 '미투(#MeToo)'라고 답해달라고 한다.

2017년
와인스타인의 혐의가 제기된 일이 계기가 되어 수많은 여성이 앞에 나서서 유명하거나 유력한 남자들의 성범죄를 폭로한다.

2018년
영화 산업계의 여성들이 미투운동에 대한 지지를 보여주기 위해 검은 옷을 입고 골든 글로브 시상식에 참석한다.

감을 나타내기 위해 '분홍색 고양이 모자'를 썼다.

획기적 소송

2017년 10월 5일에 〈뉴욕타임스〉는 할리우드 영화제작자 하비 와인스타인의 성희롱 혐의에 대해 조사한 결과를 발표했다. 거의 30년에 걸쳐 몇몇 도시와 나라에서 일어났다는 사건들을 다루며, 와인스타인이 자신을 고소한 여자들에게 합의금을 지불해왔다고 보도했다. 곧 더 많은 여성들이 앞으로 나서면서 와인스타인은 자신이 설립한 회사에서 해고당하고 결국 강간 및 성적 학대 혐의로 기소되었다. 그는 그런 혐의와 그 밖의 여러 성범죄 혐의를 모두 부인해왔다.

이제 점점 더 많은 여성들이 미국 영화계와 그 밖의 여러 분야의 와인스타인 같은 힘 있는 남자들의 학대 행위에 대해 공개적으로 말하기 시작했다. 그들은 전에도 그런

이야기를 밝히려 한 적이 있으나, 그들의 불평은 묵살되었고, 그들 중 일부는 협박과 변호사의 압력에 못 이겨 입을 다물어야 했다고 한다. 와인스타인의 성범죄가 할리우드에서는 공공연한 비밀이었다고들 하는데, 〈뉴욕타임스〉의 보도 전에는 아무도 그에게 제대로 도전하지 못했다. 그들 중 일부는 그렇게 힘 있는 남자에게 대들면 자신의 직업 생활에 악영향이 미칠까 봐 두려워서 침묵을 지켜왔다고 말했다.

배우 중에서 처음으로 와인스타인을 공개적으로 비난한 애슐리 저드는 2018년 4월에 그를 상대로 소송을 제기했다. 그 소송에서 저드는 자신이 와인스타인의 성적 접근을 거부한 후 그가 헛소문을 퍼뜨리며 자신의 배우 활동을 방해해왔다고 주장하는데, 와인스타인은 그 혐의사실을 부인했다. 다른 배우들과 전 피고용인들도 자신의 경험을 이야기했다. 피고인과 고소인들이 유명인이다 보니 언론의 관심을 끌어, 이로

인해 연예계의 다른 남자들의 성범죄 혐의에 대해서도 문제를 제기하기 시작했다.

소셜미디어, 거스를 수 없는 힘

〈뉴욕타임스〉의 특집기사가 발표되고 10일 후에 한 친구의 권유로 배우 알리사 밀라노는 성희롱이나 성폭행을 당한 여성들에게 댓글로 '미 투(Me too)'라고 써달라고 부탁하는 글을 트위터에 올렸다. 밀라노의 게시물은 최초의 온라인 '미 투'였다.

겨우 몇 시간 만에 수천 개의 '미 투' 댓글이 달렸는데, 한 여성은 '#MeToo'라는 해시태그를 사용해 자신의 성폭행·성희롱 경험을 이야기했다. 그 후 수백만 명이 트위터를 비롯한 여러 소셜미디어에 자신의 '#MeToo' 이야기를 올렸다. 성희롱을 비롯한 성적 학대가 아주 흔하다는 사실을 보여준 그들의 폭로는 주류 대중매체에서도 널리 논의되었다. 그때까지 너무 두렵거나 창피해서 경험을 밝히지 못했던 여자들은 이해도가 높아

진 분위기 속에서 용기를 얻어 갑자기 자신의 이야기를 털어놓기 시작했다.

온라인 미투운동이 힘을 얻자, 일부 남자들과 여러 트랜스젠더들도 자신의 직장 성범죄 경험담을 인터넷에 올리기 시작했다. 배우 케빈 스페이시는 젊은 남자들에게 고소당한 사람 중 한 명인데 자신의 혐의사실을 부인하고 있다.

성희롱이 여러 업계에서 흔히 일어난다는 사실 또한 명백해졌다. 2017년 12월에 〈파이낸셜 타임스〉는 성적 학대에 대한 보도에서 '와인스타인 효과'를 도표로 보여주었다. 2월에는 수전 파울러 혼자서 목소리를 내고 있었는데, 미국의 소프트웨어 엔지니어인 그녀는 캘리포니아주의 우버에서 일어났다는 성희롱에 대해 이야기하는 블로그를 써온 터였다. 4월에는 미디어업계에서 한 건이 불거졌고, 7월 무렵에는 몇 주 간격으로 기술업계에서 두 건이 더 터졌다. 그리고 와인스타인 혐의가 제기된 후 〈파이낸셜 타임스〉의 조사에서는 미국과 영국의 정치·금융·미디어·음악·기술·연예계 유명 남성들이 성범죄로 고소·고발되었던 사례 40여 건을 발견했다.

세계적 반응

피해자들은 이제 힘 있는 남자들도 경우에 따라선 몇십 년간의 성희롱 행각에 대해 처벌을 받을 수 있다는 것을 깨닫고서 용기를 얻었다. 미투운동은 그런 사건을 신고한 사람들에 대한 부정적 인식을 없애는 데에도 도움이 되었다. 그 운동이 계기가 되어, 더 많은 대중이 성적 비행에 대해 더 폭넓게 논의하게 되면서, 고용주와 피고용인들은 무엇이 용인되는 행위이고 무엇이 용인되지 않는 행위인지 깊이 생각해볼 수밖에 없게 되었다.

미투운동에서 혐의를 제기한 유명 인사들은 대체로 연예계 종사자였지만, 미국을 비롯한 영어권 국가들의 여러 직종·업계에서 일하는 여성들도 곧 선례를 따라 비슷한 경험을 널리 알렸다.

> 우리는 가해자들에게
> 책임이 지워지길 바라고,
> 또 체계적 변화를
> 오랫동안 지속시킬 전략이
> 시행되길 바란다.
> 타라나 버크

미투운동은 세계 곳곳으로 퍼져 나갔다. 2017년 10월, 한 달도 채 지나지 않아서 그 해시태그는 85개국의 트위터 메시지 1,700만 개에서 공유되었다. 다른 언어로 된 해시태그들도 그 말을 퍼트리는 데 도움이 되었다. 이탈리아의 영화배우 아시아 아르젠토는 '#QuellaVoltaChe'('그때'라는 뜻)라는 해시태그를 쓰기 시작하며, 과거에 겨우 16세였던 자신에게 한 영화감독이 음부를 노출하게 했던 일을 이야기했다. 그 후에 '#YoTambien'('나도 그렇다'는 뜻의 스페인어)과 '#balancetonporc'('돼지를 고발하라'는 뜻의 프랑스어)가 나왔고, 아랍어와 히브리어로 된 해시태그도 쓰이기 시작했다. 이슬람 여성들은 그 해시태그를 조금 바꿔 '#MosqueMeToo'를 만들어서 일련의 사건에 대해 이야기했는데, 그런 사건 중 일부는 사우디아라비아의 성도(聖都) 메카에서 일어난 일이었다.

또 피해자 여성들은 성희롱 때문에 개인

캘리포니아주 베벌리힐스에서 열린 2018년 골든 글로브 축하 행사에서 영화 산업계의 배우들과 그 밖의 여성들이 검은 옷을 입은 것은 미투운동에 대한 지지를 보여주기 위해서였다. 남자들 중에도 지지의 뜻으로 검은 옷을 입은 사람이 더러 있었다.

반발

미투운동에 대한 반발 중 하나는 즉각적으로 일어났다. 이제 너무 겁이 나서 여자에게 데이트 신청도 못 하는 남자들은 어떻게 할 것인가, 비판자들은 묻는다. 모든 남자들의 행동이 바뀌어야 하는가? 2018년 1월 프랑스 신문 〈르몽드〉에 실린 한 불평은 배우 카트린 드뇌브를 비롯한 유명 여성 100명이 서명한 공개 항의서의 형태를 취했다. 그들은 미투운동이 너무 극단적이며 성적 자유를 위태롭게 만든다고 주장했다. 그들은 학대를 개탄하면서도 유혹은 범죄가 아니라고 말했다. 그들은 미투운동이 전제적이면서도 청교도적이라고, 그 운동이 여자들을 영구적 피해자로 묘사할 위험이 있다고, 성범죄 혐의를 받은 남자들이 대응할 권리도 없이 '미디어 린치'를 당해왔다고 주장했다.

나중에 드뇌브는 자신의 입장을 변호하며, 〈르몽드〉에 실린 그 글 때문에 마음이 상한 피해자들에게만 사과했다. 그녀는 교육과, 직장 성범죄에 대한 더 강경한 즉각적 조치가 한 가지 해결책이 될 것이라고 자신의 생각을 밝혔다.

이 사진에서 파리의 한 패션쇼에 참석해 있는 카트린 드뇌브는 미투운동이 도를 넘었다고 비난한 여러 유명 여성 중 한 명이었다.

의 일상과 직장생활이 망가지며 자신감을 잃고 마음에 상처를 입고 승진 길 또한 막히게 된다는 점에 대해서도 이야기해왔다.

높은 위험성

미투운동으로 폭로된 사실에 충격을 받은 듯한 세상 사람들은 선진국과 개발도상국에서 직장 내 성적 비행이 너무나 많은 여자들의 일상적 경험으로 남아 있다는 사실을 분명히 알아차렸다. 노동운동가들은 공장이나 농장에서 최저임금을 받으며 일하는 수백만 명의 여성노동자 같은 세계 최극빈 여성들의 곤경을 강조해왔다. 그런 여성들은 성적 학대를 당할 위험이 상당히 높다. 불법체류자들 또한 어디에서 살고 있든 특히 취약하다. 노동운동가들은 개개인의 힘이 약할수록 고용주 같은 권력자들이 자기 권력을 남용해 성적 학대 따위를 저지를 가능성이 높다고 설명한다. 미국에서는 2007년에 남부빈곤법률센터(SPLC)가 시작한 '반다나 프로젝트'가 미국 남부의 저임금 여성 농장 노동자들에 대한 성적 착취를 반대하는 운동에 관여하고 있다. 상당수가 이민자인 그 농장 노동자들은 쓸데없이 성적 관심을 받지 않기 위해 반다나(큰 손수건)로 자기 얼굴을 가린다.

'미투'가 성적 학대에 반대하는 운동을 의미하는 해시태그로 처음 쓰였을 때 그 운동의 창시자인 타라나 버크는 잘 알려져 있지 않았다. 이제 성적 학대에 맞서 오랫동안 운동을 벌여온 유색인 여성으로 알려진 그녀는 성적 비행의 다민족성을 세상에 알리는 데 도움을 제공해왔다. 버크는 미셸 윌리엄스, 에마 왓슨, 메릴 스트리프 같은 스타들의 게스트로 2018년 골든글로브 수상식에 초대받아 그 운동을 더 널리 알리는 데 일조하기도 했다. 하지만 지금 뉴욕시 브루클린의 "양성평등을 추구하는 여자들"이

> 그 어떤 여성도 급료를 받는 대가로 자신의 품위와 안전을 희생해서는 안 된다.
> **돌로레스 후에르타**

란 단체의 수석이사인 버크는 현재의 논란 중 상당 부분을 계속 멀리해왔다. 미투 담론이 젊은 유색인 여성들에게 맞춰졌던 원래의 초점 훨씬 너머로 확장되었다는 사실을 알긴 하지만 그녀는 그 운동이 대중매체의 주장처럼 단시간에 일어난 것이 아니라 2006년부터 꾸준히 구축되고 있었다는 점을 지적해왔다. '당신은 혼자가 아닙니다'라는 기치 아래 미투 웹사이트에서는 1998년부터 1,700만여 명의 여성이 성폭력을 신고해왔다고 말한다.

무관용 원칙

와인스타인 사건과 미투운동이 성적 학대에 대한 인식에 갑자기 큰 영향을 미쳤다는 데 이의를 제기할 사람은 거의 없을 것이다. 세계 곳곳에 지부를 둔 한 미국 법률회사의 2018년 지침 중 하나는 다음과 같았다. "상대방이 원하지 않는 짓이면 괴롭힘이다." 앞으로 수십 년간 이 문제가 어떻게 전개되든 간에 '미투(#MeToo)'는 괴로움에 대응하며 여성의 권리를 위해 싸우는 운동들이 오늘날에도 그 어느 때 못지않게 중요하다는 표시다. ■

DIRECTORY 참고자료

이 책의 본문에 소개된 페미니스트와 페미니스트 단체 외에도 무수히 많은 개인과 단체들이 여성의 종속에 반기를 들고 페미니스트 이론의 발전에 기여하며 전 세계 여성들의 일상생활을 개선하는 데 힘써왔다. 그들이 투쟁했던 분야는 정치, 교육, 법, 노동권부터 산아제한, 의식 고취, 그리고 경영, 예술, 역사적 기록에서 여성의 비중 확대 등까지 다양하다. 그 중 상당수가 그들이 변화시키고자 하는 남성 지배적인 제도와 때로는 다른 여성들로부터 강력한 반대와 조롱을 당해왔다. 그러나 시간이 흐름에 따라 페미니스트들의 많은 주장이 수용되었을 뿐 아니라 현대 사회의 특징으로 반영되었다.

페미니스트들

크리스틴 드 피잔(Christine De Pizan)
1364~1430년

이탈리아 저자, 정치사상가, 여권 옹호자인 크리스틴 드 피잔은 이탈리아 베니스에서 프랑스 왕 샤를 5세(Charles V)의 궁정 주치의이자 점성가인 토머스 드 피잔(Thomas de Pizan)의 딸로 태어났다. 그녀는 남편이 전염병에 걸려 사망한 뒤에 가족을 부양하기 위해 글을 쓰기 시작했다. 그 후 연가를 써서 성공을 거두고 프랑스 궁정에서 많은 부유한 후원자를 얻었다. 드 피잔은 1402년 저서 『장미 이야기Le Dit de la Rose』에서 프랑스 작가 장 드 묑(Jean de Meun)의 인기작 『장미 이야기Le Roman de la Rose』(1275년경)를 비판하며 이 소설이 여성을 유혹적인 요부로 그리는 여성 혐오적인 공격이라고 주장한다. 또 1405년에 『여인들의 도시The Book of the City of Ladies』에서는 여성이 사회적으로 기여한 업적을 조명하고 여성교육의 필요성을 주장한다. 곧이어 『여인들의 도시』의 포르투갈 및 네덜란드 번역판이 출간되었고 영어판도 1521년에 완성되었다. 드 피잔은 서구권 최초의 전문 여성작가로 평가받고 있다.

참조: ▪ 남성 주도적 세계의 여성 자치권 40~41쪽 ▪ 지적 자유 106~107쪽

메리 워드(Mary Ward)
1585~1645년

수녀이자 초창기 여권 옹호자인 메리 워드는 노스요크셔의 잉글랜드 가톨릭 집안에서 태어났다. 이곳은 여왕 엘리자베스 1세(Elizabeth I)의 통치기에 반가톨릭 폭도들에게 공격을 받은 지방이었다. 워드는 15세 때 북프랑스의 프란체스코 빈자 클라라(Poor Clares Franciscan) 수녀회에 입회했으나 보다 적극적인 인생을 살기 원하여 1609년에 그곳을 떠나 새로운 수녀회인 동정성모수도회(Institute of the Blessed Virgin Mary, 오늘날 명칭은 로레토수녀회)를 세우고 여성교육에 전념했다. 워드는 교회 당국이 교회의 여신도들에게 강요하는 세속과는 격리된 묵상의 길을 따르지 않고, 자신이 세운 수도회의 자매들은 유럽 전역에서 가난한 자들을 위해 일하고 가톨릭학교에서 가르쳐야 한다는 방침을 정했다. 교황청은 워드를 감옥에 가두고 그녀의 활동을 진압하라는 명령을 내렸지만, 워드는 이에 굴하지 않고 교황 우르바노 8세(Pope Urban VIII)에게 수도회에 대한 교황청의 승인을 요청하기 위해 2,400km 넘게 걸어가서 수녀회가 존속할 권리를 찾고자 싸웠다. 워드가 세운 두 수녀회, 즉 로레토수녀회와 1609년에 세운 예수수도회는 그 후로도 계속 전 세계에 학교를 설립했다.

참조: ▪ 여성을 압박하는 제도 80쪽

앤 허친슨(Anne Hutchinson)
1591~1643년

잉글랜드 링컨셔에서 태어난 앤 허친슨은 산파, 약초재배자, 설교가로, 또 그녀의 설교와 비인습적인 사상을 통해 남성의 종교적 권위에 도전했던 것으로 가장 잘 알려져 있다. 그녀는 1612년에 윌리엄 허친슨(William

Hutchinson)과 결혼했고, 그 후 부부는 청교도 목사 존 코튼(John Cotton)의 신도가 되었다. 코튼이 영국국교회의 박해를 견디다 못해 북미의 매사추세츠만 식민지로 도망가자, 허친슨 가족은 1634년에 10명의 자녀를 이끌고 그를 따라갔다. 앤 허친슨이 계속 기존 청교도 신념에 위배되는 교리를 설파하자, 코튼을 비롯한 남성 청교도 지도자들은 그녀를 공격했고, 매사추세츠 주지사 존 윈스럽(John Winthrop)은 그녀를 '미국의 제저벨(Jezebel, 수치를 모르는 요부)'라고 불렀다. 앤과 허친슨 가족은 이단자로 선고받고 식민지에서 추방당한 뒤에 로드아일랜드로 이주했고, 윌리엄이 죽은 후에는 오늘날의 뉴욕시로 옮겼다. 앤은 오늘날 식민지 뉴잉글랜드에서 가장 먼저 시민권과 종교적 관용을 주장했던 인물 중 하나로 평가받고 있다.

참조 : ▪ 여성을 압박하는 제도 80쪽 ▪ 페미니즘 신학 124~125쪽

소르 후아나 이네스 델 라 크루스
(Sor Juana Inés De La Cruz)
1648~1695년

미국 최초의 페미니스트로 알려진 소르 후아나 이네스 델 라 크루스는 작가, 시인, 극작가, 작곡가, 철학자이자 수녀였다. 크리올인 어머니와 스페인인 아버지의 사생아 후아나 라미레즈(Juana Ramirez)로 태어난 그녀는 독학으로 초기 멕시코 문학과 스페인 문학의 황금기(16세기 초~17세기 말)에 기여한 학자가 되었다. 라틴어에 능숙했던 그녀는 나우아틀어(Nuatl)라는 아즈텍 언어로 글을 쓰기도 했다. 크루스는 결혼을 피하고 공부를 계속하기 위해 1667년에 수녀회에 입회하여, 그곳에서 사랑, 종교, 여성의 권리에 관한 글을 썼다. 크루스의 편지 『답신*La Respuesta*』은 그녀와 다른 여성들의 입을 막고 여성교육을

거부하려 했던 한 사제에게 보낸 것이었다. 학자들은 크루스가 다른 여성들에게 보낸 낭만적인 시를 근거로 그녀가 오늘날로 치면 레즈비언이었을 것으로 추측한다. 오늘날 크루스는 국가적 상징으로 추앙받으며 멕시코 지폐를 장식하고 있다.

참조 : ▪ 남성 주도적 세계의 여성 자치권 40~41쪽 ▪ 지적 자유 106~107쪽

마가렛 풀러(Margaret Fuller)
1810~1850년

마가렛 풀러는 매사추세츠 주 케임브리지 출신의 교사, 작가, 편집자, 사회개혁가로, 미국 최초의 중요한 페미니스트 텍스트인 『19세기의 여성들*Women in the Nineteenth Century*』(1845년)의 저자다. 풀러의 아버지는 그녀에게 아들과 똑같은 교육을 시켰다. 풀러는 여성 교육과 고용, 노예제 폐지, 형법 개혁의 옹호자가 되었다. 1839년에 그녀는 지적인 주제를 논의하기 위해 여성을 위한 '대화'를 열기 시작했다. 같은 해에 풀러는 랠프 월도 에머슨(Ralph Waldo Emerson)에게 그의 초월론 잡지 〈다이얼*The Dial*〉 편집을 맡아달라는 제의를 받고 수락했으나 2년 후에 사임했다. 풀러는 1844년에 뉴욕으로 건너가 〈뉴욕 트리뷴*New-York Tribune*〉에서 미국 저널리즘 최초의 전문 서평가가 되었다. 그녀는 또 이 신문사의 최초 여성 국제 특파원이 되어, 이탈리아의 1948년 혁명 당시 유럽을 돌았다. 풀러는 미국으로 귀국하는 길에 난파를 당해 남편과 아들과 한꺼번에 사망했다.

참조 : ▪ 18세기 집단행동 24~27쪽 ▪ 지적 자유 106~107쪽

타히리(Táhirih)
1814~1852년

시인이자 여권 옹호자 타히리는 여성의 열등한 사회적 지위에 저항하고 발언하기 위해 여성들을 조직화했던 페르시아 신학자였다. '순수한 하나'를 의미하는 타히리는 본명이 파티마 바라가니(Fatimah Baraghani)로 아버지에게 교육을 받았다. 그녀는 바브교(Babi) 신자가 되었는데, 바브교는 이슬람교에서 벗어난 아브라함 일신교로서 바하이교(Baha'i)의 전신이었다. 타히리는 바브교 지도자회의에서 여성의 권리를 언급하며 그 자리의 남성들에게 도전하는 의미로 베일을 벗었는데, 이 행위는 많은 남성을 겁먹게 했다. 그녀는 결국 38세에 비밀리에 처형당했고, 이 일로 바하이교 공동체의 순교자가 되었다. 그녀의 마지막 유언은 다음과 같이 전해진다. "당신은 마음대로 나를 죽일 수 있지만 결코 여성의 해방은 막지 못할 것이다." 1997년에 여성과 소녀들에 대한 폭력을 종식시키기 위해 싸우는 국가기관 타히리정의센터(Tahirih Justice Center)가 설립되어 타히리의 유산을 기리고 있다.

참조 : ▪ 이슬람 여성교육 38~39쪽

콘셉시온 아레날(Concepción Arenal)
1820~1893년

작가 콘셉시온 아레날은 스페인의 중요한 페미니스트 전문가로 당시만 해도 매우 전통적인 국가였던 스페인의 운동가였다. 그녀는 스페인에서 대학에 들어간 최초의 여성으로, 학교 당국은 그녀에게 동기 남학생과 똑같은 복장을 요구했다. 여성의 권리에 대한 그녀의 첫 번째 글은 1869년의 「미래의 여성*La Mujer del Porvenir*」이었다. 아레날은 여성이

교육을 받을 권리를 옹호했고 여성은 생물학적으로 남성보다 열등하다는 인식을 비판했다. 그러나 그녀는 여성의 리더십이 뛰어나다고는 생각하지 않아 여성이 모든 직업을 가질 수 있어야 한다고 주장하지는 않았다. 또 여성이 아내와 어머니의 역할에서 벗어나기를 원하지도 않았다. 그밖에 아레날은 형법 개혁, 노예제 폐지, 빈민 구제에도 힘썼다. 1859년에 그녀는 가난한 자들을 돕는 페미니스트 단체 "생 뱅상 드 폴 연맹(Conference of Saint Vincent de Paul)"을 설립했다. 1871년에는 마드리드의 잡지 〈자선의 목소리The Voice of Charity〉에 14년간 몸담았고, 1872년에는 빈민을 위한 저가 주택을 건설하는 단체 건설수혜자를 설립했다.

참조 : ▪ 전 세계로 번진 여성 참정권운동 94~97쪽 ▪ 무정부주의 페미니즘 108~109쪽

안나 헤슬램(Anna Haslam)
1829~1922년

아일랜드의 영향력 있는 여성 참정권론자 안나 헤슬램은 아일랜드 카운티 코크의 퀘이커교도 가문에서 태어났다. 그녀는 평화주의, 노예제 폐지, 금주운동, 남녀평등을 믿으며 자랐다. 헤슬램과 남편 토마스는 1870년대에 더블린여성참정권협회(Dublin Women's Suffrage Association)의 창립멤버였다. 안나는 1864년 성병방지법, 즉 매춘 혐의가 있는 여성을 강제로 검사하고 체포할 수 있게 만든 법에 대항하여 18년간 운동을 벌인 끝에 결국 이 법을 폐지시키는 데 기여했다. 그녀는 또 아일랜드에서 여성 참정권을 조금씩 확대해가는 성공을 맛보다가 1922년에 마침내 21세 이상의 모든 아일랜드 여성이 참정권을 획득하는 쾌거를 이루었다.

참조 : ▪ 전 세계로 번진 여성 참정권운동 94~97쪽

케이트 셰퍼드(Kate Sheppard)
1847~1934년

영국 리버풀에서 태어난 케이트 셰퍼드는 1868년에 가족과 함께 뉴질랜드로 이민 가서 기독교여성금주동맹(Woman's Christian Temperance Union)의 크라이스트처치 지부에 참여하게 되었다. 셰퍼드는 그 후에 영국에서 가장 유명한 여성 참정권운동가가 되었다. 그녀는 뉴질랜드에서 여성이 운영하는 최초의 신문 〈하얀 리본The White Ribbon〉의 편집장으로 일했고, 궁극적으로 뉴질랜드가 1893년에 세계 최초로 모든 백인 성인 시민에게 참정권을 부여하는 국가가 되는 데 기여했다. 그러나 원주민 마오리족은 1902년에 연방선거법이 통과될 때까지 참정권을 얻지 못했다. 셰퍼드는 1896년에 양성평등을 이루기 위해 설립된 조직인 뉴질랜드 전국부인회(National Council of Women)의 초대 회장으로 선출되었다. 그 후에는 영국의 여성 참정권 투쟁을 지원하기 위해 영국을 방문했다. 1991년에 뉴질랜드는 10달러 지폐 그림을 엘리자베스 2세 여왕에서 셰퍼드로 바꾸어 그녀의 공적을 기렸다.

참조 : ▪ 전 세계로 번진 여성 참정권운동 94~97쪽

캐리 채프먼 캐트(Carrie Chapman Catt)
1859~1947년

미국의 교사, 저널리스트, 여성 참정권 지도자인 캐리 채프먼 캐트는 아이오와 주 찰스시티에서 자랐다. 그녀는 아이오와주립농업대학을 다녔는데, 그곳에서 동기 중에 유일한 여성 졸업자이자 졸업생 대표였다. 캐트는 10대 때 어머니가 아버지와 똑같은 권리를 지니지 못한다는 사실을 깨닫고 여성 참정권에 관심을 갖게 되었고, 1880년부터 줄

곧 여성 참정권운동에 참여했다. 1900년에 캐트는 전미여성참정권협회(NAWSA) 회장이 되었고 2년 후에는 국제여성참정권연맹을 창설했다. 또 1915년에는 여성평화당(Woman's Peace Party)을 공동 창당했다. 주(州) 단위로 여성 참정권을 확보하려는 노력과 개헌 추진 과정을 결합시킨 그녀의 '이기는 계획'은 1920년에 수정헌법 제19조를 통과시켜 승리를 거두면서 여성들에게 참정권을 보장했다. 같은 해에 캐트는 공적 영역에서 여성들이 더 큰 역할을 맡도록 돕기 위해 여성유권자연맹을 설립했고, 이 조직은 오늘날까지 남아있다.

참조 : ▪ 여성 참정권운동의 탄생 56~63쪽

에디스 코완(Edith Cowan)
1861~1932년

오스트레일리아 의회의 최초 여성 멤버이자 여성과 아동 권리 분야의 저명한 사회개혁가인 에디스 코완은 웨스턴오스트레일리아의 양 목장에서 태어났다. 아버지가 그녀의 의붓어머니를 살해한 죄로 처형당하면서 고아가 된 그녀는 18세에 결혼할 때까지 할머니와 함께 살았다. 1894년에 코완은 오스트레일리아 최초의 여성 사교클럽 카라카타 클럽(Karrakatta Club)을 공동설립하고 여성 참정권운동에서 두각을 나타냈다. 웨스턴오스트레일리아 주의 여성에게는 사우스오스트레일리아보다 5년 늦지만 나머지 주들보다는 빠른 1899년에 참정권이 부여되었다. 1921년에 국회의원으로 선출된 코완은 여성이 법조계에서 일할 수 있도록 허용하는 법안을 통과시켰다. 그녀는 또 학교에서 성교육을 시켜야 한다고 주장했다.

참조 : ▪ 전 세계로 번진 여성 참정권운동 94~97쪽

한나 쉬이 스캐핑턴(Hanna Sheehy-Skeffington)

1877~1946년

아일랜드 카운티 코크에서 요한나 메리 쉬이 (Johanna Mary Sheehy)란 본명으로 태어난 여성 참정권운동가 겸 민족주의자 한나 쉬이 스캐핑턴은 1908년에 아일랜드여성선거권 연맹(Irish Women's Franchise League)과 1911년에 아일랜드여성노동조합을 공동설립했다. 그녀는 아일랜드 민족주의자 집안에서 자랐지만 그녀의 아버지는 여성 참정권에 반대했다. 이런 모순이 그녀의 아일랜드 독립과 아일랜드 여성의 억압에 대한 견해를 형성했다. 그녀는 훗날 이렇게 말했다. "아일랜드 여성이 자유로워지기까지 남성도 해방을 얻지 못할 것이다."

한나는 1903년에 프랜시스 스캐핑턴(Francis Skeffington)과 결혼했고, 두 사람은 '쉬이 스캐핑턴'이란 성을 쓰기로 합의했다. 1912년에 그들은 여성신문 〈아일랜드 시민*Irish Citizen*〉을 함께 창간했다. 한나는 또 다른 여성 참정권운동가들과 함께 공격적인 활동에 가담하여 더블린 성의 창문을 부순 혐의로 감옥 수감되었다. 1913년에 한나는 그녀의 행동주의 때문에 교직에서 해고당했다. 남편이 1916년에 영국 지배에 대항한 부활절 봉기에서 사망한 후로, 그녀는 아일랜드와 미국에서 아일랜드 민족주의에 관해 폭넓은 강연을 했다.

참조 : ▪ 여성 참정권운동의 탄생 56~63쪽 ▪ 전 세계로 번진 여성 참정권운동 94~97쪽

카르티니(Kartini)

1879~1904년

인도네시아 활동가 카르티니는 본명이 라덴 아젱 카르티니(Raden Adjeng Kartini)로, 소녀

들 교육과 인도네시아 여성의 권리를 주창했다. 당시 네덜란드 동인도 제도의 자바에서 태어난 그녀는 12세까지 네덜란드어를 사용하는 학교에서 교육받았다. 그 후 당대의 관습으로 결혼할 때까지 부모 집에 갇혀 지냈다. 카르티니는 칩거하는 동안 공부를 계속하여, 네덜란드어 책들을 읽으며 서양 페미니즘에 관심을 갖게 되었다. 부모가 그녀에게 아내가 많은 남자와의 중매결혼을 강요하자 카르티니는 일처다부제에 반대하는 편지를 써서 자신의 의사를 내보였다. 1903년에 원주민 소녀들에게 서양 기반의 커리큘럼을 가르치는 초등학교를 열었다. 그녀는 또 책을 쓰기를 희망했으나 아들을 낳고 나서 25세의 나이로 사망했다. 그녀의 뜻을 기려 1912에 원주민 소녀들을 위한 네덜란드 학교인 카르티니 학교(Kartini Schools)가 설립되었다.

참조 : ▪ 이슬람 여성 교육 38~39쪽 ▪ 지적 자유 106~107쪽

앤 케니(Annie Kenney)

1879~1953년

영국의 노동계층 여성 참정권운동가였던 앤 케니는 10~25세 동안 랭커셔의 면직공장에서 일하며 여성 참정권운동을 공격적 단계로 끌어올리는 데 일조한 것으로 유명하다. 그녀는 정치적 회합을 방해하고 때때로 경찰관에게 침을 뱉어 13번이나 체포되고 감옥에 갔다. 그녀는 영국의 대표적인 전투적 여성 참정권운동 조직인 여성사회정치연합(WSPU)의 열성 회원이었다. 케니와 이 조직의 공동설립자 크리스터벨 팽크허스트는 연인 관계로 알려졌고, 케니는 적어도 10명의 회원들과 연인 관계를 맺었다. 케니는 1912년에 런던에서 이 조직을 책임지게 되었고 밤중에 그녀의 자택에서 불법활동을 조직하다가 1913년에 투옥되었다. 1924년에 자서전 『어느 투사의

회고록*Memories of a Militant*』을 출간했다.

참조 : ▪ 영국에서 추진된 정치적 평등 84~91쪽

마르카리타 넬켄(Margarita Nelken)

1894~1968년

스페인 지식인 겸 사회주의자 마르가리타 넬켄은 마드리드의 부유한 유대인 가정에서 태어났다. 파리에서 교육을 받은 그녀는 자라서 번역가, 예술비평가, 소설가가 되었다. 정치와 페미니즘에 관심을 갖게 되면서 1922년에 「스페인 여성의 사회적 여건*The Social Condition of Women in Spain*」을 발표했고, 1926년에는 정부에서 여성의 근로조건을 조사할 책임자로 선정되었다. 1931년에 넬켄은 사회당에 가입했고 스페인 여성은 투표권도 없던 그 해에 바로 국회의원으로 선출되었다. 논쟁적으로 그녀는 당시 스페인 여성이 보수적인 가톨릭 세력을 지지할 것이라고 믿었기 때문에 스페인에서 여성 참정권을 지지하지 않았다. 1936년에 스페인 내전이 터지자 넬켄은 마드리드에 머물면서 반군에 맞서 싸웠다. 1939년에 우파 국민진영(Nationalist)이 승리하자 커리어 초기에 예술비평가로 일했던 멕시코로 건너갔다.

참조 : ▪ 전 세계로 번진 여성 참정권운동 94~97쪽 ▪ 여성 노동조합 결성 160~161쪽

벨라 앱저그(Bella Abzug)

1920~1998년

'투쟁하는 벨라'라고 알려진 벨라 앱저그는 변호사, 의원이자 미국 제2세대 페미니즘의 지도자였다. 그녀의 1970년 최초 캠페인 구호는 '이 여자가 있을 곳은 하우스(the House), 바로 하원이다'였다. 뉴욕시 브롱크스의 유대인

이민자 가정에서 태어난 앱저그는 10대 시절에 정통파 유대교 신도들의 성차별에 도전했고 1947년에 컬럼비아대학에서 법학학위를 받았다. 그녀는 변호사로서 남녀평등 헌법수정안(ERA)을 지지했고, 사형을 선고받은 그녀의 흑인남성 의뢰인 윌리 맥기(Willie McGee)가 정당한 법 절차를 밟을 수 있게 싸웠으며, 베트남전쟁에 반대했다. 미국 하원의원으로 선출된 앱저그는 동성애자의 권리를 옹호했던 최초의 의원 중 하나였다. 1974년에 뉴욕 하원의원 에드 코흐(Ed Koc)와 함께 평등법을 도입했다.

참조 : ▪ 여성 참정권운동의 탄생 56~63쪽 ▪ 인종 평등과 양성평등 64~69쪽

코레타 스콧 킹(Coretta Scott King)
1927~2006년

앨라배마 주 매리언에서 태어난 미국 민권운동가 코레타 스콧 킹은 1953년에 민권운동 지도자 마틴 루서 킹(Martin Luther King)과 결혼했다. 그녀는 1968년에 남편이 암살당한 후에도 계속 민권운동의 지도자 역할을 맡으며 1968년에 조지아 주 애틀랜타에 "비폭력 사회개혁을 위한 마틴 루서 킹 센터"를 설립했다. 스콧 킹은 또 여성운동, 성소수자(LGBTQ) 권리, 반전주의, 남아프리카공화국의 아파르트헤이트 종식 등의 여러 이슈에 적극적으로 참여했다. 1966년에 그녀는 '여성은 모든 민권운동의 주축이다'라고 선언했고, 전미여성기구 2차대회를 주관했다. 또 남녀평등 헌법수정안을 지지했고 전국흑인여성회의에도 참여했다. 1983년에는 민권법 수정안에 '보호받아야 할 계층'으로 섹슈얼리티도 추가해야 한다고 주장하며 죽을 때까지 성소수자의 평등을 위해 힘썼다.

참조 : ▪ 인종 평등과 양성평등 64~69쪽 ▪ 흑인 페미니즘과 우머니즘 208~215쪽

로즈마리 브라운(Rosemary Brown)
1930~2003년

흑인여성으로 캐나다 정부 최초의 선출직 공무원인 로즈마리 브라운은 자메이카 킹스턴에서 출생했다. 그녀는 1951년에 맥길대학에서 사회사업을 연구하기 위해 캐나다로 이주하여 성차별과 인종차별을 겪었다. 졸업한 후에 브라운은 1960년에 설립된 캐나다 평화주의 단체인 여성의 목소리(Voice of Women)와 브리티시컬럼비아 유색인지위향상협회(British Columbia Association for the Advancement of Coloured People)에 참여하기 시작했다. 브라운은 1972~1986년 동안 우파인 신민주당의 당원으로 브리티시컬럼비아 입법부에서 일하며 교과서에서 성차별적인 편견을 제거하고 여성의 공직 진출 비중을 높이라고 압박하며 성이나 결혼 여부에 따른 차별을 금지시켰다. 1989년에 자서전 『브라운으로 살기 : 매우 공적인 인생Being Brown : A Very Public Life』을 출간했다.

참조 : ▪ 인종 평등과 양성평등 64~69쪽 ▪ 운동가의 도구로서의 분노 216쪽

조크 스미트(Joke Smit)
1933~1981년

네덜란드 비안넨에서 태어난 조크 스미트는 페미니스트, 저널리스트, 정치가였다. 1967년에 그녀는 『여성의 불편함Het onbehagen bij de vrouw』이란 에세이를 출간하여 네덜란드 여성이 아내와 어머니의 역할로 제한되는 데 따른 좌절감을 묘사했고, 네덜란드에서 제2세대 페미니스트 운동을 일으키는 업적을 세웠다. 스미트는 1968년에 반위계적인 페미니스트 활동 단체 남성여성사회(MVM, Man Vrouw Maatschappij)를 네덜란드 정치가 헤드윅 '헤디' 단코나(Hedwig 'Hedy' d'Ancona)와 공동설립했다. 1970년대에 스미트는 페미니즘과 사회주의, 여성과 소녀들 교육의 중요성, 양성 분업, 레즈비언의 해방, 그 밖의 다양한 페미니스트 주제에 관해 글을 썼다.

참조 : ▪ 억압의 근원 114~117쪽 ▪ 가족구조 138~139쪽

프랑수아즈 에리티에(Françoise Héritier)
1933~2017년

프랑스 페미니스트 인류학자 프랑수아즈 에리티에는 1996년과 2002년에 출간한 『남성/여성Masculin/Féminin』 1,2권에서 양성의 사회적 위계 구분을 파고들었다. 콜레주드프랑스에서 인류학자 클로드 레비 스트로스(Claude Levi Strauss)의 지도를 받은 에리티에는 인류학 분야에 구조적 분석을 적용하여 프랑스뿐 아니라 서아프리카에서 젠더와 친족 기반의 관계를 이해하는 것이 왜 유용한지를 입증했다. 훗날 에리티에는 콜레주드프랑스에서 클로드 레비 스트로스의 뒤를 이었고 최초의 아프리카사회 비교연구 학과장이 되었다. 1989~1995년에는 국립에이즈위원회 회장을 지냈다.

참조 : ▪ 억압의 근원 114~117쪽 ▪ 이름 없는 문제 118~123쪽

루스 베이더 긴즈버그(Ruth Bader Ginsburg)
1933년~

미국의 두 번째 여성 연방대법관인 루스 베이더 긴즈버그는 뉴욕시 브루클린의 유대인 가정에서 태어났다. 그녀는 하버드 법학대학원에서 공부한 뒤 컬럼비아대학 법학대학원에

서 공부했다. 1972년에 긴즈버그는 미국시민 자유연맹(American Civil Liberties Union, ACLU)에서 활동하며 여성권익증진단(Women's Rights Project)을 공동설립하고 1973년에는 이 연맹의 법률자문위원이, 1974년에는 여성권익증진단의 단장이 되었다. 긴즈버그는 1973~1976년 동안 그녀가 맡은 연방대법원 젠더차별 사건 6건 중에서 5건을 승소했다. 13년간 워싱턴 D.C.의 연방순회 항소법원 판사로 재직하다가 1993년에 빌 클린턴 대통령에 의해 연방대법관으로 임명받아 여권의 옹호자가 되었다. 열렬한 페미니스트를 자처하는 그녀는 85세 때 적어도 90세까지는 은퇴할 계획이 없다고 선언했다.

참조 : ▪ 합법적 낙태권 획득 156~159쪽

마거릿 애트우드(Margaret Atwood)

1939년~

6세 때부터 연극과 시를 써온 소설가 마거릿 애트우드는 캐나다 오타와에서 태어났다. 1962년에 미국 래드클리프 칼리지에서 석사학위를 받은 후에 캐나다 전역의 대학에서 글쓰기를 가르쳤다. 애트우드는 1961년에 시를 발표하여 상을 받기 시작했고, 1969년에는 최초 장편소설 『케이크 굽는 여자*The Edible Woman*』를 발표했다. 이것은 독자와 평단이 모두 페미니스트 작품으로 규정한 최초의 소설 중 하나였지만, 애트우드는 페미니즘이란 꼬리표를 거부했다. 그럼에도 애트우드의 작품은 대부분 여성 억압을 조명한다. 가장 유명한 작품은 1985년의 극찬 받은 디스토피아 소설 『시녀 이야기*The Handmaid's Tale*』로 훗날 영화, 오페라, TV 시리즈로도 각색되었다.

참조 : ▪ 억압의 근원 114~117쪽

오모라라 오군디페 레슬리(Omolara Ogundipe-Leslie)

1940년~

나이지리아 페미니스트 작가, 시인, 편집자 겸 운동가 오모라라 오군디페 레슬리는 아프리카 여성과 아프리카 페미니즘에 관한 가장 중요한 동시대 작가로 손꼽힌다. 그녀는 라고스의 교육자 집안에서 태어났고, 부모는 나이지리아가 당시 영국의 식민지였음에도 자녀들에게 아프리카 역사와 언어를 가르치는 일의 중요성을 신봉하던 교육자들이었다. 어머니는 또 그녀에게 젠더에 대한 진보적 사상을 가르쳤다. 레슬리는 1994년 저서 『우리 자신의 재창조-아프리카 여성과 비판적 변화*Re-Creating Ourselves: African Women & Critical Transformations*』에서 아프리카 사회의 여성을 억압하는 제도화된 구조의 붕괴를 주장하기 위해 '여성을 비롯한 아프리카의 사회적 변화(Social Transformation in Africa Including Women)'를 압축한 '스티와니즘(stiwanism)'이란 용어를 만들었다. 오군디페 레슬리의 연구는 식민주의와 신식민주의가 아프리카 문화에 미친 영향과 아프리카 여성의 가부장제 내면화 과정을 살펴본다. 동시에 그녀는 또 식민지 이전의 토착적인 아프리카 문화의 복잡성과 전통 문화가 아프리카 여성의 삶에 미친 영향을 이해하는 것이 중요하다고 역설한다.

참조 : ▪ 반식민주의 218~219쪽 ▪ 탈식민주의 페미니즘 220~223쪽

알리스 슈바르처(Alice Schwarzer)

1942년~

독일 페미니스트 알리스 슈바르처는 1969년에 언론계에 입문했다. 파리에서 일하는 동안 그녀는 343명의 여성이 불법 낙태를 경험한 적이 있다고 공개적으로 선언하며 프랑스에서 낙태의 합법화를 이끌어낸 운동 '343인 선언'에 서명했다. 슈바르처는 나중에 실은 낙태를 한 적이 없다고 시인했다. 프랑스 여성해방운동(MLF)의 공동발기인이었던 슈바르처는 이들의 사상을 독일에 전파하는 데 기여했다. 1975년에 그녀는 17명의 독일 여성이 성적 억압의 경험을 고백한 책 『아주 작은 차이*Der kleine Unterschied und seine grosse Folgen*』를 출간했다. 이 책은 독일에서 열띤 논쟁을 불러일으켰고 세계로 널리 번역되어 슈바르처에게 국제적인 명성을 안겨주었다. 이어서 그녀는 1977년에 독일 페미니스트 저널 〈엠마*EMMA*〉를 창간했는데, 이것은 미국의 진보적 페미니스트 잡지 〈미즈〉에서 영감을 얻은 것이었다. 슈바르처는 여성의 경제적 자립을 주창했을 뿐 아니라 공개석상에서의 히잡 착용 금지와 포르노그래피 금지를 지지했다.

참조 : ▪ 합법적 낙태권 획득 156~159쪽

도나 해러웨이(Donna Haraway)

1944년~

미국 콜로라도 주 덴버에서 태어난 도나 해러웨이는 현재 산타크루즈 캘리포니아 대학의 명예교수이다. 그녀는 1985년 에세이 「사이보그 선언문*A Cyborg Manifesto*」와 1988년 에세이 「상황적 지식-페미니즘과 부분적 관점의 특권에 대한 과학 질문*Situated Knowledges: The Science Question in Feminism and the Privilege of Partial Perspective*」으로 가장 잘 알려져 있다. 도나 해러웨이의 초기 연구는 '객관적'이란 딱지가 붙은 과학적 지식을 구성하는 데 반영된 남성적 편견에 이의를 제기했다. 그녀는 인간 젠더와 인종에 대한 가정이 어떻게 (백인 남성) 과학자들의 인간 이외 종의 행위 해석에 영향을 미쳤는지를 탐구했고, 이 주제를 확장하여 1989년 저서 『영장류 비전 : 현대 과학계에서의 젠더, 인종, 자연Primate Visions : Gender, Race, and Nature in the World of Modern Science』을 발표했다. 「사이보그 선언문」에서 해러웨이는 정체성 정치를 '유연성 정치(affinity politics)'로 바꾸자고 주장한다. 이제 그녀의 연구는 더욱 광범위하게 인간을 다른 종보다 중시하는 인간중심설에 도전하며 인간이 어떻게 삶속에 사이보그 기술을 통합해가고 있는지를 고찰한다.

앤 서머스(Anne Summers)
1945년~

오스트레일리아의 페미니스트 앤 서머스는 1945년에 뉴사우스웨일스 주 데닐리퀸의 가톨릭교도 가정에서 태어났다. 서머스는 1965년에 애들레이드 대학에서 정치학과 역사를 공부하면서 임신한 후에 낙태수술의 실패를 겪고 이를 계기로 페미니즘에 대한 관심이 높아졌다. 그녀는 동료 학생과 결혼했다가 헤어진 후에 1969년에 애들레이드에서 여성해방운동 단체를 설립했고, 이듬해에는 시드니에 가정폭력 희생자를 위한 보호소를 마련했다. 서머스는 1970년대 초부터 글을 쓰기 시작하여, 1975년에 오스트레일리아 사회에서 여성의 역할에 관한 저서 『지옥에 떨어진 매춘부와 신의 경찰Damned Whores and God's Police』을 출간했다. 서머스는 뉴욕에서 페미니스트 잡지 〈미즈〉의 편집자로 근무한 뒤에 오스트레일리아로 돌아가 여성 문제에 관한 정치 자문가가 되었다. 그녀는 계속 집필하고 방송하며 페미니즘 컨퍼런스를 주최하고 있다.

참조 : ▪ 현대 페미니즘 서적 출판 142~143쪽 ▪ 합법적 낙태권 획득 156~159쪽

줄리아 길러드(Julia Gillard)
1961년~

오스트레일리아 최초의 여성 총리(2010~2013년)이자 노동당 최초의 여성 당대표인 줄리아 길러드는 웨일스에서 태어나 어린시절 오스트레일리아로 이민 갔다. 길러드는 총리 시절에 정적들로부터 끊임없는 성차별 공세에 시달렸다. 2012년에 그녀는 국회에서 이른바 "여성혐오 연설"을 했다. 야당 대표 토니 애벗(Tony Abbott)에 대한 이 반박 연설에서 길러드는 애벗이 위선적이고 일관되게 여성 혐오적이라고 비판했다(당시 애벗은 보좌관에게 성차별적인 문자메시지를 보낸 의회 대변인 피터 슬리퍼에 대한 지지를 중단하라고 길러드를 계속 압박해온 참이었다). 그녀의 연설은 입소문을 타고 전파되어 페미니스트 블로그와 많은 정치 지도자들에게 환영을 받았다. 길러드는 2013년에 총리직에서 물러난 후에 글로벌여성리더십기관의 관장을 비롯해 공공기관에서 다양한 역할을 맡고 있다.

참조 : ▪ 성차별은 어디에서나 일어난다 308~309쪽

록산 게이(Roxane Gay)
1974년~

미국 네브래스카 주 오마하의 아이티계 부모 슬하에서 태어난 록산 게이는 베스트셀러 작가이자 퍼듀대학교의 문예창작과 교수다. 게이는 10대 때 처음 에세이를 쓰기 시작했다. 그녀의 글은 젠더, 인종, 섹슈얼리티, 체형 등의 주제를 넘나들고 2014년 에세이 『나쁜 페미니스트Bad Feminist』와 2017년 단편모음집 『어려운 여자들Difficult Women』 등 픽션과 논픽션을 넘나든다. 게이의 회고록 『헝거Hunger』 역시 2017년에 출간되었는데 비만을 혐오하는 사회에서 비대한 여자로 살았던

개인적 경험을 다루고 있다.

참조 : ▪ 비만 긍정주의 174~175쪽 ▪ 교차성 240~245쪽

캣 바냐드(Kat Banyard)
1982년~

2013년에 〈가디언〉지의 키라 코크레인(Kira Cochrane)이 '영국에서 가장 영향력 있는 젊은 페미니스트'로 선정한 캣 바냐드는 대학에서 성차별을 겪은 후에 페미니즘에 입문했다. 바냐드는 그 전까지 페미니즘은 이미 과거 시대에 지나간 이슈라고 믿었다. 그러나 페미니즘에 대한 관심이 커지면서 영국 페미니스타(UK Feminista)를 공동 창설하여 이끌게 되었다. 이 단체는 정치인들에게 로비하여 페미니스트 법안의 입법과 교내 양성평등에 관한 워크숍 실시, 교내 남성잡지 및 성희롱에 반대하는 페미니스트 캠페인 주최 등을 추진 중이다. 이 단체는 또 여성의 성적 대상화에 맞선 투쟁에도 중점을 둔다. 바냐드는 『평등이라는 환상 : 오늘날 여성과 남성에 관한 진실The Equality Illusion : The Truth About Women and Men Today』과 『포주 국가 : 성, 자본과 평등의 미래Pimp State : Sex, Money and the Future of Equality』라는 책을 집필했다. 그녀는 남성이 젠더 불평등과의 투쟁에서 여성의 적극적인 파트너가 되어야 한다고 주장한다.

참조 : ▪ 캠퍼스 성폭력 반대 투쟁 320쪽

패트리시 쿨러스(Patrisse Cullors)
1984년~

미국 캘리포니아 주 로스엔젤리스에서 태어난 패트리시 쿨러스는 '흑인의 목숨도 중요하다' 운동의 공동설립자이자 퀴어운동가다.

쿨러스는 10대 시절에 정치적 행동주의에 입문했고, 카운티 교도소 내에서 벌어지는 보안관 행위를 중심으로 경찰의 야만 행위에 반대하는 단체인 디그니티 앤 파워 나우(Dignity and Power Now)를 결성했다. 그녀는 초창기에 인종적 정의를 위한 투쟁에 전념했던 것이 로스앤젤리스의 저임금 흑인 가정에서 자라나고 LA카운티 교도소에 수감된 오빠에 대한 경찰의 만행을 중지시키려 애썼던 개인적 경험 때문이라고 설명한다. 2013년에 쿨러스는 플로리다에서 비무장한 십대 흑인 트레이본 마틴을 죽인 조지 짐머만(George Zimmerman)이 무죄 선고를 받은 데 반발하여 친구인 앨리시아 가자, 오팔 토메티와 함께 '흑인의 목숨도 중요하다' 운동을 결성했다. 쿨러스는 행동주의로 수많은 상을 받았고, 현재 도시 폭력의 악순환을 막기 위해 설립된 행동단체 엘라 베이커 인권센터의 이사를 맡고 있다.

참조 : ▪ 운동가의 도구로서의 분노 216쪽
▪ 페미니즘과 퀴어이론 262~263쪽

페미니스트 단체

덴마크여성협회(Danish Women's Society)
1871년

세계에서 가장 오래된 여권단체인 덴마크여성협회는 1871년에 마틸데 바에르(Matilde Bajer)와 남편 프레데리크 바에르(Frederik Bajer)가 공동설립했다. 마틸데는 국제여성협회 지역위원회에서 활동했고, 프레데리크는 정치인이자 여성해방운동의 지지자로 유명했다. 덴마크여성협회는 여성의 유급 고용 및 가정 내 독립성을 누릴 권리를 주창했다. 나중에는 덴마크 여성의 참정권(1915년에 인정)과 낙태의 합법화(1973년에 인정)를 요구했다. 오늘날 덴마크여성협회는 여성 권익 NGO로 운영되면서 세계에서 가장 오래된 여성잡지인 〈여성과 사회*Kvinden & Samfundet*〉를 발간하고 있다.

참조 : ▪ 초창기 스칸디나비아 페미니즘 22~23쪽

적란회(Sekirankai)
1921년

여권단체 적란회는 일본 최초의 여성 사회주의자 단체다. 무정부주의 운동가 마가라 사카이(Sakai Magara), 쿠츠미 후사코(Kutsumi Fusako), 하시우라 하루노(Hashiura Haruno), 아키즈키 시즈에(Akizuki Shizue)가 결성한 적란회는 1921년에 8개월 동안 짧지만 격렬한 활동을 펼쳤다. 적란회 회원들은 사회주의 사회를 수립하려면 자본주의를 타도해야 한다고 주장하며 자본주의가 여성을 노예이자 매춘부로 전락시킨다고 주장했다. 사회주의자와 공산주의자에게는 노동절로 알려진 메이데이에 적란회는 도쿄에서 "여성에 대한 선언문"이라는 팸플릿을 배포했다. 사회주의자 야마카와 기쿠에(Yamakawa Kikue)가 작성한 이 선언문은 페미니즘의 관점에서 자본주의를 비판하며 자본주의가 제국주의를 초래할 수 있다고 맹렬히 비난했다. 그날 적란회 회원 20여 명이 거리를 행진했고 모두 연행되었다. 당시 언론과 집회의 자유, 특히 여성의 자유를 가로막던 정부의 법은 사회적인 비난 여론과 합세하여 적란회를 손쉽게 해산시켰지만, 그 구성원들은 계속해서 다른 사회주의 페미니스트 단체를 결성했다.

참조 : ▪ 일본의 페미니즘 82~83쪽

굴라비 갱(Gulabi Gang)
2002년~

사회운동가 삼파트 팔 데비(Sampat Pal Devi)가 인도 북부 우타르프라데시 주의 반다 지역에 설립한 굴라비 갱은 대부분 인도의 최하층 계급인 달리트(Dalits, '불가촉천민') 출신 여성으로 구성된 집단으로, 남성에 의한 폭력, 빈곤, 아동결혼에 맞서 싸웠다. 굴라비 갱은 여성들에게 라티스(lathis)라는 긴 대나무 막대를 준비시켜 호신술을 훈련시키는 데 중점을 두었다. 이 집단은 여성들에게 경제적 안정을 얻어 남자들에게 덜 의존하도록 자원을 제공한다. '굴라비'란 힌디어로 '분홍색'을 의미하는데 구성원들이 입는 독특한 분홍색 사리를 상징한다. 이 집단은 18세부터 60세까지 다양한 여성들로 구성된다. 굴라비 갱은 경찰이 남성 폭력으로부터 그들을 보호하지 못하는 경우가 빈번한 상황에서 자신들의 손으로 정의를 구현하고, 그 구성원들은 대화, 학대 남성과의 대면, 공개적 망신, 무술 등 다양한 전술을 구사한다. 인도 영화감독 니쉬타 자인(Nishtha Jain)이 이 집단을 찍은 다큐멘터리 〈굴라비 갱*Gulabi Gang*〉이 2012년에 개봉했다.

참조 : ▪ 인도의 페미니즘 176~177쪽

페멘(FEMEN)
2008년~

안나 훗솔(Anna Hutsol)이 우크라이나에서 설립한 페멘은 파리에 본부를 두고 전 세계에

지부가 퍼져 있다. 페멘은 급진적 페미니스트 단체로 여성의 성적 착취, 독재 치하의 여성 억압, 가부장적 종교 등에 맞서 싸우고 무신론을 신봉한다. 이 단체는 논쟁적인 토플리스(상반신 노출) 시위로 유명하고 그들의 의도적으로 도발적인 전술을 '성극단주의(Sextremism)'라고 규정한다. 페멘의 슬로건은 "내 몸이 나의 무기!"라는 것이다. 구성원들은 토플리스가 가부장제의 지배로부터 자신의 몸을 되찾은 여성들의 중요한 일부분이라고 보고, 웹사이트에서 이렇게 선언한다. "여성이 자기 몸에 대한 권리를 선언하는 것이 여성 해방의 가장 중요한 첫 번째 단계다." 페멘은 이슬람 율법을 실행하는 이슬람 신정국가를 그들의 목표물로 삼는데, 일부 비판자들은 이것이 이슬람 혐오주의라고 비난한다. 페멘은 또 그들이 '제노사이드'라고 표현하는 성 산업과 매매춘을 근절하는 데 온 힘을 쏟고 있다.

참조 : ▪ 여성해방운동의 대중화 132~133쪽

▪ 섹스 긍정주의 234~237쪽 ▪ 외설문화 282~283쪽

푸시 라이엇(Pussy Riot)
2011년~

모스크바에 근거지를 둔 러시아 페미니스트 펑크록 집단 푸시 라이엇은 언론의 자유, 여성의 권리, 성소수자(LGBTQ)의 권리를 짓밟는 블라디미르 푸틴(Vladimir Putin) 대통령에 반대하는 게릴라 퍼포먼스를 공공장소에서 펼친다. 이 단체는 대략 10명 남짓의 구성원으로 시작하여 이제는 음악가와 미술가의 순회공연 일정까지 생겨났다. 구성원인 나데즈다 톨로코니코바(Nadezhda Tolokonnikova), 마리아 알료히나(Maria Alyokhina), 예카테리나 사무체비치(Yekaterina Samutsevich)는 2012년에 러시아 정교회 성당 안에서 푸틴에 반대하는 노래를 연주하여 체포된 이래로 전 세계 미디어에서 이 단체를 대표하는 인물이 되었다. 세 명 모두 종교적 '난동행위'로 유죄판결을 받았고, 사무체비치의 형 집행은 유예되었으나 톨로코니코바와 알료히나는 2년동안 수감되었다. 두 사람은 출소하자마자 다른 활동과 더불어 교도소 개혁운동에 착수했다. 푸시 라이엇의 노래에는 'Kill the Sexist(성차별주의자를 죽여라)', 'Death to Prison, Freedom to Protests(감옥에는 죽음을, 시위에는 자유를)', 'Mother of God, Drive Putin Away(성모시여, 푸틴을 물리쳐주소서)' 등이 있다. 2018년 러시아 월드컵 결승전 후반에 푸시 라이엇 회원 네 명이 경찰제복을 입고 경기장에 뛰어들어 불법감금을 중단하라고 요구했다. 이 일로 그들은 15일 징역형을 받았다.

참조 : ▪ 게릴라 시위 246~247쪽 ▪ 라이엇 걸 운동 272~273쪽

페미니스트 운동

여성 지위 대통령 자문위원회
(Presidential Commission on the Status Of Women)
1961~1963년

여성 지위 대통령 자문위원회(PCSW)는 미국 대통령 존 F. 케네디(John F. Kennedy) 때 신설되었다. 이것은 케네디가 선거에서 승리하는 데 중요한 비중을 차지하고 대부분 남녀평등 헌법수정안(ERA) 비준에 반대하던 노동운동의 지지를 유지하면서도 여성의 불평등 실태를 조사하기 위한 정치적 타협이었다. 미국의 전 영부인이자 외교관, 운동가였던 엘리너 루스벨트(Eleanor Roosevelt)가 이 자문위원회 회장을 맡았다. 자문위원회는 미국의 여성이 남성만큼 충분히 교육받지 못하고, 경제나 정치에도 대등한 비율로 참여하지 못하는 현실을 발견했다. 1963년 「미국의 여성」이란 최종 보고서에서 자문위원회는 남녀평등 헌법수정안 비준 직전에 멈추면서, 대신 미국 수정헌법 제14조 하에서 이미 여성은 동등한 시민권을 보호받을 자격이 있다는 연방대법원의 판결을 지지했다. 그래도 여성 지위 대통령 자문위원회의 활동은 1966년에 전미여성기구(NOW)의 설립과 1967년에 미국의 50개 주 전부에서 각 지역의 여성 지위를 연구하는 위원회 설립으로 이어졌다.

참조 : ▪ 여성 참정권운동의 탄생 56~63쪽
▪ 인종 평등과 양성평등 64~69쪽

343인 선언(Manifesto of the 343)
1971년

프랑스 페미니스트 철학자 시몬 드 보부아르가 작성한 343인 선언('343년' 선언이나 '343 잡년' 선언으로 조롱당하기도 했다)은 343인의 프랑스 여성이 불법 낙태를 경험했다고 선언하며 여성의 생식권을 요구하는 데 서명한 청원서였다. 당시 프랑스에서는 낙태가 불법이라 이 선언에 참여한 여성들은 형사 소추당할 위험에 노출되었다. 시사주간지 〈르 누벨 옵세르바퇴르Le Nouvel Observateur〉에 발표된 이 선언서에서 보부아르는 매년 백만 명의 프랑스 여성이 위험한 환경에서 낙태 수술을 받는다는 사실을 조명하며, 그녀 역시 낙태 경험이 있다고 선언했다. 이 선언은

331명의 프랑스 의사들이 1973년에 여성의 낙태권을 지지한다고 선언하는 계기가 되었다. 1975년 1월에 임신 초기 10주 내의 낙태가 프랑스에서 합법화되었다.

참조 : ▪ 억압의 근원 114~117쪽 ▪ 합법적 낙태권 획득 156~159쪽

피임 열차(Contraceptive Train)
1971년

1971년 5월 22일 아일랜드여성해방운동(Irish Women's Liberation Movement, IWLM) 회원들은 아일랜드 여성에게 피임약을 제공하기 위해 직접 행동에 나섰다. 1935년에 형법 개정안이 통과된 이후 아일랜드공화국에서 피임은 불법이었기 때문에, 이 단체의 공동설립자 넬 맥카퍼티(Nell McCafferty)는 다른 회원들과 함께 북아일랜드의 벨파스트까지 열차를 타고 갔다. 그들은 피임약을 사려고 시도했지만 구할 수 없었다. 북아일랜드 여성은 반드시 의사 처방전을 제시해야했기 때문이다. 대신 이 여성들은 콘돔과 살정자제 젤리, 그리고 세관원에게 피임약처럼 속이기 위한 수백 상자의 아스피린을 구매했다. 국제언론의 기자들이 그들의 여행에 동행했다. 여성들은 체포될 위험을 무릅쓰고 세관원들에게 피임약을 보란 듯이 과시했다. 이 행사는 산아제한에 관한 논의를 꺼리던 사회적 금기를 깨는 데 일조했다. 아일랜드공화국에서는 1993년에 피임이 전면 합법화되었다.

참조 : ▪ 산아제한 98~103쪽 ▪ 피임약 136쪽

#BringBackOurGirls('우리 딸들을 돌려달라 운동')
2014년~

2014년 4월에 여학생 276명이 나이지리아 치복에서 이슬람 테러단체 보코하람(BoKo Haram)에 납치당했다. 며칠 후에 세계은행 아프리카 지사 부행장을 지낸 나이지리아 회계사 오비아젤리 '오비' 에제크웨실리(Obiageli "Oby" Ezekwesili)는 한 연설에서 나이지리아인이 '우리 딸들을 돌려달라'는 본격적인 행동을 개시해야 한다고 주장했다. 4월 말에 나이지리아 아부자의 기업변호사 이브라힘 압둘라히(Ibrahim Abdullahi)가 트위터에서 에제크웨실리의 말을 인용하여 이런 트윗을 올렸다. "Yes BringBackOurDaughters #BringBackOurGirls" 이것이 소셜미디어에서 '#BringBackOurGirls' 해시태그를 처음 사용한 순간이었다. 이 해시태그는 곧 전 세계적인 요청이 되어, 미국의 영부인이었던 미셸 오바마(Michelle Obama) 같은 지지자들을 끌어 모았다. 그 후로 2014년에 57명의 소녀가 탈출했고, 수십 명이 구출되거나 발견되었다. 그러나 2018년 현재 100명 넘는 여학생이 실종 상태이고, 일부는 사망한 것으로 추정되며, 납치는 계속되고 있다.

참조 : ▪ 페미니즘의 온라인화 294~297쪽 ▪ 보편적 페미니즘 302~307쪽

히포쉬(HeForShe)
2014년~

양성평등을 위한 연대 캠페인 히포쉬는 소년과 남성들에게 성적 편견, 차별, 폭력에 반대하는 HFS 맹세를 통해 이 캠페인에 동참할 것을 요청한다. 국제연합 여성기구(UN Women)로 알려진 양성평등 및 여성 역량 강화를 위한 국제연합기구(United Nations Entity for Gender Equality and the Empowerment of Women)에서 시작한 이 캠페인은 2014년에 국제연합 여성친선대사인 영국 배우 엠마 왓슨(Emma Watson)의 연설로 시작되었다. 순식간에 전 세계로 퍼진 이 연설에서 왓슨은 어떻게 그녀가 페미니스트로서 자각하게 되었고 또 양성 불평등에 맞선 싸움에서 소년과 남성들의 참여가 중요한지를 깨닫게 되었는지를 설명했다. 히포쉬 운동에 참여한 유명한 남성들로는 전직 국제연합 사무총장 반기문, 전 미국 대통령 버락 오바마, 미국 배우 맷 데이먼(Matt Damon) 등이 있다.

참조 : ▪ 페미니즘의 온라인화 294~297쪽 ▪ 보편적 페미니즘 302~307쪽

타임즈 업(Time's Up)
2018년~

강간 문화와 상습적인 성폭행에 대항하는 #미투운동의 여파로 할리우드 유명인사들이 타임즈 업 운동을 결정하고 2018년 1월 1일 〈뉴욕타임스〉에서 이 사실을 선언했다. 이 선언문에는 몇 가지 계획이 포함되었는데, 골든글로브 시상식(Golden Globe Awards)에 참여하는 여성들에게 검은 의상을 입고 성희롱에 대해 발언하라는 요청과 직장 내 성희롱과 성폭행에 맞선 일반인 피해 여성의 소송을 지원하기 위해 1,300만 달러의 법률구조기금을 마련한다는 계획 등이었다. 타임즈 업 사이트에는 약 400명의 여성이 서명한 성폭력과 직장 내 불평등에 반대하는 공개서한이 게시되어 있다.

참조 : ▪ 페미니즘의 온라인화 294~297쪽 ▪ 보편적 페미니즘 302~307쪽

GLOSSARY 용어사전

가부장제(Patriarchy) 남성이 대부분 또는 모든 권력, 특권, 가치를 독차지하고 여성은 대부분 또는 완전히 이런 권력에서 배제되는 사회 체제, 아버지나 가장 나이 많은 남성이 가장이 되고 남성 계보를 따라 후손을 따지는 체제.

가사노동(Domestic labour) 가정에서 주로 여성이 수행하는 무보수 노동. 이 필수적인 노동을 수행하는 것이 보통 여성의 불평등의 핵심으로 여겨진다.

간성(Intersex) 염색체나 성호르몬 등 남성과 여성의 성적 특성이 혼합되어 태어난 사람.

감정노동(Emotional labour) 일부 직업, 특히 여성이 많이 일하는 직업의 요구사항으로, 노동자들은 자신의 감정을 자제하고 늘 친절하거나 열정적인 모습을 보여야 한다. 이 용어는 또 정서적·사회적 관계를 조율하고 유지하는 여성의 제대로 인정받지 못하는 역할을 가리킬 때 많이 사용된다.

강간 문화(Rape culture) 성폭행과 성적 학대를 정상적이거나 하찮게 취급하는 환경.

강제적 이성애(Compulsory heterosexuality) 가부장제 사회가 기본적인 성적 지향으로 이성애를 강요한다는 개념.

교차성(Intersectionality) 인종, 젠더, 연령 등한 개인의 정체성의 다양한 측면이 어떻게 서로 교차하는 차별 체계를 형성하는지를 설명하는 현대 페미니즘의 중요한 조류.

급진 페미니즘(Radical feminism) 여성은 남성이 지배하는 사회, 즉 가부장제가 사라질 때에만 자유로워질 수 있다는 믿음, 이런 목표를 달성하기 위한 여성의 집단행동주의.

긍정적 차별(Positive discrimination) 억압을 겪었거나 겪고 있는 집단의 구성원에게 명시적으로 혜택을 주는 것.

기혼여성의 신분(Coverture) 19세기 말에 많은 영어권 국가에서 채택했던 기본 체계로, 결혼한 부부를 하나의 단위로 취급하여 여성을 남편의 보호와 권위 하에 두었다.

남근 중심적(Phallocentric) 남성 지배의 상징으로서 남근, 즉 실제 남성의 성기보다는 상징적인 의미를 강조하는 성향.

남성 우월주의(Male chauvinism) 남성이 우월하다는 믿음에서 비롯되는, 남성이 여성에 대해 깔보고 비하하는 태도.

남성 우월주의자 돼지(Male chauvinist pig) 남성의 우월성을 믿고 여성에게 불쾌하게 행동하는 남성을 일컫는 제2세대 페미니스트 은어.

남성 중심(Androcentric) 남성을 우월한 성으로 여기고 중시하는 사상으로, 인류의 기준은 남성이고 여성은 남성에 종속적이라 믿는다.

남성적 시선(Male gaze) 시각예술에서 여성을 이성애자 남성이 바라보는 수동적 대상으로 묘사하는 방식.

내재화된 성차별(Internalized sexism) 여성 스스로가 여성은 열등하다는 주류 사회의 인식을 믿는 경우.

논 바이너리(Non-binary) 두 가지 요소 이상으로 구성된 대상을 가리키는 일반 용어. 페미니즘과 젠더 연구에서는 자신을 남성이나 여성중 어느 한쪽으로 여기지 않고 때로는 양쪽 다로 여기는 사람을 의미하는 포괄적 용어.

다이크(Dyke) 과거에는 경멸적인 용어였으나 1970년대에 레즈비언 페미니스트들이 '재주장하여' 일부 레즈비언에게는 중요한 정체성이 되었다. 그러나 많은 사람들이 여전히 이것을 비난하는 용어라고 믿고 주로 남성적인 여성을 욕할 때 자주 사용한다.

대상화(Objectification) 페미니즘의 맥락에서는 여성을 나름의 생각과 권리를 가진 개인으로 대하지 않고 남성의 욕망과 관련된 성적 대상으로 대하는 것.

라이엇 걸(Riot grrrl) 1990년대 초중반에 가장 인기 있었던 젊은 페미니스트들의 풀뿌리 운동. 이들의 추종자들은 펑크 음악과 진 같은 다양한 형태의 창작 활동을 통해 자신을 표현했다.

레즈비언 페미니즘(Lesbian feminism) 레즈비어니즘이 페미니즘의 본질적인 부분이거나 그 반대라고 믿는 페미니스트들. 이 페미니즘 사조는 1960년대 말에 미국의 주류 페미니즘에서 레즈비언을 배제시킨 데서 출발했다.

마르크스주의 페미니즘(Marxist feminism) 여성 억압이 대부분 또는 완전히 자본주의의 산물이라고 믿는 페미니즘 사조.

모계제(Matriarchy) 한 명이나 여러 명의 여성이 지배하는 가족·집단·국가를 의미한다. 어머니나 가장 나이 많은 여성이 가족의 수장인 일종의 사회 관계, 남성보다 여성 계보를 통해 가족 혈통이나 유산을 정하는 상황.

무정부주의 페미니즘(Anarcha-feminism) 가부장제와 위계구조가 억압을 초래한다는 신념에 기초한 무정부주의와 페미니즘의 결합. 무정부주의 페미니스트들은 개개인이 자신의 삶을 통제할 수 있는 공동체 기반의 사회를 추구한다.

미세공격(Microaggression) 주변부 집단의 구성원을 향해 자주 가하는 미묘하고 실효성 없는 차별.

민권 운동(Civil Rights Movement) 1950년대와 1960년대에 미국에서 흑인들이 이끌었던 흑인을 위한 정치 운동. 지지자들은 백인과의 평등한 기회를 얻고 법제화된 인종차별을 종식시키기 위해 싸웠다.

반포르노그래피 페미니즘(Antipornography feminism) 포르노그래피가 여성에 대한 폭력을 성적 매력의 대상으로 취급하고 정당화한다는 신념에 입각한 행동주의.

복식 개혁(Dress reform) 빅토리아 시대 중후반에 실용적이고 편안한 복장을 장려했던 운동. 이것은 당대에 여성들이 입던 코르셋 같이 불편하고 지나치게 공들인 복장과는 대조되었다. 복식 개혁자들은 종종 불신과 조롱을 당했다.

본질주의(Essentialism) 남성과 여성은 각자의 정체성에 본질적이라서 변화시킬 수 없는 근본적인 차이가 있다는 신념.

분리주의(Separatism) 한 집단(이 경우 여성)이 정치적이고 사회적인 생활, 가정과 직장 내의 생활에서 반대 집단(남성 등)과 가급적 많이 거리를 두어야 한다고 믿는 사상.

블루스타킹(Bluestockings) 18세기 중반 런던의 각 주택에서 지적인 사교모임에 참여했던 교육받은 여성 집단.

비만 긍정주의(Fat positivity) 반드시 날씬해야만 건강하거나 행복해지지 않는다는 것을 인정하고 모든 체형의 사람들을 받아들이며 비만에 부정적인 편견과 싸우려는 운동.

생물학적 결정론(Biological determinism) 여성과 남성의 행동과 성격이 선천적으로 타고나고 문화적인 요소보다 신체적인 요소로 결정된다는 개념.

생식의 자유(Reproductive freedom) 낙태와 산아제한에 관한 여성의 권리이고 이런 문제를 외부 압력이나 판단 없이 스스로 결정할 수 있는 자유.

서발턴(Subaltern) 위계사회 내에서 낮은 지위를 부여받거나 어떤 사회에서든 정치적 권력 구조 바깥에 위치한 사람이나 집단.

서프러제트(Suffragette) 특히 20세기 초반 영국에서 조직적이고 때로는 폭력적인 시위를 통해 참정권을 추구했던 여성.

서프러지스트(Suffragist) 여성을 비롯해 투표권이 없는 사람들의 참정권 확대를 위해 평화롭고 합법적인 수단을 통해 캠페인을 벌인 제1세대 페미니스트.

성 정치학(Sexual politics) 한 집단(남성)과 다른 집단(여성) 사이의 권력 관계.

성별 격차(Gender gap) 교육, 소득, 정치 같은 다양한 변수에 대한 남녀의 차이.

성차별주의(Sexism) 한쪽 성이 다른 성보다 우월하거나 열등하다는 고정관념을 이용하는 것, 여성에 대한 구조적인 차별, 여성에 대한 존중의 부족.

섹스 긍정주의(Sex positivity) 섹슈얼리티와 성적 표현을 장려하고 이것이 여성의 자유의 일부분을 이룬다고 보는 철학.

수행성(Performativity) 개인이 남성성이나 여성성을 '수행하는' 방식으로, 보고 느끼고 행동하는 방식을 모두 아우른다. 수행성 자체가 남성성이나 여성성이 각 개인에게 의미하는 바와 그들이 타인에게 인식되는 방식을 둘 다 구성하므로, 젠더가 반드시 고정불변이 아님을 시사한다.

SWERF(Sex Worker Exclusionary Radical Feminist) '성노동자 배제적 급진 페미니스트'로, 성적 노동에 종사하는 여성이 일반적인 여성을 억압하는 일을 하고 있어 개개인의 여성에게 해를 미친다고 주장한다. 이들은 성노동자의 경험에 대한 의견은 무시해야 한다고 믿는다.

슬럿 셰이밍(Slut-shaming) 성적인 행동이나 노출이 심한 옷차림 때문에 관습적으로 수용되는 행동 양식을 벗어나는 여성을 비난하는 행위로, 성폭행의 책임도 피해자 여성에게 전가하는 결과를 낳는다.

시스젠더(Cisgender) 성적 정체성이 타고난 성별과 일치하는 사람. 종종 줄여서 '시스(cis)'라고 부른다.

시스헷(Cishet) 시스젠더이면서 이성애자인 사람, 상황, 집단을 지칭한다.

억압(Oppression) 어떤 집단이나 국가가 잔인하거나 부당한 방식으로 한 집단 사람들에게 권력과 권위를 행사하는 것.

LGBT/LGBTQ/LGBTQ+ 레즈비언, 게이, 양성애자, 트랜스젠더, 그리고 1990년 이후에는 퀴어까지 포함해 각 단어의 머리글자를 딴 용어. 성적 문화와 젠더 문화 내에서 다양한 집단을 아우르는 용어다. '+'는 자신의 섹슈얼리티를 확신하지 못하는 사람이나 간성애자와 무성애자를 포함한다는 의미다.
가부장제 등 다수의 억압 시스템을 아우르며 그 안에서 각 사람들이 어떻게 적응하는지를 살피는 개념. 예를 들어 백인 노동계급 레즈비언 여성은 흑인 중산층 이성애 남성보다 더 많은 권력과 더 적은 권력을 동시에 가진다.

여성 혐오(Misogyny) 남성이 여성을 싫어하고 경멸하는 태도, 여성에 대한 뿌리 깊은 편견.

여성해방운동(women's Liberation Movement, Women's Lib) 제2세대 페미니즘의 중요한 부분인 여성해방운동은 1960년대 후반의 급진적 운동에서 파생되었다. 여성해방운동은 세계의 많은 산업사회의 집단행동주의에 기반을 두었다. 이 운동은 단편적인 정치적·사회적 개혁이 근본적이거나 급속한 발전으로 이어질 것이라는 생각을 거부하고 더욱 뿌리 깊은 변화가 필요하다고 주장했다.

우머니즘(Womanism) 앨리스 워커가 1980년대에 주류의 제2세대 페미니즘이 다루지 않던 유색인 여성의 역사와 경험을 지칭하기 위해 만든 용어.

Womyn/Wombyn/Wimmin 일부 제2세대 페미니스트들이 '-men'이란 접미사를 피하기 위해 사용했던 'women'의 철자를 변경한 대용어.

유색인 여성(Women of colour) 아프리카, 아시아, 라틴계나 원주민 혈통의 여성을 포괄하는 정치 용어.

의식 고양(Consciousness-raising) '개인적인 것이 곧 정치적인 것이다'라는 개념에서 출발하여 1960년대 뉴욕에서 기원한 행동주의. 여성들은 소집단으로 모여 그들 삶의 현실을 논의함으로써 공통적인 억압의 경험을 발견하고 행동주의에 나섰다.

이브 놀리기(Eve teasing) 남아시아에서 주로 공공장소에서 자행되는 성희롱과 여성 폭력을 의미하는 완곡어법.

이성애 규범성(Heteronormativity) 이성애가 유일하게 정상적인 성적 지향이고, 남녀의 차이는 확연하고 자연적이며 상호보완적이라는 확고한 믿음.

인셀(Incel) 자신이 원하는 종류의 여성을 매료시킬 수 없어 스스로 '비자발적인 독신주의자'라고 여기는 남자. 인셀은 종종 공격적인 여성혐오자로, 자신이 성과 사랑을 얻지 못하는 것을 여성 탓으로 돌린다.

임금격차(Pay gap) 같은 일을 한 대가로 다른 사람이 받는 임금의 차이. 보통 남성이 여성보다 더 많은 임금을 받는 성별 임금격차를 의미하지만, 인종이나 계층에 따른 임금 차이를 의미하기도 한다.

임파워먼트(Empowerment) 억압받는 사람들의 삶을 개선하는 조치로, 특히 개발도상국에서 소녀들의 교육을 확대하는 노력 등의 법적·사회적 변화를 의미한다. 이 용어는 또 개인의 여성이 자신이나 타인과 관계를 맺거나 일하면서 변화를 만들어갈 때 느끼는 권한을 부여받은 느낌을 의미한다.

자매애(Sisterhood) 여성의 권익을 증진하기 위한 집단행동에 기반을 둔 여성들 간의 끈끈한 연대감.

자본주의(Capitalism) 한 사회의 교역, 산업, 이윤이 국영 기업이나 함께 일하며 이윤을 분배하는 직원들이 소유한 기업이 아니라 개인 소유권에 기반을 두는 경제 체제.

자유주의 페미니즘(Liberal feminism) 여성이 자신이 원하는 삶을 선택하고 집단보다 개인의 행동을 통해 젠더 평등을 이루는 능력에 초점을 맞추는 페미니즘.

정치적 레즈비어니즘(Political lesbianism) 레즈비어니즘이 정치적인 선택이고, 여성이 남성의 억압과 싸우기 위해서는 다른 여성을 원하든 원하지 않든 간에 남성을 포기해야 한다는 사상.

제1세대 페미니즘(First-wave feminism) 1848년부터 대략 1918~1920년까지의 페미니즘. 여성의 참정권, 결혼생활 안에서의 권리, 여성의 교육과 노동에 대한 법적 장애물 제거 등에 초점을 맞추었다.

제2세대 페미니즘(Second-wave feminism) 1960년대 중반부터 1980년대 초반까지 특히 북미와 유럽에서 나타난 페미니즘으로 전 세계 다른 많은 국가에도 영향을 미쳤다. 가정, 직장, 성적 관계에서 여성의 경험에 초점을 맞추었다.

제3세대 페미니즘(Third-wave feminism) 1990년대에 시작되어 2012년쯤에 끝난 이 기간의 페미니즘. 개인의 선택과 여성 개개인의 임파워먼트에 강력한 초점을 두었다.

젠더 플루이드(Gender fluid) 자신의 정체성이나 성별 표현이 고정되어 있지 않고 남성과 여성 모두를 포함한다고 믿는 사람을 지칭.

젠더(Gender) 남성이나 여성인 상태, 남성성이나 여성성과 관련된 사회적으로 구성된 행동·역할·행위, 개개인이 스스로 남성이나 여성이라고 깊게 믿고 있는 내적 인식.

진(Zines) 소규모로 제작되는 수작업 잡지로, 1990년대 라이엇 걸 운동의 펑크 밴드들이 종종 팬들을 위해 만들었다.

초국가적 페미니즘(Transnational feminism) 세계화와 자본주의가 다양한 젠더, 섹슈얼리티, 국가, 인종, 계층의 사람들에게 영향을 미치고 권력을 빼앗는 방식을 검토하는 이론과 행동주의.

퀴어(Queer) 1990년쯤부터 성소수자 개인이나 집단에 사용되는 포괄적 용어, 동성애 운동의 정치적 목표에 관심이 없는 LGBT 공동체의 구성원, 젠더와 섹슈얼리티의 관습적 기준을 혼란에 빠뜨리는 방식.

퀴어이론(Queer theory) 여러 가지 질문 중에서 무엇보다 정체성이 고정되어 있는지, 젠더나 섹슈얼리티가 양자 택일인지, 정상적인 행위라는 것이 과연 존재하는지 등을 질문하는 다양한 학술적 개념.

타자(Other, the) 한 집단이 외부 사람을 그들만의 기준으로 바라보는 방식을 설명할 때 사용되는 용어.

탈식민주의(Postcolonialism) 정부의 형태이든 세계를 바라보는 방식이든 간에 식민주의와 제국주의의 부작용과 사회적·정치적 권력에 미친 영향에 관한 연구.

TERF(Trans-Exclusionary Radical Feminist) 일부 TERF 행사의 '위민본위민' 정책에서 드러나듯이, 이런 '트랜스젠더 배제적 급진 페미니스트'는 트랜스 여성이 '진짜 여성'이 아니므로 페미니즘 내에 설 자리가 없다고 믿는다.

트랜스 젠더(transgender) 성 정체성이 타고난 성별과 다른 사람.

트랜스 페미니즘(Trans feminism) 트랜스 여성에 의한, 트랜스 여성을 위한 운동으로, 트랜스 여성이 페미니즘 전반에 참여하고 트랜스 여성에게 특화된 이슈를 관철시켜 나갈 것을 권장한다.

트랜스 혐오(Transphobia) 성 전환자에 대한 편견과 공포.

특권(Privilege) 한 집단의 구성원이 다른 집단의 구성원에 비해 혜택을 누린다는 개념. 예를 들어 백인 여성은 계층이나 교육 같은 삶의 다른 측면과 관계없이 유색인 여성에 비해 특권을 누려왔다. 이 이론에 따르면 어떤 사람들은 다른 사람들보다 더 심한 억압을 당한다.

페미니스트 이론(Feminist theology) 페미니스트의 관점에서 역사, 관습, 신념, 종교 경전을 검토하는 이론.

페미니즘(Feminism) 여성의 권리를 주장하는 광범위한 사회적 운동과 이념, 양성 간의 법적·경제적·사회적 평등을 요구하는 집단행동주의, 여성은 남성과 평등한 권리와 기회를 가져야 한다는 신념.

평등 페미니즘(Equality feminism) 때때로 미국 보수주의자들이 채택하는 페미니즘 사조로, 여성과 남성의 법적 평등에 초점을 맞춘다.

포스트 페미니즘(Postfeminism) 1980년대에 페미니즘이 이미 목표를 달성했기 때문에 더 이상 필요하지 않다고 주장하여 유명해진 용어.

피해자 비난(Victim-blaming) 부당행위나 범행의 피해자에게 그 일의 책임을 일부 또는 전부 전가하는 행위.

허스토리(Herstory) '역사(history)'를 의미하는 제2세대 용어로 여성의 삶을 강조하여 'his'라는 접두어를 쓰지 않는다.

혁명 페미니즘(Revolutionary feminism) 제2세대 페미니즘의 가장 극단적인 사조로 남성을 여성의 '적'이라고 보는 입장.

화이트 페미니즘(White feminism) 주로 백인 여성에게 영향을 미치는 이슈에 주목하는 페미니즘.

흑인 페미니즘(Black feminism) 유색인 여성의 경험을 바탕으로 성차별, 인종차별, 계층 억압이 불가분하게 얽혀있다고 주장하는 페미니즘.

INDEX 색인

(ㅈ)

ACKNOWLEDGEMENTS 사진출처

Dorling Kindersley would like to thank Rabia Ahmad, Anjali Sachar, and Sonakshi Singh for design assistance and Mik Gates for assistance with illustration concepts.

PICTURE CREDITS

The publisher would like to thank the following for their kind permission to reproduce their photographs:

(Key: a-above; b-below/bottom; c-centre; f-far; l-left; r-right; t-top)
20 Alamy Stock Photo: **Chronicle (cr)**. 21 Alamy Stock Photo: **Artokoloro Quint Lox Limited (br)**. 22 Getty Images: **Photo Josse / Leemage (c)**. 23 Getty Images: **Heritage Images (tr)**. 25 Getty Images: **Photo 12 (tr); Adoc-photos (clb)**. 26 Bridgeman Images: **Kneller, Godfrey (1646-1723) / Hardwick Hall, Derbyshire, UK / National Trust Photographic Library (tl)**. 27 Getty Images: **Heritage Images (b)**. 30 Getty Images: **Christophel Fine Art (b)**. 31 Getty Images: **Ken Florey Suffrage Collection / Gado (tr)**. 32 Getty Images: **Photo Josse / Leemage (bl)**. 33 Alamy Stock Photo: **ART Collection (tr)**. 35 Alamy Stock Photo: **Famouspeople (tr); Interfoto (blt)**. 37 Getty Images: **The History Collection (tr); Everett Collection Inc (cb)**. 39 Getty Images: **Lawrence Manning (tl)**. 40 Alamy Stock Photo: **Science History Images (cr)**. 41 Alamy Stock Photo: **Art Collection 2 (tr)**. 48 Wikipedia: **Sarah Bagley (bl)**. 49 Alamy Stock Photo: **The Granger Collection (tr)**. 50 Alamy Stock Photo: **Lebrecht Music Arts (bl)**. 51 Alamy Stock Photo: **Pictorial Press Ltd (tr)**. 53 Alamy Stock Photo: **Chronicle (tr)**. 54 Rex by Shutterstock: **AP (tl)**. 55 Alamy Stock Photo: **Brian Duffy (crb)**. 58 Alamy Stock Photo: **Pictorial Press Ltd (bl)**. Getty Images: **Bettmann (br)**. 60 Getty Images: **Culture Club (tl)**. 61 Alamy Stock Photo: **Granger Historical Picture Archive (b)**. 62 Alamy Stock Photo: **Everett Collection Historical (t)**. 63 Getty Images: **Ullstein bild Dtl (br)**. 66 Getty Images: **Bettmann (cb)**. 67 Getty Images: **Fotosearch / Stringer (cla)**. 68 Alamy Stock Photo: **The Granger Collection (tl)**. 69 Library of Congress, Washington, D.C.: **Reproduction Number: LC-DIG-ppmsca-08978 (tr)**. 70 Getty Images: **Heritage Images (br)**. 71 Alamy Stock Photo: **Historic Collection (tr)**. 73 Getty Images: **Hulton Archive / Stringer (br)**. 74 Alamy Stock Photo: **Chronicle (tl); The Granger Collection (br)**. 75 Getty Images: **Rischgitz / Stringer (tr)**. 76 Getty Images: **De Agostini / Veneranda Biblioteca Ambrosiana (cr)**. 77 Getty Images: **Museum of the City of New York (tr)**. 78 Getty Images: **Adoc-photos (cb)**. 79 Getty Images: **Print Collector (tl)**. 81 Alamy Stock Photo: **Sputnik (cr)**. 83 Alamy Stock Photo: **Chronicle (bl)**. Getty Images: **Kyodo News (tr)**. 86 Rex by Shutterstock: **The Art Archive (bl)**. 88 Getty Images: **Keystone-France (bl)**. 89 Mary Evans Picture Library: **(tl)**. 90 Alamy Stock Photo: **Everett Collection Historical (tl)**. Getty Images: **Jimmy Sime / Stringer (tr)**. 91 Alamy Stock Photo: **Shawshots (t)**. 93 Alamy Stock Photo: **History and Art Collection (tr)**. Library of Congress, Washington, D.C.: **LC-DIG-ggbain-18848 (bl)**. 95 Getty Images: **Heritage Images (ca)**. Library of Congress, Washington, D.C.: **LC-DIG-ggbain-3393 (tr)**. 96 Alamy Stock Photo: **Michael Jenner (tl)**. SuperStock: **Prisma (tl)**. 101 Getty Images: **Bettmann (tr)**. 102 Photo Scala, Florence: **The British Library Board (tl)**. 103 Getty Images: **Science Society Picture Library (r)**. 105 Mary Evans Picture Library: **(tr)**. 106 Getty Images: **Ullstein bild Dtl. (cr)**. 107 Alamy Stock Photo: **IanDagnall Computing (tr); Albert Knapp (cb)**. 108 Alamy Stock Photo: **Granger Historical Picture Archive (bc)**. 109 Getty Images: **Universal History Archive (tl)**. 115 **Simone de Beauvoir, Le Deuxième sexe © Editions Gallimard / www.gallimard.fr: (cb)**. Getty Images:

Francois Lochon (tr). 117 Getty Images: **AFP Contributor (br)**. 120 Getty Images: **Apic / Retried (tr)**. 121 Rex by Shutterstock: **Anonymous / AP (bl)**. 123 Alamy Stock Photo: **Granger Historical Picture Archive (b)**. 124 Alamy Stock Photo: **PjrWindows (cb)**. 125 Alamy Stock Photo: **Pontino (bl)**. Getty Images: **Boston Globe (tr)**. 127 Getty Images: **Movie Poster Image Art (tl); Bettmann (bl)**. 129 Getty Images: **David M. Benett (br); Bettmann (tl)**. 130 Getty Images: **Reg Innell (bl)**. 131 Courtsey of Sikkema Jenkins Co.: **© Kara Walker (tr)**. 132 Getty Images: **Bev Grant (cr)**. 133 Getty Images: **Astrid Stawiarz / Stringer (bl)**. 134 Getty Images: **Bettmann (br)**. 137 Getty Images: **Robert Altman (crb)**. 138 Getty Images: **H. Armstrong Roberts / ClassicStock (c)**. 140 Alamy Stock Photo: **Foto-zone (bc)**. 141 Getty Images: **Estate Of Keith Morris (bl)**. 142 Reprinted by permission of Ms. magazine: **© 1972 (bc)**. 143 Getty Images: **Susan Wood (tl)**. 144 Getty Images: **FPG / Staff (br)**. 145 Getty Images: **Ulf Andersen (tr)**. 147 Getty Images: **Camerique / ClassicStock (bc)**. 150 Alamy Stock Photo: **Interfoto (tr)**. 152 Getty Images: **Mike Flokis / Stringer (tl)**. Our Bodies Ourselves: **(tr)**. 153 Getty Images: **Barcroft (r)**. 155 Alamy Stock Photo: **Gary Doak (tr); Age Fotostock (bl)**. 157 Alamy Stock Photo: **Interfoto (br)**. 158 Getty Images: **Jeff Goode (tr)**. 159 Alamy Stock Photo: **Moviestore collection Ltd (tr)**. 160 Getty Images: **James Andanson (bl)**. 160 Alamy Stock Photo: **Trinity Mirror / Mirrorpix (br)**. 161 Alamy Stock Photo: **Valentin Sama-Rojo (tr)**. 162 Getty Images: **Hulton Deutsch (br)**. 163 Getty Images: **Ira Gay Sealy (tr)**. 165 Getty Images: **Everett Collection Inc (t)**. 168 Getty Images: **New York Daily News Archive (bl)**. 170 Alamy Stock Photo: **SCPhotos (tl)**. 171 Getty Images: **Hindustan Times (bl)**. 172 Getty Images: **Scott Olson (bc)**. 173 Getty Images: **Gaye Gerard (tl)**. 175 Getty Images: **Pako Mera (bl)**. Getty Images: **Brooks Kraft (tr)**. 176 Alamy Stock Photo: **Tim Gainey (cb)**. 177 Alamy Stock Photo: **Joerg Boethling (br)**. Getty Images: **AFP / Stringer (tl)**. 179 Alamy Stock Photo: **Jenny Matthews (br)**. Rex by Shutterstock: **Alastair Muir (tl)**. 180 Getty Images: **Scott McPartland (bc)**. 181 Alamy Stock Photo: **Redorbital Photography (tr)**. 184 Getty Images: **Ulf ANDERSEN (tr)**. 185 Getty Images: **Herve Gloaguen (tr)**. 187 Alamy Stock Photo: **Lebrecht Music Arts (bl)**. Getty Images: **Patrick Box (tr)**. 193 Alamy Stock Photo: **ClassicStock (bl)**. 194 Alamy Stock Photo: **Mauritius images GmbH (bc)**. 195 Alamy Stock Photo: **Everett Collection Inc (t)**. 195 Getty Images: **Nancy R. Schiff (bl)**. 197 Getty Images: **Barbara Alper (tr); Jodi Buren (tr)**. 199 ©Morgan Gwenwald: **(tl)**. 200 Getty Images: **Alexander Joe (bc)**. 201 Getty Images: **Amanda Edwards (tr); Alfred Eisenstaedt (tl)**. 203 Getty Images: **Howell Walker (br)**. 204 Getty Images: **Stringer (br)**. 205 Getty Images: **Jean-Claude Francolon (tr)**. 206 Alamy Stock Photo: **Homer Sykes Archive (br)**. 207 Getty Images: **Julian Herbert (tr)**. 211 Getty Images: **Anthony Barboza (tr)**. 212 Getty Images: **PhotoQuest (bl)**. 213 Getty Images: **Jill Freedman (tr)**. 214 Getty Images: **Anthony Barboza (bl)**. 215 Alamy Stock Photo: **BFA (tl); Torontonian (b)**. 216 Getty Images: **Robert Alexander (crb)**. 219 Getty Images: **Bettmann (bl)**. 221 Chandra Talpade Mohanty: **(bl)**. 222 Getty Images: **Per-Anders Pettersson (tr)**. Rex by Shutterstock: **Pawel Jaskolka / Epa (tl)**. 223 Getty Images: **Stefanie Glinski (br)**. 225 Alamy Stock Photo: **Entertainment Pictures (tr)**. 226 Getty Images: **Scott J. Ferrell (tr)**. 227 Getty Images: **Bettmann (crb)**. 228 Getty Images: **Heritage Images (bc)**. 229 Getty Images: **Bloomberg (tr)**. 231 Alamy Stock Photo: **Barry Lewis (tl)**. 232 Getty Images: **AFP / Stringer (br)**. 233 Getty Images: **Lluis Gene (tr); AFP / Stringer (tl)**. 235 Getty Images: **Andrew Maclear / Retired (bc)**. www.comeasyouare.com: **(tr)**. 237 Getty Images: **Ethan Miller (bl)**. 238 Getty Images: **Alex Wong (br)**. 242 Getty Images: **Mike Coppola (bl)**. 243 Getty Images: **Bettmann (tl)**. 244 Getty Images: **Ullstein bild Dtl (bl)**. 245 Getty Images: **Sean Rayford (tl)**. 247 Getty Images: **Jack Mitchell (tl)**.

254 Getty Images: **Adela Loconte (bl)**. 255 Getty Images: **Chris Polk (bc)**. 256 Alamy Stock Photo: **Photo 12 (bl)**. 257 Alamy Stock Photo: **Philip Robins (tl)**. 259 Alamy Stock Photo: **Agencja Fotograficzna Caro (tr)**. 260 Getty Images: **Catherine McGann (tr)**. 261 Alamy Stock Photo: **Paulo Lopes / ZUMA Wire / Alamy Live News / Zuma Press, Inc. (br)**. 263 Alamy Stock Photo: **Chromorange / Franz perc (bl)**. 265 Getty Images: **Stefan Gosatti (br)**. 266 Rex by Shutterstock: **(bl)**. 267 Alamy Stock Photo: **Pacific Press (t)**. 268 Alamy Stock Photo: **Laura Hutton / Alamy Live News (bc)**. 270 Getty Images: **AFP / Stringer (br)**. 271 Getty Images: **Evan Hurd Photography (tl)**. 272 Getty Images: **Lindsay Brice (bc)**. 273 Getty Images: **Jesse Knish (tr)**. 274 Getty Images: **Universal History Archive (cr)**. 277 Alamy Stock Photo: **Guy Bell / Alamy Live News (tr)**. 278 Alamy Stock Photo: **Eddie Gerald (cr)**. 279 Getty Images: **Dimitar Dilkoff (br)**. 280 Alamy Stock Photo: **Sopa Images Limited (br)**. 281 Getty Images: **Ben Hider (tl)**. 282 Rex by Shutterstock: **Nils Jorgensen (bc)**. 283 Alamy Stock Photo: **Guy Corbishley / Alamy Live News (tl)**. 284 Alamy Stock Photo: **CulturalEyes - AusGS2 (cr)**. 285 Getty Images: **Alain Jocard (tr)**. 287 Getty Images: **Wesley / Stringer (crb)**. 288 Getty Images: **Pacific Press (t)**. 289 Julia Serano: **(tr)**. 295 feministing.com: **(br)**. Getty Images: **Daniel Zuchnik (tl)**. 296 Getty Images: **Joe Sohm / Visions of America (bl)**. 299 Getty Images: **Jeff J Mitchell (cr)**. 300 Getty Images: **Luca Sage (cr)**. 301 123RF.com: **Varee Tungtweerongroj (br)**. 305 Getty Images: **Mireya Acierto (bc)**. 306 Getty Images: **AFP / Stringer (br)**. 307 Getty Images: **David Levenson (tl)**. 308 Alamy Stock Photo: **Florian Schuh / dpa picture alliance (ca)**. 309 Getty Images: **Roberto Ricciuti (tr)**. 310 Getty Images: **Gideon Mendel (br)**. 311 Getty Images: **Chip Somodevilla (bc)**. 312 Getty Images: **Paul Barton (bc)**. 313 Alamy Stock Photo: **Britta Pederson / Dpa picture alliance (cr)**. 315 Getty Images: **Chelsea Guglielmino (br)**. 316 Getty Images: **Ronaldo Schemidt (br)**. 317 Getty Images: **Jean-Luc Luyssen (tr)**. 319 Getty Images: **Peter Charlesworth (tr)**. 321 Getty Images: **Sean Gallup (cr)**. 324 Getty Images: **Gabriel Olsen (br)**. 326 Getty Images: **Handout (bl)**. 327 Getty Images: **Marc Piasecki (tr)**

All other images © Dorling Kindersley
For further information see: www.dkimages.com